Psychologie der Aggressivität

Psychologie der Aggressivität

von

Herbert Selg
Ulrich Mees und Detlef Berg

2., überarbeitete Auflage

Hogrefe · Verlag für Psychologie
Göttingen · Bern · Toronto · Seattle

Prof. Dr. Herbert Selg, geb. 1935. Studium der Psychologie in Bonn. 1963 Promotion. 1967 Habilitation. Seit 1975 Professor für Psychologie an der Universität Bamberg. Arbeitsschwerpunkte: Aggressions- und Sexualforschung.

Prof. Dr. Ulrich Mees, geb. 1943. Studium der Psychologie in Saarbrücken und Tübingen. Promotion 1972. Habilitation 1978. Seit 1978 Professor für Allgemeine Psychologie an der Universität Oldenburg. Arbeitsschwerpunkte: Motivation, Emotion, Handlung.

Prof. Dr. Detlef Berg, geb. 1943. Studium der Psychologie und der Erziehungswissenschaften in Hamburg. 1976 Promotion. 1979 Habilitation. Seit 1980 Professor für Schulpsychologie an der Universität Bamberg. Arbeitsschwerpunkte: Pädagogische und Psychologische Diagnostik, schulpsychologische Beratung.

Die Deutsche Bibliothek - CIP-Einheitsaufnahme

Selg, Herbert:
Psychologie der Aggressivität / von Herbert Selg, Ulrich Mees und Detlef Berg. - 2., überarb. Aufl. - Göttingen ; Bern ; Toronto ; Seattle : Hogrefe, Verl. für Psychologie, 1997
ISBN 3-8017-1019-X
NE: Mees, Ulrich: ; Berg, Detlef:

Satzarbeiten: Frohberg, Freigericht-Somborn
Druck: Dieterichsche Universitätsbuchdruckerei
W. Fr. Kaestner GmbH & Co KG, D-37124 Rosdorf
Printed in Germany
Auf säurefreiem Papier gedruckt

ISBN 3-8017-1019-X

Vorwort

Der Titel des Buches, das Sie gerade in Ihrer Hand halten, soll deutlich ausdrücken, daß es eine Übersicht zur *psychologischen* Aggressionsforschung enthält und daß somit biologische und physiologische, juristische, kriminologische und soziologische Theorien nur gestreift werden.

Die vorliegende 2.Auflage bringt gegenüber der ersten nur kleine, dringende Korrekturen und Ergänzungen. Gibt es denn keine starken Argumente für eine größere Überarbeitung? Vielleicht. »Aggression« ist ein vielbearbeitetes Thema geworden, allerdings etwas versteckt hinter dem Modenamen »Gewalt«. Jedenfalls sind im letzten Jahrzehnt Hunderte von einschlägigen Veröffentlichungen über Gewalt erschienen; eine tiefgreifende theoretische Wende vermag ich in ihnen jedoch nicht zu erkennen.

Allerdings haben in den neueren Texten viele Teilthemen der Aggressionsforschung zu Recht einen höheren Stellenwert als früher erhalten: z.B. Gewalt (oder Aggression) in Familien, Gewalt gegen Frauen, Gewalt gegen Kinder (einschließlich sexueller Gewalt), Gewalt gegen alte Menschen; Gewalt in Schulen, Jugendkriminalität, fremdenfeindliche Gewalt; Gewalt im Straßenverkehr, im Sport, in den Medien.

Ich habe in Forschungsberichten und Aufsätzen inzwischen auch zu mehreren dieser Themen Stellung bezogen (s. Literaturangaben auf Seite 236). Diese Veröffentlichungen hier einzubeziehen, hätte nicht nur den erlaubten Umfang des vorliegenden Buches gesprengt; sie hätten ihm auch einen ganz anderen Charakter gegeben; es soll jedoch mehr eine Übersicht über grundlegende Themen der Aggressionsforschung bleiben.

Eine kleine Erläuterung der einzelnen Kapitel sei hier erlaubt.

Kapitel 1: Ich halte – ganz unbescheiden – meine Umschreibung von »Aggression« für die tragfähigste unter allen mir bekannt gewordenen sog. »Aggressionsdefinitionen«; ich habe sie oft genug in Diskussionen verteidigen können.

Auch die Skizze der psychologischen Aggressionstheorien (Kapitel 2) ist – unabhängig von aktuellen Trends – zutreffend geblieben. Das Kapitel 3 über die »Entwicklung aggressiven Verhaltens« und das Kapitel 4 über das »Bedingungsgefüge der Aggressivität« geben gewiß sehr subjektive, dennoch aber – so hoffe ich – relevante Einführungen in diese Teilthemen. Eingebettet ist hier der Beitrag von Detlef Berg über die »Kindesmißhandlung« (Kap. 4.2.2).

Das 5. Kapitel »Diagnostische Methoden« hat sowohl einen historischen Schwerpunkt als auch einen Akzent durch Berichte über meine eigenen Beiträge.

Schließlich rundet das 6. Kapitel »Intervention bei aggressivem Kindverhalten« von Ulrich Mees die intendierte Übersicht über die Psychologie der Aggressivität ab.

In Worten des Dankes müßte ich eigentlich viele nennen, die kleine Beiträge zur 2. Auflage geleistet haben; gewiß aber muß ich Frau Irmgard Salomon, Sekretärin an meinem Lehrstuhl, herzlichen Dank sagen für die quantitativ und qualitativ hervorragenden Schreib- und Korrekturarbeiten.

Bamberg, im Herbst 1996 Herbert Selg

Inhalt

1 Relevante Begriffe

1.1 Aggression

Ohne damit unsere Vorfahren als aggressiv einstufen zu wollen, können wir davon ausgehen, daß Aggressionen ein Problem sind, seit es Menschen gibt; seit den 60er Jahren unseres Jahrhunderts sind Aggressionen auch ein zentrales Thema der Psychologie. In den 70er Jahren wurden Veröffentlichungen zur Aggression sogar Mode, und wie jede Mode fand auch sie reichlich Mannequins; doch Moden vergehen rasch, die Mannequins wechseln die Kleider. Geblieben ist das Thema von dem uralten Problem.

In der Bibel, sicher einem der ältesten und meistverbreiteten Bücher der Welt, ist kaum die Schöpfung kurz berichtet und das Paradies knapp beschrieben, da wird bereits Aggression um Aggression geschildert, und die erste dieser Aggressionen beging – Gott!

Sie war verbaler Art, eine massive Drohung gegen Adam; er sollte nicht vom Baum der Erkenntnis essen: ». . . denn an dem Tage, da du von ihm issest, mußt du des Todes sterben.«

Die zweite Aggression beging ein Tier. Die Schlange, wohl Maske des Teufels, überredete das erste Menschenpaar zum Sündenfall; diese Verführung kann als subtile, indirekte Aggression gelten. Denn die Schlange wollte offensichtlich die Folgeschäden, die der Sündenfall für Adam und Eva, ja für das ganze Menschengeschlecht haben würde, herbeiführen.

Der ob der Normverletzung zürnende Gott reagierte strafend mit der dritten und vierten Aggression. Sein Zorn richtete sich zunächst gegen die Schlange, sodann aber auch gegen die Menschen: Seitdem sind wir aus dem Paradies vertrieben, und der Verzehr verbotener Früchte führt zwar noch zu einem bescheidenen Genuß, aber wohl nur noch selten zu nennenswerten Erkenntnissen.

Erst die fünfte Aggressions-Episode hat eine menschliche Handlung zum Inhalt: den bekannten Brudermord, den Kain an Abel beging.

Anschließend geht es in der Bibel fast Seite um Seite mit aggressiven Szenen fort – zumindest im Alten Testament.

Halten wir inne! – aus zwei Gründen.

Zum einen: der Gott des Alten Testaments als Urmodell der Aggressivität? Das könnte mir den geballten Zorn von Christen aller Konfessionen zuziehen.

Aber ich bin überzeugt: Je intensiver wir uns mit dem Alten Testament befassen, desto mehr wird sich die Vorstellung von Gott als (auch) zornigem, aggressivem Gott durchsetzen (aus theologischer Sicht dazu RINGELING, 1977).

Zum anderen erscheint es grundsätzlich notwendig, den Begriff »Aggression«, wie er hier gebraucht wird, vorzustellen, ehe weitere Ausführungen folgen. Auf eine Vorab-Umschreibung von Aggression glaube ich nicht verzichten zu können, denn nachweislich versteht nahezu jeder etwas anderes darunter, wenngleich im Kern oft ein gewisses gemeinsames Vorverständnis gegeben sein dürfte.

Gerade auch verschiedene Wissenschaftler verstehen recht Verschiedenes unter Aggression. Bei einigen psychoanalytisch orientierten Autoren kommt es in der Nachfolge FREUDs vor, daß jede Aktivität, die nicht auf den Eros (den Lebenstrieb) zurückgeführt werden kann, als Ausläufer seines Gegenspielers (des Todestriebs) interpretiert und somit als Aggression eingestuft wird. MITSCHERLICH rechnet zur Aggressivität ». . . alles, was durch Aktivität – zunächst durch Muskelaktivität – eine innere Spannung aufzulösen sucht« (1969, S. 12). PARENS (1979) lehnt zwar – im Gegensatz zu MITSCHERLICH – das Todestriebkonzept FREUDs ab, aber auch er hat einen extrem weiten Aggressionsbegriff, der z. B. auch die Nahrungsaufnahme umfaßt.

M. E. belegen diese Beispiele eine unnötig *inflationäre* Verwendung des Terminus »Aggression«. Man muß es sich ganz bewußt machen, daß sie ernsthaft vorschlagen, alles menschliche und tierische Verhalten auf nur zwei – allerdings sehr breit gefaßte – Kategorien zu verteilen, auf Sexualität und Aggressivität. Mich erinnert das an eine Stelle in Hermann HESSEs »Der Steppenwolf«, in der ein fiktiver Gärtner für »hunderterlei« Bäume, Obst und Kräuter und »tausenderlei« Blumen keine andere Unterscheidung kennt als »eßbar« und »Unkraut«. Wenn wir mit den genannten und anderen psychoanalytischen Autoren (u. a. HARTMANN et al., 1949; SCHULTZ-HENCKE, 1947) nur zwei Verhaltensklassen anerkennen und nahezu jede nichtsexuelle Aktivität als Aggression einstufen, so kommen wir zu dem z. B. für die Friedensbemühungen fatalen Schluß, daß menschliches Leben ohne Aggressivität unmöglich ist. KRIEGER hat (in der ZEIT vom 5. 6. 1970) diese gefährliche Suggestion mit Recht als »simplen begriffstechnischen Trick« entlarvt.

Auch im Alltag gibt es Beispiele für eine ausufernde Benutzung des Terminus Aggression:

Da ist z. B. in Fußballreportagen zunehmend die Rede vom aggressiven Spiel etwa des Torjägers X. Sieht man genau hin, so begeht dieser aber keineswegs häufig sog. Fouls; er tritt nicht nach dem Gegner statt nach dem Ball; vielmehr spielt er spritzig, antrittsschnell, dynamisch, kraftvoll, mit gutem Einsatz. Aggressionen? M. E. Fehlanzeige. Der Reporter in seiner Sprachnot benutzt recht unbegründet das Etikett »Aggression«.

Ähnlich wird auch das Spiel von Musikgruppen gelegentlich »aggressiv« genannt. Wenn damit zum Ausdruck gebracht werden sollte, daß durch lautes Spiel die Nachbarn gezielt geärgert und um ihren wohlverdienten Schlaf gebracht werden sollen, so wäre gegen die Bezeichnung nichts einzuwenden.

Aber der Berichterstatter meint es gewöhnlich anders, was er eigentlich auch hätte anders formulieren müssen: Er will gekonntes, rhythmisch betontes Musizieren beschreiben.

Diese Beispiele aus wissenschaftlichen Texten und aus dem Alltag stehen für einen leichtfertigen, überstrapazierenden Gebrauch des Wortes »Aggression«.

Auf der anderen Seite gibt es aber auch zu enge Blickwinkel. Da wird vorgeschlagen, so deutlich zwischen menschlichen und tierischen Aggressionen zu trennen, daß ein gemeinsamer Rahmenbegriff nicht mehr sinnvoll erscheint (u.a. A. MUMMENDEY, 1982, S.318). Ganz so einfach kann man aber wohl z.B. Konrad LORENZ und andere Ethologen nicht mundtot machen, die Aggressionsforschung bei Mensch und Tier unter einer gemeinsamen begrifflichen Perspektive betreiben, wobei allerdings auch schon einmal kurzschlüssig von Buntbarschen und Graugänsen auf die Aggressivität des Menschen geschlossen wird (LORENZ, 1963).

Allzu einengend ist auch die Forderung, man solle nur dann von Aggressionen sprechen, wenn der Handelnde ausdrücklich aggressive Absichten zugibt (WERBIK, 1974). Dadurch fallen gerade die m.E. relevantesten menschlichen Aggressionen aus der Forschung heraus, z.B. viele Straftaten (da hier oft die Absicht geleugnet wird) und auch die frühe Entwicklung menschlicher Aggressivität (da Kleinkinder kaum das vorausgesetzte sprachliche Niveau erreicht haben). Das würde bedeuten, daß wir nie erfahren, aus welchen Anfängen sich eigentlich die Vielfalt menschlicher Aggressivität entwickelt.

Merkwürdig oft wird in der Aggressionsforschung behauptet, es gebe keine zufriedenstellende Aggressionsdefinition. Das ist richtig, aber Gleiches gilt für alle Begriffe, die aus der Alltags- oder der Bildungssprache entlehnt sind. Niemand kann verbindlich Angst, Gesundheit, Intelligenz, Sexualität, Spiel, Sport, Streß usw. definieren. Statt dies hinzunehmen, werden zum Zweck definitorischer Diskussionen eigens Tagungen abgehalten und Bücher geschrieben. So kann man als Wissenschaftler lange im engen und zugleich behaglichen »Elfenbeinturm« verbleiben, ohne sich den Anforderungen des Alltags zu stellen.

Hier kann sich die Frage aufdrängen, ob es nicht einfacher und besser wäre, Umschreibungsversuche gänzlich zu unterlassen. Wer hat recht: HOBBES, der (nach VORLÄNDER, 1966) alle Wissenschaften von Definitionen ausgehen lassen wollte oder z.B. FREUD, der Definitionen als unnötig restriktiv für junge Wissenschaften ansah? Vielleicht ist eine Synthese der beiden Standpunkte nicht ganz ausgeschlossen: Zunächst sollte ein Umschreibungsversuch als vorangestellte Orientierungs- und Verständigungshilfe angeboten werden; aber sie kann nicht den Charakter endgültigen Festlegens haben. Sie muß für Veränderungen offen sein und Entwicklungen erlauben. Psychologische Begriffe (Konstrukte), ob sie nun Verhaltensausschnitte (wie Aggression) oder Dispositionen (wie Aggressivität) betreffen, sind so zu bilden, daß sie durchlässig (permeabel) sind, z.B. neue Elemente aufnehmen oder alte abstoßen können. Bei psychologischen Konstrukten handelt es sich um Werkzeuge, die in Richtung auf größere Brauchbarkeit und Nützlichkeit modifizierbar sein müssen. Wer mehr verspricht, muß sich vom französischen Philosophen Albert CAMUS sagen lassen: »Wer definiert, kennt das Schicksal nicht.«

Mir schwebt ein Aggressionsbegriff vor, der eher eine mittlere Reichweite hat und leidlich befriedigend mit dem Alltagsgebrauch übereinstimmt. Ich möchte es vermeiden, von einer *Definition* der Aggression zu schreiben, denn da könnte ein exaktes Eingrenzen erwartet werden – und das wird nicht möglich sein. Möglich ist allenfalls eine Umschreibung, die Akzente setzt. Eine solche Umschreibung muß brauchbar sein; sie sollte nichts ausschließen, was als Aggressionsforschung bereits hinlänglich anerkannt ist (darunter die umfangreiche Erforschung tierischer Aggressionen).

Indem ich mich vor allem auf die sog. Yale-Gruppe (DOLLARD, DOOB, MILLER, MOWRER und SEARS, 1939) gestützt habe, habe ich 1968 formuliert, unter welchen Voraussetzungen ich etwas als Aggression einstufen möchte:

»Eine Aggression besteht in einem gegen einen Organismus oder ein Organismussurrogat gerichteten Austeilen schädigender Reize (»schädigen« meint beschädigen, verletzen, zerstören und vernichten; es impliziert aber auch wie »iniuriam facere« oder »to injure« Schmerz zufügende, störende, Ärger erregende und beleidigende Verhaltensweisen, welche der direkten Verhaltensbeobachtung schwerer zugänglich sind); *eine Aggression kann offen* (körperlich, verbal) *oder verdeckt* (phantasiert), *sie kann positiv* (von der Kultur gebilligt) *oder negativ* (mißbilligt) *sein«* (1968, S. 22).

Ich möchte diese Umschreibung beibehalten. (Anm. 1)

Wichtig ist mir: »Aggression« meint ein *Verhalten*, nicht bereits eine spekulative Ursache von Verhalten (wie z. B. ein Aggressionstrieb bei Konrad LORENZ und A. MITSCHERLICH); »Aggression« meint keinen Affekt (wie Ärger, Wut, Haß) und keine unangehme Verspannung.

Wenn »Aggression« auf eine reine Klassifizierung von Verhaltensweisen abzielt, so sollten wir nicht sagen, jemand *habe* Aggressionen. In den Fällen, wo wir einen solchen Sprachgebrauch antreffen, paßt es in der Regel besser zu formulieren, jemand erlebe gerade Ärger und Wut, sei haßerfüllt oder frustriert und verspannt und möchte sich z. B. durch sportliche Betätigung austoben und entspannen.

Wir sollten auch nicht sagen, jemand *reagiere* Aggressionen ab; allenfalls reagiert jemand seinen Ärger, seine Verspannung ab.

Bei einem »Nicht-Verhalten«, etwa einer unterlassenen Hilfeleistung, würde ich – anders als WERBIK und MUNZERT (1978) bzw. JÜTTEMANN (»Unterlassungsaggression«, 1982) – nicht von einer Aggression sprechen; zum einen würde dadurch der Terminus »Aggression« wieder inflationär ausgeweitet, zum andern würde dies mit dem Wortgebrauch im Alltag zu wenig übereinstimmen, wie ich durch eine Untersuchung des Wortgebrauchs bei Studenten ermitteln konnte (1968, S. 18ff). (Anm. 2) Selbst ethisch verwerfliche Passivität (s. REINER, 1965) sollten wir nicht »Aggression« nennen; denn wir müssen uns *ständig* Unterlassungen vorwerfen, solange wir wenig oder nichts tun, obwohl wir wissen, daß irgendwo in der Welt Menschen mißhandelt werden und verhungern. Wem würde es helfen, wenn wir uns deshalb *immerzu* aggressiv nennen würden?

Die obige Umschreibung nennt einen *Organismus* oder ein Organismussurrogat als Objekt der Aggression. Verhalten soll also nur dann als Aggression eingestuft werden, wenn es gegen Lebewesen gerichtet wird. Dabei kann es durchaus als Aggression gelten, wenn jemand das Foto seines ungetreuen Partners zerreißt: Dieses Foto ist als Organismussurrogat (als Stellvertreter oder Ersatz) anzusehen. Wenn hingegen ein Berufsfotograf nach getaner Arbeit alle unbrauchbaren Fotos zerreißt, so ist dies in aller Regel nicht als Aggression einzustufen.

Schwer zu beurteilende Grenzfälle können z.B. im Spiel mit Puppen vorliegen. Sollen wir von einer Aggression sprechen, wenn ein Kind eine Puppe schlägt? Ich bin eher bereit, die Frage zu bejahen. Kinder nehmen ihr Spiel im allgemeinen ernst; solange dies der Fall ist, bedeutet ihnen eine Puppe wirklich so etwas wie ein Lebewesen. In tiefenpsychologischer Sicht ermöglicht deshalb das (Puppen-)Spiel auch therapeutisches Handeln (s. ZULLIGER, 1963).

Ganz wichtig ist: Die interpretierte *»Gerichtetheit«* soll zufälliges Zufügen von Schmerz etc. nicht als Aggression gelten lassen (wenn ich z.B. in einem plötzlich bremsenden Bus einen vor mir Stehenden in die Ferse trete).

Die nötige Interpretation einer Gerichtetheit muß der jeweilig Daten sammelnde Wissenschaftler vornehmen. Sie kann nicht dem Aggressionsopfer überlassen werden: Überempfindliche und Paranoiker würden die Welt von Aggressionen überflutet sehen. Sie kann aber auch nicht vom Täter vorgenommen werden: Da blieben wenig Aggressionen übrig ... (Anm. 3)

Ich habe nichts dagegen, bei den meisten menschlichen Aggressionen ausdrücklich eine »Absicht« als Kriterium für den Gebrauch des Wortes »Aggression« zu akzeptieren, wie es viele Aggressionsforscher für alle Aggressionen verlangen. Aber wer grundsätzlich eine Absicht voraussetzt, damit von Aggression gesprochen werden darf, bekommt große Schwierigkeiten, Daten aus der Tierforschung, aus Untersuchungen von Straftaten, aus klinischen Berichten über Geisteskranke, aus Beobachtungen von impulsiven Verhaltensweisen und von Kleinkindern in die Aggressionsforschung einzubeziehen – solange wir uns zieren, z.B. Tieren und Kleinkindern Absichten zuzuschreiben; Gerichtetheiten können wir dagegen auch bei Tieren mit der nötigen Sicherheit interpretieren. Ein Beispiel: Daß eine Motte in der Nacht trotz aller Umwege gezielt zum Kerzenlicht fliegt, leugnet niemand; aber wer sagt, sie fliege »absichtlich« – in ihren Tod?

Wichtig ist mir auch: Die oben angebotene Umschreibung ermöglicht es, »Aggression« vom fast selbstverständlichen Ruch des Bösen und der Normverletzung insofern zu befreien, als sie auch *positive* (oder prosoziale) Aggressionen im Sinne von kulturell gebilligtem oder verlangtem Verhalten vorsieht (z.B. im Krieg bei kämpfenden, tötenden Soldaten). »Positive Aggression« ist kein Widerspruch in sich. Mindestens seit 1961 (R. R. SEARS) sind prosoziale Aggressionen in der wissenschaftlichen Diskussion (u.a. aggressive Verhaltenskontrolle, Sanktionen); es handelt sich um instrumentelle Aggressionen. Ein unter Schülern beobachtetes Beispiel: Ein starker, im allgemeinen nichtaggressiver Junge schlägt auf etliche andere ein, die gemeinsam einen leicht behinderten Jungen quälen wollen, und beschützt diesen dadurch erfolgreich.

Eine solche Einteilung in positive und negative Aggressionen ist möglich, aber im konkreten Fall nicht unbedingt notwendig; sie sollte unterbleiben, wo eine Zuordnung so strittig ist, daß sich ihretwegen Wortklauberei oder wissenschaftliche Passivität ergeben könnte.

Bei der Frage, ob der vom US-Präsidenten REAGAN 1986 befohlene militärische Einsatz amerikanischer Flugzeuge gegen Libyen als Aggression zu gelten habe oder nicht, brauchen wir somit weder ins Parteiengezänk einzusteigen (für die einen war es selbstverständlich eine Aggression, für die anderen selbstverständlich nicht) noch zu warten, ob und wie die Geschichte hierzu einmal ein allgemein akzeptiertes Urteil spricht (wie sie es über HITLERs Einfall in Polen 1939 inzwischen getan hat). Wir können sofort, da libysche Kinder ebenso wie libysche und amerikanische Erwachsene getötet wurden, diese Vorgänge als Gegenstände der Aggressionsforschung untersuchen.

Gleiches gilt für die terroristischen Aktionen, die dem amerikanischen Schlag vorausgingen. Ob sie von Libyen gesteuert waren, scheint für jene wichtig zu sein, die bei Aggressionen eine Normverletzung voraussetzen: Wenn Libyen den Terror inszenierte, so sehen sie im amerikanischen Vorgehen weniger eine Aggression als eine notwendige »Ordnungsmaßnahme«; wenn aber Libyen gar nicht als Drahtzieher überführt werden kann, so müssen sie den amerikanischen Eingriff als Angriff, als Aggression einstufen. In jedem Zweifelsfall können wir uns einer Wertung über eine Normverletzung enthalten und »zur Tagesordnung übergehen«, d.h.: Wo immer ein Leiden und Sterben von Menschen bewußt angestrebt oder in Kauf genommen wird, können wir von Aggressionen sprechen – unabhängig von der erschlossenen Motivation und damit von der Wertung. Im einen Fall mögen wir die Aggression eher positiv (wenn das amerikanische Verhalten stark provoziert war), im andern Fall eher negativ sehen (wenn der amerikanische Angriff evtl. nur der Erprobung moderner Waffen gedient haben sollte); aber unabhängig davon ist in jedem Fall das Etikett »Aggression« sinnvoll anzuwenden. Manchmal wird im Lauf der Geschichte die ursprüngliche Bewertung einer Aggression umgekehrt; z.B. durfte Hitlers Angriffskrieg gegen Polen schlecht informierten Deutschen zunächst als positive Aggression erscheinen, nach 1945 kaum noch.

Wer Normverletzungen zum *Kriterium* für Aggressionen machen will, nimmt sich wahrscheinlich überhaupt die Möglichkeit, polizeiliche und militärische Aktionen der Gegenwart als Aggressionen zu untersuchen, denn jeder gegen Demonstranten eingesetzte Polizist und jeder kämpfende Soldat befolgt lediglich die für ihn gültigen Normen; und jeder Befehlshaber pocht entschieden auf die Berechtigung, ja sittliche Notwendigkeit seines Handelns. Als Aggression gilt in der Politik und zumal in ihrer militärischen »Fortsetzung« immer das, was der Gegner tut; die jeweils eigenen Militärflugzeuge und Raketen sind nichts als wohldimensionierte Friedenstauben.

Wer Normverletzungen zum Kriterium erheben will, läuft auch Gefahr, reaktive Aggressionen nicht als solche einstufen und untersuchen zu können, denn Gegenwehr wird von unseren Normen weitgehend toleriert (s. den Begriff der Notwehr).

Wichtig ist mir außerdem: Es sollte auch möglich sein, von *Selbst*aggressionen zu sprechen; ein Mensch kann zugleich Subjekt und Objekt seines Verhaltens sein. Das wird keinesfalls von jedem Autor zugebilligt (siehe z.B. die Aggressionsumschreibungen von BUSS und LORENZ).

Schließlich: Auch *Phantasien* können als Aggressionen eingestuft werden, sofern man Phantasietätigkeit als *verdecktes* Verhalten akzeptiert.

Zusammengefaßt:

Als Aggression soll solches Verhalten bezeichnet werden, bei dem schädigende Reize gegen einen Organismus (oder ein Organismussurrogat) ausgeteilt werden. Dieses Verhalten muß als gerichtet interpretiert werden (vom Wissenschaftler, nicht vom Opfer und nicht vom Täter).

Es gibt keine Aggressionsumschreibung, die alle spitzfindig am Schreibtisch ausgedachten Problemchen lösen kann; dies gilt aber für alle sozialwissenschaftlichen Konstrukte, also auch für Sexualität, Intelligenz, Angst usw.

In der Praxis der Aggressionspsychologie gibt es m.E. keinen nennenswerten Dissens, auch wenn die verschiedenen Forscher in der Umschreibung verschiedene Akzente setzen. Diese enthalten fast immer bemerkenswerte Denkanstöße und verlieren meist nur dann an Wert, wenn sie den Anspruch enthalten, endgültig die Problematik gelöst zu haben. (Anm. 4)

1.2 Gewalt

»Gewalt« ist ein relativ modisch gewordenes Wort. Nach der Brockhaus-Enzyklopädie (1969) ist unter Gewalt zu verstehen »die Anwendung von Zwang, unrechtmäßiges (gewalttätiges) Vorgehen; aber auch allgemein: Macht, Kraft, Herrschaftsbefugnis . . .« etc.

Was dem Terminus »Aggression« passierte, blieb dem Terminus »Gewalt« nicht erspart: Es gibt keinen einheitlichen Wortgebrauch. Vor allem inflationäre Ausweitungen sind verbreitet: GALTUNG (1971, S.57) baute »Gewalt« zu einem Gegenbegriff für »Frieden« auf: »Gewalt liegt dann vor, wenn Menschen so beeinflußt werden, daß ihre aktuelle somatische und geistige Verwirklichung geringer ist als ihre potentielle Verwirklichung.« Ein hoher Anspruch wird hier gestellt, das ehrt den Autor . . . Wer von uns hat aber wohl durch seine Erziehung alle seine Möglichkeiten verwirklichen können? Waren die uns beeinflussenden Eltern und Lehrer etc. »gewalttätig«, weil sie uns nicht optimal fördern konnten? Ich bezweifle, daß GALTUNGs Begriff nützlich ist. GALTUNG (1971) hat auch den überaus gern zitierten Begriff der »strukturellen Gewalt« geschaffen: Was er umreißt, sind »gesellschaftliche Verhältnisse«, die das Auftreten von Gewalt fast zwangsläufig nach sich ziehen (z.B. die grundsätzliche Benachteiligung der Frau in streng patriarchalischen Gesellschaften). Letztlich erfassen GALTUNGs Worte aber nicht praktizierte Gewalt, sondern allenfalls deren Voraussetzungen (WERBIK, 1982, S. 44).

Auch das folgende Zitat steht – im Kontext von Sexualität – für einen allzu ausgeweiteten Gewaltbegriff: »Für mich hängen Lust und Gewalt zusammen, Gewalt in dem Sinn, auch die Dominierende zu sein, den Ablauf zu bestimmen, ich will den anderen auch mal kräftiger anfassen können, je nach Stimmung« (DARRER, 1984).

In diesem Beispiel wird für betonte sexuelle Aktivität das Wort »Gewalt« mißbraucht und verschlissen.

M.E. akzentuiert das Brockhaus-Zitat zunächst einen brauchbaren Begriffskern: Es geht um Zwang; darum, daß anderen etwas gegen ihre Bedürfnisse, gegen ihren Willen geschieht.

Der Brockhaus führt aber auch »Unrechtmäßigkeit« als Kriterium für Gewalt an; das ist problematisch. Es gilt z.B. durchaus als rechtmäßig, wenn Eltern ihre Kinder prügeln; dennoch neigen wir zunehmend dazu, dies »Gewalt« zu nennen.

Wie »Aggression« muß auch »Gewalt« von dem selbstverständlichen Beigeschmack des Unrechtmäßigen und Bösen befreit werden: Wir alle kennen Zustände, in denen wir Gewalt tolerieren oder gar wünschen müssen; wir verurteilen nicht die Attentate gegen Hitler.

Unter »Gewalt« wird in erster Linie physische Gewalt verstanden, d.h. physische Aggression, die mit relativer Macht einhergeht. Wenn ein kleiner Junge wütend nach seinem Vater schlägt, werden wir kaum von Gewalt sprechen, wohl aber im umgekehrten Fall. Als psychische Gewalt können dann sowohl alle ernstgemeinten Drohungen als auch jene verbalen Aggressionen gelten, die mit relativer Macht einhergehen. Auch hierzu ein Beispiel: Wenn sich zwei gleichstarke Kinder beschimpfen, gilt das kaum als Gewalt, wohl aber wenn eine sozial mächtige Person eine schwache Person beschimpft und bedroht.

1.3 Ärger, Wut, Zorn und Haß

Ärger, Wut und Zorn sind Gefühle, die recht oft im unmittelbaren Umfeld von Aggressionen festgestellt werden können; wir sagen, sie sind *aggressions-affin*. Um einem Mißverständnis vorzubeugen, unterstreichen wir aber, daß es diese Gefühle (Emotionen, Affekte) auch ohne Aggressionen geben kann; jeder kennt Menschen, die Ärger »runterschlucken«, ohne aggressiv zu werden; und es gibt umgekehrt sachlich geplante und ausgeführte Aggressionen ohne solch negative Gefühle – wenn man so will: kalte Aggressionen.

Ärger kann als eine Klasse von untereinander ähnlichen, unlustbetonten emotionalen Reaktionen bezeichnet werden, die bei aversiven Erlebnissen auftreten, d.h. auf Frustrationen, Enttäuschungen, Belästigungen und Demütigungen hin.

Ärger ist objektbezogen; man ärgert sich über etwas. Dieses »Etwas« sind oft andere Personen, manchmal ist es aber die berühmte Fliege an der Wand, das schlechte Urlaubswetter, eine Erkältung oder auch die Widerständigkeit einer Sache (z. B. ärgert es mich, wenn ich nicht weiß, wie ich ein Problem lösen soll). Das Etwas wird als Behinderung erlebt oder als Hindernis, das behoben werden soll. Hier deutet sich an, weshalb Ärger oft mit Aggressionen in Verbindung gebracht wird: Aggressionen sind gelegentlich ein einfaches Mittel, störende Hindernisse zu beseitigen. Wenn sich das Hindernis als stark und die eigene Kraft als schwach erweisen, wird eine Bedrohung erlebt und eher Furcht als Ärger aufkommen – mit der Motivation zur Flucht.

Man kann sich diese Abläufe so denken:

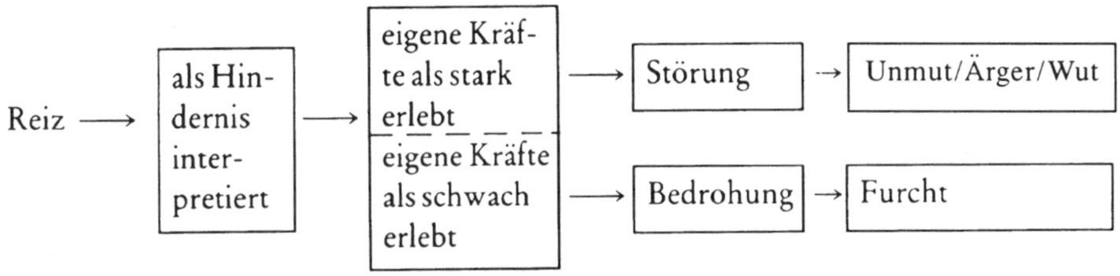

Die Ärgerreaktion enthält wahrscheinlich *angeborene* Komponenten; Ärger setzt Energie frei, wie sie z. B. für eine expressive Aggression gebraucht wird. Ärger ist gewiß aber auch *sozial* überformt; schließlich wird er ja vielfach gegen Personen gerichtet, die den Ärger – nach Meinung des sich Ärgernden – schuldhaft ausgelöst haben. Gegen eine Überbetonung der angeborenen Komponente spricht nicht zuletzt, daß es für erwachsene Menschen keinen eng umschreibbaren Ärgerreiz gibt, daß vielmehr oft komplexe Situationsbewertungen in uns ablaufen und darüber entscheiden, ob Ärger aufkommt oder nicht.

Letztlich tendiert jeder Ärger zur Aufhebung des Anlasses, m. a. W. zu einer Problemlösung. Es überrascht dann kaum noch, daß Ärger oft im Nachhinein positiv gewertet wird, wenn z. B. ein Hindernis erfolgreich beseitigt worden ist. Ärger kann dazu anregen, Situationen zwischen Menschen zu verbessern (besonders wenn sich diese Menschen sympathisch sind). Denn Ärger ist nicht nur als unangenehmes *Gefühl* zu sehen; er ist genauso gut ein *Motiv*, das zum Handeln antreibt. Motiv und Gefühl »sind konzeptuelle siamesische Zwillinge« (MEES, briefl. Anm. 1986).

Ärger und *Wut* sind kaum voneinander abzuheben. Wut enthält weniger kognitive Anteile, weniger Reflexion; sie wirkt gleichsam spontaner. Von Wut sprechen wir nur bei höheren Erregungsgraden, die leichter zu Aggressionen führen. Wut macht manchmal »blind«, deshalb wird sie auch eher als »Primitivaffekt« (LERSCH, 1956) eingestuft.

Es erscheint richtig, einen nahtlosen Übergang zwischen Ärger und Wut anzunehmen; insofern ist es auch zweckmäßig, zusammenfassend von einem Ärger/Wut-Affekt zu reden.

Während Wut auch Tieren zugesprochen wird (s. LERSCH), gilt *Zorn* als spezifisch menschlich (allenfalls ist auch vom Zorn Gottes die Rede). Er entsteht, wenn andere Personen wichtige Normen verletzen; der Zornige braucht gar nicht Opfer solcher Normverletzung zu sein.

Beim Menschen wird man gelegentlich vereinfachend, um nicht stets feine Unterschiede beurteilen zu müssen, vom Ärger/Wut/Zorn-Affekt sprechen. Dieser wird – siehe oben – vielfach als erste Reaktion auf Frustrationen etc. hin gesehen; ihr folgt nach Meinung verschiedener Theoretiker als zweite Reaktion oft eine Aggression (s. Frustrations-Aggressions-Theorie, Kap. 2).

Haß meint weniger eine kurzzeitige Gefühlsregung als vielmehr eine überdauernde intensive Einstellung gegen etwas oder gegen jemand; Haß zielt auf Vernichtung des Objekts (LERSCH, 1956).

Es gibt noch viele Emotionswörter im Umfeld aggressiven Verhaltens (u. a. Neid, Mißtrauen, Schadenfreude, Abneigung, Abscheu, Verachtung, Eifersucht, Empörung ...). Belassen wir es bei dieser Skizze von vier Emotionen mit großen Affinitäten zur Aggression.

Noch eine abschließende, von BUSS angeregte Überlegung: Wenn wir gegen etwas sehr negativ *eingestellt* sind, weckt jede Erinnerung an dieses Etwas negative Gefühle wie Ärger, Wut usw. Einstellungen sind relativ überdauernde Systeme von Verhaltensbedingungen gegenüber bestimmten Objekten oder Objektklassen. Wir alle haben z.B. Einstellungen zu Türken und Japanern, aber auch zur Hochrüstung der Weltmächte etc. Es ist zweckmäßig, bei Einstellungen drei Komponenten zu unterscheiden: eine affektive (mit den vom Objekt ausgelösten Emotionen), eine kognitive (unser Wissen, unsere Meinungen über das Objekt) und eine Handlungskomponente (das offene Verhalten, das wir dem Objekt gegenüber zeigen). Man könnte nun dort, wo Objekte immer wieder negative, aggressionsaffine Emotionen auslösen, zusammenfassend von einer feindseligen Einstellung oder vereinfachend von *Feindseligkeit* gegen diese Objekte sprechen. Wer feindselig gegen die Rüstung oder die Atomindustrie eingestellt ist, erlebt Ärger, Wut, Zorn oder Haß stets aufs neue, wenn er an sie denkt. Wo Feindseligkeit vorliegt, scheinen auch Aggressionen leicht auslösbar zu sein.

1.4 Aggressivität, Aggressivitäten

In Anlehnung an BUSS (1961) kann Aggressivität als eine Persönlichkeitsvariable (eine »Eigenschaft«) angesehen werden. Ich schlage vor (wie 1968), unter »Aggressivität« nicht mehr zu verstehen als eine erschlossene, relativ überdauernde Bereitschaft zu aggressivem Verhalten.

Wenn jemand immer wieder solches Verhalten zeigt, pflegt man ihn einen aggressiven Menschen zu nennen; man stuft ihn m. a. W. auf einer gedachten Aggressivitätsskala hoch ein. In der Sprache der Motivationsforschung könnten wir auch sagen: er habe starke Aggressionsmotive entwickelt. Wie noch auszuführen ist, müssen wir davon ausgehen, daß bestimmte Erfahrungen die

Aggressivität steigern, andere sie senken oder hemmen. Wer eine hohe Aggressivität aufweist, wird, so nehmen wir an, mit hoher Wahrscheinlichkeit in bestimmten Situationen aggressiv (re)agieren; viele Situationen enthalten für ihn Aggressionsauslöser.

Es muß aber stark bezweifelt werden, daß »Aggressivität« als einheitliches Verhaltens- oder Motivsystem begriffen werden darf. Besser ist es, eine *Mehrzahl von »Aggressivitäten«* anzunehmen, deren Ausprägung evtl. sogar unabhängig voneinander erfolgt: Wer mit Worten erfolgreich aggressiv ist, ist es nicht unbedingt auch mit den Fäusten; wer gegen Untergebene aggressiv ist, ist evtl. unterwürfig gegen Vorgesetzte (»Radfahrer«).

Auch wenn Einigkeit besteht, daß dem Menschen X eine hohe körperliche Aggressivität zugesprochen werden kann, wissen wir nicht, ob er in einer konkreten Situation zuschlagen wird. X verübt keine Aggression, weil er eine hohe Aggressivität besitzt. Solche »Urteile« wären Zirkelschlüsse; denn die Aggressivität als Bereitschaft zu aggressivem Verhalten haben wir zuvor aus ebensolchen Verhaltensweisen erschlossen. Jemand handelt in einer konkreten Situation deshalb aggressiv, weil er es so gelernt hat und sich für diese Situation mit Hilfe der Aggression einen Erfolg erwartet.

eigene
Diskuss
↓
DIS

1.5 Aggressionsarten

Wie die gegebene Umschreibung von Aggression (s. S. 4) ausdifferenziert werden kann, soll hier mit Hilfe verschiedener »Querschnitte«, die sich aus der Phänomenanalyse anbieten, verdeutlicht werden. Die Umschreibung nennt bereits »offenes« und »verdecktes« Verhalten, »positive« und »negative« Aggressionen.

Eine Systematik der Aggressionen kann mehr *äußerlich-formal* und/oder mehr *inhaltlich-motivational* geschehen. Wenden wir uns zunächst den äußerlich-formalen Ansätzen zu.

BUSS (1961) hat eine Einteilung der *offenen* Aggressionen in *verbale* und *körperliche* konsequent eingeführt; sie verweist auf das jeweils benutzte Organsystem: die Sprechwerkzeuge einerseits, die restliche Willkürmuskulatur andererseits, die einen Schwerpunkt beim *hand*-elnden Menschen vor allem in den Muskelgruppen von Hand und Arm besitzt (s. auch BRICKLIN et al., 1962; KUNZ, 1946).

Eine sprachfreie Drohung mit der Faust kann m. E. zu den körperlichen Aggressionen gerechnet werden; vielleicht wäre es aber auch zweckmäßig, hier von einer symbolischen Aggression zu sprechen.

Während zumindest die direkten körperlichen Aggressionen fast immer zu objektivierbaren Verletzungen oder Schmerzen führen, erbringen verbale Aggressionen, die im Alltag auch oft als schmerzend oder verletzend umschrieben werden, kaum eindeutige Verletzungsfolgen, die der Fremdbeobachtung offenstehen. Es empfiehlt sich, vorwiegend vom Inhalt der Äußerungen her zu bestimmen, was als verbale Aggression gelten soll: 1. viele Zurückweisungen, 2. abfällige Bemerkungen und Kritiken, 3. Äußerungen negativer Gefühle, z.B. der Unzufriedenheit mit anderen (Schimpfen), des Ressentiments, des Mißtrauens, der Wut und des Hasses, 4. Äußerungen von Vorstellungen und Wünschen mit aggressiven Inhalten (»ich möchte ihn am liebsten umbringen«) oder Formen des Verfluchens, 5. Beleidigungen, 6. Bedrohungen, Nötigungen und Erpressungen, 7. Anklagen und Anschuldigungen. Zusätzlich kann bloßes Schreien – ohne Formulierung sprachlicher Inhalte – aggressive Züge haben; jedenfalls hat McDOUGALL das Gebrüll als Aggression hervorgehoben (1928).

Verdeckte oder *Phantasie*-Aggressionen werden entweder in Worten (über Vorstellungen und Wünsche) oder in Zeichnungen aufgedeckt (Anm. 5); Hinweise geben gelegentlich auch Mimik und Pantomimik. Es ist aber nicht auszumachen, wieviele Vorstellungen aggressiven Inhalts in der Phantasie »verschlossen« bleiben; dennoch sollte diese Form aggressiven Verhaltens (im weitesten Sinn) nicht aus der Psychologie der Aggression ausgeschlossen werden.

Ein wiederum anderer Querschnitt durch das aggressive Verhalten könnte mit BUSS durch die gelegentlich schon erwähnte Unterteilung in *direkte* und *indirekte* Aggressionen gezogen werden. Eine direkte Aggression ist unmittelbar gegen das Opfer gerichtet, bei einer indirekten ist das Opfer vielfach nicht anwesend; Beispiel: Man verbreitet eine üble Nachrede, begeht eine Sachbeschädigung oder errichtet eine Barriere zur Behinderung des anderen.

Ebenso ist eine Unterteilung in *direkte* und *verschobene* Aggression an dieser Stelle sinnvoll. Es gibt eine Verschiebung der Form und des Objekts. Im ersten Fall wird z.B. ein Zuschlagen durch ein Schimpfen ersetzt, im zweiten Fall das eigentliche Objekt durch einen Ersatz: Man(n) wagt es nicht, den Vorgesetzten, der Ärger ausgelöst hat, zu beschimpfen, man(n) reagiert vielmehr den Ärger aus nichtigem Anlaß an Frau, Kind oder Hund ab.

Mit der Rede von der Aggressionsverschiebung oder -umlenkung müssen wir aber vorsichtiger werden als üblich ist. Wenn ein vom Vater verprügelter Junge kurze Zeit später ein anderes Kind schlägt, darf dies nicht voreilig als Aggressionsverschiebung interpretiert werden; vielleicht hätte der Junge auch ohne die erlittene Prügelstrafe das Kind attackiert, weil er schon gelernt hat, sich so gegen Schwächere durchzusetzen. Bei BUSS, der sich als erster um die Systematik aggressiver Verhaltensweisen bemühte, findet man Aggressionen auch auf einem Kontinuum »aktiv-passiv« angeordnet. Die Beispiele, die BUSS angibt, überzeugen aber nicht völlig. Wer jemandem den Weg blockiert, ist nicht »passiv«, und was »passiver Widerstand« genannt wird, setzt im Detail große Aktivitäten voraus.

Es gibt andere formale Einteilungen, die wir jedoch nur summarisch andeuten. Ob eine Aggression von einem *einzelnen* oder von einer *Gruppe* begangen wird, wirkt sich bei rechtswidrigem Verhalten auf das Strafmaß aus (s. StGB § 223 a).

Eine besondere Form von Aggression zwischen Großgruppen ist der *Krieg*. Solche organisierten Aggressionen müssen ob ihrer Bedeutung gesondert betrachtet werden (Anm. 6). Alle Völker kennen Aggressionen, aber nicht alle führen Krieg. Kriege sind Vorgänge, zu deren Erklärung die Methoden und

Theorien der Psychologie zwar notwendig, aber nicht hinreichend sind. Wie Kriege ermöglicht, vor allem aber, wie sie verhindert werden können, dürften allenfalls zusammenarbeitende Gruppen verschiedener Wissenschaften (Historiker, Ökonomen, Pädagogen, Politologen, Psychologen, Soziologen etc.) mit einiger Aussicht auf Erfolg zu beantworten versuchen.

Die Unterteilung in *Fremd-* und *Selbstaggression* wird in modernen Psychologietexten oft geradezu verdrängt. Die Psychoanalyse hingegen hat sich mit der Möglichkeit zur Selbst- oder Auto-Aggression stets befaßt. BERKOWITZ (1962) behandelt Selbstaggressionen nur knapp, BUSS (1961) deutet sie lediglich im Referat über die Tiefenpsychologie an. Im Überschneidungsfeld von Psychologie und Psychiatrie gibt es inzwischen jedoch eine ausgedehnte Literatur zu verschiedenen Selbstaggressionen bis hin zum Suizid (s.u.a. WELLHÖFER, 1981).

Eine Klassifikation der Aggressionen könnte auch von der *Aggressionsstärke* ausgehen; aber seit es Waffen gibt, die nach dem Alles-oder-nichts-Prinzip funktionieren (eine Pistole schießt entweder mit voller Kraft oder gar nicht), kann man nur noch selten am Kraftaufwand beurteilen, wie heftig eine körperliche Aggression ist. So erfolgt eine Beurteilung der Aggressionsintensität mehr nach der Überlegung, wie wahrscheinlich die Aggression eine Verletzung zur Folge hat und wie schwer diese sein könnte: Wer mit der Pistole aus der Nähe auf einen Menschen schießt, hat eine stärkere Aggression ausgeübt als jemand, der eine Ohrfeige austeilt. Die Strafgesetzbücher jedenfalls haben sich solche Überlegungen für die Grenzziehung zwischen Vergehen und Verbrechen zu eigen gemacht (u.a. StGB § 249, 250).

Wenden wir uns den mehr inhaltlich-motivationalen Unterteilungen zu.

Zunächst sei an die Unterteilung der Aggressionen in positive und negative erinnert, die gerade bei bedeutsamen Aggressionen – etwa bei kriegerischen – nicht unmittelbar vorgenommen werden kann. Das Phänomen (der Krieg) muß aber Gegenstand der Aggressionsforschung werden können, bevor sich die Historie darüber einig geworden ist, wer die eigentliche Normverletzung begangen hat.

Ähnliche Gedanken deuten GELLES und STRAUS (1979) an, wenn sie zwischen legitimer und illegitimer Gewalt unterscheiden; erstere ist von den Normen der Gesellschaft verlangt (z.B. Schießen auf Feinde im Krieg), letztere steht im Widerspruch zu den Normen.

BUSS trennte 1961 die »wütende« (angry) von der »instrumentellen« Aggression. Erstere geschieht aus einem Affekt, letztere eher aus einem Kalkül heraus. Wenn ein Bedürfnis geweckt ist, aber kein alternativer Weg zum Ziel gesehen wird, rückt eine instrumentelle Aggression in den Bereich des Möglichen. M.a.W.: Instrumentelle Aggressionen sind Versuche, mit dem »Instrument Aggression« Aufgaben oder Probleme zu lösen.

Ähnlich sah FESHBACH (1964) eine Haupttrennungslinie zwischen verschiedenen Aggressionsweisen darin, ob sie als *instrumentell* oder *feindselig* (hostile) eingestuft werden können. Die feindselige Aggression will den Schmerz oder Schaden des Opfers; sie könnte als Aggression um der Aggression willen verstanden werden, in der auch Lust an der Aggression durchschimmern kann. Die instrumentelle Aggression will ein Ziel erreichen, wobei Schädigungen und Schmerzzufügungen nicht angestrebt, aber auch nicht unbedingt vermieden werden.

Natürlich schließen sich feindselige und instrumentelle Aggression wechselseitig nicht ganz aus; dennoch ist die begriffliche Trennung sinnvoll.

Insgesamt unterteilt FESHBACH (1964; in Anlehnung an IRWIN, 1961) die Aggressionen in *hostile, instrumentelle und expressive;* letztere sei durch einen Wunsch nach einer bestimmten Reaktionsform motiviert. Wenn damit nur ein ungerichteter Ärger/Wutausbruch gemeint ist, sollten wir ihn mehr als Ausdrucksverhalten denn als Aggression ansehen.

Aber es ist m.E. zweckmäßig, diese Dreiteilung beizubehalten und so zu verstehen, daß *expressive* Aggressionen jene sind, die primär nach Aufhebung einer Störung und nach Befreiung von aktueller Spannung streben; sie sind affektbedingt und affektbegleitet. Sie sind noch sehr stark Ausdruck von Ärger und Wut (vielleicht auch von höchster Angst); zugleich aber kann das Verhalten auch – nach langer Lerngeschichte – deutlich gerichtet sein und insofern in eine Aggression übergehen. Man denke an einen Jähzornigen, der sich schimpfend und schlagend gegen ein Opfer austobt, ohne in erster Linie (feindselig) dessen Schmerz anzustreben.

MOYER (1976) erschloß aus seiner Kenntnis *tierischer* Aggressionen acht verschiedene Arten, d.h. acht verschiedene Motive:

Beute-Aggression (vom Beuteobjekt ausgelöst), Rivalen-Aggression (gegen fremde Artgenossen), furchtinduzierte Aggression (bei Bedrohung und gleichzeitiger Blockierung des Fluchtwegs), Aggression aus Gereiztheit, Aggression zur territorialen Verteidigung, mütterliche Aggression, instrumentelle Aggression, sexualitätsbezogene Aggression.

Die Liste mutet etwas heterogen an; für den Menschen setzt sie keine wesentlichen Akzente. Menschliche Aggressivität ist – von den einzelnen Motiven her – unendlich offen.

In der psychopathologischen Arbeit drängen sich noch *sadistische* Aggressionen als eine besondere Teilmenge auf; in ihnen wird eine Verbindung zwischen aggressiven und sexuellen Impulsen gesehen.

Andere Vorschläge – aus dem psychoanalytischen Lager – sind stark wertend (z.B. gutartige/bösartige Aggression; FROMM, 1977).

Ich habe zur Unterteilung von Aggression immer die Dichotomie *»spontan – reaktiv«* als wichtig angesehen (bei ZILLMANN, 1979, »nicht-provozierte« und »provozierte« Aggression). Bei Verhaltensbeobachtungen an Kindern drängt es sich auf, zwischen Aggressionen, die deutlich reaktiv, provoziert sind, und anderen zu unterscheiden, deren Anlaß aus der Situation nicht ersichtlich ist und die vorläufig »spontan« genannt werden können. Für Extremfälle kennt auch das Strafgesetzbuch diese Unterteilung; reaktive Aggressionen, soweit sie als Notwehr anerkannt werden, bleiben straffrei (StGB § 53).

Als dritte Untermenge neben spontanen und reaktiven Aggressionen können solche *auf Befehl* angesehen werden. Ein wichtiges Beispiel liefern Soldaten, die einen Kampf eröffnen. Aus der Wissenschaft ist ein Experiment von MILGRAM berühmt geworden, in dem biedere Bürger bereit waren, auf Anordnung eines Versuchsleiters gefährliche Stromschläge gegen Versuchspersonen auszuteilen. (Die Stromschläge waren natürlich nur fingiert.) (Anm. 7)

ZILLMANN (1979) unterscheidet zwischen defensiven und offensiven Aggressionen. Dies ist verwandt mit »spontan – reaktiv«, aber nicht identisch: Man kann einen Offensivkrieg auf Grund vieler Provokationen sehr lang und genau planen, so daß ihm der Charakter des Spontanen fehlt.

Ein letzter Vorschlag zu einer mehr motivationalen Unterteilung: Es erweist sich – gerade auch bei der Arbeit mit Kindern – als sinnvoll, *spielerische* Formen der Aggression (Balgen unter Freunden, Schlagen von Puppen) von *ernsten* zu trennen.

Schließlich wird aber die Empirie darüber entscheiden müssen, welche der in tastenden Untersuchungen ausgedachten Systematisierungen nützlich sind und welche nicht.

Fassen wir die aufgeführten Aggressions-Systematisierungen in einem *Überblick zusammen:*

1. *Äußerlich-formale Einteilungen:*
   a) offene (körperlich, verbal)
      vs. verdeckte (phantasierte) Aggressionen
      (evtl. körperliche, verbale, phantasierte und symbolische Aggressionen)
   b) direkte vs. indirekte Aggressionen
      (direkte vs. verschobene Aggressionen)
   c) Einzel- vs. Gruppen-Aggressionen (Großgruppen: Krieg)
   d) Selbst- vs. Fremdaggressionen

2. *Inhaltlich-motivationale Einteilungen:*
   a) positive vs. negative Aggressionen
      (legitime vs. illegitime Aggressionen)
   b) expressive (»wütende«)
      vs. feindselige (hostile)
      vs. instrumentelle Aggressionen
   c) spontane vs.
      reaktive vs.
      Aggressionen auf Befehl
      (offensive vs. defensive Aggressionen)
   d) spielerische vs. ernste Aggressionen

Anmerkungen zu Kapitel 1

1) Meine Formulierung »Eine Aggression besteht . . .« ist evtl. mißverständlich. Mit WERBIK (u.a. 1982) möchte ich »Aggression« als *Beurteilungs-*, nicht als *Beschreibungs*begriff verstanden wissen. Was diese Präzisierung anstrebt, war bei allen De-

finitionsvorschlägen wohl immer schon mitgemeint; dies ist allerdings unterschiedlich deutlich formuliert worden, z.B. bei SCHOTT (1971) deutlicher als bei SELG (1968, 1974). Wir haben beide gefragt: »Was ist (eine) Aggression?« SCHOTT hat die verschiedenen nötigen Interpretationen (die schließlich Beurteilungen sind) sehr klar benannt, ich habe sie nur beiläufig angedeutet.

2) Von JÜTTEMANN (1978) wird ein solches Vorgehen eindrucksvoll »Prädikationsanalyse« genannt.

3) Vielleicht ist hier ein Vergleich mit dem Sport, z.B. Fußball, hilfreich: Man kann es weder den jubelnden Torschützen noch den protestierenden Torhütern überlassen, ob etwas als Tor anerkannt wird oder nicht. Dazu braucht man einen von den Parteien unabhängigen Schiedsrichter; dieser kann sich irren, muß aber jeden Vorfall beurteilen.

4) JÜTTEMANN hat 1978 für die Aggression die »Auflösung einer Definitionsproblematik« versprochen; aber das Definiendum hat der Auflösung leicht widerstanden.

5) HOFSTÄTTER referiert eine Arbeit von SEARS et al.: In einem Experiment ging (scheinbar) alles schief. Beiläufig fertigte eine Versuchsperson höchst aggressive Zeichnungen an; eine zeigte z.B. einen halben Menschen am Galgen. »Auf die Frage, was denn das Bild darstelle, gab es nur eine einzige Antwort: ›Die Psychologen‹« (1957, S.102).

6) U.a. dafür hat sich eine »Friedensforschung« etabliert, die nach einem guten Start (s. z.B. KRIPPENDORFF, 1968) an schönen Orten der Welt Konferenzen abhielt, ansonsten aber noch wenig aufzuweisen hat, was den Hoffnungen, die sie weckte, gerecht wird.

7) Es wird gelegentlich Abraham-Experiment genannt, weil nach der Erzählung im Alten Testament Abraham bereit war, seinen Sohn Isaak aus Gehorsam gegen Gott zu töten.

2 Aggressionstheorien

Wie können Aggressionen erklärt werden? Erklärungen zu ermöglichen, ist eine der Hauptaufgaben von Theorien. Wir müssen zunächst *private* Theorien von *wissenschaftlichen* unterscheiden. Jeder von uns handelt ständig nach »privaten« Theorien; in der Wissenschaft werden sie etwas versnobt »naive« Theorien genannt. Manche »naive« Theorie ist differenzierter als manche »wissenschaftliche« Theorie; aber »naive« Theorien sind nicht bekannt genug, sie sind nicht »veröffentlicht«. Wir werden private Theorien in späteren Kapiteln noch streifen; hier geht es zunächst nur um die »großen«, d.h. verbreiteten und relativ bekannten psychologischen Aggressionstheorien. Diese sind jedoch bereits mehrfach ausführlich auch in deutscher Sprache dargestellt worden, so daß hier ein kurzer Abriß genügen mag (s. LISCHKE, 1972; SELG, 1971). Kleine psychologische Zusatztheorien stellen wir hier nicht vor (z.T. in Kap. 4), soziologische Ansätze auch nicht.

Es stehen sich in der Psychologie zwei Theoriegruppen gegenüber; die eine umfaßt Instinkt- oder Triebtheorien, die andere verschiedene, einander ergänzende lerntheoretische Ansätze; zwischen ihnen ist eine dritte Sichtweise, die Frustrations-Aggressions-Theorie anzusiedeln.

Es ist keineswegs nur eine akademische Streitfrage, welche Aggressionstheorie als angemessen akzeptiert wird. Theorien beeinflussen unser Handeln. Die Entscheidung für eine Theorie schließt ganz bestimmte Konsequenzen ein. Wer Aggressionen auf einen spezifischen *Trieb* zurückführt, ist relativ pessimistisch: Er glaubt nicht, daß Aggressionen grundsätzlich verhindert oder reduziert werden können; er kann sich nur darum bemühen, aggressive Energie durch kleine, unbedeutende Aggressionshandlungen aufzehren bzw. in leidlich erwünschte Richtungen kanalisieren zu lassen. Ein *Frustrations-Aggressions*-Theoretiker wird Zahl und Ausmaß von Frustrationen gering halten wollen. Wer hingegen Aggressionen als *erlernt* begreift, kann sich Überlegungen von der Art widmen, wie die menschliche Aggressivität von vornherein gering gehalten oder durch Lernprozesse reduziert werden kann. Für einen Lerntheoretiker ist die Aggression nur *eine* Verhaltensklasse unter vielen, die sich wechselseitig beeinflussen. Deshalb setzt die lernpsychologische Erklärung aggressiven Verhaltens immer Wissen aus allen Teilbereichen der Psychologie voraus.

2.1 Triebtheorien

Trieb- oder Instinkttheorien dominierten in den ersten Jahrzehnten sozialwissenschaftlicher Forschung in allen Bereichen. Wohl jede Verhaltensklasse wurde irgendwann auf einen Trieb oder Instinkt zurückgeführt, bis Tausende von Instinkten die Literatur überschwemmten.

In diesen illustren Kreis wurde natürlich auch aggressives Verhalten sehr schnell aufgenommen; z. B. »erklärte« F. L. BURK bereits 1897 in einer kleinen Abhandlung Fälle spontaner Aggressionen mit einem »Kampfinstinkt«.

2.1.1 Psychoanalytische Triebtheorien

Der Beginn der Aggressionsforschung darf, ohne daß die Verdienste älterer Gedankengänge aus dem philosophischen und biologischen Umfeld (s. Anm. 1) der Psychologie geschmälert werden sollen, auf die Zeit um die letzte Jahrhundertwende datiert werden. Wir müssen es offenlassen, ob die besondere Dekadenzstimmung am Ende des 19. Jahrhunderts die Beachtung von Themen wie »Aggression« entscheidend begünstigte.

Seit der von 1902–1911 dauernden Zusammenarbeit FREUDs und ADLERs in Wien ist die menschliche Aggressivität ununterbrochen in der psychologischen Diskussion. 1908 wies erstmals der Titel einer Veröffentlichung (von ADLER) auf die stärker ins Blickfeld gerückte Dimension hin.

Historische Abhandlungen über die Aggressionsforschung billigen ausnahmslos zu, von FREUD seien große Anregungen ausgegangen, während von ADLER kommende Impulse selten erwähnt werden. (Anm. 2)

Hier spiegelt sich einmal das allgemeine Schicksal der ADLERschen Individual-Psychologie wider, die weit weniger Resonanz gefunden hat als die Psychoanalyse FREUDs, zum anderen aber auch die besondere Entwicklung, die beide Tiefenpsychologen in der Bewertung der menschlichen Aggressivität durchgemacht haben. ADLER postulierte zunächst einen Aggressionstrieb, sah aber später die Aggression zugunsten eines Machttriebs als weniger bedeutsam und als reaktiv an. Für FREUD war die Aggressivität lange nur eine Komponente der Sexualität (1905) oder der Ich-Triebe (1915), und er polemisierte (1909) gegen ADLERs erste Lehrmeinung, bevor er selbst unter dem Eindruck des Ersten Weltkrieges allmählich der Aggression einen eigenen Trieb, den Todestrieb, als Gegenspieler des Eros zuordnete (1920). Von da an hatte der Todes- oder Destruktionstrieb, als dessen Hauptvertreter manchmal der Aggressionstrieb genannt wurde (1930), einen festen Platz in FREUDs dualistischer Trieblehre. So standen sich die Theorien ADLERs und FREUDs letztlich wieder unversöhnlich gegenüber.

FREUD, der ab 1905 mit dem Hinweis auf Quelle, Drang, Ziel und Objekt brauchbare Kriterien für einen Trieb benannt hatte, fragte später bei seinem Todes-, Destruktions- oder Aggressionstriebkonzept nie nach der Erfüllung dieser Kriterien. Vor allem bei der Suche nach einer körperlichen Quelle hätte er scheitern müssen.

Das Ziel des Todestriebs besteht darin, das Lebendige zum Tode zu führen. Wenn der Todestrieb dieses Ziel normalerweise nicht schnell erreicht, so liegt das an seinem Gegenspieler, dem Eros, der den Todestrieb relativ unschädlich macht, indem er ihn gegen Objekte in der Außenwelt wendet. Das »Lebewesen bewahrt sozusagen sein eigenes Leben dadurch, daß es fremdes zerstört« (1933). Die beste Zähmung des Aggressionstriebes besteht nach FREUD darin, daß sich der Lebenstrieb mit dem Todestrieb jeweils im konkreten Verhalten »legiert«, so daß die Energie des Todestriebes den Zielen des Lebenstriebes zur Verfügung steht. »Zurückhaltung von Aggression ist . . . ungesund, wirkt krankmachend« (1938).

Dies sind eindrucksvolle Behauptungen; wie aber eine solche »Legierung« konkret geschieht, bleibt sehr vage. Vollends pessimistisch und fatalistisch wirkt FREUD, wenn er das Phänomen »Krieg« erklären will (1933). Es ist grundsätzlich unangemessen, eine »Kriegs-Erklärung« nur mit psychologischen Spekulationen vornehmen zu wollen. FREUD assoziiert zum Krieg, er scheine »naturgemäß, biologisch wohlbegründet, praktisch kaum vermeidbar«. Allerdings bemüht sich FREUD, die Fallen, die ihm sein Todestriebkonzept stellt, zu umgehen: Eine umfassende Institution (FREUD denkt an den Völkerbund) mit einer Zentralgewalt, eine einheitliche Weltregierung könnte Kriege verhüten. Aggressionen würden dadurch nicht beseitigt, wohl aber ihr schlimmster Ausdruck. Schließlich hilft auch hier wieder der Eros als Gegenspieler des Todestriebs: »Gefühlsbindungen unter den Menschen« wirken dem Krieg entgegen.

Es ist nicht möglich, FREUDs Anregungen und grandiose Spekulationen einer empirischen Überprüfung zu unterziehen. Seine Triebtheorie verlangt ein Glaubensbekenntnis, zu dem sich auch Psychoanalytiker immer weniger verstehen können (AMMON, 1969; LOCH, 1970; SCHMIDBAUER, 1972; FROMM, 1973).

Bei anderen (z.B. bei A. MITSCHERLICH) ist jedoch eine starke Bindung an FREUDs Trieblehre nachweisbar. Solche Psychoanalytiker neigen dazu, in jede Aktivität die Wirkung des Aggressionstriebs hineinzudeuten. Dann ist natürlich ein Leben ohne Aggressivität unmöglich (s. KRIEGER, Kap. 1). Wenn KUIPER (1964) »Lust am Zerstören, Beschädigen, Plündern und Morden« behauptet, so ist dies eine projektive Aussage; sie darf nicht auf alle Menschen übertragen werden; solches Übergeneralisieren ist aber eine der Hauptschwächen psychoanalytischer Theoriebildung.

Vertreter der psychoanalytischen Schule haben immer wieder über das Thema »Aggression« wortreiche Bestseller mit Totalerklärungen menschlichen Verhaltens produziert. Sie variieren FREUDsche Annahmen, ohne sie empirisch zu überprüfen. FREUD und seine Schüler beeindrucken vor allem Angehörige nichtpsychologischer Berufsgruppen wie Journalisten, Pädagogen, Philosophen, Psychiater, Soziologen, Sportwissenschaftler etc., die eine möglichst handliche Psychologie begrüßen. (Anm. 3)

2.1.2 Ethologische Triebtheorie

Der als Tierforscher bekannt gewordene K. LORENZ entwickelte eine Trieblehre, die nach ihrer Veröffentlichung 1963 rasch Verbreitung und Zustimmung fand. Nach ihr gibt es vier große Triebe, darunter den Aggressionstrieb, der mehrere biologisch sinnvolle Funktionen erfüllt. Z.B. zwingt er die Tiere einer Art dazu, sich in dem zur Verfügung stehenden Raum so zu verteilen, daß die Ernährungsmöglichkeiten optimal genutzt werden. Aggressionsenergie bildet sich nach dieser Lehre ständig neu; ihre Abfuhr hängt im allgemeinen von auslösenden Reizen ab. Sollten diese jedoch allzu lange ausbleiben, kommt es – nach LORENZ – zu Leerlaufhandlungen, d.h. die Aggressionen laufen ohne erkennbaren äußeren Anreiz ab.

LORENZ beschränkte seine Aussagen nicht auf die von ihm beobachteten Fische und Vögel; er generalisierte auf den Menschen. Bei Menschen soll der Aggressionstrieb besonders verhängnisvoll ausgebildet sein: Die neuzeitliche Zivilisation erlaube ihm nicht genug sinnvolle Entladungen; deshalb soll es zu Störungen der psychischen und physischen Gesundheit kommen. Zudem wirken die mit Waffen ausgeübten Aggressionen über ein biologisch zweckvolles Maß hinaus. Während den Tieren Hemmungen ihrer Aggressionsneigungen in ausreichendem Maß angeboren sind, so daß es zwischen Tieren gleicher Art kaum Kämpfe mit tödlichem Ausgang gibt, versagen beim Menschen die Hemmungen, weil diese sich nicht auf moderne Waffen erstrecken. Der kämpfende Soldat sieht im allgemeinen nicht, ob und wen er schießend trifft; also kann er auch eventuelle Demuts- oder Befriedungsgebärden des Opfers nicht wahrnehmen. LORENZ schlägt zur Regulierung des Aggressionstriebs vor, dessen Energie auf Ersatzhandlungen umzuleiten, z.B. auf sportlichen, wissenschaftlichen und künstlerischen Wettstreit.

2.1.3 Kritik an den Triebtheorien

Eine Trieblehre zu akzeptieren heißt auch, eine leidlich periodische Triebbefriedigung als notwendig anzusehen. Wir müssen in relativ regelmäßigen Abständen von Sekunden atmen, in Abständen von Stunden essen, trinken, ausscheiden, in etwas größeren Abständen schlafen. Hinter diesen Bedürfnissen stehen angeborene Triebe, deren zu lang anhaltende Nichtbefriedigung tödlich wirkt. Welche Perioden für Aggressionen in Frage kommen, ob sie nach Sekunden, Minuten, Stunden, Tagen, Wochen, Monaten oder Jahren gemessen werden können, bleibt von den Triebtheoretikern merkwürdigerweise ungesagt.

Die aus (unbekannter) Quelle stetig fließende Aggressionsenergie muß verbraucht werden; eine Reduktion des Zuflusses ist kurzfristig allenfalls durch Drogen oder Hirnoperationen und langfristig durch selektive Zucht möglich.

Dieses Bild ist pessimistisch, kann aber nicht schon alleine deshalb als unzutreffend abgelehnt werden.

Doch genau besehen erklären Trieblehren menschliches Verhalten gar nicht; sie benennen es nur neu – mit überflüssigen Fachausdrücken, und sie »erklären« es, indem sie sich im Kreise drehen. Etwas vereinfacht: Weil es Schlägereien gibt, folgert man, es müsse einen Aggressionstrieb geben; die nächste Rauferei »erklärt« man dann bereits so: Weil es einen Aggressionstrieb gibt, muß es auch zu Schlägereien kommen ... Man sieht ängstliches Verhalten, schließt daraus auf einen Fluchttrieb; bei Gelegenheit »erklärt« man Fluchtverhalten mit ... Man sieht Kinder spielen und spricht von einem Spieltrieb. ... Wie umfangreich müssen Trieblisten sein, um menschliches Verhalten insgesamt zu »erklären«? FREUD wollte mit zwei großen Triebsystemen auskommen; LORENZ benannte vier, McDOUGALL 18, alle Trieb- und Instinkttheoretiker zusammen mehr als 14000. Die Erstellung solcher Trieblisten, für deren Abschluß jedes Kriterium fehlt, kann als müßiges Spiel, nicht aber als wissenschaftliche Arbeit bezeichnet werden. Wer an dem Spielchen teilnimmt, sollte zumindest mehrere Aggressionstriebe einsetzen, denn der eine große Aggressionstrieb, ob im Sinne von FREUD oder LORENZ, kann doch wohl nicht zugleich den von HITLER und Komplizen inszenierten Völkermord und die geistreichen verbalen Aggressionen guter Kabarettisten »erklären«.

Wenn überall in der Welt Aggressionen beobachtet werden, so ist das – entgegen der Meinung von Triebtheoretikern – kein Grund, einen Aggressionstrieb anzunehmen. Überall in der Welt wird geraucht; es gibt gewiß keinen angeborenen Trieb dazu. Überall werden Pflanzen angebaut und Tiere gezüchtet ... Mit den Aggressionen ist es doch vielmehr so, daß sich überall Menschen mit intensiven Handlungen, die von Beurteilern als »Aggressionen« eingestuft werden, eher durchsetzen als mit weniger intensivem Verhalten oder mit Resignation. Das gilt insbesondere auch für das – noch vorsprachliche – Kleinkindalter, in dem erste Aggressions-Tendenzen aufgebaut werden.

FREUDs Lehre vom Todestrieb (1920) dürfen wir heute als übergeneralisierende Schlußfolgerung eines relativ depressiv gewordenen älteren Mannes interpretieren. Eine jüngere, optimistischere Natur kam in gleicher, sicher schwerer Zeit zu gegenläufigen Formulierungen: »Jede Herabminderung des Willens zum Leben ist eine Tat der Unwahrhaftigkeit mit sich selbst oder eine Erscheinung von Krankhaftigkeit« (Albert SCHWEITZER, 1923).

Ethologische Triebtheorien werden in der Psychologie nicht deshalb kritisiert, weil sie den Menschen in eine Entwicklungsreihe mit den Tieren stellen, sondern weil sie das spezifisch Menschliche verzeichnen und den Unterschied zwischen dem abwehrenden Huftritt des Zebras und dem wohlüberlegten Bankraub mit Geiselnahme nicht genügend reflektieren.

Auch die Einstufungen, die unsere Vorfahren in den triebtheoretischen Spekulationen erfahren, sind sehr unfreundlich und höchstwahrscheinlich falsch. Nicht der Mord, sondern die Kooperation dürfte am Anfang der Kulturentwicklung gestanden haben (s. LEAKEY und LEWIN, 1978).

Wer den Menschen hauptsächlich auf Triebe und Instinkte reduziert, gefährdet Kultur und Ethik. Dazu noch einmal Albert SCHWEITZER (1923): »Ethik besteht darin, daß das Naturgeschehen in dem Menschen, auf Grund bewußter Überlegung, mit sich selbst in Widerspruch tritt. Je mehr dieser Widerspruch in das Gebiet des instinktmäßig Ablaufenden verlegt wird, desto schwächer wird die Ethik.«

Die Popularität der Triebtheorien – zumal der LORENZschen – in Österreich und Deutschland wurde vor allem damit erklärt, daß sie denjenigen eine Entschuldigung liefern konnten, deren Weste nach dem Zweiten Weltkrieg auch 1963, als sein Buch erschien, noch nicht wieder ganz rein war: Wenn alle einen Aggressionstrieb haben und ausleben müssen, braucht man eigentlich keine großen Schuldgefühle zu entwickeln, wenn man als Hauptmann Geiseln erschießen ließ oder als Richter 1945 noch in den allerletzten Kriegstagen fahnenflüchtige junge Soldaten zum Tode verurteilte. So konnte der eine bei uns Weihbischof, der andere Ministerpräsident werden.

Der Erfolg des flüssig geschriebenen, anekdotenreichen Buchs von LORENZ (1963) in den *USA* kann in Zusammenhang gebracht werden mit der 1963/64 deutlich werdenden Verwicklung in den Vietnam-Krieg, der zu »unerklärlichen« Tiefpunkten in der amerikanischen Geschichte führte (u.a. das Massaker, das Leutnant CALLEY im März 1968 während des Vietnamkriegs im Dorf My Lai an über 700 Wehrlosen anrichtete).

Triebtheorien sind aber auch deshalb so populär, weil sie jedermann schnell eine handliche Allzweck-Psychologie liefern. Daß Triebtheoretiker wie LORENZ oder MITSCHERLICH sich ihre Aufgabe sehr leicht machen und Phänomene, die nicht in ihr Konzept passen, unberücksichtigt lassen, fällt zumeist kaum auf. Sie verarbeiten empirische Untersuchungen aus der Aggressionsforschung in keiner Weise. Weder BANDURA noch BERKOWITZ, BUSS oder HOKANSON werden zitiert. Man schmückt die Texte lediglich mit GOETHE, SCHILLER und der Bibel und nennt zum »Beleg« der Hypothesen immer wieder einige wenige Leute aus dem jeweils eigenen Lager. An einer einzigen Stelle (1963, S.341) scheint mich LORENZ Lügen zu strafen. Doch was er da über die wegen ihrer Aggressionsunterdrückung angeblich besonders verklemmten Ute-Indianer, was er an anderer Stelle über Tiere wie Affen, Ratten usw. schreibt, wird von Fachleuten ins Reich der Fabel verwiesen (u.a. STEWART in MONTAGU, 1968). Die Meinung schließlich, daß Sport einen Ausweg aus bestehenden Aggressionsneigungen bringen könnte, vertritt kein Sportpsychologe mehr. Berufsboxer müßten dann wohl im Alltag außerordentlich friedfertig sein; sind nicht doch zu viele von ihnen noch in Delikte verwickelt? Von kleinen Aggressionen wird erhofft, daß sie die große Trieb-Energie verzehren. (Anm. 4). Daß die Ausführung einer harmlosen Aggression oder eines recht willkürlich definierten Aggressionsersatzes die Wahrscheinlichkeit größerer, gefährlicherer Aggressionen verhindert, wird seit langem schon als Katharsis-Hypothese behauptet; sie wird durch bloße Wiederholungen nicht stichhaltiger. Es gibt sie in verschiedenen Variationen; die wichtigsten sind so gut von der Empirie widerlegt, wie in der Psychologie überhaupt etwas widerlegt werden kann (s. SELG, 1971). Wo an ihnen festgehalten und ein Ausleben von Aggressionen propagiert wird, werden unnütze und gefährliche Aggressionen gezüchtet (s. Kap. 2.2.1).

EIBL-EIBESFELDT machte 1973 (ab S. 122) unfreiwillig klar, wie es einem Triebtheoretiker gelingt, die Bedeutung von Lernprozessen hartnäckig zu verkennen: Kleinkinder der Buschmänner schlagen jauchzend vor Vergnügen mit dem Stock auf andere ein. »Ich sah nie, daß die Säuglinge darin unterwiesen wurden . . .« Was heißt Unterweisung? Sie werden dazu ermuntert, sie bringen damit Zuschauer und Opfer zum Lachen; Erwachsene schlagen selbst ihre Kinder mit Zweigen von Büschen . . . Das alles soll kein Unterweisen sein, keine Erfolge (Verstärkungen) im Sinn der Lernpsychologie einbringen?

Die Triebtheorie gibt (ungewollt) all denen eine pseudo-wissenschaftliche Rechtfertigung, die an den Auf- und Nachrüstungsspiralen verdienen wollen. COHEN, der »Erfinder« der Neutronenwaffe, faßte – laut Nachrichtenmagazin DER SPIEGEL (Nr. 38, 1981) – seine Sicht in die Worte: »Ich glaube, daß es einfach in der Natur des Menschen liegt, das Kämpfen.« (Anm. 5)

Der Erziehung zum Frieden ist mit triebtheoretischen Lehren, die den Frieden kaum als Möglichkeit in Aussicht stellen, nicht gedient. Deshalb wurde der Kritik hier auch relativ viel Platz eingeräumt. Weitere Argumente bringen z. B. MONTAGU (1968/1974, 1978), NOLTE (1971), ROTH (1974), WICKLER und SEIBT (1977) und NOLTING (1978).

2.2 Frustrations-Aggressions-Theorie

Auf die Forschergruppe DOLLARD, DOOB, MILLER, MOWRER und SEARS (1939) läßt sich eine zweite große Aggressionstheorie, die Frustrations-Aggressions-Theorie zurückführen. Wie DOLLARD et al. zugeben, hat jedoch als erster FREUD, bevor er seine letzte Triebtheorie konzipierte, eine Frustrations-Aggressions-Hypothese vertreten. Ideen, die Karl MARX – zumal im Kommunistischen Manifest – vorträgt, lassen auch ihn als Vorläufer dieser Theorie erscheinen.

Sie besagt in der von DOLLARD et al. aufgestellten strengen Form:

1. Aggression ist immer eine Folge von Frustration,

2. Frustration führt immer zu einer Form von Aggression.

Als Frustration gilt dabei die Störung einer bestehenden zielgerichteten Aktivität; als Aggression gilt jede Verhaltenssequenz, die auf die Verletzung einer Person oder eines Ersatzobjektes abzielt.

Begriffsverwirrung ist auch im Umfeld dieser Theorie nicht ausgeblieben. Als »Frustrationen« sind z. B. sowohl die (äußeren) Störungen von Aktivitäten als auch die inneren Folgezustände dieser Störungen bezeichnet worden. Es wäre gut, wenn hier deutlicher zwischen *Frustration* als dem störenden Reizereignis und dem nachfolgenden Zustand der *Frustriertheit* unterschieden würde.

Einige Zusatzannahmen lösten eine Fülle von experimentellen Überprüfungen aus. Besonders bekannt ist die Katharsis-Hypothese, die auch in den Triebtheorien eine Rolle spielt und die von den Medienmachern zur Verteidigung der Gewaltdarstellungen benutzt wird; wegen ihrer Verbreitung muß sie gesondert betrachtet werden (s. Kap. 2.2.1).

Die zahlreichen Untersuchungen, die sich in der Folgezeit auf die Frustrations-Aggressions-Theorie bezogen, zeigen den hohen empirischen Wert dieser Theorie. Im einzelnen haben sich jedoch ihre Annahmen nicht halten lassen. Weder geht jede Aggression auf eine Frustration zurück, noch führt jede Frustration zu einer Aggression.

Nur einige Ergebnisse der Frustrations-Aggressions-Forschung seien hier kurz referiert: Es ist nicht zu leugnen, daß auf Frustrationen oft Aggressionen folgen, aber es ist auch möglich, Kinder so zu trainieren, daß sie auf Frustrationen hin konstruktiv reagieren (DAVITZ, 1952).

BERKOWITZ revidierte 1962 die Frustrations-Aggressions-Hypothese. Zwischen Frustration und Aggression soll eine interpretationsabhängige Gefühlsreaktion stattfinden: Ärger/Wut oder Furcht – als angeborene Reaktionen. Ärger/Wut soll ausgelöst werden, wenn die eigenen Machtmittel ausreichend erscheinen, Furcht, wenn die Bedrohung zu stark erscheint. Ob Ärger/Wut auch zu einer impulsiven Aggression führt, hängt nach BERKOWITZ nicht zuletzt davon ab, ob es geeignete Hinweisreize gibt. Dies sind Stimuli, die eng mit Aggressionen verknüpft sind. Bei extrem starkem Affekt kann im Grunde fast jedes Objekt zum Hinweisreiz werden, da dann die Fähigkeit zur Diskrimination von Reizen beeinträchtigt ist (1962, S. 33). BERKOWITZ hält es für möglich, daß zwischen Ärger/Wut und Aggression eine angeborene Beziehung besteht. Seine Ausführungen erscheinen manchmal etwas widersprüchlich: Einerseits soll jede Frustration zu einer Ärger/Wut-Reaktion führen (S. 47), andererseits gibt es auch die oben genannte Möglichkeit, mit Furcht zu reagieren (S. 45).

Eine *Frustrations-Erregungs-Hypothese* wird der Empirie am besten gerecht. Sie besagt, eine Frustration führe beim Betroffenen zu einer (meßbaren) Erregung, welche nachfolgendes Verhalten intensiviert. Es ist dabei erstens offen, ob diese Erregung als Wut, als Ärger oder als ein anderes Gefühl erlebt wird. Es ist zweitens offen, welches Verhalten die Emotion begleitet oder ihr folgt. BANDURA (1973) bringt den Wissensstand auf die Formel von der *»arousal-prepotent-response«*, d.h. man zeigt jenes Verhalten, das auf Grund der Lerngeschichte für die Situation vorherrscht. Solange wir Kindern vorwiegend wütende Reaktionen vorleben, werden Ärger/Wut-Anfälle und Aggressionen auch ihre wahrscheinlichsten Verhaltensweisen sein.

Frustrationsfolgen werden von vielen Faktoren beeinflußt, u.a. auch von Kognitionen. So ist das Erleben einer Frustration völlig anders, wenn sie gerechtfertigt erscheint, als wenn sie höchst willkürlich anmutet.

In den Bereich der Frustrations-Aggressions-Theorie gehört auch die sog. Sündenbock-Hypothese. Kann z.B. eine Regierung Unmut, der sich eigentlich gegen ihre Unfähigkeit richten will, auf eine unschuldige Minorität »verschieben«? Versucht wird es ja immer wieder und – vorübergehend – jeweils auch mit etwas Erfolg. So hat das Dritte Reich die Juden in eine Sündenbock-Rolle gedrängt. Gäbe es eine aggressionsspezifische Energie, wäre sie dadurch wohl weitgehend aufgezehrt worden und der Zweite Weltkrieg wäre wegen Mangels an Aggressionsenergie nicht mehr möglich gewesen. Betrachtet man die historischen Ereignisse jedoch lernpsychologisch, so gelangt man zu dem Eindruck, daß die Judenverfolgung bei einigen Bürgern Aggressionsneigungen gegen die Juden schuf, bei vielen aber bereits vorhandene Vorurteile verstärkte und bei einigen auch altruistisches Verhalten und politischen Widerstand förderte. Der Zweite Weltkrieg wurde relativ unabhängig von den Judenverfolgungen u.a. durch eine entsprechende Erziehung der Jugend zu kämpferischen Idealen und durch Terror, der Gehorsamsverweigerung praktisch unmöglich machte, geschickt vorbereitet.

Eine weitere Annahme der Frustrations-Aggressions-Theorie (und auch der Triebtheorien), nach welcher es ein kompensatorisches Verhältnis von Fremd- und Selbstaggression gibt, kann ebenfalls nicht aufrechterhalten werden. Wer aggressiv gegen andere ist, kann es durchaus auch gegen sich selbst sein; wer nicht aggressiv gegen andere ist, muß keineswegs gegen sich selbst aggressiv sein usw. Ausschlaggebend für die Aggressivität eines Menschen sind seine Entwicklung, seine Lerngeschichte und seine aktuelle Situationsbeurteilung, aber keine simplen Energiegleichungen.

Wie die Triebtheorien ist auch die Frustrations-Aggressions-Theorie immer noch recht populär. Wortgewandte Philosophen wie PLACK (1967) haben dazu beigetragen. Beide Ansätze sind einfach und leicht verständlich. Beide entschuldigen unsere Aggressivitäten. Im Fall der Frustrations-Aggressions-Theorie gilt: Wir sind aggressiv, weil wir frustriert werden oder in der frühen Kindheit frustriert worden sind. Wie die angenommenen Frustrationen von der Kindheit bis ins Erwachsenenalter nachwirken sollen, ist völlig offen und ungezügelter Spekulation überlassen.

Ein Anhänger der Theorie wird zur Vermeidung von Aggressionen die Reduzierung von Frustrationen fordern müssen. Kindern alle Frustrationen zu ersparen, ist aber weder möglich noch unbedingt wünschenswert. Wünschenswert ist vielmehr, daß jeder die konstruktive Bewältigung von Frustrationen lernt. Das schließt nicht aus, daß auch einmal eine Aggression die sinnvollste Reaktion ist, z.B. im Widerstand gegen ein Regime, das andere Oppositionsformen unterdrückt. Eine frustrations»freie« Erziehung, eine Erziehung also, die dem Kind Schwierigkeiten und Ärger ersparen will, führt wahrscheinlich über Nachgiebigkeit gegen kindliches Verhalten und falsch verstandene Toleranz gegenüber aufkommenden Aggressionstendenzen zu vermehrten Aggressivitäten.

2.2.1 Katharsishypothese(n)

»Katharsis« meint Reinigung oder Befreiung, in unserem Zusammenhang Befreiung von aggressiven Tendenzen.

Eine Katharsishypothese wurde 1939 von DOLLARD et al. mit vager Berufung auf die Psychoanalyse zur Diskussion gestellt. Wenn aber heute von *der* Katharsishypothese die Rede ist, können mindestens vier verschiedene Annahmen gemeint sein. Wir geben ihnen verschiedene Namen, um die Verwechslungsgefahr zu reduzieren.

1) Trivial-Katharsis: Eine nirgendwo ausformulierte, aber immer wieder anklingende Katharsishypothese bezieht sich eigentlich auf eine Trivialität: Wer viele Stunden mit der Axt Bäume gefällt oder soeben einen Marathonlauf beendet hat, besitzt vorerst kaum noch genug Kraft für eine große Aggression.

2) Frustrationsspezifische Katharsis: Wissenschaftlichen Respekt verdient die Katharsishypothese von DOLLARD et al. Nach ihr soll durch jedwede Aggression jener Antrieb (instigation) reduziert werden, der durch eine Frustration für eine Aggression zur Verfügung gestellt wird.

Wichtig ist, daß viele kleine Aggressionen die Energie für eine große Aggression aufbrauchen können.

KORNADT und seine Mitarbeiter beziehen sich, wenn sie die Bedeutung der Katharsis retten wollen, nur auf diese Hypothese: Es gibt bei ärgerinduzierter Aggression (nicht bei instrumenteller!) offensichtlich eine kurzfristige Abreaktion (»Desaktivierung« genannt) der frustrationsbedingten Aggressionsneigungen – sei es direkt durch selbstausgeführte Aggression (ZUMKLEY, 1978), sei es stellvertretend durch die Aggression eines andern (PEPER, 1981). Voraussetzung ist: Das Ziel, das man sich gesetzt hatte, wurde durch diese Aggression erreicht, z.B. ein unangenehmer Störenfried in seine Schranken gewiesen.

Daß diese Katharsishypothese nur von frustrations- oder eben ärgerinduzierten und nicht auch von instrumentellen Aggressionen handelt, wird leicht übersehen; desgleichen die Tatsache, daß es nur um eine vergleichsweise harmlose, nämlich *kurzfristige* Katharsis geht.

3) Pseudo-Triebkatharsis: Viel weiter greift die Katharsishypothese im triebtheoretischen Konzept von LORENZ: Katharsis verzehrt die Energie, die dem Aggressionstrieb stetig neu zufließt. Große Aggressionen können durch die Ausübung vieler kleiner Aggressionen verhindert werden. LORENZ schlägt speziell Sport als »kulturell ritualisierte Form des Kämpfens« vor. Das ist eine sehr einseitige Interpretation des Sports, und zudem irrt LORENZ, wenn man von der Trivial-Katharsis einmal absieht, die wieder darin besteht, daß ein Marathonläufer am Ziel für einige Stunden kaum noch die Kraft haben wird, seinen ärgsten Feind zu verprügeln.

Bei ZUMKLEY (1978) und bei PEPER (1981) kann man im einzelnen nachlesen, wie schlecht es um diese Katharsishypothese allgemein und speziell beim Sport steht; nichts spricht für sie.

4) Pseudo-Medienkatharsis: Besondere Beachtung verdient m.E. (wegen ihrer gesellschaftlichen Relevanz) die Katharsishypothese, die von den Medienmachern in Diskussionen wie ein Kaninchen aus dem Zylinder gezaubert wird, wobei man »ARISTOTELES und FREUD« statt »Abrakadabra« murmelt: Schon allein durch das Betrachten aggressiver Handlungen werde man

von seinen eigenen aggressiven Neigungen befreit. Deshalb sei es vertretbar, ja wohl erforderlich, Gewalt in Medien darzubieten. (Anm. 6)

Eigentlich ist mit dieser Ansicht der »Stein der Weisen« gefunden:

Man zeige möglichst vielen Menschen möglichst viel Gewalt, so bleibt für nennenswerte Aggressionen keine Energie mehr übrig.

Wie steht es um die Patenschaft durch ARISTOTELES und FREUD?

ARISTOTELES (nach SANDVOSS, 1981) verlangte von der Tragödie, daß sie Läuterung (Katharsis) von den Affekten Mitleid und Furcht bewirke; diese Affekte bedrücken nach seiner Ansicht den Menschen. Der tragische Held erlöst sich »von Verzweiflung und (Selbst-)Mitleid« und zeigt dem Zuschauer, wie auch er sich von den deprimierenden und unwürdigen Affekten befreien kann. Die ARISTOTELES-Auslegung ist in diesem Zusammenhang schwierig; vielleicht meinte er nicht die Reinigung der Seele *von* den Affekten sondern *durch* die Affekte. In jedem Fall aber ist ARISTOTELES völlig zu Unrecht von denen, die Gewalt zu Unterhaltungszwecken verherrlichen, versimpelt worden.

J. BERNAYS, Onkel von FREUDs Frau Martha geb. BERNAYS, veröffentlichte 1880 ein Buch, in dem das ARISTOTELES-Konzept eine Rolle spielte. Zugleich aber war »Katharsis« zu dieser Zeit eine Bezeichnung für gängige medizinische Behandlungen (Blutreinigung durch Abführmittel); so benutzten wohl auch FREUD und BREUER den Terminus, bis sie 1895 gemeinsam Arbeiten herausgaben, in denen BREUER eine bestimmte psychotherapeutische Methode »Katharsis« nannte: Das Aufarbeiten alter Konflikte durch ihr Offenlegen in Hypnose oder hypnoseartigen Zuständen sollte therapeutische Wirkungen haben. Die Methode wurde im Verlauf der Behandlung von »Anna O.« entwickelt. Es tut hier nichts zur Sache, daß die von BREUER und FREUD behauptete Heilung der Patientin schlicht erlogen wurde. Wichtig ist: Die Katharsislehre von ARISTOTELES und die Katharsis, wie FREUD sie verstand, haben nichts mit dem zu tun, was von den Verteidigern der Gewalt in den Massenmedien beansprucht wird.

Diese vierte Katharsishypothese ist einfach absurd; aber solange dies nicht allgemein bekannt ist, wird sie hartnäckig von Medien vertreten, um rasch und ohne viel Phantasie billige Unterhaltung am Fließband herzustellen. Die gewaltverherrlichenden Produzenten wissen, daß sie eine unhaltbare Position behaupten; sie würden sonst konsequent weitergehen und auf dem Markt Filme mit gewaltdurchsetzter Sexualität ausdrücklich als vorbeugende (!) Maßnahmen gegen Vergewaltigungen anbieten. Man unterläßt diese Anpreisung von Brutalpornographie – weniger aus Gewissensgründen als in klarer Erkenntnis der Tatsache, daß so die öffentliche Toleranz überfordert und aus tiefem Schlummer gerissen würde.

2.3 Lernpsychologische Theorien über aggressives Verhalten

Während sich die Frustrations-Aggressions-Theorie nur mit aggressionsspezifischen Mechanismen befaßt, und während Aggressionen für die bekannten

Triebtheorien eine große Verhaltensklasse neben wenigen anderen bilden, werden nach der lernpsychologischen Betrachtung Aggressionen wie alle anderen Verhaltensweisen (z.B. Sprechen, Schreiben, Kochen, Autofahren, Fußballspielen) *erlernt;* Aggressionen nehmen also keine Sonderstellung ein. Mit anderen Worten: Es gibt – genau betrachtet – gar keine lernpsychologische Aggressionstheorie, sondern nur lernpsychologische Theorien, die *u.a.* auch die Entwicklung aggressiven Verhaltens erklären.

Angeborene Komponenten werden keinesfalls geleugnet (s. SKINNER, 1974). Sie sind jedoch im einzelnen nachzuweisen, und es darf nicht z.B. ein harmloser Ärger-Ausdruck im menschlichen Gesicht mit komplexen Aggressionen gleichgesetzt werden (wie bei EIBL-EIBESFELDT u.a., 1973, S.90, nahegelegt wird).

Daß Aggressionen – etwa die Art, wie man andere Menschen bedroht, schlägt, erschießt, vergiftet – gelernt werden, leugnen nicht einmal Vertreter der Trieb- und der Frustrations-Aggressions-Theorie gänzlich. Es ist daher präzisierend zu ergänzen: Nach lernpsychologischer Sicht werden auch die Bereitschaft zur Aggression und der Drang oder die bei einigen Menschen erkennbare Lust zur Aggression gelernt (und evtl. wieder verlernt). Es gibt keinen angeborenen Trieb und keine spezifischen Auslöser, die Aggressionen erzwingen.

Wie laufen die Lernprozesse ab? Ich halte drei Lernkonzepte für besonders nützlich:

1. das klassische Konditionieren, wie es zuerst von PAWLOW (seit Ende des vorigen Jahrhunderts) systematisch untersucht worden ist,
2. das operante Konditionieren, auch Lernen durch Erfolg genannt, das vornehmlich von SKINNER (seit den 30er Jahren) untersucht wird und
3. vor allem das Lernen am Modell, auch Lernen durch Beobachtung genannt: Man lernt, was man bei anderen sieht. Dies ist altbekannt, aber erst seit BANDURA und WALTERS (1964) ein zentraler Gegenstand der Psychologie. Mit dem Lernen am Modell hat die Lernpsychologie eine Chance, ihr Hunde-, Katzen-, Tauben- und Rattenstadium endgültig zu überwinden. (Frühere Lernpsychologen betrieben ihre Forschungen meist mit diesen Tieren.)

2.3.1 Klassisches Konditionieren

Berühmt ist der Hundeversuch von PAWLOW, der deshalb nur knapp ins Gedächtnis gerufen sei: Gibt man einem hungrigen Hund Futter, so sondert er reichlich Speichel ab. Diese Speichelabsonderung ist eine unbedingte Reaktion auf den unbedingten Reiz »Futter im Maul«. Läßt man der Fütterung einen neutralen Reiz, z.B. einen Glockenton unmittelbar vorausgehen, so zeigt das Tier auf den neutralen Reiz hin zunächst keine Speichelreaktion. Nach wiederholten Kopplungen von neutralem Reiz und unbedingtem Reiz ist jedoch ein Speichelfluß alleine durch den Glockenton zu erzielen. Der neutrale Reiz ist zum bedingten Reiz geworden, ein bedingter Reflex ist ausgebildet. Lernvorgänge, die dem geschilderten entsprechen, werden klassisches Konditionieren genannt. Es muß deutlich sein: Klassisches Konditionieren setzt natürliche, unbedingte Reflexe oder reflexartige Reaktionen voraus.

Eine reflexartige Reaktion, die bei Menschen leicht auf neutrale Reize übertragen werden kann, ist der Schrecken, den wir z. B. bei einem lauten Knall empfinden. WATSON und RAYNER brachten 1920 in einem kaum zu rechtfertigenden Experiment einem Kleinkind Angst vor allem Pelzartigen bei, indem sie es mehrmals durch ein lautes Geräusch erschreckten, als es gerade nach einer weißen Ratte griff. Die Angst generalisierte von der Ratte auf Kaninchen, auf Pelzmäntel und pelzartige Gegenstände.

In der Aggressionsforschung bietet klassisches Konditionieren Ansätze zur Erklärung einiger Ärger/Wut-Reaktionen. Wenn ein Mensch uns mehrmals zu ärgern vermochte, genügt im allgemeinen schon sein Anblick oder die Nennung seines Namens, um wieder Mißstimmung auszulösen. Möglicherweise findet auch eine Generalisierung auf seine Familie, seine Freunde oder Landsleute statt. (»Vorsicht! wieder so ein Türke . . .«)

Das klassische Konditionieren liefert auch ein Erklärungsmodell für die Entstehung des Sadismus. Ein konkretes Beispiel: In einem Sexualmordprozeß ließ sich eine eindrucksvolle Kette von sadistischen Verhaltensweisen bis in die Kindheit zurück verfolgen: Der Mord geschah durch Messerstiche in die Brüste des Opfers; als Jugendlicher war der Täter durch Messerstiche in Euter von Kühen auffällig geworden. Erstes erkennbares Glied der Kette bildete ein sexuelles Spiel in der frühen Kindheit, das mit der Beobachtung einer realen Kuhschlachtung zusammenfiel. Hier wurde zufällig sexuelles Lustgefühl mit dem Anblick von Blut verknüpft und dadurch Blut zum Auslöser für hochgradige sexuelle Erregung. (Anm. 7)

Wir lernen also durch klassisches Konditionieren gefühlsmäßige Reaktionen auf neutrale Reize zu übertragen. Mit BUSS ist anzunehmen, daß so auch negative Einstellungen gegen bestimmte Objekte erworben werden; wir lernen aber durch klassisches Konditionieren kein neues Verhalten im engen Sinne! Dazu bedarf es des operanten Konditionierens und vor allem des Lernens am Modell.

2.3.2 Operantes Konditionieren

Jedes Kind zeigt Spontanverhalten in den verschiedensten Formen. Daraus können durch Erfolgserlebnisse differenzierte Aggressionen aufgebaut werden (wie vor allem Kap. 3 zeigen soll).

Auch Tendenzen oder Bereitschaften zu aggressivem Verhalten erwerben wir durch operantes Konditionieren, d. h. durch Erfolge mit Aggressionen (und durch Lernen am Modell).

Ein nach BELSCHNER (1971) konstruiertes Beispiel möge das Denkmodell der positiven Verstärkung einer instrumentellen Aggression verdeutlichen: Ein hungriger Junge kommt an einen Obststand mit Äpfeln. Er weiß, daß er mit einem Apfel seinen Hunger stillen könnte. Falls er kein Geld besitzt oder das Einkaufen noch nicht gelernt hat, kann es leicht passieren, daß er einen Apfel nimmt, ohne vom Händler bemerkt zu werden. Der Apfel schmeckt dem Jungen und stillt den Hunger wie erwartet. Der Apfel-»Diebstahl« wird zu einem vollen Erfolg für den Jungen; das heimliche Wegnehmen erfährt eine Bekräftigung. Die Wahrscheinlichkeit, daß er sich künftig in ähnlichen Situationen wieder ähnlich verhalten wird, ist erhöht.

Hat der Junge mehrmals mit dem kleinen Mundraub oder ähnlichen Verhaltensweisen Erfolg, kann er allmählich eine überdauernde Erwartung von Erfolg durch heimliches Wegnehmen aufbauen. Er wird eine Bereitschaft entwickeln, Unlustzustände wie den Hunger auf diese Weise zu beenden. Sollte er ähnliche Erfolgserlebnisse bei sehr verschiedenen Problemen haben, wird er sich zunehmend durch einen aggressiven Verhaltensstil auszeichnen; man wird ihn einen (frechen) aggressiven Jungen nennen. In einer allmählichen Verhaltensformung wird er seine Techniken immer mehr verfeinern.

Mit Sicherheit wird ein solcher Junge auch Mißerfolge (Bestrafungen) nach Aggressionen erleben. Wird dadurch nicht seine aggressive Tendenz abgebaut? Die Frage kann nur dann bejaht werden, wenn er entweder konsequent Mißerfolge hat oder durch einen besonders großen Mißerfolg geschockt wird. Treten hingegen viele Erfolge und einige Mißerfolge in bunter Reihe auf, wird der Junge das Fehlverhalten besonders hartnäckig lernen; die Lernpsychologie weiß, daß ein Wechsel von Erfolg und Mißerfolg eine besonders wirksame »intermittierende Bekräftigung« bedeutet. Darin liegt auch die lernpsychologische Erklärung dafür, daß Haftstrafen, die den Täter keiner gezielten Therapie zuführen, gewöhnlich ineffektiv bleiben. Eine solche Strafe ist nur ein Mißerfolg in einer Serie von Bekräftigungen. Zudem müßte eine Strafe, um optimal wirksam zu sein, unmittelbar nach der Tat verspürt werden; denn Erfolg und Mißerfolg wirken am ehesten auf das ihnen unmittelbar vorhergehende Verhalten. Zwischen Straftat und Strafe pflegt aber gewöhnlich eine lange Zeit zu vergehen.

Bei »normalen« Beziehungen zwischen Erziehern und Kindern werden letztere für aggressives Verhalten oftmals positiv verstärkt – zum einen durch den instrumentellen Erfolg der Aggression selber (wie beim kleinen Apfeldieb oben), zum andern durch die Tatsache, daß zumal sehr junge Kinder nach aggressivem Verhalten vermehrt Aufmerksamkeit finden, und zwar durchaus auch angenehme Formen von Aufmerksamkeit, die bis zum positiven Körperkontakt (Streicheln etc.) reichen. (Beispiele werden wir in Kapitel 3 finden.)

Anders geht es in Problemfamilien mit hochaggressiven Jungen zu. Eine Gruppe um PATTERSON leistet seit den 60er Jahren dazu viel Forschungsarbeit, die weitgehend dem operanten Ansatz verpflichtet ist. In Problemfamilien gewinnen nötigende (»erpresserische«, englisch: coercive) Interaktionen große Bedeutung: Man verhält sich wechselseitig aversiv, man droht mit Strafen oder bestraft wirklich; man steigert das unangenehme Verhalten und versucht, den andern zum Nachgeben zu zwingen. Dabei durchdringen sich Bestrafungen, positive und negative Verstärkungen (Anm. 8). Ein Beispiel: Das Kind (K) möchte ein Stück Schokolade haben; die Mutter (M) entspricht dem Wunsch nicht. Dadurch ist K frustriert und beginnt zu quengeln. Dies ist für M aversiv; K quengelt immer intensiver, solange der Wunsch unerfüllt bleibt. Schließlich gibt M nach; K ist still, und M hat (vorläufig) ihre Ruhe wieder. Nun sind auf beiden Seiten ganz bestimmte Glieder der Verhaltenskette verstärkt worden: das hartnäckige Fordern von K durch die Schokolade positiv, das Nachgeben von M durch die Beseitigung der Unruhe negativ. M hat ihre Ruhe auf Kosten der positiven Verstärkung eines unerwünschten Kindverhaltens wiedergewonnen . . .

PATTERSON (1982) macht auf ähnliche »Verstärkungsfallen« aufmerksam: Wenn eine Mutter mit ihrem Kind wegen des nicht aufgeräumten Kinderzimmers heftig schimpft, reagiert K vielleicht mit Weinen. Dies ist nun für M unangenehm, und M spricht daraufhin besänftigend zu K, woraufhin K das Weinen einstellt. Beide Seiten erfahren negative Verstärkung: K fürs Weinen, welches das mütterliche Schimpfen »abstellt«; M für die Beendigung des Schimpfens, wodurch das Weinen »abgeschaltet« wird. Nur: das Zimmer ist weiterhin nicht aufgeräumt; das Kind ist der Gewinner in der Situation.

Bei insgesamt guten Mutter-Kind-Beziehungen überwiegen Interaktionen dieser Art nicht, vielmehr solche mit beiderseits angenehmen Tönungen. Aber bei bereits belasteten Beziehungen soll es leicht zu Serien und Eskalationen von »nötigenden« Interaktionen kommen. Das Kind versucht, die Lage für die Mutter, solange sie nicht nachgibt, immer noch unangenehmer zu machen (Anm. 9). Die Mutter, die – anders als im Beispiel oben – nicht nachgeben will, greift vielleicht ihrerseits zu Strafen. Setzt sie sich damit durch, wird ihr Verhalten negativ verstärkt. Manchmal gerät dieses wechselseitige Aufschaukeln regelrecht außer Kontrolle – bis hin zur Kindesmißhandlung. Intermittierende Verstärkung bedingt zumeist, daß beide Seiten ihre aversiven Strategien beibehalten. *Ältere* Kinder vermeiden zunehmend das Elternhaus und laufen Gefahr zu verwahrlosen.

Mit dem Nötigungs-Paradigma kann man sich den Erwerb und die Aufrechterhaltung zumindest einiger aggressiver Verhaltensweisen durch negative Bekräftigungen erklären. Eine wichtige Rolle spielen dabei Forderungen und Befehle einerseits, Befolgen oder Nichtbefolgen andererseits (s. Bsp. oben). Die Beendigung des als aversiv erlebten Verhaltens des Partners will man durch eigenes aversives Verhalten erzwingen. PATTERSON meint, daß mit solch wechselseitig aversivem Handeln leichter eine Kontrolle des Partners bewirkt wird als mit positiven Bekräftigungsprozessen – vor allem auch, weil die betreffenden Personen zu wenig Kompetenzen für komplexes angemessenes Sozialverhalten erworben haben. Nach PATTERSON (1982, S. 11) sind die Eltern von »antisozialen« Kindern besonders inkompetent bei der Bestrafung kindlichen Verhaltens; ihre Bestrafungsversuche wirken nicht im erhofften Sinn (weil die Eltern inkonsequent sind oder z. B. bei Kindern, die auf verbale Maßnahmen gar nicht reagieren, nur nörgeln). Aber auch einfach erscheinendes »neutrales« Verhalten (wie z. B. Kindern Aufgaben zuweisen) scheint den Eltern nicht eindeutig zu gelingen, und derjenige, dem elementare kommunikative Fertigkeiten fehlen, nimmt leicht Zuflucht zu aversiven Reizen, um andere zu beeinflussen. Therapie bedeutet bei solchen Familien oftmals die Vermittlung elementar erscheinender Verhaltensweisen (s. Kap. 6).

Es stimmt nicht, wenn in motivationspsychologischen Texten (z. B. SCHMALT, 1986) behauptet wird, die Lerntheorien ließen Motivationales unerörtert. Lernpsychologen sprechen von primären (angeborenen) und sekundären (erlernten) Trieben. Sekundäre Triebe können sich in vielfältiger Weise bilden. Wir nehmen zur Genese der feindseligen Aggression an, daß die Schmerzzeichen des Aggressionsopfers mit dem Erfolgserlebnis nach der Aggression verknüpft werden (klassisch konditioniert); so können schließlich schon allein die Schmerzsignale Befriedigung hervorrufen. Solche Verknüpfungen können auf Beobachter sadistisch wirken. Zusätzlich ist anzunehmen, daß erfolgreiche Aggressionen im Ärgerzustand spannungslösend wirken, so daß künftig bei ähnlichen Spannungszuständen der Wunsch nach befreiender Aggression naheliegt. Mit solchen Verknüpfungen ist es z. B. möglich, die Genese von Jähzorn zu erklären.

Aggressive Verhaltensweisen können zu sekundären (d. h. erlernten) Trieben werden. So wie jemand zur Leseratte wird, wenn er immer wieder den Texten interessante Informationen zu entnehmen vermag, kann jemand zur »bissigen Ratte« werden, weil er überwiegend mit Aggressionen erfolgreich ist. Auf diese Weise erwerben wir Dispositionen zu Aggressionen, aber auch zu Aggressionshemmungen. Die Prozesse finden während des ganzen Lebens statt. Was KORNADT Aggressionsmotiv nennt, entspricht u. E. dem, was wir Aggressivität nennen, genauer: einer oder mehreren solcher Aggressivitäten.

Zum operanten Konditionieren seien abschließend noch zwei kleine experimentelle Belege angeführt: GEEN und PIGG (1970) bekräftigten in einer Experimentalgruppe jedes Austeilen eines elektrischen Schocks und erreichten damit ein deutliches Ansteigen der Schock-Intensitäten im Vergleich zu einer Kontrollgruppe, die nicht bekräftigt wurde. Die für solche Aggressionen bekräftigte Gruppe assoziierte später auch mehr aggressive Wörter auf bestimmte Reizwörter hin. GEEN und PIGG sehen darin einen Beweis für die Generalisation von einer aggressiven Verhaltensklasse auf eine andere (von physischer auf verbale Aggression). LOEW demonstrierte 1967 in umgekehrter Richtung eine Generalisation: Nach bekräftigtem Gebrauch aggressiver Wörter kam es vermehrt zu hohen Schockintensitäten an einem entsprechenden Gerät, der sog. Aggressions-Maschine (s. Kap. 5).

Operantes Konditionieren kann zusammen mit klassischem auch erklären, wie es zu Spaß an Aggressionen (und am Leiden des Opfers) kommen kann: Wenn aggressives Verhalten oft genug zu einem begehrten Ziel führt, werden positive (Erfolgs-)Gefühle allmählich bereits *vor* der Zielerreichung durch die erlebten Rückmeldungen (von den eigenen aggressiven Verhaltensweisen und von der Wahrnehmung der Leiden des Opfers) ausgelöst; d. h. angenehme Gefühle begleiten bereits das aggressive Verhalten (und seine Planung . . .). (Anm. 10)

2.3.3 Lernen am Modell

Durch operantes Konditionieren lernt man nur sehr mühsam neue Verhaltensweisen; meist lernt man auf diese Weise vornehmlich, Verhalten regelmäßig in bestimmten Situationen zu zeigen oder zu unterlassen. Der geschilderte »Apfeldieb« konnte schon vor seinen Diebereien einen Apfel irgendwo aufnehmen und essen. Wirklich neue Verhaltensweisen entstehen vorwiegend entweder spontan oder durch Beobachtung anderer. (Anm. 11)

Das Lernen am Modell hat erst spät die ihm zukommende Beachtung durch die Psychologie erfahren. BANDURA und WALTERS deckten die Grenzen des klassischen und operanten Konditionierens auf: Beide Lernarten können komplexes menschliches Verhalten nicht hinreichend erklären. Z.B. Radfahren lernt man nicht allein durch eine Verhaltensformung mittels operanten Konditionierens; die Beobachtung spielt eine große Rolle: Man sieht, wie ein Rad anzufassen, hinzustellen, zu besteigen und zu lenken ist. Allerdings macht die Beherrschung des Radfahrens dann auch wieder Prozesse des Lernens am Erfolg erforderlich. Grundsätzlich tun wir gut daran, meistens diese Lernarten gemeinsam am Werk zu sehen.

BANDURA ist seit den 60er Jahren mit wachsendem Erfolg bemüht, ausgehend vom Lernen am Modell, eine relativ umfassende Theorie menschlichen Verhaltens zu erstellen; man kann sie eine sozial-kognitive Theorie nennen, in der vor allem auch das Selbst und der Erwartungsbegriff besonderes Gewicht erhalten. Verhalten ist davon abhängig, was man sich zutraut (Kompetenzerwartung) und was man als Konsequenz des Verhaltens erwartet (Ergebniserwartung). Die Theorie kann hier nicht näher vorgestellt werden (s. BANDURA, 1977, 1986); zu ihrer Stützung hat BANDURA selber viele Experimente durchgeführt und eine Fülle von Beobachtungen angeregt.

Ein Experiment von HICKS (1965) hat für das Lernen am Modell einen hohen Demonstrationswert:

HICKS ließ Kindern, die etwa 5 Jahre alt waren, einzeln einen 8 Minuten dauernden Film mit aggressiven Inhalten vorführen. Die Filmhelden (Modelle) zeigten 4 körperliche und 4 verbale Aggressionen, von denen man annahm, daß sie den Kindern noch unbekannt waren; z.B. schlug das Modell mit einem Plastikhammer auf eine große Puppe ein. Jede der 2 × 4 Aggressionen wurde dreimal vorgeführt.

Als Modell agierte entweder 1. ein Mann oder 2. eine Frau bzw. 3. ein männliches oder 4. ein weibliches Kind. Einer fünften Gruppe von Kindern zeigte man keine Aggressionen (sog. Kontrollgruppe).

An den ersten Schritt des Experimentes (Filmvorführung) schloß sich eine kleine Frustration und daran eine Beobachtungszeit von 20 Minuten an, in der die Kinder mit verschiedenen Dingen, u.a. auch mit einer großen Puppe und einem Plastikhammer spielen konnten. (Anm. 12)

Bei den Kindern, die den Aggressionen zugesehen hatten, kam es zu einer großen Zahl imitativer Aggressionen (durchschnittlich 15–16). In der Kontrollgruppe gab es keine Aggression, welche imitativ wirkte. (Anm. 13)

Gruppen von je 6 Jungen und Mädchen	Erster experimenteller Schritt:	Zweiter experimenteller Schritt:	In 20 Minuten freien Spiels gezeigte imitative Aggressionen (Mittelwerte pro Kind):
1. Experimentalgruppe	Filmvorführung: Mann als Modell	kleine Frustration	9,58
2. Experimentalgruppe	Filmvorführung: Frau als Modell	kleine Frustration	16,33
3. Experimentalgruppe	Filmvorführung: Männliches Kind als Modell	kleine Frustration	22,75
4. Experimentalgruppe	Filmvorführung: Weibliches Kind als Modell	kleine Frustration	13,43
Kontrollgruppe	kein Film	kleine Frustration	0,00

Obige Aufstellung zeigt in der rechten Spalte die Häufigkeit von Aggressionen in den verschiedenen Gruppen. Man sieht, daß vor allem das männliche Kind zur unmittelbaren Imitation anregte.

Nach einem halben Jahr wiederholte HICKS Frustration und Beobachtungssituation, ohne noch einmal Filme vorzuführen. Welche Häufigkeit »imitativer« Aggression zeigte sich nun in der 2. Phase des Experiments?

	Experimenteller Schritt	In 20 Minuten freien Spiels gezeigte »imitative« Aggressionen
1. Experimentalgruppe	Kleine Frustration	8,92
2. Experimentalgruppe	Kleine Frustration	3,92
3. Experimentalgruppe	Kleine Frustration	6,42
4. Experimentalgruppe	Kleine Frustration	4,33
Kontrollgruppe	Kleine Frustration	0,33

Die Zahl der als imitativ eingestuften Aggressionen sank beträchtlich ab: Im Durchschnitt waren es in den Experimentalgruppen noch etwa 6 pro Kind. Aber besonders die Kinder, die im Film einen männlichen Erwachsenen gesehen hatten, zeigten noch »imitative« Aggressionen.

Hatten solche Kinder, bei denen kaum Aggressionen registriert wurden, evtl. die Filmaggressionen vergessen? Eine Befragung ergab: Auch diejenigen, welche im Spielverhalten nicht mehr aggressiv geworden waren, konnten sich noch sehr genau an die ungewöhnlichen Filmszenen erinnern. Sie hätten sie somit – wie ein halbes Jahr zuvor – bei entsprechender Motivierung auch ausführen können.

Fazit: Die »imitativen« Aggressionen gingen zwar deutlich zurück, aber immerhin zeigte ein »durchschnittliches« Kind noch ein halbes Jahr nach der Filmvorführung in der relativ kurzen Beobachtungszeit von 20 Minuten etwa 6 Aggressionen, wie sie im Film vorgemacht worden waren. Das ist bemerkenswert viel, vielleicht auch erschreckend viel, zumal vor allem der männliche Erwachsene, der ja auch in den Gewaltdarstellungen des Film- und Fernsehalltags dominiert, nun am meisten imitiert wurde.

Inzwischen liegen Hunderte ergänzender Untersuchungen vor; auch wenn die Aggressionen von verfremdeten Modellen, wie etwa von Trickfilmfiguren vorgeführt werden, ist der Nachahmungseffekt bei Kindern groß (BANDURA, ROSS und ROSS, 1963). Er ist am größten, wenn sozialmächtige Modelle sich mit Aggressionen durchsetzen bzw. wenn aggressive Personen zu Helden hochstilisiert werden.

Der Einfluß der Massenmedien auf die Aggressivität ist nicht exakt zu bestimmen. Wahrscheinlich lernen Kinder insbesondere von ihren Eltern und anderen wichtigen Personen ihres Alltags aggressives Verhalten. Aggressive, körperlich strafende Eltern haben die aggressivsten Kinder, und im Bereich von Krisenherden (z.B. Nordirland) sind Kinder zu allen denkbaren gewalttätigen Aggressionen bereit.

Aber viele Erfahrungen sprechen inzwischen dafür, unsere Toleranz gegen die Darstellungen aggressiver Szenen in den Medien zu überdenken. Massen-Kommunikationsmittel bauen einerseits Verhaltenstendenzen auf; sie spiegeln andererseits auch gesellschaftliche Zustände. Ein Verbot von Gewaltverherrlichungen in Medien wäre zur Aggressivitätsminderung ein erster Schritt in die richtige Richtung; bliebe er aber ohne tiefer greifende gesellschaftliche Veränderungen, so hätte er nur den Charakter eines verlogenen Alibis.

Es sei noch einmal betont, daß sich natürlich im Alltag die verschiedenen Lernarten durchdringen. Der Indianerjunge früherer Jahrhunderte und der Junge unserer Zeit in Nordirland haben nicht nur in ihren Vätern und in anderen Erwachsenen ihrer Umwelt aggressive Modelle vor Augen, sie gewinnen außerdem auch hohe Prämien für gekonnte Aggressionen: nämlich zumindest Aufmerksamkeit und Prestige. Aggressionen entwickeln sich z.T. ganz allmählich in der konkreten Auseinandersetzung mit der Welt; z.T. werden sogar komplexe Aggressionen relativ rasch von Modellen übernommen (z.B. die Technik der Flugzeugentführung).

Viel schwerer sind Aggressionsbereitschaften zu *hemmen.* Dazu sind zum einen konsequent herbeigeführte Mißerfolge notwendig: Die Zahl der Flugzeugentführungen sinkt nach aufsehenerregender Erfolglosigkeit (s. Mogadischu 1977). Würde man zum andern sensationelle Detail-Berichterstattungen von gelungenen Delikten unterlassen, dürfte man immerhin hoffen, beängstigende Aggressivitäten bei solchen labilen Persönlichkeiten geringer zu halten, die zu dumm sind, komplexe Aggressionen wie z.B. Geiselnahmen zu »erfinden«. Aggressive Modelle, die weltweit Aufmerksamkeit finden, vermitteln aggressives Verhalten und damit zusammenhängende Erfolgserwartungen. Schließlich sind sie aber auch ein starker Anreiz zur unmittelbaren Imitation. Viele Aggressionen sind in diesem Sinne Anschluß-Aggressionen; insbesondere einige Untersuchungen von PHILLIPS (seit 1974) haben hierzu eine hohe Beweiskraft.

So pessimistisch die Prognosen auch ausfallen müssen, die man gegenwärtig mit Hilfe lernpsychologischer Theorien gewinnen mag: Der lernpsychologische Ansatz läßt dennoch gleichzeitig Hoffnung aufkommen. Wenn wir Kinder in einer Umwelt aufwachsen lassen, die weniger Prämien auf Wettbewerb und Kampf als auf Solidarität und Kooperation aussetzt und die weniger aggressive Modelle anbietet, so müßte die individuelle Neigung zu egoistischer Aggressivität auf relativ niedrigem Niveau gehalten werden können.

2.4 Theorien-Integration oder Theorie-Ausdifferenzierung?

Von GELLES und STRAUS (1979) gibt es (zum Thema der Gewalt in Familien) Überlegungen zu einer Integration vorhandener Gewalttheorien; ihr Ergebnis wirkt – wie auch die Autoren anmerken – noch nicht befriedigend; es mutet trotz systemtheoretischer Orientierung recht additiv an. Dennoch müssen entsprechende Gedanken weitergeführt werden. M.E. muß der Weg aber nicht unbedingt über eine Integration aller vorhandenen großen und kleinen Theorien gehen (wie bei GELLES und STRAUS); zumindest ebenso aussichtsreich scheint mir der Versuch, den tragfähigsten der vorhandenen Theorieansätze auszudifferenzieren, so daß er in die Lage versetzt wird, alle in der Aggressionsforschung bewährten Hypothesen zu umspannen.

Daß ich in der Theoriebildung einen lernpsychologischen Akzent – wie ihn vor allem BANDURA setzt – für erforderlich halte, ist wohl deutlich geworden. Auch GELLES und STRAUS sehen das soziale Lernen als grundlegend an (und nennen u.a. BANDURA und PATTERSON als Vertreter; s. Anm. 14).

Damit soll aber nicht einer einseitigen Betrachtungsweise das Wort geredet sein. Sie verbietet sich, weil auch in dem relativ breiten und empirisch schon gut gestützten Erklärungssystem BANDURAs noch viele Hypothesen zu undifferenziert und weil zur Erklärung komplexen menschlichen Verhaltens immer auch die Theorien und Befunde anderer Wissenschaften und anderer psychologischer Forschungsbereiche, etwa der Affektpsychologie, hinzuzuziehen sind; diese sind noch nicht hinreichend in die sozialkognitive Lerntheorie eingebaut worden (Ansätze bei BANDURA 1986).

Auf einer abstrakten Ebene läßt sich über die Funktionen von Aggressionen aus lernpsychologischer Sicht sagen: Aggressionen dienen nicht einem angeborenen Trieb zum Tod (entgegen FREUD); sie sind nicht fürs Überleben notwendig (entgegen LORENZ); sie dienen, sofern sie *affektbedingt* sind, dem Spannungsabbau, der Beseitigung des Ärgeranlasses; in *feindseligen* Aggressionen kann man Lust an der Aggression erkennen; *instrumentelle* Aggressionen sind letztlich Mittel zum Zweck; sie sind kurz erscheinende Wege zu Zielen, von denen meist zu wenig bekannt ist, ob sie nicht ohne Aggressionen besser erreicht werden könnten. M. a. W.: Wer instrumentell aggressiv wird, will nicht primär aggressiv sein, sondern eine Aufgabe oder ein Problem lösen. Dabei will er andere so beeinflussen, daß er seine Ziele erreichen kann. Instrumentelle Aggressionen haben also Funktionen im Dienst verschiedenster Motive; solche Aggressionen sind gleichsam Werkzeuge, aber meist schlechte Werkzeuge, und sie lösen leicht Gegenaggressionen aus.

Die Vielfalt der Motive, die hinter instrumentellen Aggressionen stehen können, umschließt natürlich auch den Einsatz von Aggressionen zu guten Zwekken (positive Aggressionen).

So finden wir wieder Anschluß an große Denkgebäude, z.B. an die von GOETHE formulierte Mephistopheles-Paradoxie (der Teufel als »ein Teil von jener Kraft, die stets das Böse will, und stets das Gute schafft«) ebenso wie an den geistesverwandten Albert SCHWEITZER: »Die Welt ist das grausige Schauspiel der Selbstentzweiung des Willens zum Leben ... Schmerzvolles Rätsel bleibt es für mich, mit Ehrfurcht vor dem Leben in einer Welt zu leben, in der Schöpferwille zugleich als Zerstörungswille und Zerstörungswille zugleich als Schöpferwille waltet.«

In der Anerkennung wichtiger Ideen aus verschiedenen Bereichen der Aggressionsforschung liegt ein wenig die Gefahr, daß man – um ja nicht einseitig zu erscheinen – am Ende eine Liste mit einer recht additiv wirkenden Vielfalt von Aggressionstheorien vorweist. Da werden dann viele Theorieansätze als relevant für die Aggressionsforschung genannt ... So weit, so gut? Wer es vermeidet, die durchaus möglichen – und m.E. nötigen – Gewichtungen vorzunehmen, trägt suggestiv zu der in der Öffentlichkeit verbreiteten Irrlehre bei, es gebe in den Wissenschaften nur unstrukturierte Widersprüchlichkeit und es sei besser, wichtige Entscheidungen ohne die Wissenschaften zu treffen. (So geschieht es etwa in der Diskussion über Massenmedienwirkungen.) Manche Theorie ist überholt; an der Tatsache aber, daß menschliche Aggressivitäten gelernt werden, kann kein umfassender Theorieansatz vorbeikommen. Es ist müßig, die alte Frage zu stellen, ob der Mensch gut oder böse sei. Auf jeden Fall ist der Mensch lernfähig und die Evolution nicht am Ende; das ist Grund für einen Optimismus, aber nur für einen sehr vorsichtigen. Denn wenn auch kein Todestrieb in unseren Genen steckt, nistet doch vielleicht eine tödliche Dummheit in unseren Köpfen, die es bewirken könnte, daß die Menschheit auf große, selbstgemachte Katastrophen zusteuert.

Anmerkungen zu Kapitel 2

1) Im Mittelpunkt der hier gemeinten philosophischen Überlegungen standen die Begriffe »gut« und »böse« (von SOKRATES bis NIETZSCHE); aus der Biologie ist vor allem DARWINs Lehre vom »Kampf ums Dasein« zu nennen, die ihrerseits philosophische Vorläufer (u.a. HERAKLIT, HOBBES, MARX) hatte.

2) Betrachtet man die Veröffentlichungen aus dem ersten Jahrzehnt moderner Aggressionsforschung, so stellt man fest: BUSS (1961) und DENKER (1966) würdigen ADLER knapp; BERKOWITZ (1962), BANDURA und WALTERS (1963), LORENZ (1963) und MERZ (1965) erwähnen ihn hingegen gar nicht.
3) Bei allen Berufsgruppen gibt es genügend Ausnahmen; stellvertretend seien für die Journalisten D.E. ZIMMER (1986), für die Soziologen K.D. OPP (1972) genannt.
4) Leider gibt es m.W. noch keine Untersuchung darüber, wie stark unter den Gewaltdelinquenten jene Berufe vertreten sind, die z.B. tagtäglich Tiere schlachten; eine solche Studie wird dringend benötigt.
5) Das Interview gibt ein Musterbeispiel dafür, wie jemand seine zynische, menschenverachtende Haltung einerseits in seiner Tätigkeit erweist und andererseits sich voll auf der Seite von Recht, Moral und Humanität erlebt.
6) Bei DOLLARD et al. klingt diese Version außerordentlich kurz und vage an. Es heißt (im deutschen Text S.124), daß Menschen Entlastung in Abenteuergeschichten und Filmen finden können. Näheres folgt nicht.
7) In dieser Interpretation wird im sexuellen Spiel der unbedingte Reiz, in einer darauf folgenden sexuellen Erregung die unbedingte Reaktion und im Blut ein zunächst neutraler, dann bedingter Reiz gesehen.
Beispiele wie dieses könnten eigentlich auch jene Forscher etwas aufhorchen lassen, die den Terminus »Aggression« auf innerartliches Verhalten einschränken wollen (u.a. SCHERER et al., 1975).
8) Negative Verstärkung darf nicht mit Bestrafung verwechselt werden! Negative Verstärkung ist der Effekt, der angenommen wird, wenn ein Verhalten eine negative (unangenehme) Situation zu beenden vermag. Am besten ist es, sich das Kontingenzschema von HOLLAND und SKINNER (1971, S.245) zur Begriffsklärung vor Augen zu halten:

	Darbietung	Beseitigung
positiver Verstärker	pos. Verstärkung	Bestrafung (durch Verlust)
negativer Verstärker	Bestrafung	neg. Verstärkung

Verstärkung läßt die Verhaltenswahrscheinlichkeit immer ansteigen; Bestrafung soll sie reduzieren. (Näheres folgt noch in Kap. 6.)
9) Wo »Mutter« steht, könnte es ebensogut »Vater«, »Großvater« etc. heißen – oder neutraler: »Bezugsperson«. Wir schreiben aber »Mutter«, weil wir in der eigenen Forschungsarbeit sehen mußten, daß bei fast allen Kindern die Mutter die Hauptbezugsperson war; die Wortwahl möge nicht unnötig als anti-emanzipatorisch verstanden werden!
10) Hier vermittelt das erreichte Ziel einen positiven Verstärker; das Zuschlagen selbst und die ersten erkennbaren Schlagwirkungen beim Opfer erhalten eine Doppelfunktion: Sie signalisieren als bedingte Reize den baldigen Erfolg, und sie werden allmählich selbst angestrebt (als sog. sekundäre Verstärker). So kann Schlagen, so kann das Leiden des Opfers Spaß machen (s. hostile Aggression).
11) »Spontan« ist meist synonym mit »beteiligte Reize unbekannt«. Ob spontane neue Verhaltensweisen schlicht auf Reifungsprozesse (so beim ersten Lallen des Säuglings) oder auf eine erste intelligente Verarbeitung einer Situation (wenn ein Kleinkind erstmals einen entfernten Gegenstand mit einem Stock heranholt) zurückzuführen sind, ist nicht immer entscheidbar.

12) Die Kinder wurden zunächst in einen Raum mit attraktiven Spielsachen geführt, in dem sie aber nicht spielen durften.

13) Die Beobachter, welche das Verhalten der Kinder während der 20 Minuten registrierten, wußten nie, aus welcher Gruppe das Kind kam, ob es also einen Film gesehen hatte oder nicht. Es hätte ja in der Kontrollgruppe zu spontanen Aggressionen kommen können, die den Filmaggressionen geähnelt hätten und dann von den Beobachtern als »imitativ« eingestuft worden wären. Dies war jedoch nicht der Fall, wie aus der Skizze hervorgeht.

14) Auf S. 562 zeigen die Autoren, die wohl mehr die Soziologie als die Psychologie überblicken, allerdings elementare Verständnismängel für die neuen Lerntheorien; sie unterstellen ihnen (was nicht einmal für den Schöpfer des Begriffs, J. LOCKE, und für den extremsten Umwelttheoretiker, J. B. WATSON, gilt), daß sie den Menschen (soll heißen: den Neugeborenen) als eine »tabula rasa«, als eine leere Tafel sehen.

3 Entwicklung aggressiven Verhaltens

Man unterscheidet zweckmäßigerweise drei Entwicklungsbegriffe: *Phylo-, Onto- und Aktualgenese.* Phylogenese meint die Stammesgeschichte der Lebewesen, Ontogenese die Entwicklung des Individuums von der Zeugung bis zum Tod, Aktualgenese die aktuelle Entstehung eines bestimmten Erlebens und Verhaltens: Wie entwickelt sich z. B. meine Ärgerreaktion gerade jetzt, wo im Nebenzimmer das Telefon läutet und mich bei der Arbeit unterbricht ...

3.1 Phylogenese

Die Phylogenese, die Stammesgeschichte, sei hier nur kurz abgehandelt. Es gibt zu wenig Befunde, die aggressionspsychologisch eindeutig interpretierbar sind; dafür hat sich nicht selten ungezügelte Spekulation breitgemacht.

DARWIN (1859) erarbeitete mit Erfolg eine Abstammungstheorie, die in der Lage war, eine Erklärung für die Auseinanderentwicklung der Arten zu liefern. In erster Linie bezogen sich seine Beobachtungen auf die Formenvielfalt der Lebewesen, aber deutlich genug war auch sein psychologisches Interesse: Ausdrucksverhalten und menschliche Entwicklung waren Themen seiner wissenschaftlichen Arbeit (1872, 1877).

Sein Begriff der Urhorde faszinierte in der Folgezeit u. a. FREUD, der seine Spekulation von der ödipalen Phase in die noch größere Spekulation einwob, der Ödipuskomplex rühre von einem Vatermord in der Vorzeit her, und die Disposition zum Ödipuskomplex habe sich vererbt (1913). Damit wären wir zwar bei menschlichen Aggressionen, aber für die zugehörige, früher schon erwähnte Todestrieblehre (ab 1920) spielte diese »Ursünde« der Söhne gegen die Väter keine Rolle. (Anm. 1)

FREUD war nicht der letzte, der phantasiereiche Bilder von unseren prähistorischen Vorfahren malte. LORENZ folgte ihm (auch ARDREY, MORRIS usw.). Man sah die ersten Menschen sich gegenseitig abschlachten; Kannibalismus etc. wurde »erkannt«. So schrieb LORENZ (1963, S. 336), der Peking-Mensch habe Faustkeil und Feuer prompt dazu verwendet, »seinen Bruder totzuschlagen und zu braten«. Ein geistreicher Filmemacher (nach LEAKEY,

1986, S.90) sah einen Menschenaffen genau dadurch zum Menschen werden, daß er einen Artgenossen tötete.

Zuständige Wissenschaftler aus Paläontologie und Anthropologie stellen sich die Phänomene anders dar; sie projizieren weniger von ihrem eigenen Denken und Fühlen auf unsere Vorfahren.

Die Jäger- und Sammlerkulturen werden nicht mehr einfach als aggressiv eingestuft; auch wird nicht mehr unterstellt, daß sich aus dem Jägerleben eine umfassende Geschlechtsrollentypisierung zugunsten des männlichen Geschlechts ergeben mußte. (Anm. 2)

Die Buschmann-Kultur liefert moderne Anhaltspunkte gegen die patriarchalische Sicht. Jedenfalls wird in LEAKEYs Perspektive der »böse« Jäger zu einem Menschen, der seine Beute teilen kann und recht *kooperativ* ist (S.99).

Der Kannibalismus – wenn es ihn je gab – ist vielleicht eher Teil eines Totenkults als heftige Aggression gewesen (LEAKEY, 1986, S.53f.); zudem beweist Kannibalismus an *einem* Ort keineswegs eine weltweite Verbreitung.

Organisierte Aggressionen (Großgruppen-Aggressionen bis zum Krieg) begannen nach LEAKEY wohl erst mit dem Seßhaftwerden der Menschen, mit Ackerbau, Viehzucht und mit der differenzierten Metallverarbeitung. Größere Menschenansammlungen (Städte) begünstigen Hierarchiebildungen und die Planung in der Hand von Mächtigen. Erst der Seßhafte besitzt etwas, um das sich ein großer Streit (Krieg) lohnt.

Während die einen (DART, LORENZ) aus spitzen Knochenwerkzeugen und zerborstenen Schädeln auf Brutalität der ersten Menschen schlossen, haben andere zu den gleichen Funden (BRAIN in LEAKEY, 1986, S.93) den Gedankengang assoziiert, daß Schädel in Höhlen im Lauf der Jahrtausende unter der Last der über ihnen lagernden Abfälle einfach zerdrückt werden. LEAKEY (S.93) meint dazu: »Die unterschiedliche Beurteilung des gleichen Materials zeigt die Schwierigkeit, allein mit Hilfe von Fossilien menschliches Verhalten zu erschließen.« Das ist genau der Punkt, der angibt, weshalb die Paläo-Psychologie, eine Psychologie vom Leben unserer Urahnen, noch keine Blüte erfahren hat.

Für unser Thema wird der Blick auf die Phylogenese eigentlich erst durch die Frage relevant, ob sie Aufschluß darüber zu geben vermag, welchen Sinn denn Aggressionen haben können. Es sind Ethologen, die sich hier mit Überlegungen hervorgetan haben. Grundsätzlich fragen sie wie alle Biologen nach dem Anpassungswert von Erleben und Verhalten; auch Aggressionen müssen Anpassungswert haben.

Statt »Kampf ums Dasein« (DARWIN) heißt es in leichter Abwandlung, daß Arten und Individuen um die begrenzten Ressourcen dieser Erde konkurrieren. Nach MARKL (1982) gilt die Annahme, daß die Evolution die Fähigkeit von Organismen zur Konkurrenz um die begrenzten Ressourcen optimiere. Wie aber war es möglich, daß sich Aggressionen in der Stammesgeschichte herausgebildet haben? Welchen Funktionen dienen sie im einzelnen?

Aggression ist – so MARKL – keine zwangsläufige Folge des Konkurrenzdrucks; denn viele Tierarten betreiben statt des direkten Kampfes eher ein Wettrennen um die Ressourcen bzw. ein »Zugreifen bei allen sich bietenden Gelegenheiten« (siehe das Weide-Verhalten vieler Pflanzenfresser).

LORENZ zählte mehrere Funktionen der Aggression auf: 1. Durch die Aggression verteilen sich die Lebewesen einer Art in dem zur Verfügung stehenden Raum so, daß er für die Art optimal genutzt werden kann. 2. Die Aggression liest die jeweils besten und stärksten Tiere für die Weiterzucht und 3. für die Verteidigung der Nachkommenschaft aus. Die Aggression schafft 4. Rangordnungen, die weitere Kämpfe stark reduzieren. Negative Folgen, wie die Tötung von Artgenossen, sah LORENZ ursprünglich nicht: »Niemals haben wir gefunden, daß das Ziel der Aggression die Vernichtung der Artgenossen sei« (S. 71). Er ging davon aus, daß Aggressionshemmung im Normalfall immer das Schlimmste verhüte. Inzwischen wissen wir, daß diese Sicht der Tiere allzu optimistisch war: Es *gibt* tödliches Aggressionsverhalten innerhalb der gleichen Tierart. Z.B. töten Löwenmännchen den Nachwuchs, den ihre frisch eroberten Weibchen noch von anderen Männchen aufziehen. Nach ANGST gibt es Vergleichbares auch bei einigen Affenarten: »Das Säuglingstöten ist unter Primaten weitverbreitet« (1980, S. 49).

Die zugehörige Interpretation (s. WICKLER und SEIBT, 1977) lautet: Tierisches Verhalten läßt sich am besten verstehen, wenn man als biologisches Oberziel weder die Art- noch die Selbsterhaltung annimmt. Vielmehr bemüht sich jedes Tier, so auch der Löwe, in erster Linie um den Fortbestand seiner Gene. Solange eines seiner Weibchen fremde Junge großzieht, kommt es nicht wieder in Brunst, und er kann nichts zur Ausbreitung seiner Gene tun; also tötet er die Jungen ...

LORENZ sah die Aggression als Trieb bzw. als Instinkt an (er trennte die Begriffe 1963 nicht). Das bedeutet aber, daß ein Tier gelegentlich, wenn sich der Trieb mangels geeigneter Auslöser aufgestaut hat, geradezu nach Kampfpartnern suchen muß, um seinen Trieb zu befriedigen. Dies macht biologisch keinen Sinn, und es fügt zu den angenommenen Vorteilen aggressiver Durchsetzung einen starken Nachteil hinzu: Kampf um des Kampftriebs willen – mit der Gefahr, dabei schwer oder tödlich verletzt zu werden. Viele Biologen, z.B. MARKL, gehen daher nicht mehr so weit, aus der im Verlauf der Evolution erfolgten Selektion von Aggression auf einen Aggressionstrieb zu schließen. Die Aggressionen sind in erster Linie instrumenteller Art; sie dienen verschiedenen Zwecken, und gerade bei Tieren gibt es keine Aggression um der Aggression willen.

Anders als z.B. MARKL steht EIBL-EIBESFELDT in der treuen Nachfolge von Konrad LORENZ. Er sieht beim Menschen die gleichen Funktionen der individuellen Aggression wie bei Tieren (1977, S. 134), und er behauptet spezielle angeborene Dispositionen. Als *Beweis* für angeborene motorische Aggressionsmuster führt er Beobachtungen an Taubblinden an. Diese zeigen angeblich bereits als Kleinkinder aggressives Verhalten (z.B. Fuß-Stampfen, Zähne-Pressen und Zähne-Zeigen, Faust-Machen, vertikale Stirnfalten), obgleich sie das alles ja bei anderen nicht sehen können. Geht es hier um Aggressionen? Wird hier ein Angeborensein belegt? Ich kann in allen Beispielen mehr *Ausdruck* von Ärger/Wut/Zorn als Aggressionen sehen. Insbesondere mimische Anteile des Ausdrucksverhaltens dürften durchaus angeboren sein.

Aber z.B. das Fuß-Stampfen und das Faust-Ballen können durch Lernprozesse herausgebildet worden sein. Lernen geschieht ja nicht allein durch Beobachtung, sondern auch durch Erfolg; das übersieht EIBL-EIBESFELDT, der in diesem Zusammenhang nur von »sozialer Imitation« (S. 135) schreibt. Wahrscheinlich ist es für jedes Kind leicht – auch für die stark benachteiligten Taubblind-Geborenen – schon im ersten Jahr zu erkennen, daß eine Faust mehr Wirkung ausübt als die lockere Hand; wahrscheinlich kann jedes Kind im ersten oder zweiten Lebensjahr lernen, daß Fuß-Stampfen nicht nur laut klingt, sondern auch die Aufmerksamkeit anderer erbringt.

Beenden wir diesen kurzen Ausflug in die biologischen Interpretationen der Aggressionsgenese. Sie verführen dazu, von den speziell menschlichen Funktionen (und Dysfunktionen) der Aggressionen abzulenken; zum einen lenken sie von den Bedeutungen ab, die Aggressionen beim Menschen als Techniken für die Bewältigung von Aufgaben und die Lösung von Problemen haben können; zum andern verschleiern sie zu sehr die Tatsache, daß Aggressionen im Alltag erwachsener Menschen meist dysfunktional sind, das Leben also nicht verbessern; Erwachsene brauchen selbstsicheres (assertives), von Ausnahmen abgesehen jedoch kein aggressives Verhalten.

Wir können insgesamt davon ausgehen, daß aggressives Verhalten dem Menschen Vorteile bringen *kann* – gegen Tiere und auch gegen Seinesgleichen, – und in einem weiten Sinn ist der menschlichen Art die Möglichkeit zu Aggressionen sicher angeboren: als Möglichkeit, Aggressionen zu lernen. Damit ist aber noch nichts darüber ausgesagt, wie und unter welchen Umständen Menschen aggressiv werden, und wodurch es zu den großen interindividuellen Unterschieden kommt. Für einen Aggressionstrieb oder Instinkt, der dies alles steuert, spricht nichts.

3.2 Ontogenese

Psychologische Aggressionsforschung setzt in der Regel nicht bei Kleinkindern im ersten Halbjahr an – in der durchaus berechtigten Überzeugung, so früh noch kein Verhalten anzutreffen, das bereits zutreffend »Aggression« genannt werden könnte.

Aber ist es richtig, daß die Aggressionsforschung auf die »fertigen« Aggressionen etwa im Kindergartenalter – wartet? Sollte sie nicht besser nach »Keimen« aggressiven Verhaltens suchen? Offensichtlich glauben etliche, daß Aggressionen ganz einfach eines Tages – nach gleichsam sprunghafter Entwicklung – da sind. Für uns gilt hingegen die Hypothese, daß fließende Übergänge gegeben sind: Aus Vor- oder Frühformen wird allmählich Verhalten, das zunächst nur vage, bald darauf aber immer deutlicher die Kriterien aggressiven Verhaltens erfüllt.

Triebtheoretiker neigen dazu, eine Stütze ihrer Lehre darin zu erblicken, daß sie schon bei Säuglingen Aggressionen »erkennen«. Dabei kommt es aber zum einen zu den erwähnten inflationären Übertreibungen (PARENS), wonach jede Nahrungsaufnahme als Aggression interpretiert wird; zum andern wird verkannt, daß Menschen schon im Mutterleib lernen können (SPELT, 1948). In den ersten Lebensjahren sind aggressive Verhaltensweisen meist leichter zu lernen als konstruktive. Ein Kind kann mit 18 Monaten noch keinen halbwegs schwergängigen Türschlüssel drehen, um die Tür zu öffnen und in den Garten zu laufen; aber es kann bereits am Schlüssel zerren, wütend schreien und gegen die Türe treten . . .

Der Mensch vermag – relativ zu alternativen Durchsetzungsweisen – früh und gründlich aggressives Verhalten zu lernen. Eine solche lernpsychologische *Frühentwicklungshypothese* der Aggressivität muß m. E. die These von der Aggressivität als einer ausreifenden, genetisch vorgegebenen Größe ersetzen. Aggressionen lernt man relativ leicht, denn die Belohnung tritt meist unmittelbar in der Situation ein; gelegentliche Mißerfolge stören die Entwicklung aggressiven Verhaltens kaum. Sie bedeuten lernpsychologisch, wie schon erörtert, daß intermittierend verstärkt wird, und das besagt fatalerweise: Es wird hartnäckig gelernt. Mit erfolgreichen Aggressionen übt jeder, auch das Kleinkind, unmittelbare Kontrolle auf die Umwelt aus (SELG, 1971; ERON und HUESMANN, 1984). Im Zusammenhang mit der Frühentwicklungshypothese aggressiven Verhaltens ist vor allem auch ein Blick auf die Sprachentwicklung zu werfen. Kinder sind im allgemeinen erst mit etwa 2 Jahren fähig, ihre Wünsche sprachlich genügend differenziert zu äußern. Bis zu diesem Zeitpunkt haben sie bereits eine Vielfalt von Erfahrungen mit aggressivem Verhalten gesammelt. Man kann sagen, die Aggressivitätsentwicklung geht der Sprachentwicklung ein wenig voraus. Die Sprache ist somit zumindest in den ersten zwei bis drei Jahren noch kein Mittel, (instrumentelle) Aggressionen überflüssig zu machen.

Ich werde die Entwicklung aggressiven Verhaltens vorläufig in drei Phasen unterteilen, in:

- eine erste Präliminarphase der Aggressivität mit aggressionsaffinen Emotionen,
- eine zweite Präliminarphase der Aggressivität mit Trotzanfällen und Protoaggressionen
- und eine Phase der Aggressivitätsetablierung und -differenzierung.

Wir können keine festen zeitlichen Grenzen zwischen den Phasen setzen; das widerspräche auch grundsätzlich unserem Verständnis von Entwicklung.

Vielleicht können wir zwischen der zweiten und dritten Phase noch eine kurze Initialphase annehmen; vielleicht wird es bald möglich sein, die dritte Phase weiter zu unterteilen, z. B. dadurch, daß sich Parallelen zu PIAGETs Phasenlehre der kognitiven Entwicklung anbieten. Aber während die aggressivitätsrelevante Entwicklung in den ersten beiden Phasen noch deutlich von der Entwicklung in anderen psychischen Teilbereichen (z. B. von der motorischen und sprachlichen Entwicklung) beeinflußt wird und dabei noch nennenswerte interindividuelle Übereinstimmungen auftreten, muß m. E. für die dritte Phase zunehmend die interindividuelle Varianz betont werden.

In den folgenden Überblick über die Entwicklung aggressiven Verhaltens werde ich bislang unveröffentlichte Befunde aus dem eigenen Arbeitskreis einfügen.

3.2.1 Erste Präliminarphase der Aggressivität: Phase der aggressionsaffinen Emotionen

Die erste Phase ist bezüglich unseres eigentlichen Themas nur eine (erste) Vor-Phase, eine Präliminarphase, weil noch keine Aggressionen auftreten, sondern lediglich aggressionsaffine Emotionen. (Anm. 3)

Sobald Verhaltensweisen erscheinen, die eine Einstufung als Aggression nahelegen, treten diese Emotionen in ihrer Bedeutung für die Aggressionsforschung etwas zurück.

Unter *aggressionsaffinen Emotionen* verstehen wir negative Gefühlsreaktionen wie Unlust, Unbehagen, Unmut, Ärger, Wut.

Relativ oft treten in ihrem Umfeld Aggressionen auf. Aber schon bei Tieren ist der Zusammenhang recht locker; bei Rhesus-Affen z.B. wirkt sich deutlich die individuelle Lerngeschichte auf das Affektverhalten aus (MOLLER et al., 1968). Beim Menschen ist der Zusammenhang zwischen Ärger/Wut und Aggression noch schwerer zu beschreiben, wenngleich Einigkeit besteht, daß Aggressionen oft begangen werden, wenn Ärger/Wut erlebt wird; es scheint so, als könnten Aggressionen die Spannungen des Affektes aufheben.

In ihren Emotionen bewerten Organismen sehr schnell (vorgedanklich, vorsprachlich) innere und äußere Reize. Diese Reaktionen haben adaptiven Wert: Z.B. eröffnet die Furcht vor der übermächtigen Bedrohung Chancen zum Überleben, wenn sie zur erfolgreichen Flucht führt. Haben Neugeborene Emotionen? In der Beurteilung der Psyche von Neugeborenen und Säuglingen hat sich bei vielen Psychologen ein bemerkenswerter Wandel vollzogen. Dem Säugling wird heute ein sehr viel differenzierteres Erleben und Verhalten zugebilligt als noch vor wenigen Jahrzehnten. Bezeichnungen wie »sekundärer Nesthocker« (PORTMANN, 1956), die eher einen negativen Akzent setzten, sind zurückgetreten. Man sieht den Menschen nun auch bereits während der Embryonal- und Fötal-Zeit, gewiß aber nach der Geburt als ein relativ hoch angepaßtes und kompetentes Wesen an (STRATTON, 1982), und seine Lernfähigkeit kann kaum genug betont werden.

Man kann allerdings das Konstrukt »Emotion« und speziell das Konstrukt »Ärger/Wut« (anger) so erwachsenenzentriert gestalten, daß Säuglinge den Kriterien nicht genügen und ihnen somit Emotionen nicht zugebilligt werden können (s. TAVRIS, 1982). Speziell bezüglich der Ärger/Wut(anger)-Reaktion gehört AVERILL (1982) zu den führenden Autoren. Er unterscheidet bei den Emotionen vier Komponenten; drei davon sind relativ unumstritten: das subjektive Fühlen, die physiologischen Vorgänge und das Ausdrucksverhalten. Bei der Angst kann z.B. das unangenehme Gefühl mit erhöhtem Puls und blassem

Gesicht einhergehen. AVERILL ergänzt als 4. Komponente »instrumentelles Verhalten«; bei Angst wäre an Flucht zu denken. Dazu sind bei Säuglingen natürlich allenfalls Ansätze zu interpretieren; Säuglinge können nicht fliehen, nur die Augen schließen, den Kopf abwenden . . .

Nach AVERILL sind Emotionen *sozialen* Ursprungs, sie haben soziale Funktionen; insofern sind sie sozial begründete Syndrome. »Syndrom« verweist darauf, daß es kein eng umschreibbares Muster von Reaktionen gibt. Schon bei älteren Kindern, gewiß aber bei Erwachsenen, werden Lernprozesse im emotionalen Erleben und Verhalten deutlich. M.E. schießt AVERILL in seinem Bemühen, Emotionen nicht nur als biologisch Vorgegebenes zu verstehen, über das Ziel hinaus. Kleinkinder können soziale Normen noch nicht übernommen haben; haben sie also keine Emotionen? Sie zeigen aber eine solche Fülle von angeborenem Ausdrucksverhalten, daß andere gerade dazu verführt worden sind, einseitig *biologische* Theorien der Emotionen zu vertreten.

Emotionen – so AVERILL – sind auf etwas gerichtet, Ärger/Wut z.B. auf etwas, das nicht in Ordnung ist, das stört – und vermeidbar erscheint. Dieses Urteil über die Vermeidbarkeit schließt wiederum Kleinkinder aus, denn ein solches Kriterium ist erwachsenenzentriert. AVERILL, der seine Position eine sozial-konstruktivistische nennt, geht konsequent auch so weit, daß er (1983, S. 1157) Tieren Emotionen abspricht; er billigt ihnen lediglich analoges Verhalten zu. Mit Albert SCHWEITZER möchte man sagen: Er hat wohl noch »nie einen durstigen Ochsen saufen sehen«. (Anm. 4)

Wir haben uns bei unseren eigenen Untersuchungen auf die Seiten derer begeben, die dem Kleinkind sehr wohl von der Geburt an ein erstaunlich entfaltetes Gefühlsleben zubilligen; über die intrauterine Zeit davor wollen wir nicht spekulieren.

Es drängt sich uns auf, schon beim Neugeborenen *negative, d.h. unlustvolle* Ausdrucks-Reaktionen zu sehen, Ausdrucksverhalten, aus dem wir Gefühle erschließen (so z.B. auch STRATTON, 1982).

Wir wollen nach den ersten Anzeichen oder Vorläufern des Ärger/Wut-Affekts suchen. Immerhin besteht fast Einigkeit in der Psychologie, daß Ärger/Wut sozusagen eine elementare Gefühlsqualität ist, weltweit (ubiquitär) in allen Kulturen angetroffen wird, und daß sie in vergleichbaren Situationen auftritt – mit ähnlichem Ausdruck. Angeborene Anteile drängen sich auf; kulturelle Überformung ist ebenso deutlich. Nach EKMAN und OSTER (1979) ist die Gesichtsmuskulatur von Geburt an genügend ausgebildet und funktionsfähig, um Ausdrucksformen zu zeigen, die wir von Erwachsenen kennen. Diese Autoren sehen bereits bei Neugeborenen Unlust-, Ekel- und Schreckanzeichen.

Gibt es also beim Neugeborenen Zustände, wenngleich abgeschwächt, die man als Unlust/Unmut einstufen könnte, vielleicht sogar als Ärger? Zeigt ein Neugeborenes, ein Säugling in bestimmten Situationen regelmäßig ein Reaktionsmuster, das Interpretationen wie Unmut/Ärger/Wut nahelegt? Aus unserer Kenntnis von den Emotionen Erwachsener würden wir nach Zeichen von Abwehr und Vermeidung, von allgemeiner Verspannung und Unruhe, nach Stirnrunzeln, bestimmter Temperaturänderung (z.B. Erröten), Stimmveränderung

(Beben, Lautstärke), nach Schreien, Weinen, nervös-unechtem Lachen etc. suchen (s. auch AVERILL, 1982, S. 200).

Schwierigkeiten entstehen durch entwicklungsbedingte Veränderungen, und natürlich entwickeln sich Emotionen, die bereits bei der Geburt nachweisbar sind, weiter: Die Anlässe und der Ausdruck ändern sich; die motorischen Reaktionen erweitern sich in komplexes Verhalten; kognitive Anteile gewinnen an Gewicht etc.

Wir suchen also etwas beim Kleinkind, das dem Ärger/Wut-Affekt, wie wir ihn bei Erwachsenen sehen, entspricht: eine Reaktion auf Störungen von außen oder auf eigenes Unvermögen, bei der Unlust (Schreien), Erregung (z.B. heftiges Strampeln) und Spannung (Versteifung) deutlich werden. Diese negativen Reaktionen sollten möglichst nicht mit Schmerz oder Angst verwechselt werden können:

Schmerz, der von äußeren Reizen erzeugt wird, ist relativ leicht auszumachen; Schmerz, der auf innere Zustände, z.B. Koliken zurückgeht, ist wiederum stark interpretationsabhängig – wenngleich sich viele zutrauen, Schmerzlaute von Ärger/Wut-Schreien und vom Hunger-Schrei zu unterscheiden; zumindest geübten Müttern wird diese Unterscheidungsfähigkeit von entwicklungspsychologischen Autoren zugetraut (s. OERTER und MONTADA, 1982, S. 141).

Auch Angst wird aus dem Kontext leidlich sicher interpretiert: als Reaktion auf vermeintliche oder echte Bedrohung. Eine bekannte und hier relevante Angstreaktion bei vermeintlicher Bedrohung liegt im Fremdeln vor.

Beim Ärger/Wut-Affekt muß die Störung nachvollziehbar sein: Wenn z.B. dem Kind ein Objekt weggenommen wird, wenn es ein gestecktes Ziel aus Unvermögen nicht erreicht, ist einfühlbar ein Grund zu einer negativen Reaktion vorhanden.

Für unser Anliegen gibt es seit langem einschlägige Untersuchungen; zu den ältesten gehören die von WATSON und WATSON (1921), BÜHLER (1927), BÜHLER und HETZER (1927), GOODENOUGH (1931) und BRIDGES (1932).

WATSON behauptete, jedes Kind könne von Geburt an in »Rage« gebracht werden, wenn man seine Bewegungsfreiheit einenge, z.B. seine Arme fest an die Seite halte.

Die Beiträge von BÜHLER bzw. BÜHLER und HETZER bleiben in der amerikanischen Psychologie mit ihrer verbreiteten, z.T. (fremd)sprachbedingten Ignoranz meist unerwähnt. Auf den Artikel von BÜHLER kommen wir später zurück. In der von BÜHLER und HETZER gemeinsam verfaßten Arbeit wurden 69 Kinder (vier davon Neugeborene) im ersten Lebensjahr rund um die Uhr beobachtet. Die Autorinnen wollten ein Inventar der Verhaltensweisen im Säuglingsalter erstellen, das ihnen in der Folge bei der Konstruktion eines Entwicklungstests für Kleinkinder behilflich sein sollte.

Der Veröffentlichung können wir wichtige Anregungen entnehmen: Die Reaktionen der Kleinkinder werden zurückhaltend erst einmal nur in positive und negative unterteilt. Es wird die Formulierung »negativ gerichtete Reaktionen« gebraucht und ausgeführt, daß sie »gegen oder von einem Zustand oder Objekt weg« gerichtet sind (S. 143). Heftige Fluchtbewegungen von Neugeborenen werden z.B. beim Naseputzen gesehen. »Schreit und macht unruhige Bewegungen beim Reinigen der Nase«, heißt es. Im vierten Monat werden auch Verhaltensweisen als Abwehrbewegungen interpretiert: »Stößt der Mutter Hand beim Putzen der Nase und Ohren mit den Händen weg . . .« Als negativ gerichtete Reaktionen sind auch »Schreien und Weinen, Unmutlaute« bereits beim Neugeborenen zu beobachten (S. 152). Vom stimmlichen Ausdruck trennen BÜHLER und HETZER andere »negative Ausdrucksbewegungen« – etwa beim Erschrecken des Kindes, beim »negativen Erstaunen« etc.

»Zorn und Wut konnte von uns nur in einem einzigen Fall beobachtet werden«; das Kind war 0;9 alt (Anm. 5); es schlug auf eine Erwachsene ein, die es ankleidete. »Die Ausdrucksbewegungen des aktiven Unmuts erscheinen hier in gesteigertem Maße. Es ist möglich, daß die Ausdrucksbewegungen von Zorn und Wut sich aus den aktiven Unmutsäußerungen herleiten lassen . . .«, und dieser aktive Unmut wird schon beim Neugeborenen interpretiert! Dem schließen wir uns auf Grund unserer Beobachtungen voll an.

BRIDGES beobachtete Kinder in einer Klinik, aber nur drei waren jünger als einen Monat. Sie billigte den Neugeborenen lediglich eine allgemeine Erregung (excitement) als »originale Emotion« zu. Immerhin erkannte sie aber bei drei Wochen alten Kindern bereits auch Unlust (distress); Schmerz sah sie als möglicherweise angeborene Reaktion an (S. 327), ähnlich Hunger, Ermüdung. Ärger/Wut (anger) interpretierte sie bei Kindern ab drei Monaten; Schreien und Stoßen mit den Füßen spielen dabei eine Rolle. Wut/Trotzanfälle soll es mit 14 Monaten geben, erste Aggressionen mit 15 Monaten (z.B. nach einem Kind schlagen, das ein Spielzeug wegnimmt).

SEARS und SEARS (1940) führten mit einem 23 Wochen alten männlichen Säugling ein recht »unfreundliches« Experiment durch; auf Störungen bei der Fütterung reagierte er erwartungsgemäß mit Schreien . . . Je mehr Nahrung er bereits aufgenommen hatte, desto weniger heftig reagierte er und desto eher waren statt des Schreiens Handbewegungen in Richtung auf die Milchflasche auszumachen.

In einer Untersuchung von JOHNSON et al. (1982) bewerteten 597 Mütter retrospektiv (über die vorhergehende Woche) den Gefühlsausdruck ihrer Kinder. Entgegen den Erwartungen der Autoren (darunter EMDE, der Neugeborenen keine differenzierten Emotionen zubilligen möchte) erlebten dabei 84% bereits im ersten Vierteljahr Hinweise auf Ärger/Wut (anger). Selbst wenn Einstufungen durch die Mütter in unbekanntem Ausmaß von denen wissenschaftlicher Beobachter abweichen, sind sie insofern wichtig, als Mütter ja im Sinn ihrer Interpretationen auf die Kinder reagieren. Bemerkenswert oft erlebten die Mütter selbst Ärger/Wut, wenn sie eine solche Emotion bei ihren Kindern erschlossen.

In einer kleinen Teilstichprobe der gleichen Studie nahmen die meisten von 26 Müttern schon in der ersten Woche Ärger/Wut wahr.

Wenn wissenschaftlich geschulte Beobachter in früheren Studien Ähnliches nicht sahen, so kann das darauf zurückzuführen sein, daß 1. Mütter die besseren Gelegenheiten zur Beobachtung haben, daß sie 2. mehr Empathie für ihre Kinder aufbringen, aber auch daran, daß sie 3. einen anderen Begriff von der interessierenden Emotion haben, daß sie 4. ihre eigenen Gefühle auf die Kinder projizieren. Speziell was die Häufigkeit, Ärger/Wut zu interpretieren, anbelangt, so müssen wir seit SHERMAN (1927, zitiert nach PLUTCHIK, 1980) grundsätzlich vorsichtig sein: Dieser Affekt wird besonders oft wahrgenommen, auch dann, wenn die Kontexte nach wissenschaftlichem Urteil dazu nicht passen.

IZARD (1978) sieht im Schreien den Ausdruck von Unlust (distress), aus der sich mit 4–6 Monaten »anger« entwickelt. Dabei spielt es für IZARD eine Rolle, daß vom Kind eine gezielte Anstrengung unternommen werden kann, eine frustrierende Bedingung zu entfernen oder zu verändern. Aber: Wenn eine solche gezielte Abwehr ein Kriterium für »anger« sein soll, so ist festzustellen, daß bereits das Neugeborene über sie verfügt, nicht erst das Kind von 4–6 Monaten! Man betrachte sich Kinder, wie das von M. MORATH (1981) gefilmte, wenn ihnen gleich nach der Geburt Schleim aus der Nase abgesaugt wird. In der Filmszene reagiert das Kind mit abwendenden Kopfbewegungen, verzieht das Gesicht stark, und es schließt dabei die Augen; es zieht die Arme an und ballt die Hände vor seinem Gesicht zu Fäustchen; Schreien wird während der Prozedur nicht ausgelöst, wohl sind einige kurze Laute zu hören. Auch BÜHLER und HETZER (s. oben) und eigene Beobachtungen sprechen klar für diese differenzierte Reaktion bei Neugeborenen.

Für SROUFE (1981) entsteht Ärger nach und nach aus der Wut. Wie immer kann man sich um die Kriterien streiten; seine Unterteilung »Prototyp von Wut« vs. »echte Emotion Wut« überzeugt wohl nicht jeden.

SCHERER hat (in HETZER et al., 1979) vorliegende Ansichten über das erste Auftauchen von Ärger so zusammengefaßt: DARWIN sah den Affekt bei Kindern mit 3 ¾ Monaten, BRIDGES mit 3¼ Monaten, IZARD mit 3–5 Monaten (allerdings IZARD, 1978: 4–6 Monate) und SROUFE mit 7 Monaten.

Mit Kindern von 0;7 Jahren gibt es zum Thema »anger« eine systematische, experimentelle Untersuchung (STENBERG et al., 1983). In dieser gut geplanten Studie fand man klare Anzeichen des Affekts; wiederholte Frustrationen (ein begehrtes Objekt wurde dem Kind weggenommen) ließen ihn steigen. Beziehungen zur kognitiven Entwicklung konnten nicht ermittelt werden. Es bleibt offen, ab wann *frühestens* solche »anger«-Einstufungen zuverlässig möglich wären.

Im eigenen Arbeitskreis haben wir versucht, die aggressionsaffinen Emotionen von Geburt an zu erfassen. Wie schon erwähnt, bezeichnen wir als *aggressionsaffine* Emotionen solche, die zumindest auf einem höheren Entwicklungsniveau einen Bezug zur Bereitschaft, aggressiv zu reagieren, erkennen lassen. Es geht also um die Vor- oder Frühformen des Ärger/Wut-Affektes. Mag es auch strittig sein, beim Neugeborenen Ärger anzuerkennen, so sind Anzeichen von Unlust/Unmut eigentlich nicht zu verleugnen. Wir suchen also nach Reaktionen bei Neugeborenen, die sich als negative, als unlustbesetzte aufdrängen. Um sie als solche einzustufen, halten wir es für notwendig, daß sie regelhaft in bestimmten Situationen auftreten, ein leidlich angebbares Muster (von Abwehr und/oder Vermeidung) bilden, relativ regelhafte Konsequenzen nach sich ziehen und insgesamt als adaptiv interpretierbar sind.

Wir arbeiteten mit Müttern als *Beobachtungs-Mediatoren:* Sie wurden gebeten, Vorfälle von Unmut/Ärger/Wut auf Kassetten in kleinen tragbaren Recordern (s. Kap. 5.1.3) zu schildern und die Gesamtsituation, den Anlaß des kindlichen Verhaltens, dessen Dauer und Stärke, seine unmittelbaren Konsequenzen und den Ausgang der Episode aus möglichst frischer Erinnerung zu beschreiben. Es sollte jeweils kurz begründet werden, warum eine Episode überhaupt als Ärger/Wut eingestuft wurde, welche emotionale Reaktion sie bei der Mutter selbst auslöste, und wie das Verhalten des Kindes insgesamt bewertet wurde. Unser Vorgehen hat die großen Vorteile, daß die Hauptbezugsperson (meist die Mutter) auch relativ seltene Ereignisse im Leben des Kindes beobachten kann, und daß sie die größte Intimkenntnis des Kindes hat. (Anm. 6)

Diesen unschätzbaren Vorteilen stehen unverkennbare Nachteile gegenüber: Mütter sind im allgemeinen keine geschulten Beobachterinnen; es muß mit schlichten Interpretationen gerechnet werden, die mit wissenschaftlichen nicht übereinstimmen, und mit Auswirkungen positiver Vorurteile über die eigenen Kinder.

Es besteht aber die Hoffnung, daß größere mütterliche Beobachtungsfehler aufgedeckt werden können, z. B. bei Hausbesuchen, bei denen u. a. zusammen mit der Mutter beobachtet und videographiert wird. Wir gehen auch davon aus, daß möglichst genaue Schilderungen von Episoden es uns oft erlauben, Fehleinstufungen zu erkennen.

Uns war es wichtig, daß Reaktionen beschrieben wurden, die auf eine Störung hin eintraten. Episoden, die vorwiegend als Schmerz- und als Fremdelreaktionen zu interpretieren sind, wurden aussortiert.

Natürlich haben wir keine Kontrolle über Ärger/Wut-Vorfälle, die von den Müttern *nicht* beachtet wurden. Eine ursprünglich von uns geteilte Befürchtung, wir würden wegen sozialer Unerwünschtheit des Ärgeraffektes entsprechende Interaktionen kaum geschildert bekommen, erwies sich als unbegründet. Ärger/Wut ist offensichtlich nichts, das man verschweigen möchte; der kleinkindliche Affekt wird oft als »süß« erlebt.

DÜTSCH (1982) untersuchte Kinder im ersten Lebenshalbjahr (6 Jungen, 6 Mädchen). Vier Kinder wurden ab Geburt, weitere drei noch im ersten Monat, weitere vier vom zweiten und drei vom dritten Monat an beobachtet. Sechs der Kinder sind Erstgeborene; die Eltern sind vorwiegend der Mittelschicht zuzuordnen. Wir haben nicht darauf bestanden, jeden Vorfall geschildert zu bekommen, da dies wohl zu einem Motivationsverlust für die Mitarbeit geführt hätte. Wir legten größeren Wert darauf, alle irgendwie *neuen* Vorfälle zu erfahren. Insofern sind unsere Daten auf keinen Fall Normdaten über Häufigkeiten. (Anm. 7)

DÜTSCH erhielt in etwa vier Monaten 946 Episoden, davon 219 genaue Schilderungen (die anderen waren meist Wiederholungen von ähnlichem Verhalten in ähnlichen Situationen).

Die Mütter schilderten die negativen Reaktionen der Kinder vorwiegend als Ärger oder Wut, selten als Unbehagen, Enttäuschung, Mißfallen und Mißmut. Besonders *stimmliches Verhalten* läßt die Mütter an negative reaktive Gefühle denken: kurze Laute, die nach einiger Zeit in heftigeres Schreien übergehen (s. auch MORATH, 1979), oder von vornherein längere Lautgebung, Schreien, Weinen, das sich in der Lautstärke sehr steigern kann (»Brüllen«). Im Extremfall kommt es zu Speichel-Verschlucken mit Husten, Würgen und Atemnot.

Zur *Gesichtsmotorik* wurde ein deutliches Verziehen des Gesichts (mit Zukneifen der Augen) berichtet; zur *Körpermotorik* Strampeln, seltener Faustballen und Hin- und Herwerfen des Kopfes. Gelegentlich (14mal) wurde ein Versteifen des Körpers geschildert. (Anm. 8)

Psychovegetatives Verhalten (Erröten, Schwitzen) wurde relativ oft (24mal) als Merkmal der Ärger/Wut-Episoden berichtet.

Neben Verhaltensmerkmalen spielte der *Kontext,* insbesondere die Möglichkeit, Anlässe auszumachen, eine große Rolle für die mütterliche Einstufung des Kindverhaltens.

Bei den *Anlässen* sollten wir die unmittelbaren (proximalen) – z.B. Verlust eines Spielzeugs – von den (distalen) Hintergrundbedingungen unterscheiden: Z.B. begünstigen Erkrankungen des Kindes, Müdigkeit und Hunger verschiedene negative Reaktionen.

Unmittelbare Anlässe treten – in Übereinstimmung mit früheren Untersuchungen besonders in folgenden Situationen auf: Baden/Körperpflege (von der 1. Woche an), Mahlzeiten (mit 3 Wochen beobachtet), Zu-Bett-gebracht-Werden (mit 4 Wochen), Wecken (mit 6 Wochen), Ankleiden (mit 7 Wochen), Unterbrechung/Störung eigener Aktivität (ab 12 Wochen).

In Ankleidesituationen ist z.B. das Anziehen von Mützen für manche Kinder so lästig, daß es immer wieder heftigen Unmut auslöst. Das Ankleiden bleibt über die ganze frühe Kindheit eine »labile« Situation.

Im Umfeld des Badens gibt es große interindividuelle Unterschiede, aber auch intraindividuelle Änderungen: Anfangs möchten einige Kinder nicht ins Wasser rein, später die meisten nicht wieder raus . . .

Eine Mutter beschrieb die Entwicklung ihres zunächst 10 Tage alten Kindes so: »Der Ärger zeigt sich, indem das Baby sich total versteift, rot anläuft im Gesicht und keine Luft mehr einatmet. Die Dauer: solange bis man auf das Kind einredet oder es hochhebt, versucht, es zu beruhigen. Die Stärke: so laut eben das Baby schreien kann. Der Grund dafür ist, daß das Kind gebadet wird. Sobald es das Wasser berührt, fängt es an zu schreien. Das Ganze spielt sich am 22. Oktober im Badezimmer zu Hause ab. Ich bin mit dem Kind alleine, es sind keine weiteren Personen anwesend. Der Gesundheitszustand des Kindes ist normal. Ich versuche, das Kind mit Worten zu beruhigen, und wenn das eben nicht hilft, nehme ich es aus dem Wasser heraus, versuche die Badezeit so kurz wie möglich zu halten. Wenn ich das

Kind aus dem Wasser herausgenommen hab' und abfrottiere, fühlt es sich auch wieder gut. Na, als Ärger oder Wutanfall stufe ich die Situation deshalb ein, weil sich das Kind eben total versteift und keine Luft mehr holt, also kein normales Babygeschrei ist.«

Genau einen Monat später hielt die Mutter folgende Beobachtung fest: »Heute ist der 21. November, morgens beim Baden. Das Kind schreit jetzt nicht mehr im Wasser, sondern wenn ich das Kind aus dem Wasser herausnehme und zum Abtrocknen hinlege.«

Das Wickeln ist manchem Kind lästig, die Säuberung der Nase wohl allen. Dabei scheinen sich Prozesse des klassischen Konditionierens abzuspielen: Manches Kind schreit bereits, wenn es die Instrumente zur Nasenreinigung (Wattestäbchen, Taschentücher) nur sieht.

Verzögerungen und Unterbrechungen beim Essen machen die Kinder für negative Reaktionen anfällig (s. auch SEARS und SEARS, 1940). Wie jeder weiß, zeigen Säuglinge Abneigungen gegen bestimmte Speisen und gegen Wechsel in der Art der Fütterung (neuer Sauger, erstmals Löffel, Rückkehr zur Brustfütterung – nachdem die Flasche offensichtlich bequemer war). In unserer Stichprobe nahmen die Ärger/Wut-Reaktionen beim Essen nach dem 6. Monat ab. Wahrscheinlich waren jetzt alle Mütter geschickt genug bzw. hatten alle die wichtigsten Neuerungen durchgeführt.

Im Umfeld des Schlafens äußern die Kinder häufig Unmut, wenn sie zu Bett gebracht werden, was in der Regel ja immer auch ein Ende intensiver und angenehmer Kontakte mit den Eltern bedeutet. Aber auch wenn das Kind seinen gewohnten Schnuller verliert oder z. B. in ein neues Bett gelegt wird, kann es zu negativen Reaktionen kommen.

Relativ spät in der von uns beobachteten Zeit zeigen Kinder Unmut über ihre eigene Inkompetenz und über Störungen bei ihren Aktivitäten: wenn Spielsachen hinfallen und so außer Reichweite geraten (5./6. Monat); wenn ein Kind sich umdrehen will, es aber nicht schafft (5. Monat); wenn ein Kind zufrieden auf dem Bauch liegend spielt, dann aber auf den Rücken gedreht wird usw. Nimmt die Mutter dem Kind etwas weg (7./8. Monat) und läßt sie bestimmte Bewegungen nicht zu, weil sie das Kind wickeln oder anziehen will, so kann das Unmut auslösen.

Viele Episoden bleiben ohne erkennbaren Anlaß; von den Müttern wird dann oft – vielleicht richtig – interpretiert, daß es den Kindern zu langweilig ist, daß sie Zuwendung wollen.

Gelegentlich gibt es Überschneidungen mit der Fremdelreaktion: Ein Kind reagiert schon mit 10 Wochen deutlich negativ, wenn mehrere Besucher auf es einstürmen, ein anderes mit 15 Wochen, wenn es von einer fremden Person auf den Arm genommen wird.

Manchmal treten verschiedene Störanlässe zugleich auf: Das Kind liegt im Kinderwagen auf dem Bauch, will sich offensichtlich umdrehen, kann ein Spielzeug nicht erreichen, ist durchnäßt und wahrscheinlich hungrig.

Wir haben bei den Anlässen und Unlustäußerungen keine akzeptablen Hinweise auf Geschlechtsunterschiede erhalten; vielleicht ist unsere Stichprobe dafür zu klein.

Auch die *mütterliche Reaktion* auf das Kindverhalten ist wichtig. Oft schließen die Mütter aus der Art, wie es ihnen gelingt, das Kind zu beruhigen, auf die Klasse kindlichen Verhaltens; und es ist keineswegs Gleiches gemeint, wenn zwei Mütter angeben, ihr Kind zur Beruhigung aufgenommen zu haben: Die eine hielt es dabei etwas von sich weg, schaute es ernst an und sagte: »Was ist denn mit dir, Quälgeist . . .«, wobei diese Mutter insgesamt in dieser Szene etwas distanziert-ablehnend wirkte; die andere drückte ihr Kind an sich und verhielt sich in jeder Hinsicht zärtlich (DÜTSCH, S. 140).

Zur Beruhigung bewähren sich verschiedene Formen des Körperkontakts: das Auf-den-Arm-Nehmen, Streicheln, Händchenhalten, Rücken- und Poklopfen; auch das Wickeln beruhigt viele Kinder, solange sie noch nicht allzu hungrig sind.

Jede Art des Wiegens – sei es auf dem Arm, sei es im Wagen, im Bettchen oder in der Wiege – ist gleichfalls eine altbekannte Methode zur Beruhigung; als ebenso brauchbar erweist sich bei manchem Kind das Saugen am Schnuller. Vielfach werden Kinder auch gezielt abgelenkt. Die Möglichkeiten dazu sind zahllos; sie beinhalten in jedem Falle Zuwendung.

Natürlich versuchen die Mütter nicht immer vorrangig, ihr Kind zu beruhigen; vielmehr wollen sie oft primär ein anderes Handlungsziel erreichen – z.B. beim Anziehen des Kindes. Dabei können sie zwar Ablenkungsversuche vornehmen, aber nicht immer erfolgreich. In diesen Fällen folgt dem konsequent betriebenen Anziehen oft ein versöhnliches Besänftigen. Dennoch gilt: Kleinkinder lassen sich zumeist schnell ablenken und beruhigen – oft auch schon alleine dadurch, daß eine lästige Maßnahme (wie das Ankleiden) beendet ist.

Wer Beispiele für die feinen Interaktionen, für die wechselseitige Steuerung von Mutter und Kind sucht, kann sie in den genannten Situationen finden. Oft ignoriert die Mutter die ersten negativen Kindreaktionen, beeilt sich dann, wenn das Kind weiter und lauter schreit; sie unternimmt verschiedene Ablenkungsversuche und zum Abschluß gezielte Beruhigungsmaßnahmen.

Konsequentes Ignorieren kindlicher Unmutsäußerungen wurde selten vermerkt, am ehesten beim Zubettbringen. Etwas häufiger wurde ein Aufgeben der mütterlichen Intention registriert: Eine Mutter brach z.B. das Baden des Kindes sofort ab, wenn dieses negativ auf das Einsetzen in die Wanne reagierte. Relativ oft geben Mütter nach, wenn die Kinder Ablehnung gegen neue Speisen zeigen (in 7 von 36 genauer erfaßten Essens-Episoden).

Vorübergehende Handlungsunterbrechungen, nach denen die Mütter aber zu ihren primären Zielen zurückkehren, sind häufig – gerade auch beim Füttern: Die Mutter gibt einen Löffel Spinat; das Kind schreit, schluckt und spuckt in einem; die Mutter beruhigt das Kind, gibt wieder einen Löffel voll Spinat etc.

Eine der Mütter setzte sich gelegentlich in fast rücksichtsloser Weise durch; sie zwang ihr Kind ohne flexible Anpassung gegen hartnäckigen Widerstand zum Weiteressen.

Viele Mütter geben sich Rechenschaft über die Konsequenzen und Inkonsequenzen ihres Verhaltens; Mütter, die sich für nachgiebig halten, fürchten, ihre Kinder zu verwöhnen; sie zeigen sich verunsichert. Beunruhigend ist es für Mütter, daß sie gelegentlich gereizt (nervös) und ärgerlich auf das Kindverhalten reagieren. Einige fühlen sich »verzweifelt«, hilflos; einige beschuldigen sich des Ungeschicks. Überwiegend aber »verstehen« die Mütter den Unmut ihrer Kinder, manche empfinden Mitleid. Gelingt ihnen eine Beruhigung, so wird Erleichterung erlebt und auch das gute Gefühl, für die Kinder wichtig zu sein.

Die Mütter unserer Stichprobe waren trotz gelegentlicher Schwierigkeiten alle in der Lage, zum Kind eine gute Beziehung aufzubauen. Wir müssen davon ausgehen, daß Mütter mit feindseliger Einstellung zu ihren Kindern sehr viel mehr negative Reaktionen auslösen und die Basis für lebenslange Probleme legen (darüber später mehr).

Alterseffekte sind in zwei gegensätzlichen Richtungen festzustellen: Ältere Kinder sind in mancher Hinsicht schwerer (nicht mehr allein durch Aufnehmen), in mancher Hinsicht aber auch leichter zu beruhigen (z.B. schon dadurch, daß die Mutter nur in die Nähe kommt und für die Kinder sichtbar wird).

Mit Zurückhaltung möchten wir einen Trend wiedergeben: In den ersten acht Wochen gab es relativ viele negative Reaktionen der Kinder; die Zahl nahm dann ab. Aus vereinzelten Beobachtungen drängt sich der Gedanke auf, daß die Mütter bis dahin gelernt haben, auf ihr Kind adäquat einzugehen. Aber nach einer kurzen Phase mit wenig Problemen stieg deren Zahl wieder an, vermutlich weil den Kindern in ihrer Entwicklung Verhaltensweisen möglich wurden. So begannen sie zu greifen, mit Objekten zu hantieren. Das heißt aber auch: Sie greifen in die Teller und Tassen und Löffel; sie stecken sich alles Ergriffene in den Mund: schmutzigen Sand ebenso wie Messer und Gabeln; und allmählich lassen sich Kinder auch nicht mehr durch bloßes Verstecken von begehrten Gegenständen ablenken, weil sich keimhaft eine Objektpermanenz ausgebildet hat: Das Kind weiß dann, daß ein Objekt noch existiert, auch wenn es dieses nicht gerade sehen kann. (Anm. 9)

Insbesondere die zunehmenden motorischen Möglichkeiten des Kindes (in Verbindung mit der Gesamtentwicklung) sind es wohl, die zu nicht mehr endenden kleinen Konflikten zwischen Mutter und Kind führen können. In der Mutter-Kind-Interaktion müssen sich immer wieder neue Kompetenzen ausbilden (s. AINSWORTH und BELL, 1974).

Wir haben den Eindruck, daß *die* Kinder besonders »unangenehm« werden, die von den Müttern insofern inkonsequent behandelt werden, als sie das Kind einmal bis zur Erschöpfung schreien lassen und einmal in der gleichen Situation nachgeben. Hier liegt wohl eine intermittierende Verstärkung der Unmutsäußerung im Sinne des operanten Konditionierens vor.

An eine Kontroverse aus der Entwicklungspsychologie mag hier erinnert sein: Man stritt sich, ob rasche mütterliche Zuwendung kindliches Schreien verstärken, also wahrscheinlicher machen und einen »Schreihals« heranbilden werde – oder ob sich gerade die Kinder, die relativ schnell Zuwendung nach einer Unmutsäußerung erfahren, als emotional stabil und ruhig erweisen werden, weil ihnen die Mütter als zuverlässige Bezugsperson erscheinen. Die Empirie (BELL und AINSWORTH, 1972) stützte die zweite Sicht; das schien eine wichtige lernpsychologische Annahme zu widerlegen, nach der Zuwendung das vorhergehende Verhalten, hier das Schreien, verstärkt. GEWIRTZ und BOYD (1977) machten aber auf Fehler bei der Anwendung lernpsychologischer Gedanken aufmerksam und wiesen auf die notwendigen Detailbeobachtungen hin:

Eine Mutter, die sich ihrem Kind schon bei den ersten, noch eher leisen Kontaktversuchen oder Unmutsäußerungen rasch und freundlich zuwendet, verstärkt ja nicht sein intensives Schreien; es gerät kaum in tiefe Erregung, kann leicht beruhigt werden und dann andere Kontaktformen ausprobieren. Ein solches Kind wird für seine leisen Signale positiv verstärkt und die Mutter selbst für ihre schnelle Reaktion: Sie hat ein »liebes«, ruhiges Kind. Nur die Mutter, die erst bei heftigem Geschrei reagiert, »verführt« ihr Kind, sich bald als »Schreihals« aufzuführen . . .

BLURTON-JONES et al. stellten übrigens 1979 fest, daß Mütter, die verzögert auf kindlichen Unmut reagieren, aggressivere Kinder haben. (Die Korrelation betrug bei 21 Monate alten Kindern etwa $r = .35$).

Ob eine Mutter früh oder spät auf die Signale ihres Kindes reagiert: Es wird in jedem Fall deutlich, daß die negativen Reaktionen der Säuglinge Überlebenswert haben. Von unglücklichen Ausnahmen abgesehen, werden auf negative Reaktionen hin die erkennbaren Bedürfnisse des Kleinkinds befriedigt; meist müssen Nahrung, Wärme und Schutz gewährt werden. Auch dieser relativ unstrittige Überlebenswert spricht dafür, diese Emotionen und ihre ersten Ausdrucksformen als weitgehend angeboren zu akzeptieren.

Aber bereits in den ersten Lebensmonaten sind neben den aggressionsaffinen Emotionen bestimmte Verhaltensweisen zu beobachten, die allererste Merkmale aggressiven Verhaltens aufweisen. Sie sollen Proto-Aggressionen genannt sein; von ihnen handelt das nächste Kapitel vorwiegend; die Weiterentwicklung der aggressionsaffinen Emotionen wird im Trotzverhalten noch einmal angesprochen und tritt dann allmählich in den Hintergrund unserer Betrachtungen.

Zusammenfassung (von 3.2.1):

In der Phase der aggressionsaffinen Emotionen zeigen Kinder noch kein Verhalten, das wir »Aggression« nennen können. Es gibt lediglich – von Geburt an – auf bestimmte Störungen hin negative Reaktionen (mit Abwehr- und/oder Vermeidungsqualitäten), die als Unmut/Ärger/Wut-Anzeichen interpretiert werden können. Ihre frühesten Formen dürfen als angeboren gelten; sie werden bald durch Lernprozesse modifiziert.

Insgesamt zeichnen sich die Unmut/Ärger/Wut-Reaktionen durch stimmliche Qualitäten und durch eine besondere Gesichts- und Körpermotorik aus. Die Anlässe sind zwar vielfältig und individuell verschieden, lassen sich aber meist doch bestimmten Situationen (z. B. Ankleiden) zuordnen.

Im Normalfall guter Mutter-Kind-Beziehungen folgt der kindlichen Reaktion (sobald wie möglich) mütterliches Beruhigungsverhalten. Anlässe, Reaktionen und mütterliche Konsequenzen ändern sich mit zunehmendem Alter des Säuglings und der weiteren Entwicklung des Gefüges der Mutter-Kind-Interaktionen. Es gibt – noch näher zu untersuchende – Interaktionsperioden der Art, daß größeren Entwicklungsfortschritten des Kindes (z.B. dem ersten Krabbeln) ein unsicheres mütterliches Verhalten folgt, bis die Mutter (wieder) die nötige Kompetenz ausgebildet hat.

3.2.2 Zweite Präliminarphase derAggressivität: Trotzanfälle und Proto-Aggressionen

Die aggressionaffinen Emotionen bleiben in dieser zweiten Phase natürlich erhalten, d.h. sie entwickeln sich weiter. Bei vielen Kindern kommt es zu mehr oder weniger dramatischen Trotzanfällen. Wir wollen aber im Verlauf dieses Kapitels allmählich unsere Aufmerksamkeit von den Emotionen lösen und auf die Vorformen aggressiven Verhaltens bis hin zu den ersten eindeutigen Aggressionen lenken.

SEGALL (1976, 1983) und KORNADT (1981) schlagen für das Verhalten kleiner Kinder, das wohl in der Intensität, aber noch nicht in der erschlossenen Intention an Aggression denken läßt, den Terminus Proto-Aggression vor. Sie gilt als Vorläufer der Aggression und wird oft von Erziehern intermittierend verstärkt. Aus den diffusen Proto-Aggressionen entwickeln sich die gerichteten Aggressionen. Proto-Aggressionen sind ubiquitär; die Weiterformung zu Aggressionen ist zwar insgesamt kulturabhängig, aber es ist praktisch unvermeidbar, daß jedes Kind Erfahrungen mit proto-aggressivem und aggressivem Verhalten sammelt. Dabei kann jedoch auch der Fall eintreten (SEGALL, 1983, S.32), daß einige Kinder sich von Aggressionen künftighin fernhalten.

KORNADTs Ausführungen von 1981 sind auf die Entwicklung der *feindseligen, frustrationsbedingten* Aggression konzentriert. Am Anfang stehen Ärgerreaktionen, die von aversiven Erlebnissen ausgehen. Für diese Reaktionen nimmt KORNADT eine »erbgenetische Vorprogrammiertheit« an. Das »aggressionsrelevante« Verhalten besteht aus einfachen Affektreaktionen. An dieses vorprogrammierte Verhalten schließt sich eine Phase an, in der »ärgerbezogene Verhaltensmuster und ihre Effekte gelernt werden«. Diese Muster werden proto-aggressive Handlungen genannt, solange eine Intention zu verletzen nicht erschlossen werden kann. Erst über kognitive Schritte können daraus nach KORNADT Aggressionen werden (u.a. muß ein Verständnis dafür gegeben sein, daß eigenes Handeln für andere beeinträchtigend sein kann).

Die Kritik am Kriterium »Intention« muß hier nicht wiederholt werden; »Gerichtetheit« kann als Kriterium dafür genügen, wann ein schädigendes Verhalten als Aggression eingestuft werden kann.

Welche Detailinformationen sind der einschlägigen Literatur über diese zweite Phase zu entnehmen?

Charlotte BÜHLER (1927) brachte immer je zwei Kinder zwischen 4 und 21 Monaten zusammen in eine »Kinderbox« und beobachtete sie unter verschiedenen Bedingungen.

Im ersten halben Jahr treten Kinder »von sich aus noch nicht in komplexere soziale Beziehungen ein, ihr Kontakt mit anderen Kindern ist bloßer Schaukontakt.« »Im zweiten Halbjahr jedoch entwickeln sich Despotie und Rivalität aufs lebhafteste . . .« Die überlegenen Kinder sind meist auch die etwas älteren und psychomotorisch reiferen Kinder. »Kinder, die nicht gut sitzen können, die wackeln und umfallen, wenn sie etwas ergreifen wollen . . . sind stets die unterlegenen« (S. 60).

Das Despotenverhalten besteht z. B. darin, daß das überlegene Kind dem anderen alles wegnimmt. Dieses Wegnehmen erscheint BÜHLER aber »mehr einfach ein Nehmen alles Erreichbaren als ein ausgesprochenes Wegnehmen«. Bei MACCOBY (1980) heißt es über das Wegnehmen: Solange das Hauptaugenmerk dem Objekt gelte und kein Verletzen oder Ängstigen des anderen Kindes intendiert werde, liege noch keine Aggression vor. In solchem Wegnehmen, bei dem die Gerichtetheit gegen einen Partner noch nicht deutlich ist, können wir aber m. E. eine Proto-Aggression sehen.

Zum Schlagen schreibt BÜHLER, es finde »spielend« aber auch »ernstlich und despotisch« statt; leider fehlen genauere Angaben, auch zum Alter.

Im Zusammenhang mit dem Wegstoßen anderer Kinder wird (S. 85) eine »despotische Ausdrucksbewegung« (triumphierendes Lächeln, ab 0;8) beschrieben, die ein Beurteilen des eigenen Handelns – von der Planung bis zum Erfolg – voraussetzen dürfte. Das Wort »Aggression« suchen wir bei BÜHLER vergeblich; es war 1927 als Fachwort noch nicht verbreitet genug. Aber von »Kampf« ist bei rivalisierenden Kindern die Rede (S. 87) und Schilderungen einer Rauferei zwischen 7 Monate alten Kindern und von wiederholtem »am-Haar-reißen« legen den Gedanken an Aggressionen nahe; vielleicht sind das die ersten in der psychologischen Literatur erfaßten Proto-Aggressionen (oder Aggressionen?) von Kleinkindern.

Die von Charlotte BÜHLER benutzte Verfahrensweise, kleine Kinder auf engem Raum zusammenzubringen, ist bis heute in ihren dynamischen Möglichkeiten noch nicht voll ausgeschöpft.

BÜHLER und HETZER (1927, S. 156) berichten, daß ein 9 Monate altes Mädchen beim Anziehen mit Geschrei auf seine Pflegeperson einschlug.

GOODENOUGH ließ nur zwei Kinder unter 1 ½ Jahren beobachten; es fehlen Detailinformationen über ihr Verhalten. Nach GOODENOUGH kommt es im 2. Lebensjahr zu einem Maximum an Affektausbrüchen, wobei zwischen eher einfachen Ärger/Wut- und großen Trotzanfällen nicht genug getrennt wird, bei denen Kinder sich z. B. hinwerfen, um sich treten und heftig schreien.

PIAGET (1959 bzw. 1975) erörtert das Schlagen als ein »klassisches Verhaltensschema« (S. 173) im Rahmen der sog. sekundären Zirkulärreaktionen. Zunächst ist nur spielerisches Schlagen auf eine Puppe (0;4;9), auf des Vaters Hände (0;4;18) und auf eine Klapper gemeint (mit 0;4;21). Als PIAGETs Sohn

0;5;2 alt ist, »beginnt er, die Gegenstände mit einer Hand zu schlagen, während er sie mit der anderen hält.« »Auf diese Weise ist also das Verhaltensschema des ›Gegenstände-Schlagens‹ allmählich aus einfacheren Verhaltensschemata herausdifferenziert worden und hat seinerseits zur Bildung des Schemas ›Auf Gegenstände, die man in der Hand hält, schlagen‹ geführt« (S. 174).

Dies können früheste Vorformen aggressiven Verhaltens sein, d.h. sie enthalten in sich die Möglichkeit, aggressiv eingesetzt zu werden.

Mit 0;7;13 kommt es zu folgender Episode: »Ich biete ihm eine Zündholzschachtel auf meiner Handfläche an, aber ganz hinten, so daß er sie nicht erreichen kann, ohne das Hindernis der Finger zu beseitigen. Zuerst versucht Laurent über die Finger hinwegzulangen, dann aber beginnt er ganz plötzlich auf meine Hand einzuschlagen, wie um sie zu entfernen oder zu senken. Ich lasse es geschehen und er ergreift die Schachtel. – Ich baue nun mit einem Kissen ein Hindernis, das ziemlich weich ist und die Eindrücke der kindlichen Schläge bewahrt. Laurent versucht sogleich, an die Schachtel zu gelangen, wird aber durch das Hindernis behindert. Sogleich schlägt er darauf ein und drückt es so weit herunter, bis ihm der Weg freisteht« (S. 223). Dieses Schlagen sieht PIAGET nicht mehr selbst als Zielschema an, sondern als ein Mittelschema, das einem anderen Schema untergeordnet ist.

Es drängt sich in unserem Interpretationsansatz auf, das Verhalten als eine instrumentelle Proto-Aggression einzustufen.

In der psychoanalytisch orientierten Arbeit von PARENS (1979) werden dem Kleinkind Aggressionen zugesprochen – sogar von Geburt an. Es ist die Rede von

1. unlustbezogener Destruktivität (so etwas wie Wut),
2. von nicht-affektiver Destruktivität (Beute-Aggression, Saugen, Beißen, Einverleiben von Nahrung ...); sie tritt zyklisch auf – bei jeder Fütterung ...
3. von nicht-destruktiver Aggression (Kompetenzen, Aktivitäten zur Selbst- und Umweltkontrolle),
4. von lustbezogener Destruktivität (sadistische Regungen).

In der Zeitspanne zwischen Geburt und 6 bis 12 Wochen treten – natürlich – die beiden ersten Formen auf. Aber mit dem inflationären Aggressionsbegriff (Essen als Aggression) ist in der Aggressionsforschung wenig anzufangen. So wird Aggression zur Triebhandlung, wird unvermeidlich und lebensnotwendig – von der Geburt bis zum Tod. PARENS sagt eigentlich: Jedes Baby, das sein Fläschchen trinkt, ist aggressiv ...

PARENS berichtet aber auch von einem 13 Monate alten Mädchen, daß es seinen Kopf auf den Tisch schlug, wobei es schrie und dann von der Mutter getröstet wurde. Hier haben wir also Hinweise auf *Selbstaggressionen.*

Bei Kindern zwischen 16 und 24 Monaten gibt es nach PARENS Anzeichen für eine Aggressionshemmung oder -kontrolle. Die Kinder halten manchmal in einer Handlung inne, um sie zu ändern, z.B. einen begonnenen Angriff zu mildern: C. (S. 258) hielt ein scharfes Spielzeug in der Hand und wollte damit M. schlagen; sie legte das Spielzeug weg und schlug dann sanft mit der Hand nach M.

EIBL-EIBESFELDT schreibt (1973, ab S. 113), Kinder zeigten »im Alter von einem Jahr« eine Reihe von aggressiven Verhaltensweisen in charakteristischen Situationen:

A) das Rauben von Gegenständen (mit Schlagen, Kratzen, Umstoßen),
B) das Verteidigen von Objekten (mit Schlagen, Umwerfen, Kratzen),
C) das Verteidigen eines Platzes, d.h. des Platzes bei der Mutter, des Spielplatzes ...
Ein »etwa 10–12 Monate« alter Junge trat gezielt nach seinem älteren Bruder, versuchte ihn zu kratzen und bewarf ihn auch mit Gegenständen«.
D) Fremdenablehnung: Zur anfänglichen Fremdenfurcht können später Abwehrmaßnahmen treten (z.B. Schlagen). Fotos eines Kindes von etwa 1 ¾ Jahren belegen dies; von einer »wohl angeborenen Verhaltensweise« ist wieder die Rede, obgleich dieses Kind in seinen ersten 21 Monaten oft Schlagen gesehen und geübt haben dürfte.
E) Nichtprovozierte, spielerische Aggression:
z.B. mit dem Stock schlagen. Angeborenes Verhalten wird in abgeschwächter Form auch hier angenommen: »Es ist möglich, daß es sich ... um ein angeborenes Verhalten handelt.« Genau zu diesem Beispiel haben wir bereits weiter oben Stellung genommen.
F) Auskundschaften des sozialen Verhaltensspielraums: Aggressionen dienen dazu, den Spielraum des Erlaubten zu erkunden (explorative Aggressionen).

1972 zählt EIBL-EIBESFELDT aggressive Verhaltensweisen älterer Kinder auf; über Kleinkinder schreibt er (ab S. 112): Ein 9 Monate alter Junge habe nach der Mutter geschlagen, spielerisch mit einem Stöckchen Eltern und Kinder geschlagen, andere Säuglinge an den Haaren gerissen und umgeworfen. Es folgt die merkwürdige Passage, daß bei den Buschleuten aggressives Verhalten als »ungehörig« gilt und die Erziehung auf »Zügelung der aggressiven Neigungen« achte. Wenige Zeilen später liest man jedoch: »Nur wenn ein Kind laut weint, mischt sich ein Erwachsener ... ein. – Im übrigen läßt man in den Kinderspielgruppen den aggressiven Auseinandersetzungen freien Lauf. Die Kinder haben damit reichlich Gelegenheit, Erfahrungen über die Auswirkungen aggressiven Verhaltens zu sammeln ...« Eine Zügelung aggressiver Neigungen ist daraus kaum abzuleiten.

MAUDRY und NEKULA (1939) beobachteten 24 Kinder zwischen 6 und 25 Monaten. Es wurden – ähnlich wie bei BÜHLER – Paarsituationen mit gezielten kleinen Frustrationen, die Besitzkonflikte auslösen sollten, hergestellt. Es kam tatsächlich zu Kämpfen zwischen den Kindern, zunächst aber nur um das begehrte Objekt, nicht gegeneinander (bis zum Alter von 6–8 Monaten). Bei den 9–13 Monate alten Kindern wurden von den Autoren einige der Streitereien als »persönlicher Kampf« bzw. als vager Übergang dahin gesehen. Die Detailbeschreibungen sind insgesamt so undeutlich, daß nicht scharf genug zwischen mehr zufälligem Schlagen, Stoßen und Beißen und gerichteten Verhaltensweisen unterschieden werden kann. Ferner geht in die Gruppe der »personalen Aggressionen« (S. 205) offensichtlich auch das Weinen und Schreien, sofern es irgendwie zum andern hin gerichtet ist, ein.

VINCZE untersuchte 1971 das Sozialverhalten von 9 Kindern zwischen 3 und 30 Monaten. Die Aggressionen werden nur knapp beschrieben: In ca. 39 Stunden gab es lediglich 23 Fälle, in denen ein Kind wegen der Aktion eines anderen schrie und weinte. Manches grob anmutende Verhalten erweist sich im Kontext kindlichen Spiels als harmlos: Man klettert und kriecht übereinander weg, ohne daß ein Kind deshalb in Ärger/Wut gerät. In genau 30 von 60 beobachteten Fällen war das Kind, über das sich ein anderes hinwegbewegte, in der Lage, im eigenen Spiel fortzufahren. Manchmal wurde aus dem Übereinanderklettern sofort ein wechselseitiges Spiel, manchmal wollte sich der Unterlegene befreien, manchmal wimmerte er etwas, manchmal lächelte er aber auch.

In unserem Bamberger Arbeitskreis haben wir auch versucht, die Vor- oder Urformen aggressiven Verhaltens zu erfassen; auch von »Aggressionskeimen« haben wir gesprochen, um das Vorläufige anzudeuten.

Die bereits erwähnte Arbeit von DÜTSCH sowie Daten über etwas ältere Kinder von M. SCHUNK (Anm. 10) und eigene Beobachtungen lieferten wichtige Hinweise auf Proto-Aggressionen:

Zur motorischen Reaktion im Unlustzustand von Kleinkindern gehören Treten und Strampeln, Schlagen und »Rudern«. Darin können wir Vorformen aggressiven Verhaltens sehen. Jedes Kind zeigt irgendwann spontan solches Verhalten und kann dabei allmählich erkennen, daß Treten und Schlagen relativ große Wirkungen hervorrufen: So kann es Objekte, z.B. ein Mobile, bewegen (bei einem Kind von 11 Wochen beobachtet), verschieben und beiseite räumen; so kann schon ein Säugling, der auf dem Wickeltisch liegt und zufällig gegen seine Mutter tritt, mehr oder weniger ernste Schmerzlaute, aber auch Lachen auslösen.

Ein Kind (von 15 Wochen) erwischt die Oma an den Haaren, zieht daran und krallt sich fest. – Nadi (5 Mon.) zieht die Mutter an den Haaren, wenn diese sie mit beiden Händen halten muß, um sie in die – inzwischen ungeliebte – Wanne zu setzen. Dieses Ziehen ist so stark, daß die Mutter mit dem Kopf nachgeben muß.

Kinder lutschen nicht nur an den Fingern, sie beißen auch darauf und können so diese Verhaltensform in ihrer Wirkung erkunden (ab 16 Wochen berichtet).

Eine Vorform des Spuckens: Nadi (7 Monate) nimmt die Zunge zwischen die Zähne und prustet, so daß die Mutter im Gesicht von Spucke getroffen wird und Wirkung zeigt.

Eine Vorform des Schlagens mit Gegenständen auf Personen: Bei Nadi wird (gleichfalls noch mit 7 Mon.) festgestellt, daß sie so heftig mit ihrer Rassel um sich schlägt, »daß man richtig in Deckung gehen muß«.

Andere proto-aggressive Verhaltensweisen sind:

Etwas wegwerfen (etwa ab 7 Monaten von fast jedem Kind gezeigt), auf Objekte hauen (ab 7 ½), auf Personen hauen (ab 7 ½), andere beißen (9 ½), stampfen (10 ½), spucken (10 ½), kneifen (11 ½), Gegenstände gegen Objekte werfen (11 ½), mit Gegenständen auf Personen einschlagen (mit 12 Monaten).

Wir haben im ersten Lebensjahr der Kinder noch nicht entdecken können: Schubsen anderer Kinder, Zunge rausstrecken, Kratzen, Treten gegen Objekte oder Treten im Stehen gegen andere Personen.

Lassen wir einige Details aus den Berichten über Nadi folgen. Zum Werfen: Dieses Verhalten wird anfangs – mit fast 7 Monaten – z. B. so beschrieben: »Wenn nun auf dem Tisch etwas steht, das sie nicht erreicht, z. B. eine Tasse, dann wischt sie mit dem Arm mit einem Ruck das ganze Spielzeug auf den Boden«. Solange die Tasse angestrebt und nicht erreicht wird, werden die von den Eltern wieder aufgehobenen Spielsachen nicht akzeptiert. Sie wirft sie »wieder hinunter und tobt«. Dies bringt die Eltern dazu, mit dem Kind zu schimpfen.

Ähnlich (im gleichen Alter): Das Mädchen wird ins Bett gebracht und protestiert dagegen. »Sie hat auf die Matratze geschlagen; ihre Teeflasche warf sie durch die Gitterstäbe ...« und schreit. Daraufhin nimmt die Mutter Nadi auf und will gesehen haben, daß Nadi »so richtig siegessicher gelacht« hat.

Über das Hauen auf Objekte: Nadi (7 ½ Monate) will nicht ins Bett, »tobt in ihrem Bett« ... »Sie schlägt gegen das Bett, zieht an der Bettverkleidung, hat schon 2 Schnüre abgerissen, bäumt sich auf, wirft ihre Teeflasche heraus«.

Zum Schlagen auf Personen: Nadi (7 ½ Monate) »patscht mir mit der Hand ins Gesicht, wie wenn sie zuschlagen wollte«.

Recht bunt ist folgende kleine Episode: Nadi will mit 9 ½ Monaten nicht aus der – nun wieder geliebten – Badewanne. Sie klammert sich an der Wanne fest und strampelt so heftig, daß die Mutter das Mädchen nicht allein aus der Wanne heben kann und den Vater zu Hilfe holen muß. Die Mutter gibt zu, daraufhin wütend geworden zu sein.

Mit fast 11 Monaten kann Nadi laufen, sofern sie irgendwo Halt findet, z. B. an der Wand. Jetzt kommt es zu häufigen Konflikten mit den Eltern, weil das Mädchen Objekte erreicht, vor denen es geschützt werden muß bzw. welche die Eltern vor dem Kind schützen wollen: Herd, Telefon, Fernsehgerät, Papierkorb etc.

Als Nadi 11 Monate alt ist, wird beobachtet, daß sie ihre Eltern lebhaft imitiert: Sie will fegen und putzen, Zeitung lesen etc. Falls ihr hier irgendwelche Objekte verweigert werden, läßt sie sich fallen, wobei sie gelegentlich auch mit dem Kopf aufschlägt. Die Mutter ist darüber »mit den Nerven ganz fertig«; sie weiß nicht, was sie machen soll; sie schreit das Kind an und schlägt es auf die Hände.

Das Nachahmen macht natürlich vor verschiedenen Aggressionen nicht halt; so imitiert Nadi auch Teile von Drohungen. Sie schaut in Richtung des verbotenen Objekts, macht eine »Drohbewegung« mit dem Finger und sagt »dudu«.

Eine kleine Eskalation gab es bei Felix (1;0;14). Während der Junge gerade eine Schaufel in der Hand hielt, bekam er wegen Ungehorsams »eine auf den Hintern gehauen.« »Er drehte sich um und haute ihr (einer beaufsichtigenden Frau) die Schaufel hinauf. Sie hat ihm dann wieder einen Klaps gegeben, und er hat die Schaufel hingeschmissen.«

Die Entwicklung von Proto-Aggressionen ist natürlich – mehr als hier angedeutet werden kann – mit der Gesamtentwicklung, insbesondere mit den motorischen und kognitiven Teilbereichen verzahnt: Das Kind, das sein Greifen verbessert und alles in den Mund steckt (etwa ab 4 Mon.), erweitert auch das Verhalten, das von den Eltern kontrolliert werden muß. Durch Rollen, Rutschen und Krabbeln kann sich das Kind im 2. Halbjahr allein von der Stelle bewegen, viele Kinder können bald darauf ihre ersten Schritte tun. Sie vergrößern damit ihren Erfahrungsraum außerordentlich – und es entstehen daraus echte und vermeintliche Gefahren. Diese Kinder zugleich anzuregen und zu kontrollieren, ist nicht einfach. Die Mutter von Nadi fühlt sich gelegentlich überfordert und gibt zu: »Mir gehen oft die Nerven durch; ich schrei sie dann an«.

Jedes Kind erkennt nach etlichen Wiederholungen die Zusammenhänge zwischen eigenem Tun und dessen Wirkung. Nach PIAGET demonstriert ein Kind etwa ab dem 2. Monat den ersten, noch zufälligen Erwerb von Wissen über solche Zusammenhänge. Ein Kind wird binnen kurzer Zeit sein erfolgreiches Verhalten auch gezielt einsetzen, um Ziele zu erreichen. Etwa vom 8. Monat an sind erste Intelligenzhandlungen deutlich. Sie lassen Mittel-Zweck-Unterscheidungen erkennen: Hindernisse werden beseitigt, um ein versperrtes Ziel zu erreichen (s. Bsp. von PIAGET, hier S. 64). Nach PIAGET fangen Kinder am Ende des ersten Jahres an, zu experimentieren und ihr Verhalten zu variieren: Ein Kind läßt z.B. einen Gegenstand auf verschiedene Arten fallen – und es läßt verschiedene Gegenstände fallen. »Schlagen« wird für das Kind zu einem Mittel, Wirkung zu erzielen. Kinder von 1 ½ Jahren schließlich sieht PIAGET in einem Stadium des »Erfindens« neuer Mittel durch geistige Kombination.

SCHÜLLER und PLISZEWSKI (1982) betreuten etwa 5 Monate lang Mütter bei der Beobachtung von etwas älteren Kindern (7 Jungen, 5 Mädchen; zwischen 10 und 17 Monaten, durchschnittlich etwa 13 Monate alt). Wie zu erwarten, weisen Kinder in der ersten Hälfte des 2. Lebensjahres ein breites Verhaltensspektrum auf.

Ärger/Wut tritt bei allen Kindern in den gleichen Situationen wie in der Präliminarphase auf, also vielfach bei Routineversorgungen wie Waschen, Anziehen, Baden usw. Vermehrt gibt es aber Konflikte, wenn das Kind, das inzwischen laufen kann, ein Objekt anstrebt, das ihm dann verwehrt wird (etwa jede 8. Episode handelt davon), oder wenn es etwas bereits ergriffen hat, das ihm dann von den Eltern oder anderen Kindern wieder abgenommen wird (¼ aller erfaßten 1734 Episoden).

Unsere Beobachter lieferten keine Daten zur sog. Geschwisterrivalität, da die Kinder im Beobachtungszeitraum meist noch Einzelkinder waren.

Ärger/Wut-Reaktionen wurden aber nun im Zusammensein mit anderen Kindern berichtet, und bei Kindern, die laufen können, gibt es oft, wenn sie ihre Eltern begleiten wollen, aber nicht dürfen, Konflikte. Auch daß Kinder, wenn sie bei einer Beschäftigung gestört werden oder wenn sie von den Eltern vom Arm abgesetzt werden, mit Ärger reagieren, wurde nun vermehrt festgehalten. Sehr wichtig scheint auch kindliches Erleben von Bewegungseinschränkung zu sein: Im Autositz und im Einkaufswagen eines Supermarkts fühlen sich einjährige Kinder offensichtlich sehr unwohl. (Anm. 11)

Neu sind die sprachlichen Reaktionen, die auf Ärger/Wut hinweisen. Viele Kinder können jetzt *»nein« sagen – in Abwehr eines elterlichen Wunsches, und dies in einem ärgerlich/wütenden Tonfall. Viele benutzen auch ihre anderen sog. Ein-Wort-Sätze (z.B. »Mama«), um – nach Einschätzung der Mütter – ärgerlich etwas zu fordern.*

Trotzanfälle, denen der Charakter des gezielten Angreifens fehlt und die daher eher als weiterentwickeltes Ausdruckverhalten angesehen werden können, wurden bei 13 Monate alten Kindern beobachtet (bei BRIDGES mit 14 Monaten).

Im 2. Lebensjahr ist es beim relativ häufigen Schlagen und Beißen (s. auch FESHBACH, 1964) immer wieder schwer, Proto-Aggressionen von Aggressionen zu trennen. Für das Schlagen geben viele Eltern Modelle ab: In einem der Berichte von SCHÜLLER und PLISZEWSKI heißt es, daß ein Kleinkind sofort zurückschlug, als es von der Mutter strafend auf die Finger geschlagen wurde, und daß es sich dann selbst auf Hände und Kopf schlug (S. 87). Diese Hinweise auf eine reaktive Aggression und nachfolgende Selbstaggressionen sind bemerkenswert; gehen wir doch davon aus, daß Selbstaggressionen u.a. deshalb gelernt werden, weil sie dem Kind helfen, schlimmere Bestrafungen durch andere zu vermeiden (s. BURKART und KRECH, 1985; HOKANSON, 1970).

Auch Beißen wird in einem Fall recht deutlich provoziert: Ein Großvater steckt der Enkelin, als sie wütend ist, einen Finger in den Mund. Sie beißt so zu, daß er »brüllt«.

Eher an spontane Aggressionen lassen Beschreibungen denken wie: »Ich habe Zeitung gelesen. C. kommt einfach her und beißt mich in den Arm«, woraufhin er ausgeschimpft wird. Ein anderes Kind will sich gegen ein älteres durchsetzen, versucht Verschiedenes ohne Erfolg und beißt es schließlich in die Hand.

Folgende lernpsychologisch interessante Szene wurde zufällig videographiert: Zwei Mädchen, A. und U., sitzen beieinander. Es kommt zu negativen Körperkontakten; A. beißt U. (aber praktisch nur in den Pullover). Die Mutter von U. zieht A. zurück und streichelt A. (!) am Kopf (wohl als positives Verstärken unerwünschten Verhaltens zu interpretieren). Nur Sekunden nach dieser Episode folgt die nächste: Ein mit Schreien und Zerren ausgetragener Streit um ein Objekt, in dem ein Kind umfällt und dem anderen mit der Hand ins Gesicht »langt«, wird so beendet, daß eine Mutter beide Kinder kurz nacheinander liebevoll auf den Schoß nimmt ...

Bei BÜHLER (1927) wurde es schon deutlich: Wer bezüglich der Aggressivität mitten ins Leben greifen will, bringe zwei Kinder auf engem Raum zusammen. »Die Wahrheit beginnt zu zweien«, schrieb Karl JASPERS 1953 (S. 119 – allerdings in anderem Zusammenhang). Will man Erziehung relativ ungeschminkt erleben, füge man zu den beiden Kindern noch ihre Eltern hinzu ...

Relativ selten registrierten die Eltern in der Arbeit von SCHÜLLER und PLISZEWSKI: sich festkrallen, jemand etwas wegzerren, mit Gegenständen auf Personen schlagen, an den Haaren ziehen, kneifen, kratzen, schubsen, treten, werfen. Zunge-rausstrecken und Mit-dem-Finger-drohen wurde jeweils nur bei einem Kind beobachtet.

Als (Vor)Form von Selbstaggression wurde vereinzelt berichtet: mit dem Kopf auf den Boden oder gegen die Wand schlagen.

Mütter interpretieren mit steigendem Alter der Kinder zunehmend, daß diese ihre negativen Verhaltensweisen »bewußt« einsetzen; m. a. W. eine Gerichtetheit drängt sich den Müttern immer häufiger auf.

Die *Mütter reagieren* weiterhin ablenkend, beruhigend und nachgebend, manchmal lachend, selten ignorierend. Negative Elternreaktionen (schimpfen, mit Schlägen drohen, Schläge austeilen) kommen in der Regel erst vor, wenn andere Maßnahmen fehlgeschlagen sind. Die »ständige« Bewegung und zumal die Unruhe der Kinder beim Einkaufen stellt die Mütter vor große Schwierigkeiten, so auch die bereits erwähnte Unruhe der Kinder beim Einkaufen in Supermärkten.

Eine Episode mit einem ca. 11 ½ Monate alten Jungen zeigt, daß es zunehmend schwer wird, nicht von Aggressionen zu sprechen (SCHÜLLER/PLISZEWSKI, S. V): ». . . will (beim Anziehen) wegkrabbeln. Er wird langsam zornig; ich bin auch zornig. Ich habe ihn dann am Fuß festgehalten, und er hat mir am Kopf umeinandergepatscht und an den Haaren gezogen. Ich habe ihn dann ordentlich auf die Finger geklopft. Er hat dann geheult, ist eine Weile sitzengeblieben . . .«

Wir wollen eine Tatsache noch einmal stark unterstreichen: Die von uns erfaßten Kleinkinder kamen aus »normalen« Familien. Wir müssen davon ausgehen, daß Kinder, die weniger akzeptiert oder gar mißhandelt werden, eine andere Affekt- und Aggressivitäts-Entwicklung durchlaufen. Darüber später noch etwas mehr. Alle Mütter, die wir zur Mitarbeit gewinnen konnten, bemühten sich nach Kräften, ihre Kinder gut zu erziehen, auch wenn einige manchmal dabei Wege einschlugen, die neuem erziehungspsychologischem Denken nicht entsprechen.

Interviews mit 12 Müttern über das Problemverhalten ihrer Kinder führte J. MERZ (1984) durch. Wann nehmen Mütter Verhalten als Aggressionen wahr? Wie bewerten sie diese? Wie reagieren sie? M. a. W.: Wie sehen »private« Theorien von Müttern über kindliche Aggressivität aus?

Ihre Kinder waren zwischen 11 und 24 Monaten (7 Jungen, 5 Mädchen; 9 davon Einzelkinder); die Mütter stammten aus der Mittelschicht.

Ohne Vorgabe des Vokabulars (Aggression etc.) kamen sechs der Mütter bei Problemen spontan auf Aggressionen zu sprechen; vier schilderten auf Nachfrage Aggressionen; eine Mutter mochte sich nicht festlegen, und eine lehnte den Aggressionsbegriff für das Verhalten ihres Kindes ab.

Mütter interpretieren kindliches Verhalten besonders dann als aggressiv, wenn sie selbst gereizt und wenn Dritte anwesend sind. Alle Verhaltensweisen, die als Aggressionen genannt wurden, waren reaktiv und affektbesetzt. Es wird deutlich, daß Mütter kaum zwischen Wutausbruch, Trotzanfall und Aggression trennen. Es erscheint dabei wichtig, daß sie Wutausbrüche oft als Aggressionen gegen sich interpretieren.

Einige Mütter reagieren unsystematisch und hilflos, einige ihrerseits mit Ärger, Wut und Gegenaggressionen. Interpretationen wie: Aggressionen seien Zeichen eines Mangelzustands, man müsse dem Kind Zuwendung geben und es gerade in seiner Wut auch akzeptieren, zeigen die Tragweite subjektiv-privater Theorien. Vielleicht wird ein Kind durch diese Haltung systematisch zu Trotzanfällen erzogen.

Auch alte und überholte wissenschaftliche Theorien, wonach Trotzanfälle als Ausdruck kindlichen Willens unbedingt zu begrüßen sind, wurden in den Aussagen der Mütter angeführt.

Eine Mutter schilderte, daß sie ihr Kind leicht schlug, um ihm »zu zeigen, wie so etwas ist«. Eine andere gab dem Kind einen Klaps, schimpfte mit ihm und schüttelte es. Elf (von zwölf!) Müttern fiel der Umgang mit der kindlichen Aggressivität schwer. Wenn sie in das aggressiv erscheinende Verhalten ihrer Kinder eingriffen, machten sie meist schlechte Erfahrungen: Die Kinder steigerten ihrerseits ihr negatives Verhalten. Bei der Mehrzahl der Mütter traten Schuldgefühle auf – zumal nach Gegenaggressionen.

Aber auch dies gibt es: Eine Mutter sah die Wut ihres Sohnes recht gern! »Das ist ganz süß; da mach ich mir manchmal einfach einen Spaß draus« (d.h. das Kind in Wut zu bringen). Eine andere fand die Affekte des Kindes »oft lustig«, »so gesund«. Dennoch gaben auch diese beiden Frauen an, daß die kindlichen Aggressionen sie manchmal »richtig fertigmachen« . . .

Fast jede Mutter schilderte ihr Verhalten als letztlich inkonsequent; das bedeutet wahrscheinlich, daß intermittierende Bekräftigungen stattfinden. Mehrere Mütter gaben aggressive Modelle: Sie beschimpften und schlugen ihre Kinder.

Relativ oft benutzten die Mütter Erklärungsmodelle, die an die Frustrations-Aggressions-Hypothese erinnern, gelegentlich kamen triebtheoretische Überzeugungen zum Ausdruck. »Keine Mutter reflektierte jedoch den möglichen Anteil ihres eigenen Verstärkungs- und Modellverhaltens« (MERZ, 1984, S. 197). Es bleibt somit der Lernpsychologie noch viel Aufklärungsarbeit zu leisten . . .

BAURMEISTER und KOLLING (1975) setzten bei wiederum etwas älteren Kindern andere Methoden in einer gänzlich anderen Situation ein: direkte Beobachtungen in Kindertagesstätten.

In einer Vorstudie wurden 30 Kinder je 2 × 3 Stunden narrativ beobachtet:

	in Familien		in Kinderkrippen	
Alter	Jungen	Mädchen	Jungen	Mädchen
Geburt bis 12 Mon.	4	4	9	2
13 bis 30 Monate	2	2	2	5

Aggressiv anmutende Episoden wurden so getreu und so ausführlich wie möglich in der Alltagssprache beschrieben. Dabei konnten folgende Verhaltensweisen, die in der Nähe zu aggressivem Verhalten stehen, beobachtet werden:

	Häufigkeiten bei 19 Kindern zwischen Geburt und 12 Monaten	Häufigkeiten bei 11 Kindern zwischen 13 und 30 Monaten
schlagen	–	19
beißen	–	4
treten	–	6
zerren	2	4
jemanden festhalten	5	9
an den Haaren ziehen	2	7
verfolgen, jagen	–	2
etwas wegnehmen	1	21
stoßen, anrempeln	2	15
zerstören	1	7
mit Gegenständen werfen	3	6
mit dem Fuß aufstampfen	–	2
sich auf den Boden werfen	–	2
beschimpfen	–	3

Wir stellen fest: Das interessierende Verhalten trat vorwiegend bei den Kindern im 2. und 3. Lebensjahr auf; im 1. Jahr gab es lediglich einige Ansätze. Wider Erwarten wurden bestimmte Verhaltensweisen (z.B. kratzen, spucken und kneifen) nicht beobachtet. Das kann daran liegen, daß selbst in den Kinderkrippen die Kinder selten miteinander Kontakt haben:

»Die Kinder werden nacheinander gefüttert und gewickelt, so daß wenig Zeit zum Spielen mit den anderen Kindern bleibt« (S.38). Ein Trotzanfall wurde nur einmal beobachtet – bei einem 18 Monate alten Jungen.

Die Hauptuntersuchung mit 20 Kindern zwischen 1 und 2 Jahren (10 Jungen, 10 Mädchen) wurde mit einem Kategoriensystem durchgeführt. Wir ließen uns von den Erzieherinnen 10 Kinder als »auffällig« nennen; dies waren 7 Jungen und 3 Mädchen. Sie galten bereits als »aggressiv« oder liefen Gefahr, so eingestuft zu werden. Wir benutzten dazu kleine Skalen wie frech-brav, wild-sanft, bockig-fügsam, ungezogen-gehorsam, fordernd-schüchtern, laut-leise. Die anderen 10 Kinder sollten als (unauffällige) Kontrollkinder gelten. In sechs Wochen wurden von jedem Kind 200 Minuten lang Interaktionen erfaßt. Zwischen Aggressionen und Protoaggressionen wurde nicht unterschieden. Dennoch erhalten wir aus dieser Arbeit einige wichtige Informationen. Wir sehen nämlich, daß auf negative Kontakte in bestimmter Weise reagiert wird.

Zunächst: Negative Kontakte machten nur etwa 4% des Verhaltens aus, wobei die als etwas auffälliger geltenden Kinder tatsächlich mehr unerwünschtes Verhalten zeigten als die Kontrollkinder (5% vs. 3%). Entsprechend weniger positiver Körperkontakt wurde bei den »auffälligen« Kindern registriert (der insgesamt bei allen Kindern auch nur 2% des Verhaltens ausmachte). Verbale Aggressionen konnten im 2. Jahr kaum beobachtet werden. Offensichtlich ist die Sprachkompetenz dafür noch zu gering. Es wurden auch nur relativ selten Wünsche durch Sprache zum Ausdruck gebracht.

Geschlechtsunterschiede fanden wir kaum. Die Jungen schrien etwas mehr als die Mädchen, was wir aber wegen der kleinen Stichprobe nicht weiter interpretieren dürfen.

Hingegen waren Altersunterschiede deutlich: Die Jüngeren schrieen und quengelten mehr. Mit zunehmendem Alter gab es mehr negative Körperkontakte und Vorfälle von »Zerstören«, welche am ehesten an Aggressionen denken lassen. Dies ist eingebettet in die Tatsache, daß ältere Kinder insgesamt mehr mit gleichaltrigen interagieren (die »auffälligen« ebenso wie die Kontrollkinder).

Alle negativen Verhaltensweisen waren von relativ kurzer Dauer (weniger als 1 Minute). Ein gegenseitiges Aufschaukeln, ein Eskalieren, das zu langen negativen Interaktionsketten führte, war nicht festzustellen.

Die Erzieherinnen reagierten relativ selten negativ auf Kindverhaltensweisen. Nur in 12% der Fälle, in denen sie überhaupt reagierten, war dies der Fall. Zehnmal gab es in der ganzen Beobachtungszeit so etwas wie einen Klaps. Die Mehrzahl der Reaktionen wurde als schlichte Aufmerksamkeitszuwendung, ein Drittel jedoch als positive Zuwendung eingestuft.

Insgesamt reagierten die Erzieherinnen auf das Verhalten der *auffälligen* Kinder häufiger, z.B. mißbilligend. Dabei gab es aber relativ oft auch positive Reaktionen zum (lernpsychologisch betrachtet) falschen Zeitpunkt: Direkt nach unerwünschtem Verhalten wurden Kinder liebevoll in den Arm genommen etc. Vorformen aggressiven Verhaltens wurden also positiv verstärkt. Auch die eigentlich sympathische Art, mit einem Kind nach einem unangemessenen Betragen über dieses Verhalten zu sprechen, ist lernpsychologisch gesehen immer dann fraglich, wenn dies vom Kind auch als direkte Zuwendung für sein (unerwünschtes) Verhalten verstanden werden kann.

Besonders die drei auffälligen Mädchen fanden viel Aufmerksamkeit – mißbilligender Art. Aber eine kleine verbale Mißbilligung ist für ein Kind vielleicht eher ein Zuwendungserlebnis als eine Bestrafung. In der Tatsache, daß die Mädchen besondere Aufmerksamkeit fanden, deutet sich wahrscheinlich ein Geschlechtsstereotyp an: Den Jungen wird vielleicht wildes Verhalten eher nachgesehen als den Mädchen. (Anm. 12)

In mehr als 80% der Fälle erfolgte bei negativen Kontakten zwischen Kindern keine Reaktion der Erzieher. Wir können nicht beurteilen, wie oft dies auf ein Nichtbemerken oder auf ein bewußtes Ignorieren zurückging. Konsequent durchgeführt ist eine gezielte Nichtbeachtung aggressionsnahen Verhaltens bei gleichzeitiger Beachtung positiven Sozialverhaltens eine gute Strategie gegen Aggressivität (s. BROWN und ELLIOTT, 1965). Es ist aber zu befürchten, daß durch die gelegentliche Beachtung (in 20 der Vorfälle) das überwiegende Nichtbeachten unerwünschten Verhaltens vom Kind auch als stillschweigende Billigung mißverstanden werden kann.

Viele, aber nicht alle der oben aufgelisteten Proto-Aggressionen (oder Aggressionen) treten im Umfeld von Ärger/Wut-Anfällen auf. Auch die Grenzen zwischen expressiver und instrumenteller Aggression sind also verschwommen. Einerseits wird der Affekt deutlich, andererseits ist das Verhalten allmählich mehr als nur ein Affektausdruck mit Austoben oder Abreagieren von Spannungen; die von Kind zu Kind anders geartete instrumentelle Komponente wird zunehmend deutlicher.

Früher wurde in der Entwicklungspsychologie die expressive Komponente überbetont: Von einer Trotzphase war mit relativ exakten Zeitangaben die Rede (z.B. bei REMPLEIN, 1949). Immerhin ist festzuhalten:

Im zweiten Jahr fallen nahezu alle Kinder irgendwann durch eine komplexe Ärger/Wut-Reaktion auf, die den Namen »Trotz« erhalten hat. Wir rechnen solche Trotzanfälle im allgemeinen nicht zu den Aggressionen, da im Regelfall die heftige Bewegung nicht gegen jemand gerichtet wird. KEMMLER (1957) sieht im Trotzanfall den Kontakt zur Umwelt verlorengehen. Diese Anfälle haben mehr Ausdruckscharakter – aber der Unterschied zum Unmut/Ärger/Wut-Ausdruck im ersten Lebensjahr ist groß. Im Rahmen der gesamten Entwicklung differenziert sich auch die Ärger/Wut-Motorik aus. Darin kann Aufstampfen, Sich-auf-den-Boden-werfen, Versteifen, Umsichschlagen etc. enthalten sein. Man darf gelegentlich von einem Bewegungssturm sprechen.

Allerdings kann es im Trotzanfall durchaus auch zu Aggressionen kommen, etwa dann, wenn jemand einschreiten will.

Wir vermeiden es, die ganze Phase als Trotzphase zu bezeichnen. Eine solche Etikettierung hat es – wie erwähnt – gegeben und sie hat zu Fehlurteilen über das Kind geführt. Denn so dominant ist der Trotz in der Gesamtentwicklung nicht; nicht einmal im Verhältnis zu anderen Unmutsäußerungen überwiegt er. Der Trotzanfall ist bei den meisten Kindern ein seltenes Ereignis. Vermutlich sind elterliche Reaktionen für die Häufigkeit kindlichen Trotzens entscheidend. In Heimen mit wenig Personal sind große Trotzreaktionen selten (KEMMLER), weil Erzieher als Auslöser und als Reagierende fehlen. In Familien gibt es mehr Trotz; er ist sozusagen ein normales Phänomen. Das Kind begibt sich in Auseinandersetzungen mit den mächtigen Erwachsenen; aber viele Erwachsene verstehen es durch sensible Berücksichtigung kindlicher Interessen, Trotzanfälle zu vermeiden. Auf gar keinen Fall ist bei ihren Kindern mit einer negativen Entwicklung wegen »ungelebter Aggression« zu rechnen. Nach KEMMLER fehlen Trotzanfälle z.B. bei Hochbegabten mit ausgeglichenem Temperament und bei Kindern, die von ihren Eltern selten gestört werden; allerdings auch bei Schwachsinnigen und bei rigoroser Unterdrückung des Trotzes. Daß solche feindselig erzogenen Kinder Schaden nehmen, verwundert kaum; aber das liegt nicht an einer »unterdrückten Aggression« der Kinder sondern an der nicht-kontrollierten Aggressivität der Eltern.

Abschließend soll die Genese proto-aggressiven Verhaltens bei »normalen« Kindern kurz lernpsychologisch interpretiert werden: Jedes gesunde Kleinkind zeigt eine unbeschreibliche Fülle von Aktivitäten, darunter auch heftig anmutende. Zumal wenn Unmut/Ärger/Wut ausgelöst wird, kommt es zu heftigen Reaktionen; und heftiges Verhalten zieht eher aufmerksame Zuwendung von relevanten Bezugspersonen auf sich als gedämpftes, leises Verhalten. Die Heftigkeit aber ist ein Merkmal, das insbesondere Aggressionen auszeichnet (BANDURA, 1979, S. 19).

Intensives Verhalten erbringt jedoch nicht nur vermehrte Aufmerksamkeit, es führt auch – bei Widerständen von Objekten oder Gleichaltrigen – eher zum Erfolg als zaghaftes Verhalten. So werden »energische« Aktionsmuster ausgebildet, die von Aggressionen nur schwer zu unterscheiden sind, die aber als Proto-Aggressionen bezeichnet werden sollen, solange ihnen eine klare Gerichtetheit nicht zugesprochen werden kann.

Gleichzeitig lernen Kleinkinder auch bereits von Modellen. Wenn ihnen aggressive Modelle geboten werden (z. B. von älteren Geschwistern), ist der baldige Übergang von Proto-Aggressionen zu Aggressionen wahrscheinlich.

Zusammenfassung (von 3.2.2)

Das Kind lebt zwischen etwa 6 Monaten und 2 Jahren in einem Übergang zur Aggressivität. Recht viele Kinder zeigen Trotzanfälle; wohl alle Kinder zeigen protoaggressives Verhalten – mit einer von Kind zu Kind wechselnden Vielfalt von Verhaltensmustern. Es kann noch nicht festgelegt werden, ab wann Aggressionen auftreten, d. h. ab wann schmerzzufügendes Verhalten von Kindern als sicher *gerichtet* interpretiert werden darf. Aber Kinder stehen im zweiten Lebensjahr an der Schwelle zur Aggression. Zumindest Vorformen von Aggression gibt es bei jedem Kind; sie werden zufällig vom Kind »entdeckt« und gelegentlich fast systematisch ausprobiert. So wird bei manchem Kind aggressionsartiges Verhalten durch den Erfolg aus einer unendlichen Verhaltensvielfalt ausgelesen. Die elterlichen Interpretationen und Reaktionen können – vor allem auch durch deren Heftigkeit – dazu beitragen, daß die Kinder die Wirkung ihres Verhaltens erkennen und dieses über kurz oder lang gezielt einsetzen.

Es kann m. E. zunächst offenbleiben, ob einige der skizzierten Verhaltensweisen noch als Proto-Aggression oder bereits als Aggression anzusehen sind.

MACCOBY (1980), die Kindern in den ersten zwei Jahren Aggressionen abspricht, geht auf Vorformen kaum ein. Aber sie macht eine wichtige Anmerkung (S. 131): Wenn man *Intention* als Kriterium für Aggression betont und Kindern solche Intentionen zuerkennt, läuft man Gefahr, die kindlichen Aggressionen zu dramatisieren, sie als viel bewußter und überlegter anzusehen als sie wohl wirklich sind. MACCOBY zieht m. E. aber nicht die nötigen Konsequenzen: erstens auf Intentionen als Kriterium zu verzichten und zweitens Vorformen aggressiven Verhaltens genügend zu beachten.

Geschlechtsunterschiede haben sich uns in der Initialphase der Aggressivität noch nicht aufgedrängt. Im Gegenteil: Äußerste Vorsicht ist geboten, daß unsere Beobachtungen nicht von unseren Vorurteilen beeinflußt werden, nach denen Jungen aggressiver sein sollen als Mädchen (s. CONDRY und CONDRY, 1976). (Anm. 13)

3.2.3 Phase der Aggressivitäts-Etablierung und -Differenzierung

Die vorige Phase führte uns bis zu jenem Punkt, an dem es sich allmählich aufdrängt, bestimmte kindliche Verhaltensweisen als Aggressionen einzustufen. Es folgt dann eine Zeit, in der sich die Aggressivität ausweiten und ausdifferenzieren kann, in der aber auch Aggressionshemmungen erkennbar werden. Diese dritte Phase der Aggressivitätsentwicklung ist zeitlich und inhaltlich noch viel offener als die beiden ersten Phasen; sie beginnt bei manchem Kind im 2. Lebensjahr, und sie reicht bis ans Lebensende.

Es macht wenig Sinn, frühkindliche Aggressionen zu verleugnen; wer ein (knapp zweijähriges) Kind sieht, wie es ohne erkennbare Provokation und ohne Affekt ein anderes fixiert und es dann von hinten wiederholt kräftig mit den Füßen tritt, bis es schreit und Erwachsene eingreifen, sollte m.E. eine Aggression interpretieren dürfen. Ich möchte einen Vorschlag von BLURTON-JONES (nach MACCOBY, 1980, S.125) leicht variieren und *anregen, als eine wichtige Interpretationshilfe dafür, ob ein Verhalten als gerichtet und damit als Aggression gelten soll oder nicht, den Blick des Kleinkinds zu beachten: Fixiert es das Opfer kurz vor und z.T. während des fraglichen Verhaltens?* Ein deutliches Fixieren spricht dafür, Gerichtetheit zu erschließen.

Individuelle Unterschiede sind in der Aggressivitätsentwicklung bald deutlich. Nach OLWEUS (1979) sind bei Dreijährigen die interindividuellen Differenzen in der Aggressivität gesichert. Jeder, der Kindergruppen beobachtet, gewinnt den Eindruck, daß die Unterschiede schon vorher nicht zu übersehen sind. Vom Verfasser mitinitiierte Forschungen zeigen, daß es möglich ist, für jedes Kind eine Individualtheorie seiner Aggressivitäten zu erstellen, ohne daß darüber die Bemühung um allgemeingültige Aussagen vernachlässigt werden soll.

Ich nehme an, daß bei manchem Kind an einem Tag ein aggressives Verhalten auftritt, das späterhin nie wieder beobachtet wird. Ferner dürften für eine kurze Weile Proto-Aggressionen und Aggressionen gleichsam nebeneinander bestehen. Vielleicht drängt es sich eines Tages auf, diese »kurze Weile« als Initialphase der Aggressivität zu bezeichnen. Z.Zt. fehlen noch gezielt auf diesen Übergang angesetzte Untersuchungen.

Die ersten Aggressionen sind noch recht »eng«: Wer sein Schlagen als Aggression einsetzen kann, braucht deshalb nicht auch schon in aggressiver Weise zu treten, zu kratzen und zu spucken.

Generalisierungen von einer Situation auf andere erfolgen am leichtesten innerhalb eng umschriebener Verhaltensklassen. Besonders wichtig ist es wohl, daß Verhaltensweisen, die an den Eltern eher spielerisch ausprobiert wurden, ein ganz anderes Gewicht erhalten, wenn sie gegen Gleichaltrige oder gar jüngere gerichtet werden: Der Schlag eines kleinen Kindes gegen seinen Vater ruft oft nur Belustigung hervor; der kleine Nachbarjunge aber, der soeben sitzen kann, fällt von einem gleichen Schlag um und schreit!

Es dauert nicht lange und viele Kinder haben eine bunte Palette von Aggressionen aufzuweisen. Dennis (2;3 Jahre) zeigte im Verlauf von weniger als 5 Minuten in der Kinderkrippe drei Arten von aggressivem Verhalten: Treten eines Kindes; Umwerfen desselben Kindes durch Schubsen mit beiden Armen (wiederholt) und Bewerfen dieses Kindes mit einem Ball von hinten, von der Seite etc. (wobei aus dem Kontext sehr deutlich wurde, daß hier kein Spielverhalten vorlag).

Wir müssen die dritte Phase, die durch das ganze Leben währt, vorläufig erst einmal recht willkürlich unterteilen, um ein wenig Ordnung in den Ablauf der Schilderungen zu bringen.

Wir suchen zunächst Material für Kinder zwischen 2 und etwa 6 Jahren – dem Einschulungsalter in den meisten Ländern. Die Einschulung müssen wir als wichtigen ökologischen Übergang ansehen (im Sinne von BRONFENBRENNER, 1979 bzw. 1981), der beträchtliche Entwicklungsprozesse anstoßen kann.

Sodann betrachten wir die mittlere und späte Kindheit bis zur Pubertät. Diese stellt auch einen genügend deutlichen Einschnitt in die Entwicklung dar, der angestoßen wird durch hormonale Umstellungen; die Pubertät kann als Zeitspanne einer relativ dichten Konstellation von physischen und psychischen Veränderungen gekennzeichnet werden.

Die folgende Trennung zwischen Jugendzeit und Erwachsenenalter mit 18 Jahren ist – psychologisch betrachtet – sehr willkürlich; sie orientiert sich an den vom Gesetz vorgegebenen Altersgrenzen.

3.2.3.1 Aggressivitätsentwicklung bei Kindern zwischen etwa zwei und etwa sechs Jahren

GOODENOUGH (1931) sah »ungerichtete« Ärger/Wut-Ausbrüche zwischen 2 und 7 Jahren abnehmen. In den ersten 3 Jahren gibt es dabei keine Unterschiede zwischen den Geschlechtern; dann überwiegen Ausbrüche bei den Jungen. »Vergeltungen« als Angriff auf einen (vermeintlichen) Übeltäter nehmen mit dem Alter zu; im 1. Jahr war solches Verhalten praktisch noch nicht existent, um im 2. und wieder im 4. Jahr jeweils deutlich anzusteigen – bei Jungen und Mädchen gleichermaßen. Verhalten wie Zerren, Stoßen, mit Gegenständen bewerfen, gibt es nach GOODENOUGH bei unter 3jährigen Kindern noch kaum, auch Beschimpfungen und Drohungen sind selten.

Man kann mit GOODENOUGH sagen, daß Trotzanfälle nach dem 2. Jahr seltener werden und immer mehr die Qualität gerichteten Verhaltens annehmen (S. 69); sie werden dabei allmählich weniger heftig (als Hemmungseinfluß interpretierbar?). Das aggressive Verhalten der Kinder differenziert sich immer mehr aus. Schließlich legen es die Kinder (die ältesten waren bei GOODENOUGH bereits 7 Jahre alt) mehr darauf an, die anderen indirekt (psychisch) zu verletzen als körperlich. Mit zunehmendem Alter gibt es auch mehr »Nacheffekte«; z. B. bleiben Grollen, Schmollen und schlechte Laune längere Zeit erhalten. GOODENOUGH sah, daß Erkrankungen der Kinder die Zahl der negativen Reaktionen steigen lassen. Dies geht Hand in Hand mit der Tatsache, daß Kinder dann ihre Ziele leichter erreichen! Wahrscheinlich spüren die Kinder die besondere Rücksichtnahme ihrer Mütter und nutzen sie aus. Kinder, die häufig erkranken, können überdauernd quengelig werden (G. M. STRATTON nach GOODENOUGH, S. 246). Im übrigen schreibt GOODENOUGH, was geradezu nach lernpsychologischer Interpretation »schreit«: Mütterliches Nachgeben korreliert positiv mit Affektausbrüchen der Kinder; Selbstkontrolle der Eltern ist die beste Garantie für Selbstkontrolle der Kinder (S. 248 f.).

BROWNLEE und BAKEMAN (1981) führten eine genauere Analyse des *Schlagens* bei Kleinkindern durch. Sie fragten sich, ob Schlagen kommunikativen Wert haben kann und z. B. besagen soll: »Laß mich allein«, »Laß uns zusammen spielen«, »Ich mag das nicht« usw. Die Antwort wurde an Hand von 181 Vorfällen vorgenommen, die sich in zwei Monaten auf neun einjährige, zwölf zweijährige und neun dreijährige Kinder verteilten.

Das seltene »harte« Schlagen sprach auf allen Altersstufen für sich; es führte zu negativen Reaktionen. Die Autoren meinen, daß bei einjährigen Kindern das Schlagen sonst noch keine klare kommunikative Bedeutung habe; bei Zweijährigen aber signalisiere ein »offenes« Schlagen (mit offener Hand und eher geringer Intensität) mehr ein Alleinbleiben-wollen und das Schlagen mit Objekten mehr einen Wunsch nach gemeinsamem Spiel. (Anmerkung des Verfassers: Diese Objekte waren wohl kaum harte Gegenstände; nach eigenen Beobachtungen ist z. B. an Stofftiere zu denken . . .) Die Dreijährigen sind sprachlich bereits so weit, daß diese Art nonverbaler Kommunikation überflüssig wird. M. E. sind die Autoren der Gefahr der Überinterpretation erlegen: 30 Kinder und 181 Episoden sind etwas wenig. Aber ihr Grundgedanke verdient weitere Überprüfungen.

Die beiden oben skizzierten Untersuchungen enthalten verschiedene Hinweise auf eine negative Korrelation zwischen Alter und bestimmten Formen aggressiven Verhaltens.

DAWE (1934) errechnete am Beispiel von Streitereien im Vorschulalter einen Korrelationskoeffizienten von –.41; die beobachteten Aggressionen sanken also mit zunehmendem Alter.

WALTERS, PEARCE und DAHMS (1957) beobachteten in amerikanischen Vorschulen 124 Kinder zwischen 2 und 5 Jahren. Aggressionen, zumal körperliche, waren auf jeder Altersstufe bei Jungen häufiger als bei Mädchen. Bei den 4jährigen war der Unterschied allerdings gering; die Mädchen waren sogar verbal etwas aggressiver als die Jungen. Wie auch in späteren Untersuchungen waren die Jungen vermehrt Täter *und* Opfer! Die Zahl der Aggressionen stieg zwischen 2 und 5 Jahren zwar ständig leicht an; dies ging aber wiederum besonders auf die ständige Zunahme verbaler Aggressionen zurück. Die körperlichen Aggressionen stiegen bei den Jungen zwischen 2 und 3 Jahren; sie blieben von 3–5 Jahren relativ unverändert. Um das Sozialverhalten der Kinder nicht verzerrt darzustellen, sollte festgehalten werden: Die sozial-positiven Interaktionen überwogen die aggressiven etwa im Verhältnis 3 : 1.

SEARS et al. (1957) unterteilten die elterlichen (vorwiegend mütterlichen) Reaktionen auf kindliche Aggressionen nach den Variablen Permissivität (Toleranz gegen kindliche Aggressionen) und Punitivität (Bestrafung kindlicher Aggressionen). So können Eltern

1) nicht-permissiv und wenig punitiv,
2) nicht-permissiv und sehr punitiv,
3) permissiv und wenig punitiv, aber auch
4) permissiv und punitiv sein.

Ein Beispiel für die letztgenannte Kombination: Eine Mutter billigt ihren Kindern ein gewisses Maß an Aggressivität zu, straft sie aber dann doch in dem einen oder andern Fall relativ hart.

Der Zusammenhang zwischen Erziehungsstil und kindlicher Aggressivität stellt sich nach SEARS et al. so dar:

Mütterlicher Reaktionsstil	Prozentzahl von Kindern mit hoher Aggressivität	
	Jungen	Mädchen
1)	3,7	13,3
2)	20,4	19,1
3)	25,3	20,6
4)	41,7	38,1

Dieses Resultat läßt sich lernpsychologisch gut interpretieren:

Die Gruppe 1) erfährt Grenzen in einer nicht-aggressiven Weise; sie hat wenig Erfolge mit Aggressionen und wenig aggressive Modelle, so daß ihre Aggressivität gering bleibt.

Die Gruppe 2) erfährt Grenzen in aggressiver Weise, hat also aggressive Modelle in den eigenen Eltern. Die Kinder bilden mittelstarke Aggressivitäten aus.

Die Gruppe 3) erfährt wenig Grenzen, kann also am Erfolg Aggressionen lernen, aber aggressive Modelle fehlen eher. Auch hier werden mittelstarke Aggressivitäten gebildet.

Die Gruppe 4) schließlich mit den höchsten Aggressionswerten kann sich oft genug erfolgreich mit Aggressionen durchsetzen und erlebt manchmal auch noch die Eltern als aggressive Modelle.

(Die Autoren diskutieren nicht, warum in der Gruppe 1 nur 3,7 % der Jungen, aber immerhin 13,3 % der Mädchen auffällig aggressiv wurden. Des Rätsels Lösung liegt in den absolut kleinen Zahlen, mit denen eigentlich keine Prozentrechnung betrieben werden sollte: 3,7 % meint einen Jungen von 27, hinter 13,3 % stecken genau 4 von 30 Mädchen in dieser Gruppe. Solche Unterschiede sind nicht signifikant.)

Auch eine verhaltenstherapeutische Studie von BROWN und ELLIOTT (1965) zeigt die Relevanz erzieherischer Reaktionen auf kindliche Aggressionen. Als Hauptstrategie wurde differentielle Verstärkung eingesetzt, d.h. Aggressionen blieben unbeachtet, dafür wurde positives Sozialverhalten umso mehr beachtet und anerkannt. Die beliebtesten Mittel der »Alltagspsychologie« – wie Diskutieren mit den Kindern über ihre Aggressionen, Tadel und körperliche Strafen – wurden also gezielt vermieden, und in der Folge sank die Aggressivität der Kinder. Offensichtlich sind Reaktionen von Gleichaltrigen (Peers) in diesem Alter noch nicht so bedeutsam, daß sie den Einfluß der Erzieher aufheben könnten.

Ein Bericht über eine groß angelegte Längsschnittuntersuchung, 1929 von SONTAG begonnen, von KAGAN und MOSS 1962 veröffentlicht, handelt von einer 89köpfigen Stichprobe, die ab Geburt 20–30 Jahre lang beobachtet wurde. Vorwiegend galt das Interesse der *Stabilität* von Verhaltensweisen, u. a. von aggressivem Verhalten. Dabei wurden für die Kindheit die Altersklassen 0–3, 3–6, 6–10, 10–14 Jahre gebildet.

Aggressionen gegen die Mutter zeigten zwischen 0 und 3 Jahren und den späteren Stufen kaum Stabilität. Wahrscheinlich bekämpften Mütter solche frühkindlichen Aggressionen erfolgreich.

Die Stabilität physischer Aggressionen gegen Gleichaltrige war zwischen erster und zweiter Altersklasse bei Jungen und Mädchen sehr hoch – und sank dann etwas ab.

Indirekte Aggressionen (d. h. hier: verbale Aggression, Drohungen, Destruktionen, Wegnehmen ...) blieben von der ersten Altersklasse bis zu 14 Jahren relativ stabil.

Die Studie wird oft zitiert, weil in ihr an Hand der Daten auch behauptet wird, beim männlichen Geschlecht seien Aggressionen von der Kindheit bis ins Erwachsenenalter stabiler als bei Frauen; dies wird so interpretiert, daß Aggression der männlichen Rolle konform sei (z. B. in OSWALD und RAUE, 1971). Die groben Beobachtungsmethoden und die wenig differenzierten Daten lassen aber den Wert der umfangreichen Studie sehr reduziert erscheinen.

NEWSON und NEWSON (1968) erfuhren von englischen Müttern u. a., daß ¾ sich eher zurückhalten und nur wenig einmischen möchten, wenn sich ihre Kinder mit anderen streiten; aber gut 60% von ihnen hatten ihr Kind auch schon zu Gegenaggressionen gegen andere Kinder ermuntert.

Aggressionen der Kinder innerhalb der Familien werden – nach übereinstimmenden angloamerikanischen und deutschen Veröffentlichungen – weniger toleriert, zumindest nach den ersten Lebensjahren nicht mehr. Offensichtlich wird kindliche Aggression gegen die Eltern als besonders böse beurteilt (s. SCHNEIDER, 1982); bei den Kindern bilden sich durch die Sanktionen entsprechende Aggressionshemmungen.

Die Geschwisterrivalität ist im Alltag ein relativ häufig diskutiertes Phänomen; wissenschaftliche Arbeiten dazu sind jedoch selten. Wohl gibt es einzelne Falldarstellungen, die überinterpretiert werden; aber schlichte Beobachtungsdaten sind rar. Nach STEINMETZ (1977) ist mit zunehmendem Alter ein Nachlassen der Auseinandersetzungen zu erwarten. Anfangs entzünden sich Aggressionen zwischen Geschwistern vorwiegend am (zeitweiligen) Besitz von Spielsachen: Das eine Kind möchte genau die Objekte haben, über die das andere jeweils gerade verfügt.

Im übrigen dürften Geschwisterbeziehungen nicht einseitig als »Rivalität« umrissen werden. Nach Mc CORD et al. (1961) hatte selbst von relativ aggressiven Jungen fast die Hälfte gute Beziehungen zu den Geschwistern; bei den anderen Jungen waren es zwei Drittel.

SANTROCK et al. (1976) konnten in einem Experiment aufzeigen, daß in Dreiergruppen von 4- und 5jährigen schwarzen Kindern dann mehr Aggressionen aufkamen, wenn gewisse Ungerechtigkeiten einen sozialen Vergleich provozierten. Kinder wurden in willkürlicher Weise bevorzugt oder benachteiligt. Die benachteiligten Kinder reagierten vorwiegend regressiv, d.h. mit emotionalen Ausbrüchen, mit Rückzügen aus der Situation und Selbststimulierung (z.B. Daumenlutschen). Die Jungen waren von den Ungerechtigkeiten offensichtlich stärker beeindruckt als die Mädchen.

VOLKMANN-RAUE (1977) legte sehr differenzierte Beobachtungsdaten von zwei repressionsfrei erzogenen Kindergruppen vor. Wegen des geringen Stichprobenumfangs (zweimal 5 Kinder) sollten die Ergebnisse in erster Linie nur der Hypothesengewinnung für weitere Forschung dienen. Die sieben Jungen erzielten höhere Aggressionsquoten als die drei Mädchen. Verbale Aggressionen erfolgten mehr bei intrapersonalen Barrieren und gegen Erwachsene; physische Aggressionen mehr bei Umwelt-Barrieren und gegen andere Kinder.

In französischen Kinderkrippen sammelte MONTAGNER (1978 bzw. 1981) mit Hilfe von Experimenten, Befragungen und Beobachtungen Daten über das Verhalten von Kindern und ihren Eltern.

Erste Ansätze von Drohverhalten (mit Mundaufreißen und schriller Lautäußerung) sind bei Kindern von 10–12 Monaten zu erkennen. Das als Drohen interpretierte Verhalten verlagert sich mit zunehmendem Alter vom Mund auf die Gliedmaßen, auf den Blick und schließlich auf die Sprache (mit etwa 4 Jahren). Die Reaktionen auf Drohungen hängen von Merkmalen des Drohenden und des Bedrohten ab; wenn z.B. beide Kinder als aggressiv gelten, ist eine Aggression wahrscheinlich; andere machen bei Bedrohungen relativ oft erfolgreiche Ablenkungsversuche – bis hin zu Clownerien.

Für kindliche Aggressionen konnte MONTAGNER – wohl entgegen seinen ethologischen Absichten – keine spezifischen auslösenden Stimuli entdecken (S.96). Nach seinem Urteil kommt es besonders bei Konflikten zwischen dominanten Kindern zu Aggressionsumlenkungen (Verschiebungen) gegen dritte Kinder, gegen die eigene Person, gegen Objekte und auch zu Aktionen, die ins Leere gerichtet sind. Nähere Informationen über dieses Verhalten fehlen.

Wenn sich aggressive Kinder wehtun, greifen sie manchmal das erste Kind an, das ihnen über den Weg läuft.

Für wichtig hält MONTAGNER die Dimension »Dominanz«; er unterscheidet dominante und dominierte Kinder; dominante sind eher ältere Kinder männlichen Geschlechts. Die Korrelation zwischen Dominanz und Aggressivität erscheint MONTAGNER nicht sonderlich hoch (ohne nähere Angaben).

Er bildet bezüglich der Dominanz verschiedene Untergruppen. Dominant-aggressive Kinder berücksichtigen z. B. die Reaktionen ihrer Opfer zu wenig; ihr Verhalten ist wenig komplex; sie werden bald unbeliebt (noch im 3. Lebensjahr); es sind dies die Kinder, die als »böse« gelten. »Führer« zeigen mehr verbindende, beruhigende Aktionen; sie sind anpassungsfähiger; je weniger aggressiv sie sind, desto beliebter werden sie. Bei den Zwei- bis Dreijährigen nehmen vorwiegend Jungen führende Positionen ein; bei den Vierjährigen spielt das Geschlecht in dieser Hinsicht keine Rolle mehr. Dominiert-aggressive Kinder nehmen weniger an den Aktivitäten der anderen teil; gelegentlich zeigen sie plötzliche Aggressionen, so daß sie schließlich als »heimtückisch« gelten können.

JACKLIN und MACCOBY (1978) gingen der Frage nach, ob sich kleine Kinder gegen Jungen und Mädchen unterschiedlich verhalten. Sie beobachteten in einer standardisierten Situation 12 Jungen- und 12 Mädchen-Paare, dazu 21 gemischte Paare. Alle Kinder waren 33 Monate alt, und sie trugen im Versuch einheitliche Kleidung, damit das Geschlecht nicht erkennbar wurde; die Vornamen wurden nicht benutzt.

Jungen und Mädchen unterschieden sich im Ausmaß aggressiven Verhaltens nicht signifikant (dem Trend nach gab es bei den Jungen mehr Aggressionen). Gegen gleichgeschlechtliche Partner wurde insgesamt mehr soziales Verhalten, darunter auch mehr Aggression gezeigt. Kinder beider Geschlechter, insbesondere aber die Mädchen, zogen sich mehr zur Mutter zurück, weinten mehr und verhielten sich passiver, wenn sie mit einem Jungen zusammen waren. Jungen beachteten es kaum, wenn Mädchen mit Worten versuchten, sie zu hemmen (»no«, »don't«). Wohl reagierten sie auf die Worte anderer Jungen.

Es bleibt offen, wie die Kinder das Geschlecht des Partners »erkannt« haben. Ist das Verhalten bereits so geschlechtsrollenkonform, daß es das Zusammenspiel bei gleichgeschlechtlichen Paaren erleichtert und bei gegengeschlechtlichen Paaren erschwert?

Wie einfach vorbeugende Kontrolle bei kindlichen Aggressionen sein kann, belegten MUCHA et al. (1979): Als Kindergärtnerinnen das Spiel von 2 ½ bis 4 Jahre alten Kindern mit Instruktionen einleiteten, in denen ausdrücklich auch Zusammenspiel erbeten wurde, gab es zumindest bei den älteren Mädchen deutliche Einflüsse: Sie zeigten weniger Aggressionen als Mädchen der Kontrollgruppe ohne entsprechende Aufforderungen. Zugleich stieg bei allen Mädchen, insbesondere aber bei den älteren, das kooperative Verhalten nach der Anweisung zum Zusammenspiel an. Die Jungen blieben allerdings unbeeindruckt von den Instruktionen ...

In der Diskussion führen die Autoren aus, daß Mädchen wohl sprachgewandter seien als Jungen, vielleicht in diesem Alter aber auch bereits kompetenter in der Selbstkontrolle.

Der geringe Aufwand – die Instruktion umfaßte nur vier Sätze! – legt es nahe, in ähnlicher Hinsicht mehr Erfahrungen zu sammeln, zumal in den Vorschuleinrichtungen vielfach über Aggressionen geklagt wird.

Schließen wir hier gleich eine andere Arbeit zur Aggressionsvorbeugung an:

PASS (1983) bot 4–6 Jahre alten Kindern vom Tonband her aggressive oder prosoziale Geschichten: In ihnen gab es entweder Streit um Bauklötze oder ein gemeinsames Planen und wechselseitiges Helfen. Eine Kontrollgruppe blieb ohne irgendeine Induktion. Die Vorgaben wirkten tatsächlich unterschiedlich auf das Verhalten ein – ganz im Sinne der Modellinhalte. Wie schon von BELSCHNER (1971) referiert wurde, können Geschichten offensichtlich Verhalten beeinflussen; darauf wird relativ wenig geachtet: Auch im Kinderfunk und -fernsehen werden Erzählungen oft nur durch Aggressionen »spannend« gemacht.

NICKEL und SCHMIDT-DENTER (1980) untersuchten u.a. das Angriffsverhalten 3–5jähriger in Kindergärten und -läden. Angriffe wurden bei 4jährigen häufiger als bei 3- oder 5jährigen beobachtet. Jungen übertrafen Mädchen, sie waren aber auch häufiger Opfer von Aggressionen. Verbale Angriffe nahmen mit dem Alter zu; Mädchen bevorzugten solche verbalen Aggressionen. Die Angriffe waren überwiegend erfolgreich, natürlich besonders dann, wenn sie von einem Jungen gegen ein Mädchen oder gegen jüngere Kinder gerichtet wurden. Aggressionen gegen Erzieher waren selten.

Die Untersuchung von NICKEL und SCHMIDT-DENTER war auf Konfliktlösungsverhalten ausgerichtet. Es zeigte sich, daß aggressive Durchsetzungstechniken im Vorschulalter gegenüber konstruktiven Lösungen (Kompromiß, Berücksichtigung verschiedener Interessen) überwogen. Angreifer, vorwiegend ältere Jungen, dominierten meist; ihre Aggressionen wurden von den Opfern durch Nachgeben verstärkt. Es bildeten sich Dominanz-Hierarchien. Ranghoch waren eher die Jungen als die Mädchen, eher die älteren als die jüngeren Kinder. Werden Kinder sozial geschätzt, weil sie aggressiv sind? (Anm. 14)

Wahrscheinlich sind im Vorschulalter aggressive Kinder insgesamt aktiver und auch geschickter.

Nach NICKEL und SCHMIDT-DENTER sind Kinder zwischen 3 und 5 Jahren noch nicht in der Lage, auf Angriffe konstruktiv zu reagieren. Es folgen also eher Gegenaggressionen oder Nachgiebigkeit.

Die Autoren hatten in Kinderläden (im Gegensatz zu Kindergärten) eine Angleichung zwischen dem Verhalten von Jungen und Mädchen, also eine gewisse Aufhebung des rollentypischen Verhaltens, erwartet; sie blieb aus. U.E. wird in diesem Zusammenhang zu wenig die schlichte Tatsache erörtert, daß Jungen einfach körperlich stärker als Mädchen und damit dazu prädestiniert sind, bei körperlichen Auseinandersetzungen zwischen den Geschlechtern zu gewinnen (s. z.B. NICKEL, 1975, S.78).

Von PATTERSON und seinen Mitarbeitern liegen lerntheoretische Überlegungen und ein System zur Beobachtung aggressiven Verhaltens in der Kindheit vor, ferner auch Beobachtungsdaten aus vorschulischen Einrichtungen und Familien.

PATTERSON et al. (1967) kamen zu dem Ergebnis, daß die Mehrzahl der aggressiven Episoden bei 3–4jährigen Kindern in der Auseinandersetzung mit Gleichaltrigen positiv oder negativ verstärkt wird. (Anm. 15) Die Wahrscheinlichkeit, bei nächster Gelegenheit das gleiche Verhalten und das gleiche Opfer zu wählen, stieg bei den erfolgreich aggressiven Kindern; sie sank bei denen, die vermehrt Mißerfolge registrieren mußten. Kinder, die anfangs kaum Aggressionen zeigten, änderten im Verlaufe der 9 Monate dauernden Beobachtung ihr Verhalten in Abhängigkeit von ihren erfolgreichen Gegenattacken bei Belästigungen.

BJERKE (1982) fand hingegen, daß norwegische Kinder (zwischen 6 und 36 Monaten alt) bei ihren Aggressionen eher Mißerfolge hinnehmen mußten: Die Kindergärtnerinnen griffen relativ oft ein! Zudem sah BJERKE, daß *Gegen*aggressionen durch die Angegriffenen in 85% der Fälle günstige Resultate erbrachten – für die ursprünglichen Aggressoren also negative. Solche Gegenwehr ergab manchmal allerdings auch »Eskalationen« von Aggressionen. BJERKE meint, Erziehungsmaßnahmen könnten die auch von ihm bestätigte größere Aggressivität der Jungen kaum erklären: Jungen wurden nämlich eher als Mädchen für aggressives Verhalten getadelt. Nach BJERKE haben Mädchen eine geringere Schmerztoleranz und (daher) Angst vor Aggressionen.

Wir haben insgesamt etwas undurchsichtige Resultate: Einerseits ist es klar, daß den Jungen Aggressionen als geschlechtsrollenkonform eher zugebilligt werden; andererseits spricht manches dafür, daß sie dennoch schnell Widerstand erfahren. Es bleibt offen, ob viele Jungen über so feine »Antennen« verfügen, daß sie die hintergründige Gesamtbilligung ihres Verhaltens trotz der vordergründig tadelnden Eingriffe »erkennen« – so ähnlich wie ja Kinder trotz aller Schwierigkeiten das Geschlecht der Partner »erkennen« konnten (s. JACKLIN und MACCOBY).

ATTILI (1984) unterstreicht ein bekanntes Phänomen: Aggressionen und freundschaftliche Beziehungen schließen sich im Vorschulalter nicht aus (auch nicht im Schulalter, s. MANDEL). Sie bestätigt, daß Jungen sich aggressiver verhalten als Mädchen, wobei die Opfer jeweils eher vom gleichen Geschlecht sind.

Nach STRÄTZ und SCHMIDT (1982) erleben Kindergartenkinder die Jungen im Vergleich zu Mädchen häufiger als aggressiv (im Verhältnis 3 : 1). Mädchen finden aggressive Kinder eher unsympathisch und lehnen sie ab. Auch bei den älteren Kindern gibt es solche Ablehnungstendenzen stärker (die später in der Schule ganz deutlich werden).

Wie bei WALTERS et al. (1957) sind die Jungen auch mehr Opfer von Aggressionen als die Mädchen (im Verhältnis 2 : 1). »Kaum einmal gibt ein Junge zu, daß er ein Mädchen schlägt« (S. 251). Die »Angriffe richten sich nicht nur gegen Kinder, die man nicht mag, sondern durchaus auch gegen Kinder, die man mag. Mädchen und Jungen unterscheiden sich hierin nicht.« Zwar sind die »Opfer«-Rollen nicht so stabil wie die »Angreifer«-Rollen, aber einmal bevorzugte männliche Aggressionsopfer bleiben doch eher in ihrer mißlichen Lage.

Wie schon erwähnt, faßte MACCOBY 1980 die Forschungen über die Aggressivitätsentwicklung knapp zusammen. Sie spricht Kindern in den ersten 2 Jahren Aggressionen ab; mit 2 ½–3 Jahren soll es aber ohne Zweifel Aggressionen geben. Zwischen 2 und 5 Jahren treten sie besonders beim Spiel und zwar vorwiegend wegen irgendwelcher Spielobjekte und Platzansprüche auf. Dabei werden Dominanzhierarchien gebildet, die dann nach Meinung der Autorin offene Aggressionen reduzieren.

Bis zum Alter von etwa 4 Jahren zeigen viele der sozial aktiveren Kinder sowohl erwünschtes wie unerwünschtes Verhalten in vermehrtem Ausmaß. Umgekehrt kann man aber nicht sagen, daß sich die meisten aggressiven Kinder auch gehäuft sozial-positiv verhalten. MACCOBY macht selbst auf YARROW und WAXLER aufmerksam, die 1976 3–5jährige Jungen beschrieben, welche deutlich aggressiv waren, ohne bemerkenswert oft positives Sozialverhalten zu zeigen.

MACCOBY sieht eine Abnahme aggressiven Verhaltens noch im Vorschulalter. In der Schulzeit (dies sei im Zusammenhang vorweggenommen) werde die Aggression mehr zum Mittel, andere zu verletzen (feindselige Aggression). Zugleich gewönnen das Wissen um Fairneß und das Verständnis für Recht und Pflicht Bedeutung dafür, ob man sich aggressiv durchsetzt. Mit 6 oder 7 Jahren werde die Aggressionsneigung durch Empathie-Kompetenzen positiv beeinflußt.

Nach FISHBEINs Zusammenfassung (1984) amerikanischer Untersuchungen wird bei 2–4jährigen Kindern Dominanz nicht zuletzt durch körperliche Aggressionen erkämpft. Bei älteren Kindern werden mehr verbale Methoden eingesetzt. Die Gegenwart von Erwachsenen soll kindliche Aggressivität fördern. (Anm. 16)

Aus dem eigenen Arbeitskreis beobachteten KRENAUER und KRENAUER (1974) Aggressionen in Berliner Kindergärten, und sie führten darüberhinaus Interviews mit den Erzieherinnen durch. Kindergärtnerinnen benannten solche Kinder als aggressiv, die sich anschließend auch in der Verhaltensbeobachtung durch aggressives Verhalten vermehrt auszeichneten. Es fiel auf, daß immerhin ¼ dieser »aggressiven« Kinder unter Sprachstörungen litt. Wahrscheinlich begünstigt sprachliche Inkompetenz ein stärkeres Durchsetzen mit Hilfe (körperlicher) Aggressionen. Aggressivere Kinder zeigten übrigens im Durchschnitt auch mehr Leistungsverhalten, d.h. sie gingen auf das, was im Kindergarten an Spiel und Arbeit verlangt wurde, etwas stärker ein. Andererseits war das positive Sozialverhalten etwas reduziert.

Kindergärtnerinnen werden offensichtlich in der Ausbildung kaum Fertigkeiten für den Abbau von kindlichen Aggressionsneigungen vermittelt. Aggressive Kinder erhalten mehr Zuwendung als andere, darunter auch mehr positive physische Zuwendung. Die Ursachen der kindlichen Aggressivität werden von den Erzieherinnen fast immer den familialen Verhältnissen zugeschoben, kaum der Situation im Kindergarten (allerdings auch nicht, wie wir erwartet hatten, einem Triebkonzept). Es fiel auf, daß Baulichkeit und Lage von Kindergärten in elementarer Weise zur Erhöhung von Aggressivitäten beitragen dürften: Es gibt Kindergärten mit erheblichen Mängeln in der Schalldämmung, was sich bei hohem Straßenlärmpegel ungünstig auswirken muß;

schließlich ist Lärm ein Stressor, eine Bedingung, die Aggressionen begünstigt.

MEES und FIEGUTH (1977) bzw. MEES (1977) berichteten gleichfalls über Beobachtungen in Berliner Kindertagesstätten. Auch bei ihnen erwiesen sich die als »auffällig« geltenden Kinder tatsächlich als bemerkenswert aggressiv, aber insgesamt fielen sie doch mehr durch Ungehorsam und Störverhalten als durch Aggressionen auf.

Sozial unerwünschtes, aversives Verhalten ist vorwiegend selbst wieder Reaktion auf aversive Stimulierung. Kindliches Verhalten wird stark vom unmittelbar vorhergehenden Verhalten der Interaktionspartner bestimmt (so auch PATTERSON, dessen Beobachtungs- und Theoriesystem bei unseren Arbeiten in Berlin Pate stand). Aggressive Kinder reagieren auf aversive Stimuli leicht mit Eskalationen. Z.B. wird Ärgern oft mit negativem Körperkontakt (z.B. schlagen) beantwortet. MEES interpretiert weitere Ergebnisse so, daß im Umgang der aggressiven Kinder mit Gleichaltrigen eher negative Verstärkungen dominieren, während ihr aversives Verhalten gegenüber Erzieherinnen eher durch positive Verstärkung aufrecht erhalten wird.

Wer wie die zuletzt genannten Autoren in der Beobachtung und Auswertung ins Detail geht, kommt zu dem Ergebnis, daß bezüglich kindlicher Aggressivität Individualtheorien möglich und für therapeutisches Vorgehen nützlich sind. Das heißt: Bei jedem Kind bilden die Reize, die Aggressionen provozieren oder hemmen, und wahrscheinlich auch die Konsequenzen, die Aggressionen verstärken oder bestrafen, ein individuelles Muster. Die interindividuellen Unterschiede drängen sich bereits im Vorschulalter mindestens so auf wie die Gemeinsamkeiten.

HOBBEL, MERTINS und MEES (1977) stützten diese Gedanken auch durch eine Interventionsstudie bei sechs Kindern im Alter von 5 und 6 Jahren (ähnlich MEES und MERTINS, 1988; s. auch Kap. 6).

Wie verarbeiten *Eltern* aggressionsaffine Affekte und Formen von Aggressionen auf Seiten ihrer Kinder im Vorschulalter? Wie interpretieren Eltern das kindliche Verhalten? HINSCH, PFINGSTEN und SCHNEIDER entwikkelten einen Fragebogen für solche elterlichen Interpretationsprozesse. Er besteht aus 24 Items, die aggressives kindliches Verhalten und affine Affekte schildern und den Eltern dazu mehrere Fragen mit abgestuften Reaktionsmöglichkeiten stellen: Ärgern sie sich über das Kind? Wie hoch schätzen sie den vom Kind angerichteten (psychischen, sozialen, materiellen) Schaden ein? Inwieweit machen die Eltern das Kind, die Umstände oder sich selbst für das Verhalten verantwortlich? Schreiben sie dem Kind feindselige oder instrumentellaggressive Absichten zu? Sehen die Eltern das Verhalten als altersgemäß und normal?

SCHNEIDER (1982) erfaßte 249 Eltern von 1 ½- bis 6jährigen Kindern. Elterlicher Ärger korrelierte in erster Linie mit der Höhe des interpretierten Schadens. Die Ursachenzuschreibung (auf Kind, Umstände, Eltern) war hier relativ unwichtig.

Ob etwas als »normal« gesehen wurde, hing dagegen stark von der Ursachenzuschreibung ab. Das Verhalten galt dann als normal, wenn die Umstände eine Aggression provoziert hatten und wenn eine instrumentelle, also keine feindselige Absicht unterstellt werden konnte.

Auf feindselige Absicht wurde am ehesten erkannt, wenn der soziale Schaden hoch war (also das Ansehen bei anderen geschmälert wurde).

Eine instrumentelle Absicht wurde angenommen, wenn die Eltern ihr eigenes Verhalten und die Situation als bedeutsame Bedingungen ansahen.

Eltern gaben höheren Ärger an, wenn sie selbst das Ziel des kindlichen Handelns waren und weniger Ärger, wenn Peers Opfer wurden. Das entspricht Überlegungen von JONES und DAVIS (1965) zur Betroffenheit des Attributors. Bei Gleichaltrigen-Situationen äußerten Eltern mehr Verständnis für die Kinder: Sie sahen solches Verhalten als normal, als durch die Umstände provoziert an und somit als Durchsetzung berechtigter Interessen (s. auch NEWSON und NEWSON, 1968). Mütter äußerten mehr Ärger als Väter; sie interpretierten mehr feindselige Absichten und schätzten den Schaden höher ein; Väter sahen das Verhalten eher als normkonform.

Es gab einen Geschlechts- und einen Alterseffekt: Jungen wurde eher feindseliges Verhalten zugeschrieben als Mädchen, zumal mit steigendem Alter (mit 5 und 6 Jahren). Bei älteren Jungen wurde auch mehr instrumentelle Absicht interpretiert. Ist das eine Folge und zugleich eine Ursache der (angeblich) größeren Aggressivität von Jungen? Man »weiß« darum und stuft ihr Verhalten eher als Aggression ein?

Mit ansteigendem Alter der Kinder wurde in der Arbeit von SCHNEIDER ein und derselbe Schaden negativer beurteilt. Es sieht so aus, als würde das schädigende Verhalten jüngerer Kinder toleriert – und damit vielleicht unfreiwillig gefördert. Je älter die Kinder sind, desto mehr neigten die Eltern dazu, Aggressionen zu sehen.

Kleinere Kinder fanden also verständnisvollere Interpretationen; die Eltern gaben sich und den Umständen mehr Schuld. Eltern mit längerer, höherer Schulbildung beurteilten kindliches Verhalten eher als normkonform. Bei kürzerer Schulbildung urteilten Väter und Mütter unterschiedlich; Mütter ärgerten sich mehr, Väter entschuldigten eher das kindliche Verhalten. Daraus könnte eine etwas inkonsequente Erziehung folgen.

Auch ERBSLÖH (1984) fragte nach elterlichen Reaktionen auf aggressives Kindverhalten. 322 Eltern (221 Mütter, 100 Väter, einmal keine Angabe) von 2–6jährigen Kindern nahmen zu 20 Situationen Stellung. Väter und Mütter zeigten in 4 von 6 erfaßten Bereichen signifikante Unterschiede:

Väter schilderten deutlich mehr bestrafende Reaktionen als Mütter; Mütter gaben sich mehr einfühlend, verständnisvoll; sie gebrauchten mehr Ich-Schilderungen (d.h. sie äußerten dem Kind gegenüber ihre eigenen Bedürfnisse); sie boten mehr Verhaltensalternativen an (Vorschläge für Konfliktlösungen etc.).

Die Eltern beachteten die Situation und die Besonderheiten des kindlichen Verhaltens. Sie bestraften aggressives Verhalten, das gegen sie selbst gerichtet war, eher als Aggressionen gegen Kinder. Bei Aggressionen gegen andere Kinder gab es vermehrt Verhaltensvorschläge (Alternativen) und einfühlendes Verstehen. Söhne wurden für aggressives Verhalten eher bestraft als Töchter; je älter die Söhne, desto mehr (s. auch BJERKE, 1982). Bei relativ vielen Eltern gab es Hinweise auf intermittierende Verstärkungen: Wer Aggressionen bestrafte, zeigte an anderer Stelle oft auch ein positives Eingehen auf das gleiche kindliche Verhalten.

Eltern, die aggressive Kinder einmal bestraften, einmal verstärkten, reagierten auf positives Sozialverhalten ihrer Kinder eher »einschränkend«-positiv (z.B. »gut, das hatte ich dir gar nicht zugetraut«); es wurden also negative Erwartungshaltungen zusammen mit einem Lob geäußert; dies kann von Kindern als Bestrafung ihres positiven Verhaltens erlebt werden.

Vorwiegend schilderten sich die Eltern als eher verständnisvoll-partnerschaftlich. Aber es ist natürlich anzunehmen, daß die Eltern ihr Erziehungsverhalten im Sinne sozialer Erwünschtheit darstellten. Nur (oder immerhin) zwei Eltern nannten Strafmaßnahmen als bevorzugte Reaktion auf kindliche Aggressionen.

Ein attributionstheoretischer Befund, der nachdenklich stimmen muß, wurde von SAGAR und SCHOFIELD (1980) publiziert: Ein und dasselbe kindliche Verhalten wurde von weißen und schwarzen Schülern (USA, 6. Klasse) als »gemeiner« und bedrohlicher angesehen, wenn es von schwarzen Kindern und nicht von weißen verübt wurde. Dies dürfte bedeuten: Das Verhalten von Schwarzen wird negativer, also leichter als Aggression gesehen und deshalb eher mit einer Gegenaggression beantwortet. Es kann aber nicht klar gefolgert werden, ob hier ein Beleg dafür vorliegt, daß *Minderheiten* mit Bedrohung, Aggression und Gewalt in stereotyper Weise assoziiert werden, denn am Ort selbst waren die Schwarzen deutlich in der Mehrheit.

Zusammenfassung (von 3.2.3.1)

Im Vorschulalter sind Entwicklungstendenzen bezüglich aggressiven Verhaltens keineswegs deutlich zu erkennen. Wir müssen einsehen, daß Vergleiche zwischen verschiedenen Studien und damit zwischen verschiedenen Jahrgängen schwerfallen, da verschiedene Situationen erfaßt worden sind – mit recht verschiedenen Methoden ... Nur ein Ergebnis wird immer wieder bestätigt: Jungen sind aggressiver als Mädchen; aber selbst dieser abgesichert erscheinende Befund kann – in unbekanntem Ausmaß – »im Auge des Betrachters« (s. CONDRY und CONDRY, 1976) liegen: Weil wir von Jungen mehr Aggressionen erwarten, sehen wir vielleicht auch mehr Aggressionen bei ihnen. M.E. können wir dennoch davon ausgehen, daß Jungen wirklich mehr aggressives Verhalten zeigen als Mädchen. Das geht zum einen darauf zurück, daß wir in unserer Kultur immer noch geschlechtstypische Rollenzuweisungen vornehmen, wenn auch wohl nicht mehr so stark und unreflektiert wie früher; danach dürfen oder sollen Jungen aggressiver sein als Mädchen. Zum andern ist an die größere Körperkraft der Jungen zu denken, die zumindest physische Aggressionen begünstigt.

Wir gehen (ähnlich wie PATTERSON, 1982) davon aus, daß die Kinder gleich zu Beginn dieser Phase ein recht hohes Aggressivitätsniveau erreichen – und zwar dadurch, daß sich aus den bis dahin häufig zu beobachtenden diffusen und probierenden Verhaltensweisen, die wir zunächst als Proto-Aggressionen einstufen, allmählich immer deutlicher Verhaltensweisen mit dem Merkmal der Gerichtetheit auf ein Opfer bilden, die dann als Aggressionen bezeichnet werden können. Nach einigen Untersuchungen reduziert sich die Häufigkeit bestimmter Formen von Aggressivität noch vor dem Schuleintritt; verbale Aggressivität z. B. nimmt allerdings eher zu.

Aggressivität kann bei Vorschulkindern durchaus noch positiv mit prosozialem Verhalten und Beliebtheit einhergehen.

Viele Variablen nehmen Einfluß auf aggressives Verhalten; die hohe inter- und intraindividuelle Variabilität des aggressiven Verhaltens – schon bei kleinen Kindern – nimmt daher nicht wunder. Zunehmend mit dem Alter ist auch an hemmende Einflüsse zu denken.

Ein Merkmal wie Aggressivität »dehnt« sich durch Generalisierungen aus; es wird andererseits durch eigene oder von Modellen vermittelte stellvertretende negative Erfahrungen aber auch eingeengt (SELG, 1978, S. 101 ff.).

Eine lernpsychologische Interpretation der Aggressivitätsgenese in diesem Alter kann davon ausgehen, daß sich viele Aggressionen bei der Durchsetzung und Problemlösung bewähren. Mit Aggressionen kann man viele Widerstände besser überwinden, mit Aggressionen erringt man eher die Aufmerksamkeit von Erwachsenen. Selbst wenn diese Zuwendung oft mehr negativ, also strafend, gedacht ist, zeigen sie dem Kind doch nicht zuletzt auch, wie es immer wieder im Mittelpunkt der Aufmerksamkeit stehen kann.

An Modellen für aggressives Verhalten ist nie Mangel. Vornehmlich andere Kinder (Geschwister und Spielkameraden), oftmals die Eltern und alle Massenmedien, insbesondere Fernsehen und Videorecorder, liefern dem Kind Modelle für aggressives Verhalten. M. E. (s. BAUER und SELG, 1981) wird gerade die Selbstverständlichkeit, mit der wir Aggressionen zu Unterhaltungszwecken schon für Kinder einsetzen, auch von verantwortungsbewußten Erziehern immer noch zu wenig nachdrücklich überdacht.

3.2.3.2 Aggressivitätsentwicklung bei Kindern zwischen etwa sechs Jahren und der Pubertät

BUSS (1961) klagte darüber, daß die Aggressionsforschung am ehesten etwas über das sog. Vorschulalter aussagen könne, daß aber über die spätere Kindheit und Jugend wenig bekannt sei. Leider sind diese Sätze auch 25 Jahre später immer noch gültig.

Suchen wir verstreute Befunde über das hier interessierende Alter:

HARTUP (1974) beobachtete 64 4–6jährige und 38 6–8jährige Jungen und Mädchen 10 Wochen lang in ihrem freien Spiel. Jungen waren aggressiver als Mädchen. Die älteren Kinder zeigten insgesamt mehr prosoziales und weniger aggressives Verhalten als die jüngeren, wobei diese Abnahme ausschließlich auf die Kämpfe um Objekte, also auf instrumentelle Aggressionen zurückging, denn hostile Aggressionen waren bei den älteren zahlreicher. Jüngere reagierten auf Herabsetzungen relativ oft mit körperlichen Aggressionen: ältere reagierten eher reziprok, d.h. gleichfalls verbal.

Auch nach ERON und HUESMANN (1984) steigen prosoziales Verhalten und die hostile Aggressivität zwischen 6 und 10 Jahren an.

HOVING et al. (1974) fanden in einer Wettbewerbssituation gleichfalls einen Anstieg der Aggressivität zwischen 6 und 10 Jahren. Jungen waren aggressiver als Mädchen; starke Wettbewerbsprovokation erhöhte die Aggressionen – zumal bei von vornherein aggressiv wirkenden Jungen. Die älteren (10jährigen) Jungen waren gegen Mädchen weniger, die älteren Mädchen gegen die Jungen mehr aggressiv.

HAPKIEWICZ (1974) ermittelte bei amerikanischen Jungen und Mädchen vom ersten bis zum dritten Schuljahr in einem Experiment ein Nachlassen bestimmter körperlicher Aggressionen; Jungen hatten stärkere Aggressionen als Mädchen; Schichtunterschiede wurden nicht festgestellt.

In einer Zusammenfassung von PATTERSON (1982) findet man ähnliche Aussagen: Befunde zum Einfluß des sozioökonomischen Status sind kontrovers; Jungen sind im allgemeinen agressiver als Mädchen (verbale Aggressionen ausgenommen); während der gesamten Kindheit sinkt die Häufigkeit von Aggressionen mit steigendem Alter eher ab; dies gilt sowohl im Elternhaus als auch in der Schule.

Wenn man 5–12jährigen Kindern glaubt, die von FESHBACH et al. (1984) befragt wurden, so läßt körperliche Aggression, zumindest als ärgerbedingte Reaktion, mit zunehmendem Alter nach; verbale Aggressionen und Formen nichtkörperlicher Bestrafungen nehmen zu.

Eine Untersuchung von McCORD et al. (1961) zeigt, in welcher Atmosphäre sich Kinder mit aggressivem Verhaltensstil entwickeln. Sie berichteten über Beobachtungen in Familien von 174 »normalen«, d.h. nicht-delinquenten Jungen aus der Unterschicht; diese waren bei Beginn der fast sechsjährigen Beobachtung durchschnittlich 9 Jahre alt. 25 der Jungen galten als aggressiv, 97 als assertiv (sie zeigten zwar Aggressionen, aber keinen generell aggressiven Verhaltensstil), 52 als nicht-aggressiv (es wird nicht mitgeteilt, ob einige von ihnen evtl. aggressionsgehemmt waren). Hier seien nur die Unterschiede zwischen den aggressiven und nicht-aggressiven Jungen referiert:

Die Beziehung der Eltern zu den aggressiven Jungen wird als zurückweisend und strafend beschrieben; häufig werden Drohungen eingesetzt. Für die nicht-aggressiven Jungen wird eine liebevolle Beziehung geschildert, Strafen und Drohungen sind nicht betont.

Die aggressiven Jungen sind entweder überkontrolliert, oder es fehlt ausreichende Kontrolle; Forderungen an die Kinder sind eher gering; die Disziplinierung erfolgt inkonsistent. Die nicht-aggressiven Jungen erhalten ein mittleres Ausmaß an Kontrolle; einige sind aber auch überkontrolliert. Es werden höhere Forderungen an sie gestellt; die Disziplinierung erfolgt konsistent.

Die Eltern geben den aggressiven Jungen sozial-abweichende Modelle; die Eltern der nicht-aggressiven Jungen verhalten sich sozial angepaßt.

Die Beziehung der Eltern zueinander ist bei den aggressiven Jungen durch viele Konflikte ausgezeichnet; es fehlt an wechselseitiger Wertschätzung; Unzufriedenheit mit dem Leben wird geäußert. Bei den nicht-aggressiven Jungen sind die Beziehungen zwischen den Eltern wesentlich besser: weniger Konflikte, höhere wechselseitige Wertschätzung und Lebenszufriedenheit werden berichtet.

Man kann immer wieder die Bedeutung der elterlichen Modelle erkennen!

Der elterliche Erziehungsstil zeigte bei den »assertiven« Jungen Ausprägungen, die gleichsam in der Mitte zwischen den oben skizzierten Akzenten bei aggressiven bzw. nicht-aggressiven Jungen lagen.

Wenngleich McCORD et al. ausdrücklich betonen, daß sie insgesamt »normale« Jungen erfaßten, ist doch der Hinweis angebracht, daß straforientierte Erziehung zusammen mit dem Fehlen warmherziger Beziehungen überdurchschnittlich oft auch bei späteren Straftätern ermittelt wird (s. KORNADT, 1982).

Bevor solche empirischen Daten erhoben wurden, dominierten in den Erklärungsansätzen zur Genese aggressiven Verhaltens psychoanalytische Gedanken. Aggressivität wurde z.B. gern mit mütterlicher »Härte« – etwa beim Abstillen – in Verbindung gebracht (s.u.a. ERIKSON, 1965). JOHANNESSON (1974) konnte entsprechende Spekulationen in einer von der Geburt bis zu 13 Jahren reichenden Längsschnittuntersuchung mit 212 schwedischen Kindern zurückweisen. Z.B. hatte die Art der Fütterung im Säuglingsalter keinen Einfluß auf die spätere Aggressivität. Wir müssen es heute so sehen: Ein frühes Abstillen führt nicht zu besonderer Aggressivität, es sei denn, das frühe Abstillen sei tatsächlich deutlicher Ausdruck einer feindseligen Einstellung zum Kind. Dann aber ist es diese besondere Ablehnung, die das Kind selbst aggressiv werden läßt, nicht der Zeitpunkt des Abstillens.

Auch SCHIEFENHÖVEL (1984) folgert aus neueren Beobachtungen, daß Aggressivität in einigen aggressiven Kulturen erst nach dem Kleinkindalter (und damit nach dem Abstillen) systematisch herausgebildet wird. Bei den Eipo (Neuguinea) erhalten kriegspielende Jungen viel positive Rückmeldung. Aggressivität wird nicht in tief verborgenen Gängen ausgebrütet, sie wird vielmehr in Lernprozessen erworben. SCHIEFENHÖVEL (S. 73): »Es ist auffällig, daß zwei der kriegerischen Gesellschaften der derzeit noch existierenden ›Naturvölker‹, die Yanomani am oberen Orinoko und die Hochlandpapua, besonders liebevoll und feinfühlig auf Säuglinge und Kleinkinder eingehen. – Wer zu wenig elterliche Zuwendung erhält, entwickelt möglicherweise pathologische Züge, wird zum Asozialen – zu einem Krieger ... wird er höchstwahrscheinlich dagegen nicht.«

Relativ seiten gehen Arbeiten auf jene Aggressionen ein, die mehr spielerisch, auf jeden Fall aber mit guter Freundschaft verträglich sind und »Balgereien« genannt werden können. MANDELs Faktorenanalyse von 1959 machte auf sie aufmerksam. MONTAGNER berichtet 1981 von »simulierten« (z.B. Schießen mit Spielzeugpistolen) und »gedämpften« Aggressionen, die in kollektiven Spielen anzutreffen sind und wohl die Bindungen zwischen den Kindern stärken. Aber z.B. bei Streitereien um Objekte werden die Schläge allmählich ernster. MONTAGNER ist dennoch gegen Eingriffe der Erwachsenen; er befürchtet eine Verarmung des Körperausdrucks der Kinder. (Anm. 17).

Interessant sind die Hypothesen, die MONTAGNER bezüglich der Genese aufstellt:

Die Mütter von dominant-aggressiven Kindern zeigen u. a. weniger Zärtlichkeit, weniger Geduld; sie geben mit Drohungen und Schlägen aggressive Modelle ab; es wird (S. 238) zwischen kindlicher Aggressivität und mütterlichem Drohverhalten eine Korrelation von .932 berichtet; sie ist also extrem hoch, basiert aber nur auf 15 Mutter-Kind-Dyaden und kann die Frage, ob hier ein Ursache-Wirkungs-Verhältnis vorliegt, nicht beantworten.

Die kindlichen »Führer« haben hingegen Mütter, die wenig drohen, mehr auf ihre Kinder eingehen und sie mit Zärtlichkeiten begrüßen; diese Mütter leiden nur selten unter Belastungen (z. B. beruflicher Art).

Dominierte Kinder haben eher ängstliche, behütende Mütter und dominante Väter. Für die Aussage MONTAGNERs, seit 1974 habe er ein Anwachsen kindlicher und elterlicher Aggressivitäten beobachtet, fehlen Belege.

WHITING und WHITING (1975) sowie LAMBERT (1978) berichteten über Beobachtungen an Kindern aus 6 Kulturen. Es wurde je eine Ortschaft aus Neuengland (USA), Nordindien, den Philippinen, Japan, Mexiko und Kenia erfaßt. 134 Kinder zwischen 3 und 11 Jahren bildeten die Stichproben, pro »Kultur« und Altersstufe also recht wenig Kinder! Es wurden relativ viele Aggressionen beobachtet, durchschnittlich – unabhängig vom Alter – etwa 100 pro Tag und Kind, bei den Jungen mehr als bei den Mädchen. Es gab weniger Alters- als Kulturunterschiede. Relativ niedrig lagen die Aggressionen in den Orten aus Indien, Mexiko und Neuengland.

Bei WHITING und WHITING fielen die Korrelationen zwischen Alter und Aggression sehr unterschiedlich aus: Bei den Mädchen sind sie in allen Kulturen gering; bei den Jungen streuen sie zwischen +.43 (Philippinen) und –.51 (Nordindien); für alle Kulturen zusammen wird ein Wert von –.13 angegeben, der ein leichtes Abfallen mit dem Alter anzeigt. Körperliche Aggressionen hatten bei den 3–5jährigen, verbale und mehr spielerische Aggressionen bei den 6–7jährigen Kindern ihren Höhepunkt.

LAMBERT sieht hauptsächlich 2 kindliche »Strategien«: Die einen schlagen auf der Stelle zurück, die anderen warten auf die beste Gelegenheit. Eine 3. Art wirkt auf den Autor besonders »gemein« (sneaky): Es kommt vor, daß auch freundliche Kontaktaufnahmen mit einer Aggression beantwortet werden, was zumindest einen Überraschungseffekt zugunsten des Aggressors mit sich bringt.

Lediglich etwas mehr als 3% der beobachteten Aggressionen wurden als feindselig eingestuft (mit dem Ziel »to hurt«). Das bedeutet aber m. a. W. immerhin durchschnittlich bei jedem Kind dreimal täglich solch eine Art von Aggression. Sie nahm mit dem Alter ab.

Aggressionen sind oft reziprok; anders gesagt: Eine Aggression zieht die nächste nach sich. Es wird ein »Vergeltungsmaß« angegeben: Insgesamt 29% der Aggressionen waren von solcher Art, bei den Jungen mehr als bei den Mädchen. Das Vergeltungsmaß streute bei den 6 Kulturen nur geringfügig (zwischen 23 und 31%). Individuelle Schwankungen waren wesentlich höher: zwischen 0 und 66%; die 0% deuten an, daß es Kinder ohne die entsprechende Aggressivität geben kann. Kinder blieben trotz aller erzieherischen Gegenmaßnahmen wohl aggressiv, weil sie untereinander und zumal gegen Jüngere oft Erfolg hatten (Von Modellen wird in diesem Zusammenhang nichts gesagt). Es wurden Hinweise auf Verschiebungen von Aggressionen beobachtet: Auf (durch ältere Kinder) erlittene Aggressionen folgten Aggressionen gegen Jüngere (Einzelheiten fehlen an dieser Stelle).

Eine deutliche Abnahme verzeichneten mit steigendem Alter die Aggressionen innerhalb der eigenen Familie, d.h. vor allem Aggressionen gegen Geschwister; gegen andere Kinder stieg die Aggressivität.

Aggressionen wurden vorwiegend gegen Gleichaltrige ausgeübt; gegen Jüngere etwas weniger, gegen Erwachsene selten.

Jüngere Kinder waren in Gegenwart von Erwachsenen eher aggressiver, ältere im allgemeinen nicht – ausgenommen, es handelte sich um die Großmutter ... Wahrscheinlich sind Erwachsene gegen Kleinkinder toleranter (s. SCHNEIDER 1982) und signalisieren so ungewollt: Aggressionen sind in Ordnung; Großmütter sind wohl manchmal nicht mehr in der Lage, den Aggressionen ihrer älteren Enkel noch Einhalt zu gebieten.

Jüngere Kinder waren in größeren Gruppen aggressiver, ältere blieben von der Gruppengröße unbeeinflußt.

Diese Untersuchungen werden oft zitiert, dürfen aber nicht überinterpretiert werden; dafür sind die Teilstichproben zu klein, und die Beobachtungen (etwa der verbalen Aggressionen) litten u.a. an den sprachlichen Barrieren zwischen Forschern und Probanden.

SEGALL (1983) gibt einen knappen Überblick über kulturvergleichende Aggressionsforschungen. Er meint, daß in fast allen Gesellschaften beim männlichen Geschlecht mehr Aggressionen beobachtet werden als beim weiblichen. Dieser Unterschied sei jedoch in der frühen Kindheit gering. Die Erziehung zur Aggressivität korreliere positiv mit der Erziehung zur Tapferkeit (Unterdrükkung von Schmerz und Furcht) und zum Wettbewerb, negativ mit der Betonung von Rechtschaffenheit und Vertrauen. Es fällt auf, daß auch in den Gesellschaften, die dem Kleinkind relativ viel Kontakt mit den Müttern ermöglichen, hohe Aggressivitäten entstehen können, wenn Aggressivität und Tapferkeit Erziehungsziele sind. Als Beispiel werden die Massai (ein ostafrikanisches Hirtenvolk) genannt, die in der frühen Kindheit fast nur weibliche Fürsorge erfahren. Im Gegensatz dazu stehen z.B. die Tahitianer, bei denen die Kindererziehung auf mehr Personen aufgeteilt wird (und deren positive Einstellung zu Kindern zu recht vielen Adoptionen führt); sie sehen betonte Aggressivität als gefährlich an und erstreben stattdessen eine »Kooperation« mit der Natur.

SEGALL stellt fest, daß die Gelegenheiten, Aggressionen durch Beobachtung von aggressiven Modellen zu lernen, sehr hoch mit den Gelegenheiten korrelieren, für aggressives Verhalten verstärkt zu werden. Dies erscheint plausibel: Aggressive Kulturen setzen Prämien auf Aggressionen aus; dadurch erhalten sie viele Aggressionen und damit auch wieder viele aggressive Modelle.

SEGALL macht auf das Variablengeflecht aufmerksam, das in der Erforschung der Aggressionsentwicklung zu beachten ist. In den USA sind Mütter relativ tolerant, wenn ihre Kinder gegen Gleichaltrige aggressiv werden. Die Toleranz gegen die Peer-Aggressionen hängt jedoch u.a. davon ab, wie dicht der Kontakt zu Verwandten ist. So ist in Kulturen mit Großfamilien zu befürchten, daß Peer-Aggressionen innerhalb der Familie selbst ihre Opfer finden, und sie werden deshalb stärker bekämpft. Die Reaktion auf kindliche Aggression variiert also zwischen Kulturen und innerhalb der Kulturen u.a. in Abhängigkeit von der Familienstruktur und den Wohnverhältnissen.

Die kulturvergleichenden Untersuchungen, die mehr die Frage angingen, wie denn »Nicht-Aggressivität« gelernt wird, d.h. wie sich aggressionsarme Kulturen oder zumindest aggressionsarme Individuen entwickeln, finden noch relativ wenig Beachtung.

Bei MONTAGU (1978) werden 7 Kulturen unter dieser Fragestellung geschildert: die Fore von Neu-Guinea, die !Kung von Botswana, die Inuit von Kanada, die Semai von West-Malaysia, die australische Urbevölkerung, Völker aus Zaire und die Tahitianer.

Die Aggressivität bleibt dann gering, wenn die Kinder keine Erziehung zur Aggressivität und damit keine aggressiven Modelle erfahren. Dies scheint z.B. bei den Semai gegeben zu sein, über die DENTAN (1978) schreibt: »Selbst wenn ein Kind gewalttätig sein möchte, hätte es keine klare Vorstellung davon, wie es vorgehen müßte« (S.132, vom Verfasser übersetzt).

Die !Kung z.B. werden in den Wissenschaften etwas widersprüchlich dargestellt. Aber die Aggressionskontrolle, die sie nach DRAPER (1978) erfolgreich betreiben, ist in lernpsychologischer Sicht wohlfundiert:

Da das Familienleben sich weitgehend in der Öffentlichkeit abspielt, sind auch die Kinder ständig unter Aufsicht. Bei Streitereien werden sie nicht körperlich bestraft; sie werden getrennt und in verschiedene Richtungen gebracht, oder Erwachsene schließen sich einfach den Kindern vorübergehend an. Es gibt für die Kinder kaum Möglichkeiten, Aggressionen gegen Unterlegene auszukosten; es gibt auch wenig aggressive Modelle. Trotzanfällen steht man tolerant gegenüber, ebenso harmlosen Aggressionen gegen Erwachsene; bei etwas heftigeren Attacken greifen andere Erwachsene trennend ein. Anlässe für Aggressionen werden auch dadurch gering gehalten, daß die Kindergruppen gemischtes Alter haben; dies reduziert Wettbewerb und Rangkämpfe. Die erwähnte Öffentlichkeit des Zusammenlebens bringt den Kindern zugleich einen hohen Schutz vor Mißhandlungen durch Erwachsene.

Auch Normdaten von Fragebögen sind einige Hinweise auf die Entwicklung von Aggressivitäten zu entnehmen. Im deutschen Sprachraum ist besonders der »Hamburger Persönlichkeitsfragebogen für Kinder« von WAGNER und BAUMGÄRTEL (1978) zu nennen. Nach der Aggressionsskala AG, die für 9–13jährige konzipiert ist, sind einmal mehr die Jungen aggressiver als die

Mädchen. Ein Anstieg der Aggressivität ist bei beiden Geschlechtern mit dem Alter gegeben. Es ist anzumerken, daß diese Skala eher harmlose Aggressionen, auch Störverhalten in der Schule und Durchsetzungstendenzen erfaßt.

Von PETERMANN und PETERMANN (1980) können wir nur einige zusammenfassende Aussagen referieren: Aggressives Verhalten nimmt zwischen 9 und 14 Jahren etwas zu, bei Jungen deutlicher als bei Mädchen. Die Autoren sehen bei etwa 12 Jahren einen Anstieg, der von einer gesteigerten »Rollenübernahmefähigkeit« abhängig sein soll.

EKBLAD und OLWEUS (1986) konnten in der Volksrepublik China 290 Kinder zwischen 9 und 13 Jahren mit einem Fragebogen erfassen. Alterseinflüsse waren nicht signifikant; eindrucksvoll war der Geschlechtsunterschied: Die Jungen hatten deutlich höhere Aggressionswerte, die Mädchen höhere Aggressionshemmungen. Da die Erziehungsziele für beide Geschlechter bezüglich Aggressivität gleich seien, nehmen die Autoren genetische Differenzen an. Eine mögliche Diskrepanz zwischen offizieller Version der Gleichbehandlung von Jungen und Mädchen und inoffizieller Umsetzung wird nicht diskutiert.

Im Gegensatz zu den deutschen und chinesischen Befunden haben CHOYNOWSKI und IDMAN (1973) in Schweden bei 11–15jährigen allgemein ein Absinken von Aggressivitäten mit dem Alter festgestellt; eine Zunahme gab es allenfalls bei der verbalen Aggressivität und bei den Mädchen in der »assertiveness« (Durchsetzung, Dominanzverhalten – mit starken verbalen Anteilen). Die Autoren sind von ihren Ergebnissen überrascht und halten es für möglich, daß sie nur für schwedische Kinder gelten, die zur Zeit der Datenerhebung von einer Beeinflussung durch aggressive Fernsehmodelle noch relativ frei waren.

Wenn ein Motiv zur (instrumentellen) Aggression darin besteht, Dominanzhierarchien zu strukturieren, so ist ein Absinken von körperlichen Aggressionen in der mittleren Kindheit verständlich: Die Hierarchien sind inzwischen ausgebildet, und sie werden in stabilen Gruppen leidlich eingehalten; weitere Auseinandersetzungen finden vorwiegend verbal statt. So sieht es jedenfalls FISHBEIN in seiner Übersicht von 1982. Die Anwesenheit von Erwachsenen scheint Aggressionen nun zu reduzieren – im Gegensatz zur frühen Kindheit.

Daß auch die Schule Einfluß nimmt auf die Art und Häufigkeit von Aggressionen, belegen u.a. JOHNSTON und KROVETZ (1976). Sie verglichen die Aggressionen von 6–9jährigen Kindern während der Pausen in mehr traditionellen und mehr pluralistischen Schulen (letztere sollen variantenreicheren, reizvolleren Unterricht bieten). Bei den verbalen Aggressionen, aber mehr noch bei den körperlichen Aggressionen erzielten die traditionellen Schulen höhere Werte (im Verhältnis 3 : 2 bzw. 3 : 1).

Im Rahmen unserer Berliner Studien erhoben KELLER und HERRMANN (1974) Daten in Schulen; zum Erhebungszeitpunkt bildeten Aggressionen dort große Probleme. So waren z.B. in West-Berlin besondere Förderklassen eingerichtet worden, in die vornehmlich auch aggressive Kinder eingewiesen wurden. 26 Lehrer(innen) von ersten und zweiten Grundschulklassen (mit durchschnittlich 31 Kindern) wurden nach Störverhalten und Aggressionen in ihren Klassen befragt. Sie stuften 69 Jungen und 14 Mädchen als aggressiv ein, also etwa jeden 6. Jungen und (nur) jedes 28. Mädchen.

Eine 27 Jungen umfassende, laut Lehrerurteil »aggressive« Zielgruppe wurde mit je 27 »normalen« Jungen und Mädchen verglichen. Die »aggressiven« Jungen waren in allen Störverhaltensweisen – einschließlich aggressiver Verhaltensweisen – »überlegen«; ihr Arbeitsverhalten war entsprechend reduziert.

Die Lehrer(innen) wandten sich einem auffälligen Kind etwa doppelt so oft zu wie einem Kontrollkind. Damit kann ein unter Lehrern beliebtes Argument entkräftet werden, man habe im Unterricht nicht die Zeit, sich um die auffälligen Kinder zu kümmern; diese Kinder erzwingen sich Aufmerksamkeit und Zeit. Mißbilligungen durch den Lehrer erreichen ja auch kurzzeitig ihren Zweck: Die Kinder unterlassen zunächst ihr Störverhalten, aber es wird bald wieder aufgenommen, und die negativ getönten Interaktionen eskalieren (s. PATTERSON). Dem kindlichen Störverhalten folgen oft genug auch positive und neutrale Zuwendungen durch die Lehrer. Es gab Hinweise dafür, daß auch die Klassenkameraden die Störenfriede durch Aufmerksamkeitszuwendung verstärken.

Im übrigen erhielten (Kontroll)Mädchen eher eine positive Reaktion seitens der Lehrer(innen) als (Kontroll)Jungen, obwohl zwischen dem Verhalten der »normalen« Jungen und Mädchen kaum signifikante Unterschiede bestanden. Vielleicht trieb diese Tatsache den einen oder anderen Jungen ins Störverhalten: Als Junge erhält man relativ wenig Zuwendung für unauffälliges Verhalten; um Aufmerksamkeit zu finden, muß man intensiver, d.h. auch störender werden; die folgende – meist mißbilligende – Beachtung ist manchem Kind wahrscheinlich lieber als eine Nichtbeachtung.

SCHNAPP und FROMME (1976) beobachteten Schüler in 8. Klassen von Berliner Gesamtschulen. Wieder zeigten Kinder, die von den Lehrern als aggressiv benannt worden waren, tatsächlich mehr aggressives, besonders aber mehr störendes Verhalten (wie Schwätzen, Mitschüler ablenken, Lärm produzieren). Das Arbeitsverhalten der auffälligen Kinder war stark beeinträchtigt. Die aggressiven Kinder erhielten mehr Lehrerzuwendung als Kontrollkinder, was auch nicht überraschen würde, wenn es um negative, tadelnde Zuwendung ginge. Aber die Zuwendungen zu den aggressiven Kindern waren relativ oft positiv: Lob und Tadel standen bei den Kontrollkindern im Verhältnis 1 : 5, bei den aggressiven Kindern im Verhältnis 1 : 3. Die Klassenkameraden machten es anders: Ihre Lob-Tadel-Relationen waren 10 : 1 bei den Kontrollkindern und 3 : 1 bei den aggressiven Kindern.

Die Lehrer lobten und tadelten insgesamt recht selten. 207 Vorfälle von »Äußerungen an die ganze Klasse« wurden gezählt: Sie enthielten allesamt Tadel, *nie* ein Lob!

DANN und HUMPERT (1986) konnten durch ihre Beobachtungen eine Diskrepanz zwischen Denken und Tun bei Lehrern nachweisen: »Die Empfehlungen, welche die Lehrer zur erzieherischen Beeinflussung und zur langfristigen Verminderung der Aggressionen abgeben, hängen . . . mit dem tatsächlich ausgeführten Verhalten nicht zusammen.« Man handelt nur so, wie es kurzfristig als erfolgreich erlebt wird: also mehr neutral bis ermahnend, kaum aber sozial-integrativ (einfühlend etc.). In der aktuellen Auseinandersetzung mit Aggressionen handeln Lehrer mit kurzfristigen Zielsetzungen, und (von ihnen selbst nicht empfohlene) Strafmaßnahmen machen immerhin 13,5 % der beobachteten Reaktionen aus. Es ist zu befürchten, daß im normalen Unterricht ohne teilnehmende Beobachter die Strafrate eher noch größer ist.

Den Zusammenhang zwischen Beliebtheit und Aggressivität untersuchten wir (SCHUNK und SELG, 1979) in den neun Grund- und Hauptschuljahren von Schulen in der Bundesrepublik Deutschland. Die Aggressivität korrelierte mit der Beliebtheit zwischen –.40 und –.82; die Korrelation war ohne Ausnahme in jeder Klassenstufe und jeder einzelnen Klasse deutlich negativ.

Wir berechneten auch die sog. Gruppenentropie nach von CUBE (1967); nur soviel: Wenn von CUBE mit seinem Interpretationsvorschlag recht hat, sind die positiven Beliebtheitswahlen recht differenziert, d. h. die Wahlen werden von relativ vielen Motiven bestimmt. Bei der Frage nach den unbeliebten Schülern scheint die Wahl hingegen leicht zu fallen. Ähnlich einig sind sich die Schüler bei der Aggressivität. Die Frage nach freundlichen Mitschülern zu beantworten, fällt den Kindern wieder schwer. (Anm. 18)

Im Gegensatz zum Vorschulalter sind nun als aggressiv geltende Kinder mit großer Wahrscheinlichkeit unbeliebt, und nicht-aggressive, als freundlich geltende Schüler eher beliebt.

Auch nach MACCOBY (1980) sind aggressive Kinder im Schulalter unbeliebt. Besonderes Gewicht erhält diese Tatsache dadurch, daß die angesprochenen Merkmale über Jahre recht stabil sind (bezüglich der Aggressivität s. OLWEUS, 1979; bezüglich der Beliebtheit s. SELG, 1965).

Gehen wir auch auf Berichte über Kontrollmöglichkeiten und Hemmungen kindlicher Aggressivitäten ein.

KORNADT hat sich auf die Entwicklung der feindseligen Aggression konzentriert, zu deren Erklärung er ein spezielles Aggressionsmotiv und eine Aggressionshemmung postuliert.

Die Motivation zu einer feindseligen Aggression wird (z. B. 1981, S. 106) auf die Formel gebracht:

$$\text{Motivation}_A = f\,(M_A \times E_A \times I_A) - (M_{aA} \times E_s \times I_s)$$

Die Motivation zur Aggression gilt somit als Funktion eines überdauernd gedachten personalen Faktors »Aggressionsmotiv« M_A, multipliziert mit der (situativen) Erfolgserwartung E_A für eine in Frage stehende Aggressionshandlung und mit dem (situativen) Anreiz I_A, den der Erfolg hätte. Vermindert wird diese Größe um ein entsprechendes Produkt aus dem überdauernden Motiv, Aggressionen zu vermeiden (Aggressionshemmung), der Erwartung negativer Konsequenzen und dem negativen Anreizwert. Wichtig ist, daß eine geringe Motivation einmal auf ein niedriges Aggressionsmotiv zurückgehen kann, zum andern aber durchaus ein starkes Aggressionsmotiv gegeben sein mag, dem aber eine starke Hemmung entgegensteht.

In einem einfachen Fall löst eine Situation Ärger aus, der zu einer Aktivierung des Aggressionsmotivs führt. Über verschiedene (mehr kognitive) Zwischenschritte kann es zu Aggressionshandlungen und zu ihrer Bewertung kommen. Wenn die Handlung ihr Ziel erreicht hat, wird sie beendet und das aktivierte System desaktiviert. KORNADT bezeichnet diesen Endzustand als Katharsis; solche Katharsis ist allerdings nur auf die auslösende Frustration bezogen und somit kurzzeitig; sie kann nicht verhindern, daß schon im nächsten Moment eine neue feindselige oder instrumentell-aggressive Handlung abläuft . . .

KORNADT sieht eine Entwicklung des Motivsystems, an deren Anfang einfache, erbgenetisch vorprogrammierte Affektreaktionen stehen (. . . »auf bestimmte aversive Ereignisse mit Ärger zu reagieren«. 1981, S. 110). Es finden wohl relativ bald Affektkonditionierungen statt. Daran schließt sich eine Phase an, in der einfache Verhaltensmuster und ihre Effekte gelernt werden. Dies sind proto-aggressive« Handlungen – ohne Intention zu verletzen, mit Ärger als dynamischer Basis. Sie können »vielleicht« als instrumentelle Aggressionen angesehen werden (S. 112). »Etwa gleichzeitig« finden wichtige zugehörige kognitive Entwicklungen statt: »Überzeugungssysteme über die Person-Umwelt-Beziehung, die noch stark emotional getönt ist« (S. 111). Schließlich muß das Individuum noch ein Verständnis dafür entwickeln, daß Ereignisse für andere beeinträchtigend sein können; es muß sich die Intention, genau diese Beeinträchtigung herbeiführen zu wollen, ausbilden und positive Emotionen wecken; es muß die Erkenntnis entstehen, daß eine »Aggression ein Mittel sein kann, Frustrationsquellen zu beseitigen oder Konflikte zu lösen« (S. 112). »Als Ergebnis derartiger Prozesse werden schließlich auch Formen der Intentionsattribuierung entwickelt«. Dann ist es auch möglich, zwischen instrumenteller und feindseliger Aggression zu unterscheiden. Äußerlich gleich erscheinendes Verhalten mag einmal so, einmal so motiviert sein. Zum Schluß wird noch eine moralische Bewertung des eigenen Handels relevant; es müssen sich also Wertsysteme entwickeln, die auf das Aggressionsmotiv einwirken. Bei negativer Bewertung von Aggression könnte man von einer Aggressionshemmung sprechen. (Anm. 19)

Die geschilderten Gedanken zur Aggressionsmotivation ähneln denen, die in der Psychologie zur Leistungsmotivation bekannt sind. Hier wie dort stört die Rede vom Motiv im Singular. Es gibt *viele* Leistungsmotive: Wer gerne Kreuzworträtsel und mathematische Probleme löst, muß noch lange nicht gern Leistungssport betreiben oder altsprachliche Texte übersetzen. Wer als Psychologe gerne diagnostisch arbeitet, ist vielleicht therapeutisch gänzlich uninteressiert. Ähnlich ist es mit der Aggressivität: Wer gern in einer politischen Diskussion polemisch wird, ist vielleicht als Sportler sehr fair; wer seine Kinder häufig schlägt, kann während der Berufsausübung ein liebenswürdiger Kollege sein.

Zur Aggressionshemmung sind auch Gedanken von ERON (1980) bemerkenswert: Wer Aggressivität reduzieren will, muß alle Kinder so erziehen, wie bislang vorwiegend die aggressionsärmeren Mädchen erzogen worden sind, d. h.

mit Ermunterung für sozial positives, kooperatives Verhalten, welches dem aggressiven Verhalten entgegengesetzt ist. Es kommt somit weniger darauf an, Mädchen nach Art der Jungen zu erziehen, wie es gelegentlich in emanzipatorischen Forderungen anklingt, sondern umgekehrt: Jungen nach Art der Mädchen. Es wäre mit SEGALL (1983) zu ergänzen: In Kenia, wo auch die Jungen bei der Kinderbeaufsichtigung und bei anderen Hausarbeiten mithelfen, und in Neuengland, wo Mädchen nicht so stereotyp in einer Geschlechtsrolle erzogen werden, scheinen die Geschlechtsunterschiede im Verhalten – Aggression eingeschlossen – kleiner zu sein als in anderen Gesellschaften.

SLABY (1974) trainierte sowohl Grundschulkinder (Jungen und Mädchen) als auch männliche Studenten darin, entweder Wörter aus dem Umfeld von Aggressivität, neutrale Wörter oder solche aus dem Umfeld von Altruismus zu benutzen: Das »aggressive« Worttraining zog aggressiveres Verhalten bei Kindern und Erwachsenen nach sich; das »altruistische« Training hemmte dagegen die Aggressionsbereitschaften (an einer sog. Aggressionsmaschine; s. Kap. 5).

In einem davon getrennten zweiten Experiment waren die »aggressiv« trainierten Kinder weniger altruistisch als die anderen.

Diese Experimente sind wieder ein kleiner Beleg dafür, daß Regulationen aggressiven Verhaltens rein verbal möglich sind (s. bereits MUCHA et al.).

FESHBACH und FESHBACH thematisieren die Rolle der Empathie für die Aggressionshemmung. Sie verglichen (1969) 4–5jährige Kinder mit 6–7jährigen bezüglich Aggressivität und Empathie, die als Hemmgröße für Aggressivität gilt. Bei den Mädchen gab es keine deutlichen Befunde; bei den jüngeren Knaben aber korrelierte die Empathie positiv mit der Aggressivität, bei den älteren negativ. Nach Meinung der Autoren findet demnach ein Wechsel in der Rolle des aggressiven Verhaltens etwa bei 6jährigen Kindern statt. Bei den jüngeren Kindern zeigte sich erneut (wie mehrfach seit MURPHY, 1937), daß Aggressivität und Beliebtheit noch positiv miteinander korrelieren können. Außerdem bedeuten Aggressionen wohl für die Jungen etwas anderes als für die Mädchen, was dann verständlich ist, wenn man davon ausgeht, daß Aggressionen für die einen als angemessen gelten, für die andern nicht.

Empathie kann als Hemmgröße nur bei den Aggressionen auftreten, die direkt gegen Menschen gerichtet sind. 1972 kamen FESHBACH und FESHBACH zu der Überzeugung, Empathie werde zwar schon früh ausgebildet, aber sie werde in den ersten Jahren noch nicht verhaltensbestimmend. Zur Aggressionshemmung wird es über Empathie hinaus nötig, moralische Standards zu internalisieren (Gewissensbildung). Diese Entwicklung wird gefördert durch elterliche Wärme und durch argumentative Erziehung (s. auch FESHBACH, 1974).

Zur Reduktion von Aggressivitäten ist das aktive Verlernen von Aggressionen nicht zu vergessen: d. h. als Reaktion auf Situationen, die Aggressionen auslösen, kann anderes Verhalten antrainiert werden (CHITTENDEN, 1942; DAVITZ, 1952; s. hier Kap. 6).

Verschiedene Arbeiten untersuchten den Einfluß des elterlichen Erziehungsstils auf die kindliche Aggressivität. Letztlich ist er schwer zu erfassen, zumal die Beeinflussung reziprok ist: Kinder »erziehen« auch die Eltern. Wenn elterliche Härte und kindliche Aggressivität miteinander korrelieren, bleibt die Frage, ob die elterliche Härte eine Ursache kindlicher Aggressivität oder eine Folge ist. Relativ übereinstimmend wird festgehalten, daß unerwünschte und zurückgewiesene, ungeliebte Kinder eher aggressiv werden. Auch die Bedeutung elterlicher Permissivität ist hier schwer zu beurteilen. Wenn sie mit Zurückweisung gepaart ist, treffen wir bei den Kindern später oft delinquentes, antisoziales Verhalten an. Entscheidend ist, wie permissive Eltern ihre Kinder zu positivem Sozialverhalten erziehen.

Elterliche Strafen sollten der Intention nach immer schon Aggressionen hemmen, tun es aber kaum. Strafen sind selbst eine Quelle von Frustration und Schmerz, erhöhen also wohl aggressive Tendenzen; zudem bieten sie aggressive Modelle. Zwar unterdrücken Strafen vorübergehend unerwünschtes Verhalten, und sie bekräftigen somit die Strafenden unmittelbar, aber langfristig sind Erfolge nur von harten Strafen zu erwarten, die sich aus ethischen Gründen verbieten (s. auch Kap. 6).

Unsere Übersicht ist auf eine breit verstandene »normale« Entwicklung konzentriert. Über Situationen, in denen bereits Kinder systematisch töten, gibt es noch keine wissenschaftlichen Analysen. Aber daß Kinder im Krieg töten, ist – lernpsychologisch betrachtet – durchaus »normal«: Sie tun, was sie sehen, was sie tun sollen und wofür sie verstärkt werden, und das macht die »Banalität des Bösen« (ARENDT, 1964) deutlich. So führen Kinder Todesurteile aus, kämpfen als Heckenschützen etc. (SPIEGEL, 1964, Nr. 49). Es ist nicht schwer, überall auf der Welt und jederzeit eine Vielzahl von Menschen zu jeder Form aggressiven Verhaltens zu erziehen. Kriege, Konzentrationslager, Terror und Gegenterror wären sonst nicht möglich. Daß es auch anders geht, zeigen inzwischen genügend viele Völker: Z.B. in der Schweiz und in Schweden haben inzwischen viele Generationen ohne Krieg und organisierte Gewalt gelebt. Wir können das eine und das andere haben, je nachdem, was gesamtgesellschaftlich opportun ist. Wirklich unerwünscht sind wohl in allen Kulturen lediglich die individuellen aggressiven Stile; solche werden offensichtlich vor allem in einem Familienklima gezüchtet, wie es z.B. von McCORD et al. skizziert worden ist.

Zusammenfassung (von 3.2.3.2)

Es liegen widersprüchliche Befunde darüber vor, ob zwischen Schulbeginn und Pubertät mit einem Anstieg der Aggressivitäten zu rechnen ist. Letztlich hängen Art und Ausmaß der Aggressivität vom »Training« ab, das Kinder erfahren. Der Einfluß der Schule ist wohl nicht zu unterschätzen, aber auch noch nicht hinreichend ermittelt. Kinder, die von ihren Eltern abgelehnt und aggressiv behandelt werden, entwickeln leicht selber aggressive Verhaltensstile. Außerordentlich gewaltträchtige Umstände (z.B. Bürgerkriege) können extreme

Aggressionen bei Kindern züchten; eine liebevolle, friedfertige Umwelt behindert die Entwicklung von Aggressivität und begünstigt prosoziales Verhalten.

3.2.3.3 Jugendzeit

»Jugendzeit« wird allzuleicht mit »Krisenzeit« gleichgesetzt. In den letzten Jahren bemüht sich die Entwicklungspsychologie energisch, dem entgegenzutreten und zu betonen, daß die überwältigende Mehrheit der Jugendlichen ihre Entwicklungsaufgaben meistert.

»Aggressivität« und »Jugendzeit« wird aber kaum jemand in einem Atemzug nennen, ohne »Jugendkriminalität« zu assoziieren. Wir können die Jugendkriminalität im Rahmen einer Psychologie, welche in erster Linie »normale« Entwicklungen beschreibt, nicht genügend breit erörtern; für dieses Spezialgebiet ist ein eigener Wissenschaftszweig zuständig. Wir verweisen auf F.X. EICH (1982), der es verstanden hat, die bisher vernachlässigten lernpsychologischen Erklärungs- und Therapieansätze prägnant darzustellen. Er gewichtet insbesondere die Leistungen von PATTERSON und BANDURA etwa so, wie wir es auch tun. EICH berücksichtigt aber auch jene Autoren, die bereits vor ihm – zumal in den USA – die Problematik der Delinquenz unter Beachtung moderner psychologischer Standpunkte angegangen sind (z.B. AKERS, SUTHERLAND). Dabei ist es allerdings nötig, den typisch psychologischen Horizont (mit Eltern, Geschwistern und Schule) zu überschreiten und soziologischen Kategorien (wie Schichtzugehörigkeit) besonderes Augenmerk zu schenken; die Peers sind stärker zu beachten und damit auch der Freizeitbereich. Neu ist das alles nicht (s. z.B. SCHINDLER, 1969), nur im Akzent tritt die Bedeutung der Eltern, Geschwister und Arbeitskollegen stärker zurück als bislang; auch heterosexuelle Beziehungen sind relativ unwichtig für die aggressiven Aktivitäten der jugendlichen Straftäter.

Ein Klassiker zur Aggressivität im Jugendalter wurde das Buch »Adolescent Aggression« von BANDURA und WALTERS (1959). Sie gingen der Frage nach, warum eigentlich auch Jugendliche aus »guten Familien« aggressiv werden. Sie erfaßten Jungen im Alter zwischen 14 ½ und fast 18 Jahren; 26 galten als antisozial-aggressiv, 26 bildeten eine Vergleichsgruppe (wobei allerdings von vornherein zwischen den Gruppen Unterschiede insofern bestanden, als die Vergleichsgruppe eher die High-School besuchte und aus Familien mit weniger Kindern kam).

Die aggressiven Jugendlichen waren weniger sozialem Druck ausgesetzt; von ihnen wurde weniger Schulleistung erwartet, ihre Mütter verlangten weniger Gehorsam, setzten kaum deutliche Grenzen und waren inkonsequent; sie erzogen ihre Kinder kaum argumentativ. Die Väter waren eher hart und lieferten aggressive Modelle (durch körperliche Strafen, Nörgeln und Schelten). Es gab Befunde, wie sie uns schon bei anderen Autoren wiederholt begegneten:

Aggressionen gegen die Eltern wurden nicht toleriert, Aggressionen außerhalb der Familie eher ermutigt.

In der Kontrollgruppe wurden die Jungen zwar zur Wahrnehmung ihrer Interessen erzogen, aber nicht zu körperlichen Aggressionen angehalten (s. auch MANTELL).

1973 (S.94) schrieb BANDURA zusammenfassend über die Untersuchung von 1959, daß der Hauptunterschied zwischen den Familien in dem Ausmaß bestand, in dem sie die Jungen durch Unterweisung und Vorbild trainierten, aggressiv zu sein.

Wir erwähnten auch bereits CHOYNOWSKI und IDMAN (1973), die mit einem Fragebogen 11–15jährige Schweden untersuchten. Bei den Jungen waren die körperlichen Aggressionen – wie zu erwarten – höher, bei den Mädchen Neigungen zu Schuldgefühlen. Die Schuldgefühle und alle erfaßten Aggressivitäten sanken mit dem Alter, ausgenommen verbale Aggressivität und bei den Mädchen ein »assertiveness« genannter Faktor, der Durchsetzung und Dominanzverhalten mit starken verbalen Anteilen umfaßt.

Die Autoren waren von ihrem Befund überrascht, sie hatten kein Absinken der Aggressivitäten erwartet. Wir deuteten schon an: Deutsche Befunde stehen dem schwedischen entgegen. Vielleicht gibt es ja bemerkenswerte Unterschiede zwischen den Jugendlichen beider Länder ... Dies zu entscheiden, wären weitere Erhebungen nötig – mit besser vergleichbaren Meßinstrumenten.

OLWEUS, der sich große Verdienste beim Nachweis der Stabilität aggressiven Verhaltens erworben hat, konnte sie auch bei einer besonderen Form, dem »mobbing«, d.h. bei Gruppenaggressionen gegen »Prügelknaben«, nachweisen. Dabei scheinen einige in besonderer Weise aggressive Jungen eine führende, modellhafte Funktion zu spielen; sie werden von OLWEUS »bullies« genannt. 1974 berichtete er über eine Untersuchung von rund tausend schwedischen Jungen zwischen 13 und 15 Jahren. Etwa 5% können als »Tyrannen« oder Streithähne« (bullies) gelten, ca. 5% auch als »Prügelknaben«. Sowohl die »Tyrannen« wie auch die »Prügelknaben« blieben im Lauf eines Jahres überwiegend (80% bzw. 70%) in ihren Rollen.

Es ist besonders bemerkenswert, daß es Schulklassen ohne solche Ausdifferenzierungen gab und daß Schul- und Klassengröße wie auch sozioökonomische Schicht ohne Einfluß waren. Aber die Aggressionsopfer waren im Durchschnitt etwas schwächer, die »bullies« etwas stärker als die unauffälligen Schüler. Die »Prügelknaben«, in der Schulleistung leicht unterdurchschnittlich, waren relativ unbeliebt und isoliert, allgemein nichtaggressiv, gegen Gewalt eingestellt, passiv und ängstlich; ihre Eltern wurden als überängstlich und überprotektiv eingestuft. Die unauffälligen Schüler waren ähnlich nichtaggressiv und gegen Gewalt eingestellt – aber eher selbstsicher; zu ihnen – nicht zu den »Prügelknaben« – gehörten die begabteren Schüler. Die »Tyrannen« schließlich waren in den Schulleistungen eher schwächer, sie waren bei den Jungen fast durchschnittlich beliebt, bei den Mädchen gar überdurchschnittlich; sie äußerten eher positive Einstellungen zur Gewalt und wirkten relativ furchtlos und selbstsicher; neben einer negativen Einstellung zum Vater zeigte sich einmal mehr Ablehnung durch die Eltern und Mangel an elterlichen Forderungen als wichtige Bedingungen für die Entwicklung auffällig hoher individueller Aggressivität.

OLWEUS (1980) konstruierte nach weiteren Erhebungen an 13–16jährigen schwedischen Jungen ein theoretisches Modell, nach dem 4 Variablen von besonderem Einfluß auf die Aggressivität von Jugendlichen sein sollen:
1. mütterlicher Negativismus in den ersten 4–5 Jahren (Mangel an Wärme, negative Einstellungen, Zurückweisungen und Feindseligkeiten zum Kind);
2. mütterliche Permissivität gegenüber Aggressionen (sowohl gegen Eltern als auch gegen Geschwister und Peers);
3. elterliche Gewaltanwendungen (körperliche Strafen, starke affektive Reaktionen);
4. Temperament der Jungen (Aktivität und Intensität des Verhaltens in den ersten Lebensjahren); es kann angenommen werden, daß aktivere Kinder ihre eigene Sozialisation stärker mitbestimmen.

OLWEUS verglich seine Ergebnisse mit ähnlichen bei SEARS et al. (1957, s. hier S. 77), die mütterliche Wärme, körperliche Strafe und Permissivität als wichtig erkannt hatten. Für alle 3 Variablen gab es bei OLWEUS eine direkte Entsprechung. Bei SEARS et al. fehlte lediglich der (ohnehin weniger bedeutsame) Hinweis auf das Temperament der Kinder.

Der Einfluß der Väter darf trotz relativ seltener Erwähnung nicht vernachlässigt werden. In den Untersuchungen wurde er wohl nur deshalb nicht oft deutlich, weil die Jungen vorwiegend von den Müttern erzogen wurden. Wenn sich das Rollenverhalten in dieser Hinsicht ändert, sind hier natürlich andere Ergebnisse zu erwarten.

PITKÄNEN-PULKKINEN (1981) zeigte in einer finnischen Längsschnittuntersuchung, daß Jungen zwischen 8 und 19 Jahren bestimmte Formen ihrer Aggressivität durchaus selbst valide beschreiben können und daß eine bestimmte Stabilität der Aggressivität gegeben ist. Bei den Achtjährigen korrelierte die Bejahung der Frage, ob sie jemand ohne bestimmten Grund angreifen, am höchsten mit Kriteriumswerten offener Aggressivität. Diese Frage war auch ein guter Prädiktor für die Aggressivität und das antisoziale Verhalten im Alter von 14 bzw. 19 Jahren. Über die gleiche Längsschnittuntersuchung berichtete die Autorin 1981 auch an anderer Stelle, wobei insbesondere Gedankengänge zur Stabilität von Aggressivität ausdifferenziert wurden: Fremdbeobachtungsdaten erbringen hohe Stabilitäten, Testdaten scheinen dagegen situationsanfälliger zu sein. Weitere Hauptergebnisse: Aggressivität korrelierte zunächst bei den Achtjährigen noch nicht sonderlich negativ mit dem Schulerfolg, wenngleich die Arbeitshaltung der aggressiven Kinder schlechter war. Doch bei den 14jährigen Schülern war die Korrelation der Aggressivität mit den Noten deutlich negativ; dies ging Hand in Hand mit einem elterlichen Desinteresse an den kindlichen Schulleistungen. Anders als z. B. ängstliche Kinder taten sich aggressive in der Schule zunehmend schwerer.

Die kindliche Aggressivität (mit 8 Jahren) korrelierte mit späterem Schuleschwänzen, Weglaufen von zu Hause, Rauchen, Alkoholgenuß; die aggressiveren Jungen waren früher selbständig, und sie hatten früher Mädchenbekanntschaften.

Die Variable »sozioökonomischer Status« des Elternhauses korrelierte nicht mit der Aggressivität der Kinder.

Die Mütter der aggressiven Kinder tranken mehr Alkohol, im Familienleben gab es stärkere plötzliche Änderungen (Umzug, Scheidung). Bei den aggressiven Jugendlichen war im Gegensatz zu den nicht-aggressiven die häusliche Atmosphäre konfliktreich; zumal zwischen den Jungen und ihren Müttern fanden oft Auseinandersetzungen statt; es gab körperliche Strafen, und es wurde weniger argumentativ erzogen.

PATTERSON und HAUTZINGER faßten 1983 einige von PATTERSONs Forschungsideen und -ergebnissen aus gut 15 Jahren zusammen. Für die Genese antisozialen Verhaltens soll mikrosozialen Prozessen eine Schlüsselfunktion zukommen. Mikrosoziale Prozesse sind kleine Interaktionssequenzen, die aus lernpsychologischer Sicht Interesse finden. PATTERSON konstruierte aus seinen Befunden die (in Kap. 2 skizzierte) Theorie »erpresserischer« (coercive) Interaktionen in Familien.

In Übereinstimmung mit anderen (z.B. OLWEUS) geht PATTERSON von der Kontinuität antisozialen Verhaltens bei Kindern aus. Ein antisozial erscheinendes Kind wachse nicht »von selbst« aus dem Fehlverhalten heraus. Immerhin findet aber etwa die Hälfte der auffälligen Kinder zu angepaßtem Verhalten zurück. Doch wer als Erwachsener straffällig wird, ist meist schon als Kind und Jugendlicher sozial auffällig gewesen.

Nach PATTERSON geraten die Interaktionsprozesse in den Familien manchmal außer Kontrolle – zum Negativen hin. Besonders leicht passiert dies bei unerfahrenen Personen, die unter ungünstigen äußeren Einflüssen stehen (Krankheiten, Arbeitslosigkeit, andere Krisen).

Für das Lernen »erpresserischer« Interaktionen sind die Geschwister vielleicht noch wichtiger als die Eltern (PATTERSON, 1975). Es besteht Grund zu der Annahme, daß in den Problemfamilien die Eltern nicht-kontingent strafen: Sie strafen zu spät und willkürlich anmutend – statt unmittelbar in der Situation, in der eine Strafe auch verstanden würde.

Es leuchtet ein, daß die Familienatmosphäre unter solchen Wechselbeziehungen nachhaltig leidet. Die Eltern qualifizieren schließlich ihre eigenen Kinder oft als unnormal ab. Bei diesen verfahrenen Verhältnissen versagen auch die ansonsten bewährten psychologischen Strategien (z.B. differentielle Verstärkung). »Nur der Einsatz von bestrafenden Prozeduren« soll sich nach PATTERSON und HAUTZINGER noch als wirksam erwiesen haben. (Anm. 20)

Wenn die Familien in einer solchen Situation keine angemessene Hilfe erhalten oder durch äußere Umstände eine zusätzliche Belastung eintritt, besteht die Gefahr, daß die Kinder ab einem bestimmten Alter (hier mit 10–12 Jahren angegeben) außer Haus auf ähnlich Deviante stoßen und in ihrem problematischen Verhalten verstärkt werden. Fehlende elterliche Aufsicht ist mit ein Hauptgrund für die Zugehörigkeit von Jugendlichen zu devianten Gruppen.

U.E. ist die Betonung der Strafprozeduren etwas einseitig. PATTERSON weiß aber, daß sein Ansatz noch weiterer Überprüfung bedarf, und er benennt selbst einige Falsifizierungsmöglichkeiten: Z.B. würde ein Befund, der nahe-liegt, daß delinquente Personen *nicht* überwiegend aus Familien mit den geschilderten Eskalationen stammen, seine Theorie stark in Frage stellen.

Aggressionen in und durch Schulen sind trotz einschlägig erscheinender Buchtitel noch kein genügend aufgearbeitetes Thema. Nach RUTTER et al. (1980) scheinen unerwünschte Schülerverhaltensweisen (einschließlich Delinquenz) in englischen Schulen mit Prügelstrafen höher zu liegen als in anderen Schulen – bei gleichen Anfangsvoraussetzungen auf Seiten der Schüler. Wenn *Lehrer* größere Freiheiten in der Unterrichtsplanung haben, finden wir bei den *Schülern* »tendenziell höhere Anwesenheitsquoten und niedrigere Delinquenzraten« (S. 167). Häufige Strafen, zumal Prügelstrafen, tragen zu einer gespannten Schulatmosphäre bei. Das von Schule zu Schule deutlich variierende Ethos sollte den Schülern klare Verhaltensregeln vermitteln, bezüglich Bestrafungen eher zurückhaltend sein und stattdessen möglichst viele Erfolgserlebnisse vermitteln; wichtig ist offensichtlich der Einfluß des Schulleiters.

Deutsche Lehrer (HOFMANN und KIEHL, 1987) neigen dazu, ihre Einflußmöglichkeiten auf Schüleraggressionen als gering einzuschätzen. In Kenntnis der Lehrerbildung müssen wir davon ausgehen, daß Lehrern während des Studiums weder bezüglich der Lernpsychologie im allgemeinen noch bezüglich der Aggressionsforschung im besonderen die nötigen Kenntnisse und Kompetenzen vermittelt werden können. Lehrer kommen aber nach ihrer Meinung im großen und ganzen mit den Aggressionen zurecht.

Mit Hilfe einer 1986 erschienenen Arbeit von KLOCKHAUS und HABERMANN-MORBEY können wir auch kurz auf Vandalismus in deutschen Schulen eingehen. Die Autorinnen befragten in Nürnberg Schulleiter und 13–18jährige Schüler solcher Institutionen, in denen Vandalismus vorgekommen war, also keine »unauffälligen Schulen«. 1983 gaben 85 % der so erfaßten Schüler geringfügigen, 55 % schwerwiegenden Vandalismus an; 1984 waren die Zahlen auf 95 % und 70 % angestiegen!

Die erwartete Altersabhängigkeit konnte nicht gesichert werden; Jungen gaben höhere Werte an als Mädchen.

Viele Messungen, z. B. der Stimulationsbedarf der Jugendlichen, wurden mit sehr kurzen Skalen, deren Güte nicht immer belegt ist, vorgenommen. Sie sprechen für einen Zusammenhang von Vandalismus mit Extraversion, emotionaler Labilität und Stimulationsbedarf – ganz so, wie es EYSENCK auf Grund seiner Theorie vorausgesagt hätte.

Die Beeinflussungen durch Peers in der Freizeit spielten eine Rolle (s. auch EICH). Negative Einstellungen zur Schule (z. B. Ablehnung der Schule, der Lehrer) korrelierten mit dem Vandalismus, allgemeines schulisches Fehlverhalten auch. Die Schulleistung war ohne große Bedeutung.

Räumlich-bauliche Variablen nahmen Einfluß: Schlechter baulicher Zustand und unwohnliche Klassenzimmer reizten wohl zu weiterer Zerstörung. Die Schulgröße hingegen blieb ohne erkennbare Auswirkung. Zwischen den Schularten gab es Unterschiede, aber von erstaunlich geringem Ausmaß. Bei Hauptschülern waren Persönlichkeitsmerkmale wie Extraversion und Aggressivität relativ wichtig, bei Realschülern wirkte sich z. B. die räumliche Gestaltung der Schule mehr aus, im Gymnasium die Orientierung an Gleichaltrigen. Vor schnellen Verallgemeinerungen warnen die Autorinnen selber; insbesondere die Meßinstrumente fordern bei dieser differenzierten Studie zur Kritik heraus. Zur Zurückhaltung mahnt auch die Tatsache, daß U. REDEPENNING noch 1977 die Verhältnisse an den Schulen in München mit anderem Tenor darstellen und referieren konnte, Sachbeschädigungen seien an den über 300 Schulen der Landeshauptstadt keineswegs alltäglich.

Der bemerkenswerte Einfluß der Mediengewalt auf die Aggressivität in der Jugend- und frühen Erwachsenenzeit wird im nächsten Teilkapitel dargestellt.

Zusammenfassung (von 3.2.3.3)

Wir sind es gewohnt, zu »Jugend« und »Aggression« schnell »Jugendkriminalität« zu assoziieren und so aus der Ausnahme gleichsam die Regel zu machen. Unter bestimmten Bedingungen, die denen in der Kindheit entsprechen, werden Jugendliche überdurchschnittlich aggressiv. Solche Bedingungen sind z. B. ablehnende und inkonsequent erziehende Eltern, die selbst aggressive Modelle abgeben; zumeist sind die aggressiven Jugendlichen auch bereits als Kinder auffällig gewesen; viele werden es noch als Erwachsene sein. Die Beiträge der Schule zur Aggressivität der Schüler sind noch wenig erforscht; wahrscheinlich ist der Einfluß dieser Institution und ihrer Vertreter größer als die Lehrer selber meinen. Bedeutsam erscheint auch (weiterhin) der Einfluß von Gewaltdarstellungen in Massenmedien (s. dazu u. a. Kap. 3.2.3.4).

3.2.3.4 Erwachsenenalter

Jugend und frühes Erwachsenenalter gehen bei psychologischer Betrachtung nahtlos ineinander über; das spiegelt sich auch in der Aggressionsforschung.

Wichtige Veröffentlichungen kommen aus der amerikanischen Arbeitsgruppe um ERON, HUESMANN, LEFKOWITZ und WALDER.

Sie konnten in einem Längsschnitt die Entwicklung der Aggressivität von der mittleren Kindheit bis ins frühe Erwachsenenalter verfolgen; deshalb wird ihre Arbeit in diesem Teilkapitel referiert. Die Aggressionen wurden aber nicht direkt beobachtet, vielmehr wurde Aggressivität mit Hilfe von Peerratings, Elternratings, Persönlichkeitstests und Fragebögen erfaßt.

Nach ihren Befunden (1978) waren Kinder, die sich zu Hause aggressiv zeigten, auch außerhalb eher aggressiv, und körperlich-aggressive Kinder waren zugleich auch verbal aggressiver. Dieses Verhalten blieb zwischen 8 und 18/19 Jahren recht stabil. Die Jungen waren aggressiver als die Mädchen. Skalenwerte der Jungen aus dem 3. Schuljahr (Achtjährige) korrelierten mit Werten aus dem 13. Schuljahr r = .38. Bei den Mädchen war die Korrelation höher (.47), die Stabilität somit größer. Dieses Ergebnis steht im Widerspruch zu den vielzitierten Befunden von KAGAN und MOSS (1962).

Die als aggressiv geltenden Jugendlichen stuften sich auch selbst so ein; aber sie sahen ohnehin in der Welt mehr Aggressionen.

Es gab Zusammenhänge zwischen Aggressivität und Intelligenz. Im 3. Schuljahr betrug die Korrelation bei den Jungen –.29, bei den Mädchen –.28, d.h. tendenziell: Je intelligenter die Kinder, desto weniger aggressiv waren sie. Bei den 19jährigen ergaben sich geringere Korrelationen (–.18 bzw. –.19).

Dies ist eines der wenigen empirischen Ergebnisse, welche die Erwartung bestätigen, wonach Aggressionen als Problemlösungstechnik bevorzugt von Menschen mit geringerer Intelligenz eingesetzt werden. Man könnte ergänzend spekulieren: Gäben wir den geistig Schwächeren in verschiedenen Medien nicht so viele Detailinformationen über die Durchführung von Aggressionen, so wären sie selten genug so erfinderisch, komplexe Aggressionen zu begehen (mit Bombendrohungen, Geiselnahmen etc.).

Die Sozialisation, einschließlich der Beeinflussung durch das Fernsehen, erwies sich bezüglich der Aggressivität in der Kindheit als bedeutsam. Je mehr ein Junge mit 8 Jahren Fernsehgewalt sah, desto größer war seine Aggressivität mit 8 und auch noch mit 18/19 Jahren. Wenn ein Junge mit 8 Jahren noch nicht sonderlich aggressiv wirkte, aber Fernsehgewalt bevorzugte, so war er schließlich mit 18/19 Jahren im Durchschnitt doch aggressiver als jemand, der bereits mit 8 Jahren als aggressiv galt, dann aber Fernsehgewalt nicht bevorzugt konsumierte. Der beste Prädiktor für die Aggressivität der 18/19jährigen Jungen war die Gewalt der Fernsehsendungen, die sie in der Kindheit konsumierten. Der Fernsehkonsum während der Jugendjahre war jedoch nur noch bei den Jugendlichen von nachweislichem Einfluß, die Fernsehinhalte weiterhin als realistisch erlebten.

Bei Mädchen, deren Aggressivität insgesamt geringer war, blieben die Beziehungen zum Fernsehkonsum weniger deutlich. Vielleicht liegt das daran, daß auch im Fernsehen die Täter meist Männer, die Opfer meist weiblichen Geschlechts sind (hier deuten sich jedoch Veränderungen in der Fernsehproduktion an). Mädchen standen aber den Fernsehsendungen auch realistischer gegenüber, d.h. sie erkannten sie stärker als Phantasieprodukte.

Was die elterlichen Maßnahmen anbelangt, so waren »mittlere« Bestrafungen am effektivsten gegen die kindlichen Aggressionsneigungen. Sehr schwache Bestrafungsformen blieben unwirksam, sehr starke wirkten wohl eher wiederum als aggressive Modelle.

ERON und HUESMANN sahen 1984 bei ihren inzwischen 30jährigen Probanden, die 22 Jahre lang (ab ihrem 8. Lebensjahr) beobachtet worden waren, eine so stabile gegenläufige Tendenz zwischen prosozialem und aggressivem Verhalten, daß ihnen diese beiden Verhaltensklassen als entgegengesetzte Pole einer Dimension erschienen. Die Korrelationen zwischen der Aggressivität mit 8 und mit 30 Jahren lagen um .20. Beim weiblichen Geschlecht korrelierte die kindliche Aggressivität auch mit späteren sozialen Mißerfolgen (.23).

Wir müssen einigen dieser Angaben etwas skeptisch begegnen. Die Daten sind manchmal relativ undurchsichtig. Es wird eine Terminologie benutzt, die gelegentlich nicht nachzuvollziehen ist: »Prosoziales Verhalten« ist z.B. für die Autoren eine Kombination aus Aggressionsangst und Beliebtheit (Popularität). Die »Identifikation« zwischen Eltern und Kindern wird als bedeutsam erachtet, aber sie errechnet sich offensichtlich nur daraus, ob die Kinder sich selbst auf einer Eigenschaftsliste so sehen, wie sie auch von den Eltern gesehen werden . . .

Auch OLWEUS (1984) befaßte sich mit der Stabilität aggressiven Verhaltens. Er konnte 14 (meist amerikanische) Publikationen mit 16 Längsschnittuntersuchungen über Aggressionen ausfindig machen. Die Kinder und Jugendlichen waren zu Beginn 2–18 Jahre alt; die Beobachtungsdauer streute zwischen ½ und 21 Jahren. Die Stabilität der Aggressivität erwies sich als recht hoch; sie liegt kaum niedriger als im Bereich der Intelligenz. Die Korrelationskoeffizienten erreichten beim männlichen Geschlecht Werte zwischen .36 (nach 21 Jahren) und .98 (nach einem Jahr). Dies steht in deutlichem Widerspruch zu Thesen, nach denen (u.a. auch aggressives) Verhalten vorwiegend situationsabhängig sein soll.

Es scheint somit sinnvoll zu sein, in den Aggressivitäten dauerhafte Persönlichkeitsvariablen zu sehen. Bereits mit 3 Jahren sind individuelle Differenzen deutlich. Im Schulalter zeichnet sich allmählich ab, wer auch im späteren Leben wahrscheinlich durch antisoziales Verhalten auffallen wird.

Für das weibliche Geschlecht lagen 1984 weniger Forschungsergebnisse vor als für das männliche. Seit KAGAN und MOSS (1962) werden geringere Stabilitäten bei der weiblichen Aggressivität angenommen, aber das dürfte wohl eine etwas voreilige Verallgemeinerung sein. Soweit sie vergleichbar sind, liegen die durchschnittlichen Korrelationen beim männlichen Geschlecht um .50; sie sind beim weiblichen Geschlecht mit .44 nur unwesentlich geringer. (Anm. 21)

Da Aggressionen oft Gegenaggressionen erzeugen, ist die Art, wie Verhalten im Alltag eingestuft wird, von Bedeutung. Wenn man selten etwas als Aggression ansieht, muß man nur selten zurückschlagen, und umgekehrt: Je öfter man sich als Opfer einer Aggression erlebt, desto eher wird man zur Vergeltung geneigt sein. In solche Beurteilungen versucht die Attributionsforschung, in der Bundesrepublik Deutschland z.B. eine Arbeitsgruppe um A. MUMMENDEY, Licht zu bringen.

LÖSCHPER (1985) ermittelte z.B., daß von 8–19jährigen vorwiegend dann Aggressionen interpretiert wurden, wenn Normabweichungen, hoher Schaden und auch Intentionen deutlich zu sein schienen. Jüngere Kinder (unter 13) neigten allerdings noch generell leicht dazu, Verhalten als aggressiv zu interpretieren. Dies können wir mit einer Arbeit von LÜDTKE (1982) insofern bestätigen, als 7–10jährige Kinder sogar spielerische Aggressionen recht negativ beurteilten.

Das aufsehenerregende Buch von MANTELL (1972) über »Familie und Aggression« liefert einige für die Aggressionsforschung relevante Hypothesen, aber keine hinreichenden Materialien. 25 amerikanische Vietnam-Freiwillige wurden mit 25 Kriegsdienstverweigerern verglichen.

Aus Interviews ergab sich, daß die Freiwilligen aus verschiedenen Gründen, z.B. aus finanziellen und Prestigegründen, in den Krieg gezogen waren. Sie litten nicht unter den im Kampf ausgeübten Aggressionen, auch nicht unter Greueltaten, sofern sie an solchen beteiligt gewesen waren. Töten war für sie eine Routine-Auftragsarbeit ... Nach ihrer Herkunft waren sie meist Söhne von Arbeitern und Hilfsarbeitern; der Bildungsstand der Eltern war somit relativ niedrig; 11 hatten einen Alkoholiker zum Vater. Die Familienatmosphäre wurde als kalt, feindselig-aggressiv und autoritär beschrieben. Konformismus, Gehorsam, Besitz und körperliche Stärke waren leitende Werte. Menschen bedeuteten den Freiwilligen wenig; auch zu Sexualpartnern entstanden keine Bindungen. Als Kinder wuchsen sie in der Furcht vor den Vätern auf; bei verschiedenen Gelegenheiten setzte es Prügel. Politische, soziale und künstlerische Interessen wurden nicht ausgebildet. Die Jagd war für viele ein Hobby; Umgang mit Waffen gab es von Kindesbeinen an. Viele der Freiwilligen waren vor dem Kriegseinsatz wegen Schlägereien und Trunkenheitsdelikten vorbestraft – allerdings nicht als Rückfalltäter.

Die Verweigerer waren politisch und sozial aktiver; sie riskierten für ihre Einstellung auch lange Haftstrafen. Sie kamen aus Mittelschichtfamilien, vorwiegend aus New York. Ihre Familienatmosphäre schilderten sie als warm, freundlich, demokratisch; aber körperliche Strafen durch die Väter waren auch nicht gerade selten. Die Eltern hatten modellhaft Leistungsstreben, Lebensfreude, Humanität, politisches und soziales Engagement vorgelebt. Die Verweigerer hatten zumeist ein College besucht; sie erwiesen sich als bindungsfähig – gerade auch bei Sexualpartnerschaften. Keiner der Verweigerer war delinquent geworden, keiner hatte Erfahrung mit der Jagd oder sonstwie mit Schußwaffen.

Gerade die jeweilige Schilderung des Elternhauses beeindruckt den lernpsychologisch orientierten Leser. Aber leider sind die Ergebnisse nicht so eindeutig zu interpretieren wie MANTELL vorgibt und wie es die Öffentlichkeit akzeptiert hat. Die beiden Gruppen wurden nicht parallelisiert, d.h. sie waren in vielerlei Hinsicht ungleichwertig. Die Freiwilligen waren z.B. durchschnittlich 5 Jahre älter und bereits im 2. Weltkrieg (bei Vaterabwesenheit?) geboren; sie waren meist verheiratet, kamen eher aus der Unterschicht und gehörten eher christlichen Konfessionen an, während die Verweigerer einen größeren Anteil von Juden aufwiesen. Man könnte deshalb z.B. argumentieren, es seien vielleicht die schlechten Erfahrungen mit der eigenen Ehe, welche die Freiwilligen in das kriegerische Handwerk getrieben hatten; man könnte die Bindungsarmut zumindest teilweise als Folge ehelicher Enttäuschung ansehen.

Was die Männer in den Interviews erzählten, wurde von MANTELL offensichtlich einfach geglaubt und als Tatsachenschilderung hingestellt. Die Ergebnisse von Intelligenztests werden verschwiegen; wahrscheinlich waren die Freiwilligen mit dem schlechten Bildungsstand intelligenzmäßig unterlegen, so daß auch dies bereits eine Teilerklärung der Hauptunterschiede anbietet: Es könnte sein, daß die Freiwilligen mangels intellektueller Kapazität zu ihrer

Entscheidung kamen. Es fehlten ihnen Kompetenzen, sich im Wettbewerb anderweitig durchzusetzen. Es kann sein, daß sie erst im Verlauf des Kriegseinsatzes so abstumpften wie geschildert.

Bei dem relativ geringen Stichprobenumfang (2 × 25) hätte es möglich sein müssen, besser parallelisierte Stichproben zu gewinnen, um einige Alternativerklärungen auszuschließen und zu eindeutigeren Erkenntnissen zu gelangen.

Die Bedeutung des Militärdienstes für die Aggressivität ist psychologisch m. W. noch nicht hinreichend analysiert worden. Eine Übersicht über einschlägige Arbeiten ist NOVACO und ROBINSON (1984) zu entnehmen; zugehörige Gedanken hat auch BANDURA (1973) zu Papier gebracht. Man muß wohl davon ausgehen, daß geheimgehaltenes Material in größerem Umfang existiert. Etliche Psychiater und Psychologen arbeiten – zumindest in den USA – eng mit dem Militär zusammen.

Militärische Einrichtungen sind zum Teil erfolgreich darin, Menschen in relativ kurzer Zeit zur Umkehrung eines ihnen zuvor anerzogenen Wertes, also zum Töten von Menschen zu bringen. Dabei spielen mehr Faktoren eine Rolle als hier aufgezählt werden können. Die moralische Beurteilung des Tötens wird systematisch beeinflußt. So wird z.B. die bekannte Formulierung »Du sollst nicht töten« korrigiert zu »Du sollst nicht morden«; und Töten im soldatischen Kampf gilt nicht als normverletzender Mord. Den Kriegen, die das eigene Volk geführt hat oder die es noch wird führen müssen, wird grundsätzlich ein hohes moralisches Ziel zuerkannt; nicht selten ist von »heiligen« Kriegen die Rede. Den Soldaten wird überzeugend klargemacht, daß sie für die Freiheit ihres Volkes, ja für den Weltfrieden schlechthin kämpfen. Sie durchschauen selten genug, daß dies in einem Krieg stets beide Seiten für sich beanspruchen, mit jeweils annähernd gleichen Argumenten. Dem Feind wird das Menschsein abgesprochen; von Untermenschen ist mehr oder weniger deutlich die Rede; sie kommen aus dem Reich des Bösen.

Im Kriegsfall wird natürlich erfolgreiches Kämpfen prämiert; Kriegshelden werden zu Verhaltensmodellen schlechthin glorifiziert.

Der Weg dorthin führt über gezieltes Training. Wichtig ist u. a. die Tatsache, daß Rekruten in eine weitgehend neue Welt eintreten müssen – deutlich symbolisiert in der uniformen Kleidung. Sie werden relativ isoliert gehalten, so daß sie leichter ihren herkömmlichen sozialen Rückhalt für ihre Überzeugungen verlieren (BANDURA, S. 118). Gehorsam wird trainiert, Ungehorsam hart bestraft.

Im Training wird das Töten natürlich nur simuliert, und jeder kann die Hoffnung hegen, zum Ernstfall werde es wohl nicht kommen. Aber das Handwerk des Tötens wird bis zum automatischen Reagieren geübt. Die modernen Waffensysteme, die anonymes Töten auf große Distanzen erlauben, haben das grundsätzlich nicht geändert.

Wir haben oben bewußt das militärische Training als »zum Teil« erfolgreich eingestuft. Denn nach verschiedenen Quellen greift im Krieg an der Front doch nur eine Minderheit aktiv in den Kampf ein: nur ¼ – nach MAR-

SHALL (1947, zitiert nach NOVACO und ROBINSON). Die Hemmung gegen das Töten überwinden einige, wenn sie selbst direkt angegriffen werden, andere, wenn ihre Kameraden im Kampf fallen. Die Motivation zu kämpfen wird am meisten durch das Eingebundensein in die Gruppe, durch die Bindungen an Kameraden aufrechterhalten. Für einen Aggressionstrieb fanden die Beobachter kämpfender Truppen bislang kaum Hinweise; nur wenige Soldaten kämpfen und zerstören gern. Oft ist die Aggressivität *nach* dem Kampf gesteigert – aber nicht gegen den Feind, sondern gegen die eigenen Offiziere, denen Versagen vorgeworfen wird. Es kann zu offenen Aggressionen kommen, die bis zur Ermordung der Offiziere gehen; im Vietnamkrieg war das wohl recht häufig der Fall: Bis 1972 waren 86 Todesfälle und mehr als 700 Verwundungen aus Kämpfen innerhalb der eigenen Truppe bekannt geworden, oft mit Offizieren als Opfer.

Die Mehrheit der Männer durchläuft genau in dem Alter, in dem die Kriminalität auf dem Höhepunkt ist (s. unten), die Stufen des militärischen Trainings im Töten von Menschen. Ob es zu wechselseitigen Beeinflussungen von Kriminalität und militärischer Ausbildung kommt, ist m.W. noch ungeklärt.

Straftaten bilden einen Großteil der gesellschaftlich relevanten Aggressionen.

Nach SEGALL (1983) werden in allen Kulturen die meisten Straftaten von Männern begangen, obgleich von Kultur zu Kultur Straftat anders definiert wird. Als ein Grund männlicher Delinquenz wird (von psychoanalytisch) orientierten Psychologen oft ein Mangel an Möglichkeiten zur Identifikation mit dem Vater in der Kindheit gesehen.

Bei der Auswertung kulturvergleichender Arbeiten besteht aber bislang immer die Gefahr, daß einmaliges Zusammentreffen verschiedener Merkmale überinterpretiert wird. Die Arbeiten kranken daran, allzu genial Bögen zwischen Besonderheiten in der frühen Kindheit und dem Erwachsenenalter zu spannen, ohne die Transmission Schritt für Schritt zu belegen. Nicht alle Jungen, die wenig Gelegenheit bekamen, sich mit ihren Vätern zu identifizieren, werden schließlich straffällig; nicht alle Straffälligen haben sich als Kinder zu wenig mit ihren Vätern identifizieren können. Viele identifizieren sich sehr wohl und kommen – gerade deshalb – bei straffälligen Vätern selber zu Straftaten.

Kriminalstatistiken können einen Eindruck davon vermitteln, wie sich Straftaten über die verschiedenen Lebensalter verteilen. Mit BRAUNECK (1974) ist festzustellen, daß die Ziffer für die Straftaten bei den 14–15jährigen relativ hoch einsetzt (für männliche Jugendliche 5,8 auf 100; für weibliche 1,2 auf 100), aber noch ansteigt und bei den 18–20jährigen Männern (mit 9,3) und bereits bei den 16–17jährigen Mädchen (mit 1,4) das Maximum erreicht, um ab 21 allmählich abzufallen. Bei den über 60jährigen Menschen sind die Ziffern gering (0,5 und 0,3). Solche Zahlen schwanken zwar von Jahr zu Jahr. Im Prinzip ändert sich aber wenig (s. z.B. Statistisches Jahrbuch 1985):

Die Ziffern für Männer bleiben stets deutlich über denen für Frauen; die unterschiedlichste Relation ist bei den 18–20jährigen mit etwa 7,5 : 1 gegeben; auf die 16–24jährigen entfallen die meisten Straftaten.

Die Zahlen, die BRAUNECK auflistet, zeigen, daß bei den Straftaten gegen Leib und Leben (Tötung, Körperverletzung) und Sittlichkeitsdelikten die 18–20jährigen Männer die höchsten Werte aufweisen; bei Vermögensdelikten (Diebstahl, zumal Ladendiebstahl) liegen die 16–17jährigen mit ihnen gleichauf vorne. Bei Sachbeschädigungen »führen« die 16–17jährigen. Bestimmte einzelne Deliktarten erreichen ihr Maximum erst in etwas höheren Altersstufen; so bei den Männern der Sexualmord mit 21–24 Jahren, Betrug mit 25–29, Kindesmißhandlung mit 30–39 und Wucher mit 40–49 Jahren; bei den Frauen der Betrug mit 21–24, Kindesmißhandlung mit 25–39 und Wucher mit 50–59.

Den Daten ist – entgegen BRAUNECK (S. 63) – nicht zu entnehmen, daß die Straftäter mit einfachem Diebstahl in der Jugend beginnen, zu schwerem Diebstahl übergehen und als junge Erwachsene zur Gewalt gegen Personen bereit sind. Eine solche Aussage ist aus querschnittlichen Daten nicht möglich. Daß es derartige kriminelle Karrieren gibt, weiß man aus anderen Quellen; und man weiß auch, daß mancher junge Mensch nur deshalb eine solche Karriere durchläuft, weil er von der Gesellschaft abgestempelt und ausgestoßen wird. Aber wer in einem Supermarkt der Versuchung erliegt, einen Diebstahl zu begehen, muß nicht einige Jahre später in Schlägereien verwikkelt sein.

Für die Aggressionsforschung sind Kriminalstatistiken ohnehin nur mit Einschränkungen nützlich. Es wird z. B. nicht deutlich, wie oft die aufgelisteten Sittlichkeitsdelikte wie Exhibitionismus und Vertrieb pornographischer Produkte die Kriterien für eine Aggression erfüllen.

Immerhin legen es die kriminalstatistischen Daten – bei allem Wechsel im Strafrecht etc. – seit 100 Jahren nahe, einen Höhepunkt der Delinquenz in der späten Jugend und im frühen Erwachsenenalter zu sehen. Verständliche Ausnahme u. a.: Die immer noch bagatellisierte, aber eminent bedeutsame Wirtschaftskriminalität (geschäftliche Delikte, white-collar-crimes) kulminiert erst in späterem Alter: Steuern kann man erst dann in Millionenhöhe hinterziehen, wenn man eine entsprechende Machtposition in Politik oder Wirtschaft erworben hat.

Nach GÖPPINGER (1973) ist die Kriminalität der jungen Menschen zwischen 14 und 25 Jahren seit dem Zweiten Weltkrieg in allen Industrieländern beträchtlich gestiegen. Eine einheitliche Erklärung dafür gibt es nicht – sieht man von den Verkehrsdelikten und Ladendiebstählen ab, die es früher so kaum geben konnte. Sexualdelikte sind in dem Anstieg ebenso enthalten wie Sachbeschädigungen etc.

Der Gedanke, daß im höheren Alter die Taten raffinierter begangen werden und nur deshalb die Ziffern erniedrigt sind, wird als Alternativerklärung zur Altersabhängigkeit nicht ernsthaft vertreten. Ähnlich tritt auch die Behauptung nicht auf, Straftaten von Frauen würden lediglich weniger aufgedeckt. Wir dürfen davon ausgehen, daß Männer tatsächlich sehr viel mehr Straftaten begehen als Frauen, wobei aber nach dem 25. Lebensjahr ein allmähliches und dennoch deutliches Absinken zu verzeichnen ist. Das würde bedeuten, daß zumindest jene offenen (und meist körperlichen) Aggressionen, die vom Strafrecht erfaßt werden, einen Entwicklungsverlauf nehmen, wie er hier skizziert werden konnte. Dies würde sich recht gut mit Entwicklungsverläufen decken, wie sie Normdaten aus Aggressionsfragebögen zu entnehmen sind.

Nehmen wir das Freiburger Persönlichkeitsinventar (FPI); in seiner Fassung von 1970 gab es u.a. zwei Aggressivitätsfaktoren und einen Faktor Erregbarkeit.

In der »spontanen Aggressivität« übertreffen Männer die Frauen deutlich. Die Werte nehmen bei Männern und Frauen jeweils mit dem Alter ab: von durchschnittlich 10, 12 bei den 15–30jährigen Männern auf 4,87 bei den über 50jährigen; von durchschnittlich 8,27 bei den 15–30jährigen Frauen auf 3,95 bei den über 50jährigen.

In der »reaktiven Aggressivität« sind die Werte der Männer ebenfalls deutlich höher als die der Frauen; einen Alterstrend gibt es nicht. Wahrscheinlich werden reaktive Aggressionen, die auch Durchsetzung und Wahrnehmung eigener Interessen beinhalten, relativ gebilligt, und ein Druck, sie zu reduzieren, ist kaum gegeben.

Auch bei der»Erregbarkeit« (wir könnten wohl auch »Neigung zu aggressionsaffinen Affekten« sagen) gibt es keine Alterstrends; Frauen übertreffen Männer in geringem Ausmaß.

Alle drei Faktoren fallen bei Strafgefangenen höher aus als in der Eichstichprobe.

1984 wurde das FPI einer Revision unterzogen. Wir können mit neuen Daten obige Ausführungen (für die Testhalbform A) bestätigen und ergänzen:

Auch bei der jetzt benutzten Aufteilung in vier Altersstufen (16–24, 25–44, 45–59, ab 60) bleibt der geschilderte Alterstrend für die »spontane Aggressivität« deutlich erhalten. In der »reaktiven Aggressivität« zeichnet sich weiterhin kein Alterstrend ab. Differenzierter sind die Befunde zur »Erregbarkeit« geworden: Frauen haben etwas höhere Werte als Männer; eine leichte Abnahme tritt mit dem Alter bei beiden Geschlechtern ein.

Abgesehen von der Halbform A, die gegenüber 1970 kaum verändert worden ist, haben wir 1984 mit dem FPI-R praktisch einen neuen Fragebogen vorgelegt; es enthält nur noch *eine* Aggressivitäts-Skala. Männer erreichen durchschnittlich höhere Werte als Frauen; mit dem Alter nehmen diese Werte ab. Aggressivität korreliert bedeutsam positiv mit Leistungsorientierung (Wettbewerb!), Erregbarkeit, Beanspruchung (Stress), Extraversion und emotionaler Labilität; Aggressivität korreliert negativ mit Lebenszufriedenheit und sozialer Orientierung (u.a. Hilfsbereitschaft).

Dieses Bild entspricht Erwartungen, die aus dem Gesamtwissen um menschliche Aggressivität abgeleitet werden können. Es wird z.B. niemanden überraschen, daß Menschen, die mit ihrem Leben eher zufrieden und prosozial orientiert sind, etwas weniger aggressive Durchsetzungsformen zeigen.

Ziehen wir schließlich noch den »Fragebogen zur Erfassung von Aggressivitätsfaktoren« (FAF; HAMPEL und SELG, 1975) zu Rate, der allerdings mit den Skalen des FPI große Überschneidungen aufweist.

Bezüglich der »spontanen« und der »reaktiven Aggression« können wir obenstehende Befunde bestätigen; in der Erregbarkeit sind die Unterschiede zwischen den Geschlechtern und den Altersstufen für eine Interpretation zu gering.

Wir haben im FAF darüber hinaus eine Skala »Selbstaggression« (Selbstvorwürfe etc.; einige gemeinsame Items mit der Depressivitäts-Skala des FPI). Frauen haben höhere Werte als Männer; ein Absinken mit dem Alter ist allenfalls bei den Männern zu erkennen.

Schließlich gibt es noch eine Skala »Aggressionshemmung«: Die Frauen weisen höhere Werte auf. Bei beiden Geschlechtern steigen die Ergebnisse mit dem Alter an. Darin kommen wohl veränderte, negativer werdende Einstellungen zu aggressiven Verhaltensstilen zum Ausdruck.

Jugendliche Straftäter (HAMPEL, 1969) erreichten in allen Aggressivitäts-Skalen höhere Werte (auch in der Selbstaggression) und niedrigere in der Aggressionshemmung. Erwachsene Straftäter (SELG, 1968) erreichten gleichfalls höhere Werte, außer in reaktiver Aggressivität und Aggressionshemmung. Die reaktive Aggressivität überschneidet sich offensichtlich mit sozial gebilligtem Durchsetzungsverhalten, so daß Kontrollgruppen nicht unbedingt niedrigere Werte erbringen. Die Aggressionshemmung bringt vielleicht mehr ein Wissen um Verhaltensregeln zum Ausdruck als Verhaltenskompetenzen.

Jedenfalls zeichnen die Befunde zur spontanen Aggressivität eine bemerkenswerte Parallele zu den Kriminalstatistiken: klare Maxima im späten Jugend- und frühen Erwachsenenalter, anschließend erst rasches, dann langsames Absinken. Auf Grund dieser unabhängig voneinander gewonnenen Verläufe kann man die in ihnen sich abzeichnenden Alterstrends (und die Geschlechtsrelationen) als gut gestützte Annahmen über den Verlauf von Aggressivitätsentwicklungen ansehen, wenngleich die Erfassungsweisen der Aggressivität noch recht grob sind und z. B. über verbale Aggressivität nichts ausgesagt werden kann.

Zusammenfassung (zu 3.2.3.4)

Wie alle Entwicklung endet auch die der Aggressivität erst mit dem Tode. Bei aller Veränderung ist aber auch die Stabilität aggressiven Verhaltens beachtlich. Eine gesellschaftlich besonders relevante Teilmenge der Aggressivität, die Kriminalität, kulminiert im späten Jugend- und frühen Erwachsenenalter, in dem die Mehrzahl der Männer auch militärischem Training unterzogen wird. Nach dem 25. Lebensjahr scheinen individuelle Aggressivitäten allmählich abzunehmen und Aggressionshemmungen zu steigen. Über die Gründe können wir nur spekulieren. Für die Reduzierung großer körperlicher Aggressionen könnte nachlassende Kraft und Beweglichkeit mitverantwortlich sein; vielleicht reicht aber ganz allgemein bei vielen Menschen erst im Erwachsenenalter die Summe der Erfahrungen zur Einsicht in die Dysfunktionalität der Aggressionen aus; und da Lernen nie endet, endet auch nicht das Lernen von Alternativen für Aggressionen. Reif ist wohl erst, wer sich in nichtaggressiver Weise durchzusetzen vermag und nur dort aggressiv wird, wo es keine sinnvollen Alternativen gibt.

3.3 Aktualgenese

Stellen wir uns zum Schluß der Überlegungen zur Entwicklung der Aggressivität noch einmal kurz vor, wie eine Aggression aktuell zustande kommt (Aktualgenese).

Wir müssen hierbei mindestens zwei verschiedene Aggressionsketten unterscheiden:

Instrumentelle Aggressionen sind mehr kognitiv orientiert, d.h. mehr geplant; *expressive* Aggressionen sind mehr affekt-induziert. Das Wörtchen »mehr« deutet an: Auch bei langfristig geplanten Aggressionen kommt es zu Emotionen, auch bei der expressiven Aggression spielen zunehmend mit dem Alter Kognitionen eine Rolle.

Wir haben oben (Kap. 1) von den instrumentellen und den expressiven Aggressionen noch die feindseligen Aggressionen unterschieden. Diese können bei den jetzt zu behandelnden Ablauf-Schemata einmal eher den instrumentellen Aggressionen ähneln, einmal eher den expressiven: Wenn jemand seinen Haß wohlgezielt in eine Aggression umsetzt, z.B. die »Rache kalt genießt«, liegen im Ablauf Übereinstimmungen mit der instrumentellen Aggression nahe; wenn jemand von seinem ärgsten Feind geärgert wird, kann er voll Wut und Zorn reagieren und dabei über die Abfuhr seines Affektes hinaus auch noch die nachhaltige Schädigung des Feindes als Ziel vor Augen haben.

Die Verlaufsskizzen (s. unten) besagen:

Jede Situation ruft uns zur mehr oder weniger reflektierten Beurteilung und Zielbildung auf; in den meisten Fällen sind Aggressionen nicht der beste Weg zum Ziel, aber es gibt auch den hier interessierenden Fall aggressiven Handelns. In allen Entscheidungen spielen die in der eigenen Entwicklung gesammelten Erfahrungen eine Rolle.

Bei einem sehr heftigen Ärger/Wut-Affekt kann eine Reflexion über das Ziel stark in den Hintergrund treten; der Organismus drängt evtl. zur sofortigen aggressiven Abreaktion des Affekts. Die Möglichkeit, auch im Affekt nichtaggressiv zu handeln, darf aber nicht übersehen werden.

Wir kommen zu folgenden Verlaufsskizzen:

S = Situation
A = Aggression
Z = Ziel

1. Instrumentelle Aggression:

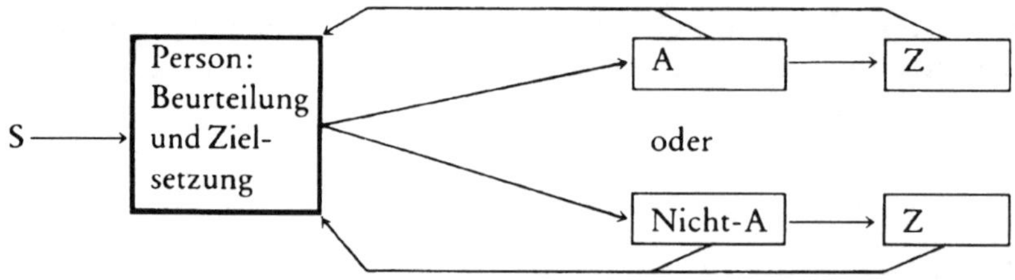

2. Expressive Aggression:

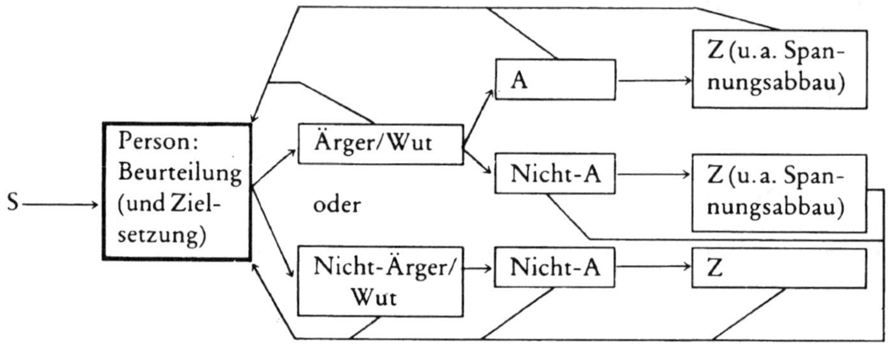

Jede Aggression nimmt eine bestimmte Zeit in Anspruch; während der Dauer aggressiver Handlungen gibt es ständig Rückmeldungen über das Tun, und es besteht u.a. die Möglichkeit, daß Aggressionsängste und -hemmungen so stark werden, daß die Handlung abgebrochen wird.

Wird sie zu Ende geführt, so dürfen wir eine abschließende Handlungsbeurteilung annehmen: Ist das Ziel erreicht worden? Bei der affektinduzierten Aggression stellt sich auch die Frage, ob die unangenehme Spannung abgebaut ist. Es ist möglich, daß allein das Gefühl der Spannungsreduktion das aggressive Verhalten genügend bekräftigt – gleichgültig, was sonst erreicht worden ist. So kann man sich erklären, daß Menschen nicht davon ablassen, in der Wut »Porzellan« zu zerschlagen. Erfolg und Mißerfolg beeinflussen das zukünftige Verhalten; ein einziger Mißerfolg hat aber selten die Wirkung, daß ähnliches Verhalten künftig unterbleibt (s. intermittierende Verstärkung, Kap. 2).

Vertiefende Einsichten in die Aktualgenese aggressiven Verhaltens können wahrscheinlich gewonnen werden, wenn mehr als bislang sehr systematisch einzelne aggressive Episoden analysiert werden (z.B. durch genaue Beobachtung von Aggressionen *und* durch Befragung unmittelbar nach den Vorfällen, aber auch durch intensive Auswertung von videographierten Szenen etc.). Die Arbeiten mit Hilfe detaillierter Beobachtungssysteme (Näheres in Kap. 5) könnten durch ergänzende Befragungen für die Aktualgenese an Bedeutung gewinnen. Die Untersuchungen von DANN und Mitarbeitern (s. Kap. 4), welche die kognitive Handlungsstruktur von Lehrern erfassen wollen, um die

Kenntnis dieser Strukturen dann für Trainings zur Bewältigung von Aggressionen und Störungen im Unterricht zu nutzen, kommen m. E. dem Ideal aktualgenetischen Arbeitens z. Z. am nächsten.

Anmerkungen zu Kapitel 3

1) »Ödipale Phase« ist eine psychoanalytische Bezeichnung für eine Zeitspanne (etwa im 5. Lebensjahr), in der ein Kind sich in das gegengeschlechtliche Elternteil verlieben und das gleichgeschlechtliche ambivalent, d.h. zugleich mit Liebe und Haß erleben soll. Es entsteht der sog. Ödipus-Komplex, ein Inbegriff von Schuldgefühlen und Konflikten.
2) Man kann die Absicht einiger Patriarchen allzu deutlich erkennen und verstimmt sein.
3) Diese Terminologie lehnt sich an REINERT (1982) an, der sie zur Benennung von Phasen in der Geschichte der Entwicklungspsychologie gebrauchte.
4) Diesen Satz hat SCHWEITZER (1923) übrigens gegen den »Vater« der Psychologie, gegen Wilhelm WUNDT, gerichtet, der das Erleben und Verhalten von Tieren auch etwas abgewertet hat. In der Ethologie gibt es immer wieder das andere Extrem: Z.B. Griffin (1984 bzw. 1985) spricht erstaunlich vielen Tierarten mit oftmals wenig Argumenten neben Gefühlen auch ein Bewußtsein und Denken zu . . .
5) Die Altersangaben enthalten vor dem ersten Strichpunkt die vollen Jahre, dann volle Monate und schließlich – sofern ein zweiter Strichpunkt folgt – noch Tage. 0;2;5 meint somit ein Kind im Alter von 2 Monaten und 5 Tagen.
6) Ärger/Wut-Anfälle sind nur aus der Sicht des Wissenschaftlers, der sie erfassen will, »seltene« Ereignisse. Bei manchen Kindern sind sie alltäglich – und aus der Sicht der Mütter allzu häufig . . .
7) Für weitere Beobachtungsdaten von drei Müttern mit Neugeborenen haben wir Frau S. EBERWIEN zu danken.
8) GOODENOUGH sah bei ihren etwas älteren Kindern darin ein Zeichen von »Widerstand«. Wenn – wie bei uns – solches Versteifen zumal beim Füttern und auch just bei einer kinderärztlichen Untersuchung berichtet wird, liegen entsprechende Interpretationen nahe.
9) Wie wir heute wissen (s. DONALDSON, 1978 bzw. 1982), ergeben sich Hinweise auf Objektpermanenz bereits bei halbjährigen Kindern, also früher als PIAGET annahm.
10) M. SCHUNK ließ 10 Kinder (7 Jungen, 3 Mädchen) im Alter zwischen 5 ½ und 13 Monaten beobachten.
11) Wir möchten uns bei der Interpretation zurückhalten, glauben aber, daß Kinder in solchen Situationen nicht allein durch die Bewegungseinschränkung überfordert werden. Beim Autofahren kann die Menge der einflutenden Reize nicht verarbeitet werden; im Supermarkt locken die vielen bunten Objekte, die knapp außerhalb der kindlichen Reichweite liegen.
12) Bei Befragungen behaupten Eltern allerdings, bei Jungen keineswegs großzügiger zu reagieren. Entweder verhalten sich professionelle Erzieherinnen anders als Eltern, oder man täuscht sich über sein Verhalten und schildert es im Interview falsch; aber auch bewußtes »Schwindeln« ist möglich, um sich ins vermeintlich beste Lichte zu rücken . . .

13) Allerdings kann ich CONDRY und CONDRY (1976) nicht ganz folgen. Sie ließen das gefilmte emotionale Verhalten eines 9 Monate alten Kindes nach verschiedenen Qualitäten beurteilen. Dabei war das Geschlecht des Kindes nicht zu erkennen. Einer Gruppe von Beurteilern wurde das Kind als DAVID (also männlich), einer anderen als DANA (also weiblich) vorgestellt. Daraufhin zeigte sich, daß die Geschlechtszuschreibung zu unterschiedlichen Einstufungen des kindlichen Verhaltens führte. CONDRY und CONDRY interpretieren ihre Daten so, als würde ein und dasselbe Verhalten beim Jungen eher als Ärger/Wut, beim Mädchen eher als Furcht eingestuft. Nach genauer Überprüfung der Tabellen scheint mir dieser Schluß nicht gerechtfertigt: Der Junge wurde insgesamt emotionaler gesehen; man billigte ihm mehr Ärger/Wut, aber eher auch mehr Furchtreaktionen zu.
In ähnlicher Weise spricht eine spätere Studie von CONDRY und ROSS (1985) gleichfalls dafür, daß Beobachter von ihrem Wissen um das Geschlecht des Kindes beeinflußt werden, diesmal mehr in dem Sinn: Ein und dieselbe Balgerei gilt für Jungen als »normal«, läßt Mädchen aber bereits als »aggressiv« erscheinen. Was wir längst ahnen, wird hier schön bestätigt: Jungen werden mehr Aggressionen zugebilligt als Mädchen.
14) Verschiedene Autoren sahen positive Korrelationen zwischen Aggressivität und Sympathie in der frühen Kindheit (siehe BUSS, 1961; FESHBACH, 1970; MUSTE und SHARPE, 1947). Im Schulalter werden Korrelationen jedoch negativ (siehe spätere Ausführungen).
15) Zur Erinnerung: »Negative Verstärkung« meint nicht Bestrafung, sondern – vereinfacht formuliert – jenen Effekt, der eintritt, wenn man eine unangenehme Situation zu beenden vermag.
16) Wahrscheinlich sind permissive Erwachsene gemeint, deren Stillhalten von den Kindern als Billigung ihres Tuns (miß)interpretiert werden kann.
17) MONTAGNERs Rat sollte u. E. differenzierter ausfallen; wenn z. B. unter Kindern ein deutliches Ungleichgewicht herrscht, kann ein Eingriff nötig sein.
18) Am leichtesten tun sich Schüler übrigens bei der Frage nach den *leistungsmäßig* stärksten und schwächsten Mitschülern. Des Lehrers Lob und Tadel und die Zensuren schaffen eine klare Struktur, die von den Schülern übernommen wird.
19) Nähere Altersangaben erfolgen verständlicherweise nicht. Aber es ist immer vom »Kind« die Rede, daher erfolgt das Referat an dieser Stelle.
20) Es handelt sich dabei um lernpsychologisch fundierte Strafprozeduren wie z. B. die »time-out« genannte Zeitstrafe: Ein Störenfried wird vorübergehend aus der Situation entfernt. Nicht gemeint sind körperliche Bestrafungen wie Schläge etc. (Näheres in Kap. 6.)
21) Da es relativ wenig hochaggressive Mädchen gibt, ist die Varianz bei Mädchen geringer und insofern auch die Korrelation.

4 Bedingungsgefüge der Aggressivität

Das aggressive Verhalten des Menschen steht in Wechselwirkung (Interdependenz) mit vielen anderen Variablen. Fast alle relevanten Variablen sind von Menschen abhängig; Ausnahmen bilden z.B. klimatische Umwelteinflüsse. Hitze soll die Aktivierung und damit auch die Wahrscheinlichkeit aggressiven Verhaltens erhöhen (s.u.a. CARLSMITH und ANDERSON, 1979); ein linearer Zusammenhang scheint jedoch nicht zu bestehen (BARON und RANSBERGER, 1978). Ich will mich hier auf Variablen konzentrieren, die im Individuum oder in Interaktionen zwischen Menschen verankert sind. Diese Variablen können also entweder dem Endosystem des Individuums zugerechnet werden oder über das Individuum hinausweisen: auf seine Einbettung in Mikro- und Makrosysteme. (Anm. 1)

»Endosystem« soll die Binnenstruktur des Individuums bezeichnen; in ihm kann man ein mehr physisches von einem mehr psychischen Teilsystem unterscheiden, ohne damit einer Leib-Seele-Spaltung das Wort reden zu wollen. Als *Mikrosystem* wird hier in erster Linie die Familie verstanden, als *Makrosystem* mehr der umfassende gesellschaftliche Rahmen, in dem wir uns bewegen.

Zu unterscheiden sind dabei eher negative Interdependenzen, wie Konkurrenz und Konflikt, und eher positive Interdependenzen, z.B. die Kooperation. Im folgenden sollen einige der Variablenbereiche abgehandelt werden, deren Wechselwirkung mit der Aggression häufig diskutiert wird.

4.1 Das Endosystem und die Aggressivität

4.1.1 Das physische Teilsystem

4.1.1.1 Genetische Determination

Züchtungen bei verschiedenen Tierarten, zumal auch beim Lieblingstier der amerikanischen Psychologen, der Ratte, haben die Hypothese erhärtet, daß Erbanlagen Einfluß auf aggressives Verhalten nehmen. Für den Menschen liegen gesicherte Ergebnisse nicht vor. Besondere Aufmerksamkeit haben Chromosomen-Anomalien gefunden: Bei einigen Männern ist statt der normalen Kombination von Geschlechtschromosomen (XY) das sog. Y-Chromosom doppelt vorhanden (XYY). Da das Y-Chromosom das männliche Geschlecht bestimmt, lag es nahe, XYY-Träger als »Supermänner« anzusehen, d.h. unter anderem, von ihnen mehr Aggressivität zu erwarten.

Zunächst glaubte man tatsächlich, bei Straftätern eine besonders hohe Anzahl Betroffener nachweisen zu können. Berühmt wurde z.B. als Einzelfall der Amerikaner SPECK, der 1966 in einer Nacht 8 Mädchen sadistisch umgebracht hat; er wurde als XYY-Träger eingestuft. Es schien insgesamt so, als sei man einer wichtigen »Ursache« von Verbrechen auf die Spur gekommen. Bei Gerichten in den USA gab es bald die Tendenz, Täter mit der XYY-Anomalie als nicht zurechnungsfähig zu erklären. Der naive Gedanke faßte (wieder einmal) Fuß, daß Chromosomen bzw. Gene Verhalten bestimmen. Man begann, XYY-Kinder frühzeitig zu erfassen und ihre Eltern zu »beraten«. Wahrscheinlich bewirkte man damit nichts anderes als Verunsicherungen bei den Eltern und infolgedessen auffälliges Verhalten bei den Kindern. Inzwischen wurde nämlich deutlich, wie wenig eine XYY-Anomalie aussagt. Absolut betrachtet ist sie auch unter Straftätern so selten, daß ihr Erklärungswert schon von daher gering ist: Nach LEFKOWITZ et al. (1977) wurde bei 0,13% der männlichen Gesamtbevölkerung die XYY-Anomalie diagnostiziert; bei den Straftätern waren es zwar 15mal mehr, das sind aber auch nur 1,9%. Gerade bei der Gewaltkriminalität scheint sie nicht sonderlich überhöht zu sein (MAZUR, 1983), und der »Paradefall« SPECK entpuppte sich als Fehldiagnose (BANDURA, 1979).

Was die Lage der Wissenschaft noch mehr komplizierte, war die Entdekkung, daß es auch eine Verdopplung des X-Chromosoms beim Mann gibt (sog. KLINEFELTER-Syndrom). Die elementare Kopfrechnung führte zu der Erwartung, unter den XXY-Trägern sozusagen verweiblichte Männer anzutreffen – mit geringer Aggressivität. Tatsache ist, daß diese Männer weniger männliche Geschlechtshormone bilden, daß sie aber unter Verhaltensauffälligen gleichfalls gehäuft anzutreffen sind, wobei in der Delinquenz kaum Unterschiede zu den XYY-Trägern bestehen (MEYER-BAHLBURG, 1978). Nach CAIRNS (1979, S.217) beruht die höhere Kriminalität der XYY- und der XXY-Männer u.a. auf der leicht unterdurchschnittlichen Intelligenz beider Gruppen.

Immer wieder erhofft man sich auch von Zwillings- und Adoptionsstudien nähere Aufschlüsse über die Vererbung aggressiven bzw. kriminellen Verhaltens. Es ist z.B. anzunehmen, daß die Übereinstimmung in einem Merkmal, die sog. Konkordanzrate, bei eineiigen Zwillingen größer ist als bei zweieiigen, wenn das Merkmal genetisch mitbestimmt ist. CHRISTIANSEN (1974) konnte in Dänemark einen Vergleich mit mehr als 3500 *Zwillingspaaren* durchführen. Die Konkordanzrate war bei eineiigen Zwillingen tatsächlich höher, aber längst nicht so hoch wie in älteren Veröffentlichungen mit wesentlich kleineren Stichproben; und sie war überraschenderweise auch bei Frauen höher als bei Männern, bei Älteren höher als bei Jüngeren und auf dem Land höher als in der Stadt – merkwürdig genug, wenn es um vorwiegend genetisch »vorprogrammiertes« Verhalten gehen soll. Die höhere Konkordanz bei eineiigen Zwillingen beweist letztlich wenig, denn sie kann auch darauf zurückgeführt werden, daß sich eineiige Zwillinge in »gleicheren« Umwelten bewegen; sie verbringen mehr Zeit zusammen als zweieiige Zwillinge usw.

Ebenfalls in Dänemark konnte HUTCHINGS (1974) eine Vergleichsstudie über Kriminalität bei *Adoptierten* machen. U.a. fragte er, ob Adoptierte, die straffällig wurden, auch mehr straffällig gewordene Väter hatten als solche Adoptierte, die nicht straffällig geworden waren. Tatsächlich waren die biologischen Väter unterschiedlich oft auffällig geworden: 49% gegen 28%; aber auch bei den Adoptivvätern gab es Unterschiede in der gleichen Richtung: 23% gegen 10%. Dies verweist auf ein längst bekanntes Faktum: Adoptionen werden selektiv vorgenommen; Kinder der Unterschicht werden eher an Unterschichteltern vermittelt als Kinder »aus besserem Hause«, und die Unterschicht weist höhere Kriminalitätsraten auf. Im Ergebnis von HUTCHINGS durchdringen sich also Erb- und Umwelteinflüsse in einem nicht exakt trennbaren Ausmaß. Sofern Erbeinflüsse angenommen werden müssen, betreffen sie wahrscheinlich nur eine allgemeine körperlich/seelische Anfälligkeit, kein spezifisches Verhalten. In der Studie von HUTCHINGS zeigte sich z.B., daß die biologischen Väter der straffälligen Adoptierten relativ häufig auch in psychiatrische Behandlung mußten.

Aussagen von allgemeiner Art, »daß man eine gemeinsame genetische Grundlage dieser (aggressiven) Verhaltensweisen vermuten« müsse (EIBL-EIBESFELDT, 1972, S. 171), sind trivial. Natürlich hat menschliches Verhalten genetische Grundlagen, aber wie spezifisch sind diese? Gibt es etwa bestimmte Gene für aggressives Verhalten, oder sind lediglich umgreifende Merkmale – wie Größe und Körperkraft – genetisch (mit)bedingt, wobei der Größere und Kräftigere die höheren Ausgangswahrscheinlichkeiten hat, überdurchschnittlich aggressiv zu werden? Die Human-Genetiker – für Vererbungsfragen eigentlich zuständig – sind anders als manche Psychologen und Ethologen mit definitiven Aussagen über die Vererbung menschlichen Verhaltens auffällig zurückhaltend.

Sollten eines Tages einmal gute Argumente für angeborene Aggressionsformen vorliegen, so wäre das noch keine Bestätigung für einen angenommenen Aggressionstrieb. Dieser setzt eine stetig fließende Quelle von Aggressionsenergie voraus, die periodische Triebbefriedigungen notwendig macht.

4.1.1.2 Geschlecht

Männer sind im Durchschnitt größer, schwerer und kräftiger als Frauen, und sie haben z.B. auch eine größere Vitalkapazität (Atemluftmenge). Dadurch wird körperlich-aggressives Verhalten bei Männern mehr begünstigt als bei Frauen.

Die besondere Bedeutung der Körperkraft fand WALKER (1962) bei Kindern im Vorschulalter bestätigt: Energisches und aggressives Verhalten zeigten vornehmlich die kräftigen Kinder. OLWEUS (1974) ermittelte Vergleichbares für 13–15jährige Jungen: Die aggressiven Schüler waren durchschnittlich etwas stärker, ihre Opfer, die Prügelknaben, etwas schwächer als die Kontrollkinder.

Auch die Schmerzempfindlichkeit kann sich wohl auf Aggressivitäten auswirken. Nach LIPSITT und LEVY (1959) sind Mädchen zunächst schmerzempfindlicher und (deshalb) zu Aggressionen und aggressiven Spielen weniger bereit als Jungen.

Insgesamt gilt für die meisten Tierarten und für den Menschen die vielfach gestützte Annahme, aggressive Verhaltensweisen seien beim männlichen Geschlecht stärker ausgeprägt als beim weiblichen. Daraus darf aber nicht leichtfertig geschlossen werden, eine solche »Überlegenheit« der Männer sei naturgegeben. Obgleich ihre Arbeit selbst inzwischen in die Kritik geraten ist, darf man sagen, daß M. MEAD (1958, 1959) die einstmals für selbstverständlich erachteten psychischen Geschlechtsunterschiede generell entzaubert hat. Die biologische Variable »Geschlecht« wirkt sich auf aggressives Verhalten hauptsächlich wohl indirekt durch ihre kulturellen »Anlagerungen« aus. »Männlichkeit« setzt in den meisten Kulturen ein großes Maß an Aggressivitäten voraus. Ein »richtiger« Junge muß, ein »richtiger« Mann darf schon einmal in Raufereien verwickelt sein. Einem Mädchen oder gar einer Dame steht das hingegen nicht gut zu Gesicht. *Eine* Konsequenz der kulturellen Setzungen ist die Selbstverständlichkeit, mit der Untersuchungen zur Aggressivität vorwiegend beim männlichen Geschlecht vorgenommen werden; eine andere Konsequenz ist das Resultat, daß in vergleichenden Untersuchungen das weibliche Geschlecht niedrigere Aggressivitäts-Werte erreicht. Auch in der Kriminalitätsrate liegt der weibliche Anteil deutlich unter dem männlichen.

Wenn Geschlechtsunterschiede im aggressiven Verhalten primär kulturspezifisch herausgebildet werden, sollten sie beim älteren, d.h. beim länger sozialisierten Kind deutlicher sein als beim jüngeren. Einige Befunde gehen in diese Richtung.

Vermutlich vereinfachen Aussagen, das männliche Geschlecht sei aggressiver als das weibliche, zu sehr; wahrscheinlich werden den Geschlechtern *unterschiedliche* Aggressivitäten zugebilligt. Vielleicht sind bestimmte körperliche Aggressionen eher Jungen und Männern, bestimmte verbale Aggressionen (z.B. in der Form des Klatschens) eher Mädchen und Frauen erlaubt. Jedenfalls haben CHOYNOWSKI und IDMAN für schwedische Jugendliche entsprechende Überlegungen empirisch gestützt.

FRODI et al. (1977) behaupten, daß nahezu zwei Drittel der einschlägigen Studien nicht die erwartete höhere Aggressivität des männlichen Geschlechts erbracht haben. Nur bei Fragebogenuntersuchungen übertreffen Männer die Frauen deutlich genug – und das kann als eine Widerspiegelung des Wissens um Geschlechtsrollentypisierungen interpretiert werden. Allerdings scheinen in vergleichbaren Situationen Männer mehr Ärger, Frauen mehr Furcht zu erleben; Frauen scheinen Aggressionen in den meisten Situationen für unangemessen zu halten.

WHITE bestätigte 1983 die Sicht von FRODI et al. Angeborene Größen wie das Geschlecht erklären nur einen kleinen Teil der Varianz aggressiven Verhaltens. In Situationen, in denen eine Aggression gerechtfertigt erscheint, Anonymität gewährleistet ist, Empathie nicht angesprochen wird und Verärgerung vorherrscht, sind Unterschiede zwischen den Geschlechtern bezüglich aggressiven Verhaltens minimal. Dies gilt vor allem für solche Personen, welche die traditionellen Geschlechtsrollenzuweisungen nicht übernommen haben; Erfahrungen aus der Terrorismusszene können in diesem Sinne verstanden werden.

4.1.1.3 Hormone

Männliche Säugetiere produzieren mehr Testosteron als die jeweiligen weiblichen Artgenossen; Testosteron gilt deshalb – etwas irreführend – als wichtigstes männliches Sexualhormon; es wird mit Aggressivität in Verbindung gebracht. Aber nicht bei allen Säugern stellen die Männchen das aggressivere Geschlecht, z.B. nicht bei Kaninchen. Was die Beuteaggressionen anbelangt, sind die Weibchen der Großkatzen aggressiver als die Männchen. Selbst bei einigen Primaten sind die Weibchen aggressiver. Immerhin: Experimentelle Testosterongaben erhöhen die Wahrscheinlichkeit aggressiven Verhaltens bei beiden Geschlechtern. Diese Aggressionen scheinen jedoch ins Umfeld des Sexualverhaltens zu gehören, dienen also dem Gewinn oder der Verteidigung eines Sexualpartners. Aber schon ein 1960 veröffentlichtes Experiment mit Mäusen (BEVAN, DAVES und LEVY) zeigte, daß Kastration und Hormone die Aggressivität letztlich weniger beeinflußten als die frühen Erfahrungen der Tiere mit Aggressionen. BANDURA (1979, S. 109) schreibt dazu: ». . . siegreiche Kampferfahrungen (waren) die einflußreichste Determinante späterer Aggressivität . . ., ungeachtet des Zeitpunktes, an dem die physiologischen Modifikationen auftraten.«

Interindividuelle Unterschiede sind bereits bei höher entwickelten Tieren nicht auf unterschiedliche Hormonproduktionen zurückführbar: Bei Rhesusaffen korrelierte der Testosteronspiegel weder mit Dominanz- noch mit Paarungsverhalten (s. CAIRNS, 1979, S. 179).

Frauen gelten während der sogenannten Vor-Menstruation und der Menstruation als relativ reizbar und aggressiv. Dies wurde auf die besondere Hormonlage während dieser Zeit zurückgeführt (FRIEDMAN et al., 1978). Wahrscheinlich tragen aber die Erwartungen von Unwohlsein und Leistungsabfall und der Glaube an eine Minderung sexueller Attraktivität zu einer allgemein erhöhten Reizbarkeit bei (s. ANGST, 1980; MAZUR, 1983).

Ähnlich sieht BERKOWITZ (1961, S. 269) die Wirkung von Hormonen als indirekte an: Männliche Sexualhormone erhöhen die Erregbarkeit und somit die Erregung bei Frustrationen.

Auch die Wirkung einer Kastration auf die Aggressivität ist wohl eher indirekt. Stiere werden kastriert und so ihrer Wildheit beraubt. Von kastrierten

Männern wird vielfach – aber nicht einheitlich – berichtet, daß ihre (affektbegleitete) Aggressivität reduziert sei. »Chemische Kastration« findet statt, wenn Männern größere Dosen »weiblicher« Hormone verabreicht werden; inzwischen gibt es auch Antiandrogene, von denen eine Minderung bestimmter Aggressivitäten erwartet wird; instrumentelle Aggressivitäten müssen davon sicher ausgenommen werden.

Die ältere Forschung sah die Beziehungen zwischen Hormonen und Verhalten als »Einbahnstraße«: Hormone beeinflussen Verhalten. Heute wissen wir, daß die Hormonausschüttung ihrerseits verhaltensabhängig ist. Während sportlicher Wettkämpfe produzieren die Gewinner mehr Testosteron als die Verlierer (ELIAS, 1981; MAZUR, 1983). Im Streß wird die Testosteronbildung reduziert; männliche Tiere produzieren mehr Testosteron, wenn rezeptive Weibchen in der Nähe sind (THOMAS, 1977).

Eindeutige Aussagen sind über die Beziehung zwischen Hormonen und Aggression z. Z. noch nicht möglich; das Bild ist inkonsistent. Nach MAZUR (1983) beeinflussen beim Menschen die Hormone eher Dominanzverhalten als Aggressivität.

4.1.1.4 Alter

Man kann das sog. biologische Alter als eine besondere Variable ansehen, die in Wechselwirkung mit aggressivem Verhalten steht. Mehr darüber ist dem Kapitel 3 zu entnehmen.

4.1.1.5 Krankheiten

Bis zum Überdruß kann in der Aggressionsforschung die Formel benutzt werden, ein bestimmtes Teilproblem sei noch nicht genügend untersucht. Das gilt nicht zuletzt für »Krankheit und Aggressivität«.

Vielfach wird über Aggressionen im Gesamt-Erscheinungsbild von Hirnschädigungen und Epilepsien berichtet; extreme Gewalttaten können eine auffällige Basis im Zentralnervensystem haben (MONROE und LION, 1978), müssen es aber keineswegs. In jedem Fall ist davon auszugehen, daß zwischen körperlichen Erkrankungen und Aggressionen keine direkten Beziehungen bestehen. Aggressionen sind keine zwangsläufig auftretenden Krankheitssymptome. Wie bei der XYY-Anomalie müssen wir uns vor übertriebenen Erwartungen hüten – und auf jeden Fall vor schneller Operation (Psychochirurgie) warnen. Alle Aggressionen können und müssen auch psychologisch interpretiert werden.

Bei den im folgenden erwähnten Krankheitsformen ist die organische Grundlage umstritten – und damit auch der Krankheitsbegriff (s. KEUPP, 1972):

Die Schizophrenie bildet eine extrem heterogene Gruppe von Krankheitsbildern. Eine einheitliche Aussage über ihre Aggressivität verbietet sich schon deshalb. Es sind jedoch vor dem Hintergrund übler Vorurteile Horrorgeschichten über Schizophrene in Umlauf, die als unberechtigte Aggressionen der »Normalen« gegen die »Geisteskranken« interpretiert werden müssen. Man denke an erfolgreiche Filme wie »Psycho«, in denen HITCHCOCK seine privaten Theorien verbreitet hat. BRENNAN (1964) konnte in 8jähriger Beobachtung keine bemerkenswerte Häufung von Fremdaggressionen bei Geisteskranken finden.

Unter autistischen Kindern findet man relativ viele mit starken Autoaggressionen. Wer die Ursache der Störung mit dem Psychoanalytiker BETTELHEIM (1967) den angeblich lieblosen Müttern zuschiebt, hilft niemandem – im Gegenteil, er schadet allen Beteiligten. Ohne solche Schuldzuweisung konnten LOVAAS et al. (1965) systematisch – mit lerntheoretischem Hintergrund – Selbstaggressionen reduzieren.

Gefährlich sind nach BUSS (1961) gelegentlich die Maniker; sie können während ihrer akuten Erregungen eine Gefahr für Anwesende, meist Familienangehörige, bedeuten.

Von den Aussagen, die BUSS über Depressive machte, könnte m.E. folgender Hinweis auf Modellernen zu Forschungen anregen: Depressive imitieren als Kinder ihre Eltern, wenn sie sich selbst (verbal) angreifen, denn von diesen erfahren sie mehr oder weniger deutlich Aggressionen in Form von Ablehnung, Kritik und Beschämung. Unabhängig von allen wissenschaftlichen Streitigkeiten besteht Einigkeit darüber, daß Depressive vermehrt zu Schuldgefühlen und Selbstaggressionen neigen, und gegen andere stark feindselige Gefühle hegen, daß sie sich aber im Alltag wenig durchsetzen und kaum einmal im rechten Moment offene Aggressionen zeigen können. Folgt man BERKOWITZ (1983), nach dem depressive Kinder allerdings doch recht aggressiv sind, so wäre eine Untersuchung zu begrüßen, die auch umgekehrt fragt, ob manches als aggressiv abgestempelte Kind vielleicht im Grund depressiv ist. Gerade aggressive Kinder werden von Erziehern heftig abgelehnt – evtl. wird nur hinter der Maske der Aggressivität nicht genügend die Depressivität erkannt.

MATUSSEK, AGERER und SEIBT (1984), deren theoretische Position psychoanalytisch orientiert ist, unterteilten eine 115 Patient(inn)en umfassende Gruppe von Depressiven (mono-, bipolare und neurotische) in Allergiker und Nichtallergiker. Die (nicht näher beschriebenen) Allergiker erreichten in den ersten beiden FAF-Skalen (spontane und reaktive Aggressivität; s. Kap. 5.5.1) relativ hohe Werte. Aber auch diejenigen mit besonderen (nicht näher beschriebenen) infektuösen Erkrankungen in der Vorgeschichte waren aggressiver als die Restgruppe. Dies erschwert die von den Autoren angestrebte Interpretation der Aggressivität als ein besonderes Symptom jener Allergien, die als psychosomatische Erkrankungen angesehen werden.

1985 berichteten MATUSSEK et al. über einen Vergleich zwischen Depressiven, Hautkranken (Psoriatikern) und Kontrollpersonen. Die neurotischen Depressiven hatten relativ hohe Werte im FAF (spontane Aggressivität, Erregbarkeit und Selbstaggressionen), die Kontrollgruppe relativ niedrige; die monopolar-endogen Depressiven erreichten hohe Selbstaggressions-, aber niedrige Werte in den Fremdaggressionen; umgekehrt war die Tendenz bei den Psoriasis-Patienten. Entgegen der Untersuchung von 1984 erbrachte Faktor 2 (reaktive Aggressivität) keine Signifikanzen. Die hohen Selbstaggressionen sind mit der leitenden psychoanalytischen Denkweise vereinbar; die hohen Fremdaggressionen der Psoriatiker werden als Ausdruck eines Distanzierungsversuchs angesehen. Die hier nicht vollständig wiedergegebenen Ergebnisse muten insgesamt etwas heterogen an; es besteht die Gefahr von Überinterpretationen; der Unterschied zwischen den Psoriatikern und den Depressiven in den Fremdaggressionen ist vielleicht nur ein schlichter Alterseffekt: Das Durchschnittsalter betrug 40 (Psoriatiker) bzw. 54 Jahre (Depressive); mit zunehmendem Alter sinkt aber die (spontane) Fremdaggressivität.

BUSS referierte 1961 auch aggressionsspezifische Hypothesen zu psychosomatischen Erkrankungen wie Hypertonie und Neurodermatitis. Wut erhöht in der Regel den Blutdruck und die Hauttemperatur; unterdrückte Wut, gehemmte Aggressionsneigungen sollen in der Ätiologie beider Krankheitsformen bedeutsam sein. Männer leiden eher an Hypertonie, Frauen eher an Neurodermatitis – wobei sexuelle Konflikte letztere Krankheitsform begünstigen sollen. Zusammenhänge zwischen Hypertonie und negativen Affekten nimmt z.B. auch DIAMOND (1 982) an; die wirksamen Mechanismen sind aber weiterhin unklar.

SCHNELLER et al. (1980) ziehen im Gegensatz zur psychoanalytisch orientierten psychosomatischen Medizin die naheliegende Konsequenz, bei Patienten mit Hypertonie vom Ärger-Abreagieren etc. abzuraten. Sie verweisen darauf, daß Aggressionen bei (situativ) erhöhtem Blutdruck diesen nicht grundsätzlich zurückbilden, z.B. nicht Aggressionen gegen sozial höher gestellte Personen (HOKANSON und BURGESS, 1962); der Blutdruck sinkt bei Frauen nach Aggressionen langsamer als nach freundlichem Verhalten. Kurz: Der Blutdruck normalisiert sich am schnellsten, wenn man das tut, was man als angemessen erscheinende Reaktion auf Verärgerung gelernt hat; bei Männern ist das eher eine offene Aggression, bei Frauen aber nicht. Auch Selbstaggressionen können die Funktion erwerben, den Blutdruck abzusenken (s. MEGARGEE und HOKANSON, 1970).

Insgesamt leidet die Erforschung der Aggressionsneigungen bei verschiedenen Krankheitsbildern etwas an der Einbettung in veraltete Theorien bzw. an Theorie- und Programmlosigkeit und damit zusammenhängender begrifflicher Unschärfe.

4.1.1.6 Zustände im zentralen Nervensystem

Verhalten und Erleben sind an zentralnervöse Vorgänge gebunden. Versuche an Menschen und Tieren konnten nachweisen, daß bestimmte Anteile des Gehirns in Beziehung zum Wut-Affekt und zu aggressiven Verhaltensweisen stehen (im Detail s. LISCHKE, 1971). Besonders beim Menschen sind die Ergebnisse jedoch sehr komplex und z. T. widersprüchlich.

Vor einem häufigen Trugschluß wird man sich auch in der Tierforschung hüten müssen: Selbst wenn durch Reizung eines Hirnareals regelmäßig bestimmte Aggressionen ausgelöst werden können, muß kein Aggressionstrieb angenommen werden. Es ist nicht einmal gesichert, daß gleich erscheinende spontane Aggressionen in den gleichen Arealen ihren Ausgangspunkt haben. Um es in einem groben Vergleich zu sagen: Wenn ein heftiger Schlag gegen die Stirn Kopfschmerzen hervorruft, erfahren wir dadurch nichts über die Entstehung von Migräne-Anfällen. Zudem hängt selbst im Tierexperiment der Erfolg der Hirnreizung entscheidend mit davon ab, ob das Tier als ein mehr aggressives Individuum bekannt ist oder nicht: Aggressive Tiere werden zu Aggressionen provoziert, andere hingegen nicht (s. GARATTINI und SIGG, 1969). Ein und dasselbe Äffchen zeigt bei gleicher Hirnreizung sehr unterschiedliches Verhalten: aggressives gegen submissive Partner und submissives Verhalten gegen dominante Partner (DELGADO, 1979).

Eine gemeinsame physiologische Grundlage verschiedener Aggressionen kann in der *erhöhten Aktivation* gesehen werden. (Eine erhöhte Aktivation zeigt sich im Elektroenzephalogramm, aber auch in beschleunigter Herz- und Atmungstätigkeit usw.). Aggressives Verhalten setzt hohe Aktivation voraus. Eine solche Aktivationssteigerung kann durch *Alkohol* und andere *Drogen,* aber auch durch *Frustrationen,* durch *Schmerz* und *Geräusche,* durch *sexuelle Reize,* durch *körperliche* und *geistige Anstrengung* usw. erreicht werden.

GOLDSTEIN (1975) zitiert eine amerikanische Untersuchung, nach der in 64 % von fast 600 amerikanischen Mordtaten *Alkohol* bei Tätern und/oder Opfern eine Rolle spielte. Die Schätzungen für eine Mitschuld des Alkohols bei Partnermißhandlungen schwanken zwischen 60 und 93 % (GOLDSTEIN, 1983).

Nach LAGERSPETZ (1981, S. 396) finden z. B. in Tampere (Finnland) über 90 % der schweren Straftaten unter Alkoholeinfluß statt. Die Beeinflussung der menschlichen Aggressivität durch Alkohol geschieht wohl nicht zwanghaft und physiologisch; sie wird kognitiv vermittelt: Denken und Urteilen verlieren bei größerem Alkoholkonsum an Niveau, und einfache (instrumentelle) Aggressionen erscheinen dem Angetrunkenen zweckmäßiger als komplexe Verhaltensalternativen.

Im Tierversuch sind die Ergebnisse übrigens kontrovers: Mäuse z. B. sollen durch Alkohol nicht aggressiver werden.

Es ist jedenfalls wieder einmal vor einer linearen Sicht (je mehr Alkohol, desto mehr Aggression) zu warnen. So konnten JEAVONS und TAYLOR (1985) durch ein Experiment aufzeigen, daß Studenten auch unter Alkohol an einer sog. Aggressionsmaschine dann relativ schwache Aggressionen austeilten, wenn sie beiläufig erfahren hatten, daß allgemein die Aggressionen in solchen Experimenten gering blieben ... Studenten mit gleicher Alkoholaufnahme, die keinen solchen Hinweis auf das »übliche« Verhalten bekommen hatten, teilten stärkere Aggressionen aus.

Besonders eindrucksvoll erscheint in diesem Zusammenhang ein Pornographie-Experiment von BRIDDELL et al. (1978): Studenten wurden einer von vier Gruppen zugeteilt; zwei Gruppen erhielten alkoholische, zwei alkoholfreie Getränke. Je eine Gruppe wurde richtig informiert (daß ihr Getränk alkoholhaltig bzw. alkoholfrei war), je eine Gruppe wurde fehlinformiert, so daß sie bezüglich der Getränkewirkungen auch Fehlerwartungen hatten (s. Schema unten).

		Alkohol	
		ja	nein
Information	richtig	Erwartung von Alkoholwirkung	keine solche Erwartung
	falsch	keine solche Erwartung	Erwartung von Alkoholwirkung

Nach dem Trinken wurde allen die Beschreibung eines normalen Koitus, einer Vergewaltigung und einer sadistischen Aggression über Tonband vorgespielt (in variierter Abfolge). Es zeigte sich, daß der Alkohol allein auf die sexuelle Erregung und die sexuelle Phantasie ohne nennenswerten Einfluß blieb; die *Erwartung* wirkte sich aus: Bei Studenten, die glaubten, Alkohol zu sich genommen zu haben, war die Erregung durch die beiden aggressiven Szenen größer als bei den anderen. Ein psychischer Prozeß (Erwartungsbildung) war also ausschlaggebender als die physiologische Einwirkung des Alkohols.

Psychische Folgen von Belastungen durch Metalle etc. sind noch wenig erforscht; mit verschiedenen *Vergiftungserscheinungen* ist zu rechnen. MARLOWE et al. (1985) behaupten für Kinder hohe Korrelationen zwischen dem Bleigehalt im Körper und der über Lehrerurteil bestimmten Aggressivität; auch die Aluminium- und Kadmiumwerte korrelierten signifikant mit der Aggressivität. Es ist in diesem Feld angesichts unserer gestiegenen Sensibilität bezüglich der *Umweltverschmutzung* ein *Forschungsboom* wahrscheinlich und auch *erforderlich.*

4.1.1.6.1 Schmerz

Untersuchungen über den Schmerz als Bedingung für aggressives Verhalten sind zahlreich; sie sind bislang mehr auf tierisches Verhalten zentriert (s. ULRICH, 1966). Aus Tierversuchen – u. a. von AZRIN et al. (1968) mit Ratten – entstand die Annahme, Schmerz führe zu Aggressionen. AZRIN selbst hat diese Aussage nach Experimenten mit Äffchen relativiert (1970): Ein bestimmter Schmerz (elektrischer Schlag) löst Beißverhalten gegen ein Objekt aus, wenn der Stromschlag willkürlich verteilt erfolgt. Wenn aber der gleiche Stromschlag gleichsam als Strafe kontingent auf das Beißen folgt, wird dieses Beißen reduziert. Also löst nicht jeder Schmerz Aggression aus; auch das Tier beantwortet ihn differentiell. Bei diesen Untersuchungen muß man sich aber fragen, ob das Beißen eines Objekts überhaupt als Aggression gesehen werden darf; m.E. hat es eher den Charakter, den das Zähne-Zusammenbeißen bei Schmerz hat. Ferner wissen wir, daß nicht alle Säugetiere bei Schmerz in solcher Weise beißen, z.B. Meerschweinchen nicht (ULRICH, 1966). Generalisierungen verbieten sich einmal mehr – zumal vom Tier auf den Menschen. Die Annahme ist vertretbar, daß Schmerz unser Aktivierungsniveau erhöht und damit bei einigen die Wahrscheinlichkeit aggressiven Verhaltens – in Abhängigkeit von der Lerngeschichte. Viele werden bei Schmerzreizen jedoch eher fliehen als aggressiv werden.

4.1.2 Das psychische Teilsystem

4.1.2.1 Zur Dimensionalität der Aggressivität

»Dimensionalität der Aggressivität« meint – wie schon angedeutet – daß es zweckmäßig sein dürfte, mehrere Aggressivitäten zu unterscheiden. Aggressivitäten sind über die Zeit hinweg so konsistent (s.u.a. ERON et al., 1984; OLWEUS, 1984), daß von überdauernden Persönlichkeitsmerkmalen gesprochen werden kann. Im einzelnen ist die Dimensionalität der Aggressivität und deren Stellung im menschlichen Verhaltens-Universum bislang kaum andeutungsweise aufgedeckt worden. Das mögliche Ziel darf nicht statisch verstanden werden: Die Persönlichkeitsstruktur des Menschen ist mit HEISS (1949) und EYSENCK (1960) als dynamisches, »schwebendes« Gleichgewicht bzw. als nur relativ konstante Verhaltens-Organisation zu verstehen.

Die großen persönlichkeitspsychologischen Lehrgebäude von EYSENCK (1960) und CATTELL (1965) enthalten keine Faktoren, die »Aggressivität« genannt werden. Führt man sich dagegen die Aggressions-Theorien von FREUD (1920) bis BANDURA (1973) und die Alltagserfahrung vor Augen, wird es schwer verständlich, wie die umfassenden Verhaltensanalysen von EYSENCK und CATTELL die aggressiven Verhaltensweisen so mangelhaft repräsentieren konnten, daß mit ihnen kein eigener Faktor »Aggressivität« ermittelt wurde. Allerdings befaßt sich EYSENCK dennoch sehr intensiv mit der Kriminalität.

Die Aggressionsforschung liefert natürlich einige Ansätze zur Binnengliederung der Aggressivität. Die Fragebogenkonstruktion von BUSS und DURKEE (1957, s. auch Kap. 5.5.1) begann mit 7 Teilklassen feindselig-aggressiven Verhaltens und endete bei zwei Faktoren: Hostility (Feindseligkeit) und Aggressivität. »Feindseligkeit« (s. Kap. 1) meint mehr negative Einstellungen (Mißtrauen und Ressentiment), »Aggressivität« mehr Verhaltensmerkmale (physische und verbale Aggression).

Eine eigene Fragebogenkonstruktion (FAF; HAMPEL und SELG, 1975, s. Kap. 5) führte zu fünf Faktoren: spontante und reaktive Aggressivität, Selbstaggressionsneigung, Erregbarkeit (affine Emotion) und Aggressionshemmung.

Man darf die Bedeutung solcher Untergliederungen der Aggressivität nicht überbewerten. Viele recht willkürliche Vorentscheidungen über die Itemauswahl und die benutzten Konstruktionsmethoden bestimmen die Ergebnisse mit. Immerhin kam CHOYNOWSKI (briefliche Mitteilung, 1986) bei seinen Untersuchungen zur Struktur der Aggressivität zu vergleichbaren vier Faktoren: »rebelliousness«, spontane Aggressivität, Selbstaggressivität und »irritable, provoked aggressiveness«. Bei der spontanten und der Selbstaggressivität scheint Übereinstimmung zum FAF offensichtlich zu sein. Die irritable, provozierte Aggressivität hat wohl Überschneidungen mit der Erregbarkeit und der reaktiven Aggressivität. Eine befriedigende Stellungnahme zur Skala »rebelliousness« ist anhand der ersten Informationen noch nicht möglich. CHOYNOWSKI berücksichtigte Aggressionshemmungen in seinen ersten Untersuchungen bislang nicht, will dies aber nachholen (mit einer Skala »guilt feelings«).

4.1.2.2 Verflechtung verschiedener Persönlichkeitsmerkmale mit aggressivem Verhalten

Wenngleich EYSENCK keinen Faktor »Aggressivität« erarbeitet hat, so lassen sich doch Zusammenhänge seiner Hauptfaktoren Neurotizismus, Psychotizismus und Extra/Introversion mit aggressivem Verhalten erkennen. (Anm. 2)

BENDIG (1962a) ermittelte an amerikanischen Studenten, daß – mit Fragebogen gemessen – Neurotizismus und Aggressivität miteinander korrelieren, nicht aber Extra/Introversion und Aggressivität.

Diese Befunde konnten mit dem Freiburger Aggressionsfragebogen für deutsche Studenten bestätigt werden. Fremd- und Selbstaggressionen korrelierten signifikant positiv mit einem Neurotizismusmaß, nicht aber mit Extraversion (SELG und LISCHKE, 1966; SELG, 1968).

SCHMIDT-MUMMENDEY (1972) erzielte bei Studenten und Polizisten zwischen Fremdaggressionen und Neurotizismus bzw. Extraversion ähnliche Resultate.

EYSENCK (1964) hingegen behauptete, emotionale Labilität (Neurotizismus) *und* Extraversion korrelierten mit der Aggressivität; allerdings stützte er sich vorwiegend auf kriminelle Aggressionsformen.

CATTELL (1965) ordnete die Aggressionen vorwiegend den Dominanzstrebungen (Faktor E) zu. Die entscheidenden Schwächen seines Systems liegen m.E. in den Anfängen seiner Forschung (1946): CATTELL ließ sich von den Eigenschaftsbegriffen der englischen Sprache leiten. Er strich die von ALLPORT und ODBERT (1936) gesammelten Bezeichnungen (ca. 4500) unter Verzicht auf alle Synonyme und auf sehr affin erscheinende Eigenschaften zusammen, füllte die so erhaltene Sammlung von 160 Eigenschaften mit Hilfe einiger neuer wissenschaftlicher Begriffe auf 171 auf und bildete dann über Paarvergleiche sehr viele Eigenschaftsgruppierungen, von denen er nur 34 für die späteren faktorenanalytischen Arbeiten berücksichtigte, weil es sonst »zu viele« gewesen wären (1946, S. 294). Wir brauchen seinen Ansatz nicht weiter zu verfolgen. Es wurde auf diesem Weg kein Faktor der Aggressivität ermittelt; CATTELLs Faktoren E, A, H, L etc. enthalten Hinweise auf Aggressionen – mehr nicht.

Spätere Untersuchungen (u.a. CATTELL, 1965) ordneten den kriminellen Aggressionsformen eine geringe Ich-Stärke (Faktor C) und eine geringe Über-Ich-Stärke (Faktor G) bei extravertiertem Verhalten zu, den neurotischen Aggressionsformen dagegen Phantasie-Aggressionen bei introvertiertem Verhalten; im übrigen sei die Kluft zwischen Neurotikern und Delinquenten nicht so groß, daß klare Trennungen möglich seien.

ROSENBAUM und DeCHARMS (1960) vermuteten »Überschneidungen« von Aggressivität und *Selbstvertrauen* (Self-esteem) in der Weise, daß bei hohem Selbstvertrauen weniger Anreize zur Aggression erlebt werden. 1961 konnten ROSENBAUM und STANNERS diese Hypothese aber nicht stützen. Dennoch bemerken VERRES und SOBEZ (1980, S. 157), »daß die Ausbildung eines angemessenen Selbstwertgefühls« für die Ärger/Wut- und Aggressionskontrolle wichtig sei. Hierher paßt m. E. ein Hinweis von MEGARGEE (1966); er macht darauf aufmerksam, daß es unter den Gewalttätern eine Untergruppe gebe, deren Mitglieder lange Zeit unauffällig blieben, aber eines Tages aus nichtig erscheinendem Anlaß die Kontrolle verlören. Er sieht sie als Überkontrollierte an. Sie haben nicht gelernt, sich angemessen durchzusetzen. Immer wieder geben sie klein bei, schlucken ihren Ärger runter, vergessen aber die Kränkungen nicht, die somit (kognitiv) gespeichert bleiben und schließlich ein explosives Fehlverhalten mitbegründen.

Ein verwandt erscheinender Zusammenhang zwischen Angst und Aggressivität ist oft behauptet worden. Indirekt spricht er aus Beziehungen zwischen Aggressivität und Neurotizismus. Er kann auch bei flüchtenden Tieren erschlossen werden, deren »kritische Distanz« unterschritten wird: Aus Rückzugs- wird leicht Angriffsverhalten. Nach Anna FREUD (1964, S. 33) soll ein Junge mit Kastrationsangst seine Angst oft in »Angriffslust« verkehren; er wird »mit Säbel und Kindergewehr« spielen. Ferner glauben mit Anna FREUD viele Tiefenpsychologen an einen Abwehrmechanismus »Identifizierung mit dem Angreifer«. Ohne die Zuhilfenahme solch kühner theoretischer Konstruktionen begannen BANDURA und WALTERS (1964) mit ihren Mitarbeitern das Feld imitierender Aggressionen experimentell zu bearbeiten und einfacher zu erklären (s. Kap. 2.3.3).

Für K. HORNEY ist die Angst das dynamische Zentrum der Neurosen (1964, S. 27, 41), die offensichtlich ihre Hauptquelle in feindseligen Trieben der »verschiedensten Art« haben sollen. Diese Formulierungen sind vage, unterstreichen aber, daß tiefenpsychologische Methoden immer wieder Angst und Aggressivität zusammen hervortreten lassen (s.auch MITSCHERLICH, 1956). Schränkt man diese Erfahrungen insofern ein, als man nicht mehr von *der* Aggression oder Aggressivität spricht, kann die Verbindung zwischen den beiden Dimensionen auch lerntheoretisch verständlich gemacht werden. Wo ein aggressives Verhalten gelernt worden ist, wird es oft durch Strafen unterdrückt;

allmählich kann bereits der Ansatz zum aggressiven Verhalten die Furcht vor der Strafe wecken, umgekehrt kann Furcht auch aggressive Regungen aufkommen lassen (WURTZ, 1960; MORGAN, 1961). Schließlich bleibt aber dem Furchtsamen, der in eine ausweglose Situation getrieben wird, gar keine andere Wahl, als mittels Aggression eine Befreiung zu versuchen.

Gelegentlich kann ein Zusammenhang von Angst und Aggressivität auch als *Artefakt* gesehen werden. GOTTSCHALK et al. (1964) reduzierten mit einer Droge (Perphenazin) sowohl die Bereitschaft zu Fremdaggression als auch zu Angst; die Droge senkte offensichtlich das Aktivations-Niveau. Aggressionen und Angst gehen mit hoher Aktivation einher; sie werden also beide von der Aktiviertheit (mit)bestimmt, ohne daß zwischen ihnen selbst ein primärer Zusammenhang bestehen muß.

Tiefenpsychologen behaupten immer wieder auch einen Zusammenhang zwischen Sexualität und Aggressivität (FREUD bereits 1905). Zumeist müssen pauschale Behauptungen in recht projektiver Weise dafür herhalten, aggressives männliches Sexualverhalten wissenschaftlich zu verbrämen (STORR, 1970).

Im Bereich der experimentellen Psychologie gibt es Untersuchungen, welche als Stützung der Hypothese angesehen werden können, ebensogut aber auch als Artefakt verstehbar sind oder eine alternative Interpretation erfordern. BARCLAY und HABER (1965; ähnlich BARCLAY, 1969, 1970) verärgerten Studenten, die daraufhin bei entsprechenden Bildvorlagen sowohl mehr aggressive als auch mehr sexuelle Geschichten erzählten als nicht-verärgerte Kontrollgruppen. Es ist wieder zu bedenken: Die Verärgerung erhöhte die Aktiviertheit; wahrscheinlich wurden die Verhaltenstendenzen in allen Verhaltensklassen erhöht, die eine hohe Aktivierung voraussetzen.

4.1.2.2.1 Bereitschaft zu Gehorsam

Die Bereitschaft zum Gehorsam als Bedingung aggressiven Verhaltens ist durch MILGRAMs Experimente (1963) Gegenstand weltweiten Interesses geworden: Die Versuchspersonen in diesen (gelegentlich auch Abraham-Experimente genannten) Studien werden aufgefordert, einen anderen Menschen, der bestimmte Aufgaben zu lösen hat, für Fehler mit einem (vorgetäuschten) elektrischen Stromstoß zu bestrafen. Der Versuchsleiter verlangt von Fehler zu Fehler stärkere Stromschläge. Bemerkenswert viele Personen sind bereit, in schlichtem Gehorsam den schlecht lernenden »Opfern« lebensgefährlich erscheinende Stromschläge auszuteilen. Die Experimente sind sehr sorgfältig überprüft und wiederholt worden; es steht außer Zweifel, daß die Bereitschaft zum Gehorsam eine überaus verbreitete wichtige Bedingung aggressiven Verhaltens ist.

Wichtige Schergen des 3. Reiches (z.B. R. HÖSS, 1940–1943 Kommandant des Konzentrationslagers Auschwitz) lassen sich in den Interpretationsrahmen dieser Experimente mühelos einordnen. Kriege könnten ohne diese Aggressionsbedingung nicht geführt werden; die Befehlsverweigerer sind bis heute eine verschwindend kleine Minderheit. Oft genug wird »blinder« Gehorsam antrainiert und belohnt; bei Gehorsamsverweigerung droht im militärischen Ernstfall immer die Todesstrafe.

4.1.2.2.2 Aggressionshemmungen

Hemmung von Aggressivität ist nicht zu verwechseln mit Fehlen von Aggressivität. Wo Aggressionsneigungen fehlen, bedarf es keiner Hemmung. Hemmungen treten als Gegenspieler vorhandener Aggressionsbereitschaften auf.

Manche Hemmungen sind nicht zu verkennen: Gegen Frauen, Kinder und alte Menschen fallen Aggressionen oft geringer aus als gegen junge Männer; Kinder sind gegen Erwachsene weniger aggressiv als gegen Peers. Aber auch in bestimmten Situationen werden Hemmungen deutlich: in Konzertsälen, in Kirchen, auf Friedhöfen ereignen sich kaum körperliche Aggressionen.

Wenn wir die großen Aggressionstheorien Revue passieren lassen, können wir feststellen, daß FREUD das Thema Aggressionshemmung zusammen mit der Trieblegierung abhandelt; bei LORENZ spielen Kanalisierung und Katharsis, aber auch spezielle angebotene Aggressionshemmungen eine Rolle.

Auf markante prüfbare Hypothesen zur Hemmung aggressiver Handlungen stoßen wir bereits in der ersten Aggressionsmonographie (DOLLARD et al., 1939). Hemmung wurde auf erfahrene Bestrafung zurückgeführt (S. 36); man nahm darüber hinaus an, die jeweils aktuelle Größe der Hemmung sei proportional den Straferwartungen in der Situation (S. 42). Je mehr Bestrafung für eine Handlung antizipiert wird (S. 47), desto unwahrscheinlicher wird eine Aggression. Ein Junge, der seinen kleinen Bruder geschlagen hat und dafür heftig bestraft wird, so lautet ein fiktives Beispiel bei DOLLARD et al., wird künftig unter ähnlichen Umständen weniger dazu neigen, seinen Bruder zu schlagen.

Der Glaube an die hemmungserzeugende Wirksamkeit von Bestrafung war bei DOLLARD et al. groß. Als Bestrafung galt auch jeder Mißerfolg, jede negative Erfahrung bei der Durchführung von Handlungen.

Wir können diese Lehrmeinung nicht mehr teilen. Es ist offen, wie Bestrafungsversuche aggressives Verhalten beeinflussen; sie können es reduzieren, es aber auch steigern oder ohne erkennbare Auswirkungen bleiben. Bei lernpsychologischer Betrachtung ergibt sich, daß ein Bestrafungsversuch nur dann sein Ziel erreicht, wenn die Strafe mit dem aggressiven Verhalten eng verknüpft wird: So müßte ein Dieb noch bei der Tat gestellt und bestraft werden, wenn sich mit hoher Wahrscheinlichkeit eine Hemmung weiterer Diebstähle ergeben soll.

Manche Bestrafung ist zu schwach; sie signalisiert dem Opfer lediglich seinen Erfolg!

Werden Strafen aber andererseits stark, so geben sie dem Getroffenen zumindest gleichzeitig ein Modell, wie er sich (gegen Schwächere) durchsetzen kann. Körperlich strafende Eltern haben oftmals besonders aggressive Kinder (GLUECK und GLUECK, 1950; SEARS et al. 1953; BANDURA und WALTERS, 1963). Aggressive, z.B. auch Straftäter, sind bezüglich der Aggressivitäten nicht einfach ungehemmt. Vielleicht sind ihre Hemmungen zu schwach oder nicht »breit« genug. So kann jemand durchaus gelernt haben, gegen seine

Eltern nicht-aggressiv zu bleiben, aber bei Verärgerungen durch Fremde sind seine Hemmungen nicht mehr stark genug. Schließlich gibt es situative Merkmale, welche Hemmungen reduzieren, z.B. Alkohol, Anonymität (s. weiter unten).

Strafen können auch allzu stark sein; sie führen dann nicht nur zu den angestrebten Aggressionshemmungen, sondern zu Hemmungen allgemein, zum fatalen Zustand der Gehemmtheit. Ein wegen einer Aggression übermäßig bestraftes Kind wird wohl nicht nur seine Aggressionsneigung reduzieren, sondern allgemein dem Strafenden aus dem Weg gehen und evtl. insgesamt seine Aktivitäten hemmen. SEARS et al. (1957) berichten von heftig bestraften Mädchen, die passiv und gehemmt wirkten.

Es gibt auch übermäßig gehemmte unter den Menschen, die durch extreme Aggressionen auffallen. Weiter oben wurde schon auf MEGARGEE(1966) verwiesen. Er diskutiert paradox wirkende Gewaltausbrüche (bis hin zum Mord), die bei *überkontrollierten,* d.h. im allgemeinen ruhig und nicht-aggressiv wirkenden Individuen beobachtet werden. Solche Menschen haben es nicht gelernt, ihre Interessen angemessen durchzusetzen und ihre frustrationsbedingten Ärger/Wut-Verspannungen abzubauen; es dominieren die Hemmungen. Da aber große Frustriertheiten nicht völlig vergessen werden, sondern durch Erinnerungen in großer Stärke wiederbelebt werden können, kann es eines Tages passieren, daß eine weitere Frustration einen noch stärkeren Affekt als bislang hervorruft, dem gegenüber keine Hemmungen erlernt worden sind.

Mancher überraschende Gewaltausbruch bei nicht-aggressiv wirkenden Menschen kann aber wohl auch so erklärt werden, daß nach einer langen Serie von Frustrationen eine günstige Gelegenheit zur Aggression abgewartet wird.

Hier ist bewußt nicht die Sprache von einem »Aggressionsstau«; denn Aggressionen und Affekte können weder im Gehirn noch sonstwo gestaut werden; es werden Erfahrungen im Langzeitgedächtnis gespeichert und bei einer Erinnerung werden mehr oder weniger auch die alten Affekte und die alten aggressiven Ziele wiederbelebt. Das Bild einer Aufstauung unterstellt hingegen, die Affekte seien ständig erhalten geblieben wie das Wasser in einem Stausee.

Wenn wir uns von der Frustrations-Aggressions-Theorie und ihrer Überbetonung der Bestrafung lösen, können wir sehen, daß im Grunde jedes Verhalten, das mit Aggressionen leidlich inkompatibel ist, als Hemmfaktor für Aggression interpretiert werden kann, und daß viele bisherige Versuche über Aggressionshemmung allzu eng angelegt waren. Es gibt nicht *das* Aggressions-Hemmungsmotiv, es gibt unzählige Motive, die gegen Aggressionen stehen; auch die z.B. in Fragebogen erfaßten Aggressionshemmungen zeigen nur einen kleinen Teil möglicher Aggressionshemmungen an. Worauf es ankommt, wenn Situationen bereits antisoziale Aggressionen auslösen, ist: anderes Verhalten in diesen Situationen zu trainieren. Man hat Kindern mit Erfolg beigebracht, auf Frustrationen nicht mehr aggressiv zu reagieren (CHITTENDEN, 1942; DAVITZ, 1952); man hat Erwachsene trainiert, ärgerauslösende Situationen anders als bislang zu verarbeiten (SIEBERT, 1976, 1977; s. auch Kap. 6).

Es gibt aber wenig Verhaltensweisen oder Erlebniszustände, die *völlig* inkompatibel mit aggressivem Verhalten sind. Man kann zwar tatsächlich nicht voll Ärger/Wut eine (expressive) Aggression begehen und zugleich entspannt sein; aber Lachen und (instrumentelles oder feindseliges) Schießen sind – entgegen LORENZ (1963, S. 384) – keineswegs genügend inkompatibel: Es gibt Menschen, die sich amüsieren und gleichzeitig aggressive Befehle ausführen oder genüßlich andere quälen können (im zweiten Fall ist an Sadisten zu denken).

Die Suche nach mehr oder weniger mit Aggression inkompatiblem Verhalten könnte ausufern. Es gibt einige handfestere Variablen, die als aggressionshemmend zumindest kurz erwähnt werden müssen.

Da ist vor allem die *Empathie* zu nennen. Bei Experimenten, in denen Aggressionen ausgeteilt werden, wirken Rückmeldungen über die Schmerzen der Opfer in aller Regel aggressionsmindernd (MILGRAM, 1966). Empathie oder Einfühlung meint die Fähigkeit, das emotionale Erleben eines anderen nachzuvollziehen. N. FESHBACH (1974) sieht drei Komponenten als nötig an: Erstens muß man verschiedene Emotionen beim anderen aufgrund von interpersonalen Hinweisreizen diskriminieren können; zweitens muß man die Perspektive, den Standpunkt eines anderen einnehmen können und drittens muß daraus hervorgehen, daß man die Emotionen des anderen teilen, nachvollziehen, miterleben kann. Diese dritte Komponente, die emotionale, ist besonders wichtig für die Aggressionsregulation. Nach FESHBACHs Untersuchung von 6–8jährigen Kindern gibt es für die Ausbildung von Empathie bei Jungen und Mädchen unterschiedlich wirksame elterliche Bedingungen. Väter, die Wettbewerbshaltungen fördern, behindern bei Jungen die Empathieentwicklung. Bei Mädchen sind die Beziehungen zur Mutter besonders wichtig: Zurückweisungen und Punitivität sind negativ, Toleranz positiv. Die kleine Untersuchung von N. FESHBACH darf nicht überinterpretiert werden, aber insgesamt paßt sie in den Kreis derer, die elterliche Wärme und Zuneigung und argumentativen Umgang mit Kindern als wichtige Voraussetzungen nichtaggressiven Verhaltens hervorheben (s.u.a. McCORD et al.). N. FESHBACH konnte 1979 auch über Erfolge eines Empathietrainings berichten; es reduzierte Aggressionen und ließ prosoziales Verhalten ansteigen.

Empathie kann letztlich nicht losgelöst von umfassenderen Variablen wie Selbstkontrolle, moralisches Urteilen und Handeln, Gewissensbildung etc. erörtert werden. Darin sind die gesellschaftlichen Normen eingeschlossen, auf die wir weiter unten noch einmal gesondert eingehen wollen. Vor, während und nach jeder Handlung stellen wir mehr oder weniger bewußt Vergleiche mit unseren Normen als Sollwerten an. Vor einer in Aussicht genommenen aggressiven Handlung erleben wir Aggressionsängste; und wir erleben Schuldgefühle, wenn wir, z. B. unter Alkoholeinfluß, den eigenen Normen nicht genügt haben.

Wo solche Verhaltensstandards wenig ausgeprägt sind, kommt es eher zu aggressivem Fehlverhalten, wie z. B. auch BERKOWITZ (1962, S. 294) mit Bezug auf verschiedene Untersuchungen betont. Elterlichen Anforderungen kommt in der Ausbildung solcher Standards ein entscheidendes Gewicht zu:

Von nicht-aggressiven Kindern wird mehr gefordert als von aggressiven Kindern.

BANDURA (1986, S. 376) sieht ein Gefüge von Mechanismen, die Hemmungen reduzieren können. Man kann z.B. aggressives Verhalten moralisch rechtfertigen. Ganz systematisch geschieht das im militärischen Training. Im Krieg kommt hinzu, daß dem Feind immer recht erfolgreich die Schuld zugeschoben wird. Wo Aggressionen eskalieren, wird zumeist die eigene Aggression als gerechtfertigt oder allenfalls als harmlos, die des anderen aber als unangemessen eingestuft. Die Be-Schuldigung zieht vielfach dehumanisierende Maßnahmen (s. Kap. 4.3.2) und Beschönigungen des eigenen Tuns nach sich. Wie BANDURA schreibt, sind die »Freiheitskämpfer« des einen die »Terroristen« des andern. Die bloße Etikettierung, sei es als euphemistische Benennung des eigenen Handelns, sei es als Killer-Vokabel für das Verhalten der Gegenseite, ist politisch eminent wichtig. Eine militärische Aktion kann als Meuchelmord, aber auch verharmlosend als Ausführung einer Strafaktion, als Ausrottung von Feinden oder auch als Ausmerzung von Untermenschen dargestellt werden. Wenn dabei eigene Soldaten zu Tode kommen, so »fallen« sie lediglich (wohin eigentlich?). Unsere Medien verniedlichen und verherrlichen Gewalt, indem sie detailreich physische Aggressionen als »action«, als spannende Unterhaltungsmittel einsetzen.

Phänomene der Deindividuation (Kap. 4.3.6) können als Ent-Hemmungen eingeordnet werden, gleichfalls das Abschieben von Verantwortung: Der aggressiv Handelnde erlebt sich als jemand, der lediglich Befehle ausführt, oder als jemand, der nur tut, was alle machen. Dies gilt auch für Industrien, die nachweislich zum Schaden der Menschheit produzieren, wie Tabak-, Alkohol-, Drogen-, Waffen-, Brutalpornohersteller und -vertreibern. Oft genug wird der bösen Tat ein guter Zweck unterschoben: Eingeborene werden in Brasilien verdrängt, damit die nachrückende Zivilisation noch mehr Menschen zugutekommen kann. Die Industrie stellt nach ihrer Meinung auch dort, wo sie die Umwelt und den Menschen langsam zerstört, in erster Linie unverzichtbare Arbeitsplätze zur Verfügung . . .

4.1.2.2.3 Relevanz von Kognitionen

Wie schon bemerkt, können Aggressionen als Problemlösungsversuche interpretiert werden – und zwar als relativ primitive; kurzfristig erbringen sie oft den erwünschten Erfolg, langfristig kaum einmal.

Kognitionen sind Prozesse der Informationsaufnahme und -verarbeitung; dazu gehören Wahrnehmungen, Vorstellungen, Denken (einschl. Problemlösen), Urteilen, Lernen und Gedächtnisprozesse. Die meisten Probleme sind von der Art, daß ein Ziel gegeben, der Weg zum Ziel aber noch unklar ist. Kognitionen gehen den Aggressionen voraus, begleiten sie und folgen ihnen nach; Kognitionen sind m.a.W. allgegenwärtig, allerdings nicht allmächtig. Wenn z.B. unser Erregungsniveau über ein Optimum ansteigt, sinken die kognitiven Leistungen (sog. Yerkes-Dodson-Gesetz). Gerade Aggressionen, insbesondere die expressiven, sind vielfach mit so hoher Erregung verbunden, daß Kognitionen beeinträchtigt werden. Kognitionen können aber auch selber affektive Erregungen bedingen: Die Erinnerung an eine am Tag zuvor erlittene Beleidigung läßt wieder unser »Blut kochen«.

Die nötige Zusammenschau von Aggression und Kognition fehlt m.E. noch in der Aggressionsforschung; sie wird auch hier nicht erbracht. Die Bedeutung kognitiver Einflüsse wird aber zunehmend betont, wenngleich unter verschiedener Etikettierung, z.B. »Attribution«. Wer bei anderen Aggressionen »wahrnimmt«, fühlt sich meist zur Gegenaggression berechtigt. Bei aggressiven Menschen sind Wahrnehmungsverzerrungen deutlich (OLWEUS, 1984). Aggressive Jungen erleben die Welt als bedrohlich; sie sehen mehr Aggressionen als nichtaggressive Kinder. Dies kann aber immerhin auch insofern eine relativ realistische Sicht sein, als aggressive Kinder tatsächlich sehr viel (Gegen)Aggression erfahren; wie man in den Wald hineinruft, so tönt es heraus ...

Kognitionen leiten insbesondere die instrumentellen Aggressionen, während expressive Aggressionen eher emotionsgeleitet sind. Bei instrumentellen Aggressionen verdient speziell die »Erwartung« eine besondere Beachtung, das Abwägen eigener Kompetenzen und zugehöriger Erfolgsaussichten.

Spätestens von KAUFMANN (1970) wurde den Kognitionen (als Komponenten von Einstellungen) ein hoher Stellenwert in der Aggressionsforschung eingeräumt.

SPIVACK und SHURE (1974; auch SHURE und SPIVACK, 1981) weisen darauf hin, daß gerade Kinder mit Verhaltensschwierigkeiten sich schwer tun, bei Widerständen und Konflikten andere als aggressive Lösungen zu finden. Ein besonderes Problemlösetraining wurde wiederholt bei Kindern im Vorschulalter erfolgreich angewandt; es verhalf den Kindern zu nichtaggressiven Lösungen ihrer Probleme (s. auch Kap. 6).

Untersuchungen wie die von ERON et al. (1974) stützen die Hypothese, daß Aggressive weniger intelligent sind als Nichtaggressive. Auch Erhebungen bei Straftätern liefern entsprechende Hinweise (GÖPPINGER, 1973; SELG, 1968). Aggressiv wird leicht, wer nicht über erfolgversprechende, normadäquate Strategien verfügt. Zur Aggession neigen viele, die – in welcher Form auch immer – überfordert werden. In den Experimenten von DÖRNER (1983a; Anm. 3) mit ihren komplexen Problemstellungen schlugen Studenten, welche am Computer die Rolle eines Bürgermeisters übernommen hatten, auch schon mal vor, Einwohner zu erschießen, wenn sie mit den Schwierigkeiten nicht mehr zurechtkamen ...

Menschen, die durchaus Alternativen zu aggressivem Verhalten kennen, können durch hartnäckige Frustrationen, wozu auch Überforderungen gerechnet werden können, zu Aggressionen gedrängt werden. So wollten z.B. 1973 Einwohner der niedersächsischen Stadt Nordhorn ihr Problem »Flugzeuglärm« lösen, indem sie u.a. Straßensperren errichteten, nachdem ihre anderen Versuche, erträgliche Lebensbedingungen zu erreichen, gescheitert waren.

Das Attentat von Graf Stauffenberg gegen Hitler am 20.7.1944 war eine Aggression aus der Einsicht, daß anderen Problemlösungsversuchen keine genügend hohe Erfolgswahrscheinlichkeit mehr zukam.

Terroristen interpretieren ihr Tun offensichtlich als einzige sinnvolle Alternative zum Verharren in einer abgelehnten gesellschaftlichen Situation. Vielfach glauben sie, im Namen der höchsten Moral und auch der Mehrheit zu handeln. »Aber der Terrorist schafft eine Scheinwelt«, heißt es bei WÖRDEMANN (1977, S. 15), in der man sich einredet, alles zur Verbesserung bestehender Zustände versucht und keine Alternative mehr zu haben. Spektakuläre Anfangserfolge bestärken die Terroristen auf ihrem Weg. (Anm. 4)

4.2 Das Mikrosystem Familie

Wir überschreiten die Grenzen des individuellen Bedingungsgefüges und werfen einen Blick auf seine Verflechtung mit anderen Menschen. Als erstes umfassendes System bietet sich die Familie an, die bereits wiederholt als aggressionsrelevant erwähnt wurde (s. u. a. MANTELL). Außerhalb kritischer Wissenschaft gilt die Familie in erster Linie als aggressionsarme Keimzelle der Gesellschaft.

Aus den möglichen Teilthemen von »Familie und Aggression« sollen zwei herausgegriffen werden: die Gewalt der Partner untereinander, die vorwiegend Gewalt gegen Frauen ist, und die Kindesmißhandlung. Mit ersten Daten aus den USA (WOLFGANG, 1979) sei die Bedeutung unterstrichen: 1974 betrug die Gesamtzahl der Tötungen in den USA rund 20000; in etwa jedem vierten Fall waren Täter und Opfer aus der gleichen Familie.

4.2.1 Gewalt unter (Ehe)Partnern

Während nach WOLFGANG (1979) bei Tötungsdelikten Männer und Frauen in etwa gleich oft als Täter wie Opfer in Erscheinung treten, überwiegen bei den etwas weniger extremen Gewaltanwendungen die Männer als Täter. Fast alle amerikanischen Texte betonen, daß der Trauschein vielfach vom Mann auch als Berechtigungsschein angesehen wird, die Frau zu schlagen. (Nach STEINMETZ, 1977, stehen allerdings die Frauen den Männern auch unter diesen weniger auffälligen Gewaltanwendungen kaum nach. Bei Auseinandersetzungen ist aber m. E. immer die körperliche Unterlegenheit der Frauen zu bedenken; s. auch D. GOLDSTEIN, 1983).

1971 wurde (in England) das erste der sogenannten Frauenhäuser eröffnet, in denen Frauen, die physischer oder psychischer Gewalt ausgesetzt sind, mit ihren Kindern Schutz finden können. Gewalt gegen Frauen ist nicht auf Ausnahmen und nicht auf die soziale Unterschicht beschränkt; allerdings flüchten die Angehörigen höherer Schichten selten ins Frauenhaus; ihre Finanzen bieten ihnen die Möglichkeit, sich z.B. in ein Hotel zurückzuziehen. Wieviele Partnerschaften, d.h. vornehmlich Ehen, betroffen sind, ist nicht exakt auszumachen; nach STEINMETZ (1977) sind es etwa 60%.

D. GOLDSTEIN (1983) erörtert drei theoretische Modelle, ein individuelles, ein strukturelles und ein sozietales.

Im individuellen Modell führt man die Gewaltausübung auf die Einzelperson, z.B. auf ihre Krankheiten, zurück und verschleiert damit, daß es in der Mehrzahl recht »normal« erscheinende Männer sind, die zur Gewalt greifen – vor allem, wenn sie bei labilem Selbstwertgefühl hohem Stress ausgesetzt sind.

Gern wird auch – FREUDschen Hypothesen folgend – über einen allgemeinen Masochismus der Frau und entsprechenden Sadismus der Männer spekuliert (FREUD, 1905, 1924). Frauen sind aber, wenn sie trotz erlittener Gewalt bei ihren Männern bleiben, weniger masochistisch als vielmehr ökonomisch und psychisch abhängig, z.T. dank der traditionellen Erziehung, die eine Überlegenheit der Männer sichert.

STORR (1970) sieht – ähnlich wie LORENZ (1963) – Aggressivität gar als Voraussetzung von Liebe. Vorwiegend sorgt er sich um die männliche Dominanz. Die Frau, die sich da widersetzt, gefährdet die Potenz ihres Mannes! Dies ist wissenschaftlich verbrämter und projektiver Machismo in Reinkultur. (Anm. 5)

Allerdings schaffen alle Eltern, die ihre Kinder lieben (ob echt oder angeblich) *und* sie schlagen, an solcher Verknüpfung von Liebe und Gewalt mit.

Sofern sog. Persönlichkeitsmerkmale von Bedeutung sind, ist neben geringem Selbstwertgefühl vor allem an bestimmte Gewaltneigungen von Männern zu denken: Die Erforschung der Brutal-Pornographie konnte aufzeigen (MALAMUTH, u.a. 1981), daß besonders gewaltorientierte Männer von Modellen der Brutal-Pornographie beeinflußt werden. Auch die Ausprägung des Geschlechtsrollen-Stereotyps ist wichtig (MALAMUTH und CHECK, 1983; BURT, 1980): Wer glaubt, daß Männer und Frauen klar verschiedene Rollen zu übernehmen haben und z.B. nur Männer sexuell werben dürfen, neigt im allgemeinen eher zu positiver Bewertung von Gewalt.

Frauen mit niederem Selbstwertgefühl, hohem Abhängigkeitsgefühl, hohen Schuldgefühlen, hoher Depressivität und einem traditionellen Rollenverständnis werden vorrangig Opfer männlicher Gewalt.

Im strukturellen Modell werden Familieneinflüsse betont, z.B. die Erfahrungen der Partner in ihrer Herkunftsfamilie. Erlebte Gewalt wird leicht tradiert, was u.a. als Lernen am Modell zu verstehen ist. Ganz allgemein ist unter strukturellem Aspekt anzumerken, daß die oben aufgeführten relevanten Persönlichkeitsmerkmale vorwiegend in bestimmten Familienkonstellationen erworben werden. Männer aus gewalttätigen Elternhäusern haben eine vielhundertfach höhere Wahrscheinlichkeit, ihre Frau zu mißhandeln als Männer aus nicht gewalttätigen Familien.

Auch STEINMETZ meint mit »Zyklus der Gewalt«, daß sich Gewalt in Familien tradiert: Was in der elterlichen Familie erlebt und gelernt wurde, setzen viele später in der eigenen Familie gegen Partner und Kinder fort. Gewalt gegen Frauen korreliert positiv mit Gewalt gegen Kinder (GELLES, 1980).

Die Beobachtungen von STEINMETZ umfaßten 1977 drei Generationen. Durchbrochen wird der Gewaltzyklus u.a. durch höheres Bildungsniveau; wahrscheinlich können argumentative Formen der Durchsetzung aggressivere ersetzen. Auch nach CARROLL (1977) werden Gewalttätigkeiten in Familien gleichsam »vererbt«: Gewalt züchtet Gewalt.

WALKER (1979; referiert nach GOLDSTEIN, 1983) sieht auch repetitive Zyklen von Schlagen und Versöhnung: Wiederholt zeigen gewalttätige Männer echte oder echt wirkende Reue und gewinnen so das Vertrauen ihrer Frauen zurück.

Verschiedene Gedanken können ergänzt werden: Die Männer halten die Gewaltanwendung für ein Mittel, eine Machtposition zu gewinnen oder aufrecht zu erhalten, zumal wenn ihnen andere Möglichkeiten (Geld, berufliches Ansehen etc.) fehlen. Überfordernde Stress-Situationen (oft beruflicher Art – bis zur Arbeitslosigkeit) fördern aggressive Problemlösungsversuche. Als Stressoren gelten vor allem auch familiäre Gegebenheiten, z.B. Schwangerschaften, Probleme bei der Kindererziehung etc.

Im sozietalen Modell wird der Bogen noch weiter geschlagen: Es geht um den Einfluß gesellschaftlicher Werte und Normen, um die allgemeine Geschlechtsrollenverteilung etc. Im christlichen Abendland wird mit Bezug auf das Schicksal von Adam und Eva die Überlegenheit des Mannes und die komplementäre Unterlegenheit der Frau gelehrt; sie erscheint auch im wissenschaftlichen Gewand wieder, z.B. in FREUDs Sicht der Frau. Massenmedien, wie Filme und Fernsehen, konnten bis vor wenigen Jahren diese grundlegenden patriarchalischen Dominanzverhältnisse praktisch unwidersprochen ausbreiten. Einige Aufgaben liegen – nach STEINMETZ – klar vor uns: Die Gleichwertigkeit der Geschlechter ist ebenso zu sichern wie Vollbeschäftigung, allgemeine Gesundheitsfürsorge und Reduzierung von Mediengewalt. Die gegenwärtig dominierende Form der Kleinfamilie muß sich dem Vergleich mit Alternativen stellen; je offener die intimsten Gruppen sind, desto wahrscheinlicher ist auch die wechselseitige Hilfe und Kontrolle (s. DRAPER, 1978).

Die obigen drei Modelle können integriert werden; GOLDSTEIN versucht dies in einem Verwundbarkeitsmodell (vulnerability). Danach läuft jeder Mensch Gefahr, gewalttätig im Familienkreis zu werden, wenn verschiedene Bedingungen zusammentreffen. Besonders gefährdet sind die, welche durch ihre Lebensgeschichte prädisponiert sind; bei ihnen erhöht schon relativ geringer Stress das Risiko der Gewaltanwendung.

Wir wenden uns nun einem verwandten Phänomen zu, das auszurotten wegen der Schwäche der Betroffenen ein dringliches Anliegen angewandter Aggressionsforschung werden muß: Es geht um die Tätlichkeiten Erwachsener gegen Kinder, besonders um die Gewalt, die Eltern gegen ihre eigenen Kinder ausüben, wobei die leichteren Formen von Gewalt gleichsam unter rechtlichem Schutz stehen.

Wie REID, TAPLIN und LORBER (1981) belegen, ist Kindesmißhandlung oft Teil eines umfassenden aversiven Umgangsstils innerhalb einer Familie und nur selten ein vereinzelter, unvorhersehbarer elterlicher »Ausrutscher«. Die Eltern, die ihre Kinder mißhandelten, zeigten untereinander 15–20mal mehr aversive Interaktionen als Eltern aus Kontrollfamilien. Hilfe muß daher meist auch Partnertraining umfassen.

4.2.2 Kindesmißhandlung *(Detlef Berg)*

4.2.2.1 Zum Begriff der Kindesmißhandlung

Kinder werden geschlagen, erschlagen, angeschrieen, vernachlässigt, vergewaltigt; sie erleben Scheidung, Ehestreit, Eltern ohne Zeit, Ungerechtigkeit und Bedrohung in der Schule, Gewalt in den Medien. Die deutsche Sprache hat für das alles keinen Oberbegriff – wir sind regelrecht »sprachlos« gegenüber solchen Erscheinungen. Diese Sprachlosigkeit resultiert nicht nur aus der mangelhaften Begrifflichkeit, sondern auch daher, daß man »darüber« besser nicht spricht.

Unter »Kindesmißhandlung« wird allgemein eine aggressive Handlung von Eltern gegenüber ihren Kindern verstanden, die den gesetzlich zulässigen Rahmen überschreitet und eine physische oder psychische Schädigung der Kinder zur Folge hat. Empirische Untersuchungen zu diesem Phänomen beschränken sich meist auf Fälle physisch geschädigter Kinder. Im Kontrast dazu steht eine umfangreiche, vor allem soziologisch orientierte Literatur, die jede Form von Gewalt gegen Kinder – bis hin zu Lebensbedingungen, die das Recht der Kinder auf »wirkliche Förderung« beschneiden (ENGFER, 1986, S. 2) – thematisiert. Hier wird dann argumentiert, daß die Kindesmißhandlung als physische Schädigung lediglich eine spektakuläre Form der Gewalt gegen Kinder sei, die durch eine sensationshungrige Presse aufgebauscht werde und die damit den Blick verstellt auf die vielfältigen anderen Formen von Gewalt gegen Kinder, die in den Folgen für die Entwicklung von Kindern vielleicht noch gravierender seien als physische Mißhandlung (so BUJOK-HOHENAUER, 1982, S. 13). Neben der Unterscheidung physischer und psychischer Mißhandlung werden als Formen der Mißhandlung oft auch noch »Vernachlässigung« und »sexueller Mißbrauch« unterschieden. Es ist unmittelbar evident, daß sich diese Kategorien teilweise überschneiden. Im Auftrag des Bundesministeriums für Familie, Jugend und Gesundheit (1980) hat eine Arbeitsgruppe des Kinderschutzzentrums Berlin eine Informationsbroschüre zur Kindesmißhandlung verfaßt. Dort wird eine Definition von Kindesmißhandlung verwendet (S. 7), die das Begriffsverständnis aus sozialpädagogischer, psychiatrischer, psychologischer und soziologischer Sicht einschließt:

»Kindesmißhandlung ist eine nicht zufällige, bewußte oder unbewußte, physische oder psychische Schädigung, die in Familien und Institutionen geschieht, und die zu Verletzungen, Entwicklungshemmungen oder gar zum

Tode führt und die das Wohl und die Rechte des Kindes beeinträchtigt oder bedroht«.

Die Schädigung des Kindes steht im Mittelpunkt dieser Definition. Dabei werden auch Schädigungen eingeschlossen, die nicht in Familien oder sogar unbewußt erfolgen. Die Reaktorkatastrophe von Tschernobyl im April 1986 war also eine Kindesmißhandlung. So einleuchtend das ist, so problematisch ist aber auch eine so weite Fassung des Begriffs für die Behandlung des Themas. Je nach Ausschnitt der allgegenwärtigen Bedrohungen und Beeinträchtigungen der Rechte und des Wohls von Kindern muß die wissenschaftliche Diskussion über Ursachen, Diagnose, Prognose, Häufigkeit des Vorkommens, Prävention und Intervention verschieden ausfallen. Tatsächlich findet man in neueren Publikationen regelmäßig Auseinandersetzungen mit angeblich falschen oder verkürzten Begriffen der Kindesmißhandlung anderer Autoren (z.B. HONIG, 1982, S. 11f). Wir werden darauf bei der Diskussion der Ursachen von Kindesmißhandlung zurückkommen müssen.

Der vorliegende Beitrag wird sich vor allem mit der physischen Kindesmißhandlung in der Familie befassen und den damit verbundenen physischen und psychischen Konsequenzen. Dies ist im Rahmen eines Buches, das menschliche Aggressivität thematisiert, legitim. Die Kindesmißhandlung als sexueller Mißbrauch bleibt ausgegrenzt, weil dies über das Thema dieses Buches teilweise weit hinausgehen müßte. Dieser Tatbestand wird auch im Strafgesetzbuch gesondert behandelt: »Straftaten gegen die sexuelle Selbstbestimmung« (§§ 173 bis 176, 180 StGB) werden unterschieden von den Tatbeständen »Mißhandlung von Schutzbefohlenen« (§ 223b StGB) und Straftaten gegen das Leben (StGB § 217 Kindestötung, § 218 Abbruch der Schwangerschaft, § 221 Aussetzung). Die gesetzliche Grundlage des in der Definition erwähnten »Kindeswohls« ist der § 1666 des BGB, der für das Vormundschaftsgericht die Rechtsgrundlage für das Eingreifen bildet, wenn das »körperliche, geistige oder seelische Wohl des Kindes gefährdet« ist. Auch die Vernachlässigung von Kindern, die durchaus ein Ausmaß erreichen kann, daß Kinder psychische Schäden erleiden, bleibt aus thematischen Gründen unberücksichtigt – wobei aus der deutschen psychologischen Fachliteratur dazu kaum etwas unberücksichtigt bleibt, weil dieser Teilbereich der Kindesmißhandlung bisher noch nicht systematisch behandelt worden ist.

Kindesmißhandlung durch außerfamiliäre Erzieher kann hier ebenfalls nicht weiter aufgeführt werden, weil dies eine eigene umfangreiche Darstellung erfordern würde. Als Hinweis muß genügen, daß in der Schule, ungeachtet gesetzlicher Verbote, weiterhin Prügelstrafen vollzogen werden (WÜNSCHE, 1975, S. 202) und daß Schüler in der Schule ständig erfahren, wie Konflikte, wenn nicht mit körperlicher, so doch zumindest mit administrativer Gewalt gelöst werden. So werden Schüler, die hartnäckig der Schule fernbleiben, nach Art. 18 Abs. 2 des Schulpflichtgesetzes zwangsweise vom Hausmeister, Gemeindediener, Polizeibeamten in Zivil oder anderen Behördenbeauftragten in der Schule vorgeführt. Die Grundrechte auf körperliche Unversehrtheit, Freiheit der Person und Unverletzlichkeit der Wohnung können dabei beschränkt werden. Weniger spektakuläre Gewaltanwendung gehört zum Schulalltag. Eine etwa beim Kind bereits entwickelte Bereitschaft zur Gewaltanwendung, nicht weiter zu diskutieren und eigene Standpunkte mit Machtmitteln durchzusetzen, wird dadurch nach allem, was wir wissen, eher verstärkt als geschwächt. Auch die Darstellung der Kindesmißhandlung durch Eltern muß hier noch weiter eingeschränkt werden auf aggressive Akte, Handlungen, die in der Absicht durchgeführt wurden, das Kind zu schädigen – wenn auch vielleicht nicht in dem Ausmaß, das dann tatsächlich eintritt. Kindern wird aber von ihren Eltern auch Schaden zugefügt durch gesundheitsschädigende Ernährung, Abusus im Umgang mit Genußmitteln, der einem Drogenmißbrauch der Kinder Vorschub leistet, durch schädigende Eindrücke (ungeeignete Fernsehfilme, Druckwerke), denen Kinder ausgesetzt werden, Verhinderung von Bildung, Vermitteln einer Gewaltideologie, massive Überforderungen jeglicher Art – von dem verbreiteten schulischen Ehrgeiz der Eltern für ihre Kinder bis hin zur rücksichtslosen Dressur von Kindern für extreme sportliche Leistungen.

4.2.2.2 Die Häufigkeit von Kindesmißhandlungen

Die Befunde über die Häufigkeit von Kindesmißhandlungen sind verschieden, je nach verwendeter Definition. Das tatsächliche Ausmaß von Kindesmißhandlungen wird nur bruchstückhaft in den offiziellen Statistiken deutlich, allein schon deshalb, weil die Folgen nicht immer öffentlich sichtbar oder als solche erkannt werden. HEINSEN (1982) diskutiert ausführlich das Problem der Dunkelziffern von Fällen nicht erfaßter Kindesmißhandlung. ENGFER (1993, S. 618) stellt dazu fest: »Die kriminologisch erfaßten Fälle von Kindesmißhandlung haben sich zwischen 1973 und 1982 nahezu halbiert und sind mit ca. 1200 Fällen pro Jahr seitdem in etwa stabil geblieben (vgl. BULLETIN, 1990).«

Diese Statistik bildet das tatsächliche Ausmaß von Kindesmißhandlung völlig unzureichend ab. Realistischer ist sicher das Umfrageergebnis der Zeitschrift ELTERN im Jahr 1988, nach dem die Hälfte bis zwei Drittel der Eltern in Deutschland ihre Kinder körperlich bestrafen (zitiert nach ENGFER, 1993, S. 618).

4.2.2.3 Folgen der Kindesmißhandlung

Schwere physische Mißhandlung führt im allgemeinen zu Verletzungen, die auf gezielte Gewalteinwirkung schließen lassen. Mehrfache punktförmige Verbrennungen oder Verbrennungen an beiden Händen (versehentlich verbrennt man sich in der Regel nur an einer Hand), symmetrische Biß-, Griff- oder Kneifspuren, Verletzungen an Körperpartien, die bei lebhaftem Spiel von Kindern selten verletzt werden wie Oberarme, Oberschenkel, Rücken- und Bauchbereich, Blutungen am Augenhintergrund, die auf gewaltsames Schütteln eines Babys schließen lassen, charakteristische Röntgenbefunde als Folge von gewaltsam verursachten Knochenbrüchen sind nur einige traurige Beispiele offensichtlicher Folgen der Kindesmißhandlung. Medizinisch feststellbare Folgen der Kindesmißhandlung sind im Überblick dargestellt in der Schrift des Bundesministeriums für Jugend, Familie und Gesundheit (1980); ausführliche differentialdiagnostische Darstellungen findet man in einem Buch desselben Ministeriums (1979) und bei KEMPE et al. (1972) sowie CHOW et al. (1974) (vgl. ENGFER, 1986, S. 26). Hier liegt gesichertes medizinisches Wissen vor, das allem Anschein nach noch zu wenig genutzt wird. Anders als z. B. in den USA oder in Schweden gibt es in der Bundesrepublik Deutschland keine Meldepflicht für Fälle von Kindesmißhandlung. Ärzte gehen das Risiko ein, wegen Verletzung ihrer Schweigepflicht angeklagt zu werden, wenn sie Fälle von Kindesmißhandlung dem Jugendamt melden, und es besteht die Möglichkeit, daß verletzte Kinder nicht zur ärztlichen Behandlung gebracht werden, wenn auf die Verschwiegenheit des Arztes kein Verlaß ist. Wie ist demgegenüber das Risiko zu bewerten, daß Kinder weiter, immer schwerer mißhandelt werden oder auch ihre Geschwister, wenn nicht eingegriffen wird? Diese Problematik kann hier nur angedeutet werden.

Kindesmißhandlung hat auch psychische Folgen. Diese sind weit weniger gut beschrieben als die medizinischen. Zum Teil mag das darauf zurückzuführen sein, daß auffälliges Verhalten von Kindern nicht so eindeutig auf Mißhandlung zurückgeführt werden kann wie physische Verletzungen. Mißhandelte Kinder werden in ihrer intellektuellen, sozialen und emotionalen Entwicklung beeinträchtigt (s. ENGFER, 1986, S. 111f; ZENZ, 1979, S. 227f; BMJFG 1980, S. 32f). Dies wird weniger direkt auf die Verletzungen zurückgeführt als auf das Milieu, in dem Kindesmißhandlung geschieht, das durch Mangel an Anregung und Zuwendung, Behinderung des Kindes bei der Exploration und dem kreativen Umgang mit seiner Umwelt und oft durch verschiedene familiäre Belastungen gekennzeichnet ist. Mißhandelte Kinder sind selbst oft übermäßig aggressiv, leiden unter extremen Schuldgefühlen, erscheinen freudlos, selbstunsicher, mißtrauisch und übermäßig anpassungsbereit. Auffällig sind ferner motorische Unruhe, Wutanfälle, Zwangssymptome, Niedergeschlagenheit. Das führt in einen Teufelskreis: Die Eltern haben zunehmend häufig einen »Grund«, ihr Kind zu bestrafen, Personen außerhalb der Familie meiden den Kontakt mit diesen Kindern, lehnen sie ab und verursachen auf diese Weise bei ihnen weiter auffälliges Verhalten, das zu weiterer Isolation und zu weiteren unerfreulichen emotionalen und sozialen Erfahrungen dieser Kinder führt.

4.2.2.4 Erklärungsansätze

Wie ist es nur möglich, daß Eltern ihre Kinder so zurichten, und das manchmal jahrelang, bis sie daran gehindert werden können? Verschiedene medizinische, soziologische, psychologische Modelle zur Erklärung menschlichen Verhaltens wurden herangezogen, um in Begriffen der Wissenschaften das erklären zu können, was sich angesichts der offensichtlichen Folgen von Kindesmißhandlung dem Alltagsverständnis menschlicher Handlungsweisen entzieht. Solche Erklärungsansätze bestehen nebeneinander, teilweise ergänzen sie sich, teilweise widersprechen sie sich auch.

Die ersten Ansätze zur Erklärung von Kindesmißhandlung waren weitgehend juristisch und medizinisch begründet. Sie versuchten, das Geschehen aus der Täterpersönlichkeit zu erklären. Zirkulär wird geschlossen, daß die Eltern wohl Psychopathen sein müßten, da sie sich abnormal verhalten haben. Da Kindesmißhandlungen vor allem dann bekannt werden, wenn die Eltern sowieso schon Ämterkontakt haben, lag es nahe, Auffälligkeiten solcher Eltern (wie Alkoholismus, niedriger Sozialstatus, beengte Wohnverhältnisse) eine ursächliche Wirkung zuzuschreiben.

Das psychodynamische Erklärungsmodell von STEELE und POLLOCK versucht, Kindesmißhandlung aus der Beziehung der mißhandelnden Eltern zu ihren Eltern und den Einflüssen dieser Erfahrungen auf ihre Beziehungen zu den eigenen Kindern zu erklären. Dieser hypostasierte Prozeß, der bei ENGFER (1986, S. 43f) sehr klar dargestellt ist, ließe sich sparsamer und in den zugrunde liegenden Annahmen besser überprüfbar mit der sozial-kognitiven Lerntheorie von BANDURA (1979) erklären. In »Normalfamilien« stellte ENGFER in einer empirischen Untersuchung allerdings fest, »daß sich schlagende Eltern von nichtgewalttätigen Eltern nicht im Hinblick auf ihre Vorerfahrungen mit Gewalt und Ablehnung in ihrer eigenen Kindheit unterscheiden« (ENGFER, 1990, S. 111). Man kann jedoch davon ausgehen, daß Eltern, die selbst Mißhandlungen erlebt haben, unter stark belastenden Bedingungen eher ihre Kinder mißhandeln als Eltern ohne diese Lernvergangenheit (vgl. BELSKY, 1980, S. 330).

Vereinzelt gibt es auch Versuche, Kindesmißhandlung in der Tradition der Victomologie aus den Merkmalen der Opfer zu beschreiben (vgl. BAUMANN und FEHERVARY, 1979, S. 347f). Mißhandelnde Eltern geben in der Regel ein Verhalten, eine Eigenschaft des Kindes als Grund für ihre Mißhandlungen an. So berichtet ENGFER (1993, S. 112), daß das Verhalten mißhandelter Kinder von ihren Eltern als ausgesprochen »schwierig« erlebt wurde, »weil sie als Säuglinge viel schrieen, unruhig und schlecht zu trösten waren, später schlecht gehorchten, in ihrem Verlangen nach Aufmerksamkeit ausgesprochen fordernd und oft mißlaunig waren«. Ob dies »wirkliche« Gründe sind oder Aussagen, von denen Eltern annehmen, daß sie von Außenstehenden verstanden werden, läßt sich nur schwer beurteilen. Mit statistischen Untersuchungen wurde zudem versucht, Besonderheiten von Kindern zu identifizieren, die Opfer von Mißhandlungen geworden sind. Solche Ergebnisse haben für sich oft keinen unmittelbaren Erklärungswert, wie z. B. der Befund, daß unter den mißhandelten Kindern der prozentuale Anteil von Frühgeburten oder Kindern mit unterdurchschnittlichem Geburtsgewicht drei- bis viermal so hoch ist wie im Bevölkerungsdurchschnitt. Man kann wohl davon ausgehen, daß nicht das niedrige Geburtsgewicht selbst, sondern die Bedingungen dieser pränatalen

Entwicklung und die möglicherweise in der Folge des niedrigen Geburtsgewichts entstehenden Belastungen durch besonders hohen Pflegebedarf und größere Unruhe des Kindes konkrete Mißhandlung mit erklären könnten. Als Risikofaktor ist so ein Befund indessen brauchbar, weil dieses leicht erfaßbare Merkmal in Verbindung mit anderen bekannten Risikofaktoren präventive Maßnahmen nahelegen könnte.

Soziologische Erklärungen der Kindesmißhandlung wenden sich heftig dagegen, Kindesmißhandlung auf individueller Ebene zu erklären. Gewalt in der Familie wird als eine Folge einer *Gesellschaftsstruktur,* in der die zwischenmenschlichen Beziehungen weitgehend durch Gewalt bestimmt sind, erklärt. So meint WOLFF (1982, S.78), daß »gerade in entwickelten Industriegesellschaften Kindesmißhandlung zunimmt, weil auf Grund struktureller gesellschaftlicher Voraussetzungen (nicht zuletzt auf Grund der sich zuspitzenden Krise der Familie) die Produktion autoritärer Persönlichkeiten begünstigt wird und das Muster der Gewalt allgegenwärtig ist.« HONIG/WOLF (1983, S.615) sehen sogar in der Mißhandlung »ein Merkmal von Widerstand und Selbstbehauptung, von Gewaltausübung aus eigener Machtvollkommenheit«. HONIG (1982, S.11) betont, daß »Gewalt gegen Kinder nur in einem übergreifenden Konzept kapitalistischer und patriarchaler Vergesellschaftung (OSTNER, 1982) begriffen werden kann.« Er fragt, ob es angemessen sei, daß »die schweren Körperverletzungen und seelischen Schädigungen im Mittelpunkt der Aufmerksamkeit stehen und den Maßstab für ›Gewalt‹ bestimmen« und sorgt sich, wie unter diesem Blickwinkel »eine entsprechende Verengung auf ›Behandlung‹ und auf pädagogisch-therapeutische Strategien zu verhindern« wäre.

So verdienstvoll es ist, die Aufmerksamkeit der Öffentlichkeit auf die verschiedensten Formen der Gewalt zu richten und zu versuchen, gesellschaftliche Grundlagen, die gewaltsames Elternverhalten begünstigen, aufzuzeigen, so fatal wäre es, die Bedeutung therapeutisch-pädagogischer Interventionen für Kinder, die Opfer von Kindesmißhandlung unter diesen Bedingungen geworden sind, herunterzuspielen. Kinder werden mißhandelt, und sie brauchen Hilfe, um diese Erlebnisse zu verarbeiten und um ihr eigenes Verhalten von den möglichen negativen Konsequenzen solchen Erlebens zu befreien. Es ist sinnvoll, nach »Risikofaktoren« zu suchen, die in den vorgefundenen gesellschaftlichen Bedingungen als Warnsignale dienen können, daß in einer Familie Mißhandlungen möglich sind, damit möglichst schon präventiv geholfen werden kann. Kulturvergleiche zeigen, daß in verschiedenen Gesellschaften Kinder verschieden häufig und verschiedenartig mißhandelt werden. Das verweist deutlich auf eine gesellschaftliche Dimension des Problems. Wir wissen aber bisher zu wenig, um sagen zu können, *welche* gesellschaftlichen Veränderungen erforderlich wären, um sozusagen generalpräventiv Kindesmißhandlung einzudämmen. Die den soziologischen Erklärungsansätzen zugrunde liegende Denkfigur, daß durch Gewalt (Macht) bestimmte zwischenmenschliche Beziehungen schließlich zu Gewalt gegen Kinder führen, ist zu schlicht und erklärt zu wenig das Zustandekommen von Akten der Kindermißhandlung als daß daraus schon konkrete politische Konsequenzen abgeleitet werden könnten.

In der neueren Literatur zur Kindesmißhandlung werden immer wieder *gesellschaftliche Veränderungen* als Ursachen diskutiert. Die Entwicklung hin zur Kleinfamilie und die zunehmende Anzahl unvollständiger Familien, die Trennung der Familie von anderen gesellschaftlichen Feldern (Beruf, Schule, Krankenhaus usw.), die zu einer Isolation in der Familie und einem Verlust der gemeinsamen Praxis und einem Schwund jeder natürlichen Autorität von Eltern führen soll, die »vollständige Durchdringung der Gesellschaft durch neue Medien«, die »zu einem Verlust authentischer Lebens- und Entwicklungsmöglichkeiten (auch von Kindern)« führen, die«Einschränkung der Lebensräume, Freiheits- und Zukunftschancen« werden in den Mittelpunkt der Diskussion gestellt (Deutscher Kinderschutzbund 1985). Diese Argumentation ist wenig schlüssig, weil keine Kovariation zwischen gesellschaftlichen Veränderungen dieser Art und der Zunahme von Kindesmißhandlungen festzustellen ist. Im Gegenteil, es dürfte schwer sein, die These zu widerlegen, daß noch nie ein so hoher Anteil der Kinder in Deutschland körperlich und psychisch so wenig beeinträchtigt lebte wie heute.

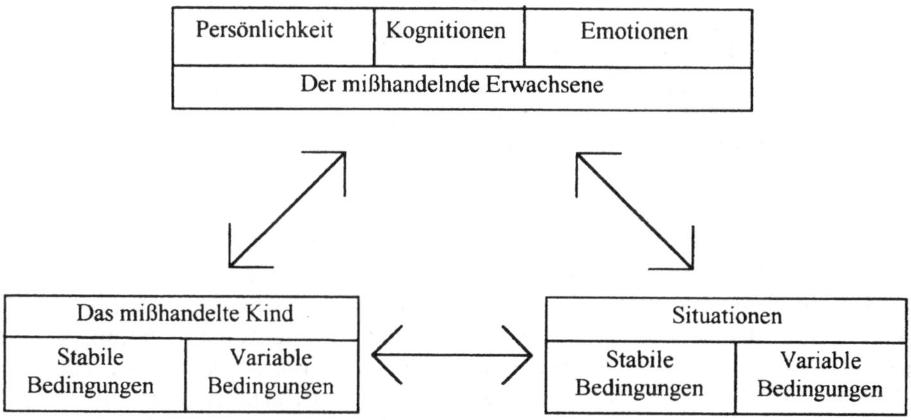

Abb. 1: Zentrale Gesichtspunkte zur Erklärung der Ursachen von Kindesmißhandlung (diese Gesichtspunkte werden in Tab. 1 weiter spezifiziert)

Keiner der bisher entwickelten Erklärungsansätze der Kindesmißhandlung gibt eine zufriedenstellende Antwort auf die Frage, warum manche Eltern unter Bedingungen, die im Zusammenhang mit Kindesmißhandlungen häufig festgestellt werden, ihre Kinder mißhandeln, andere dagegen nicht. Kindesmißhandlung ist ein Ereignis, das weder allein aus der Persönlichkeit der mißhandelnden Eltern/Erwachsenen, des mißhandelten Kindes, noch aus den Lebensumständen der Familie (Situation) erklärt werden kann. Beim gegenwärtigen Stand der Forschung ist es erforderlich, jeden dieser Aspekte zu prüfen, wenn das Zustandekommen einer spezifischen Kindesmißhandlung erklärt werden soll (vgl. Abb. 1).

Auf Seiten der Eltern sind dabei besonders deren Persönlichkeit (Einstellung zum Kind, gelerntes Verhalten, Verhaltensdefizite), ihre Kognitionen und Emotionen im Zusammenhang mit der Kindesmißhandlung zu berücksichtigen. (Anm. 6) Ferner können andauernde und variable situative Bedingungen unterschieden werden; auch beim mißhandelten Kind sind andauernde und variable Bedingungen zu berücksichtigen. Die Doppelpfeile zwischen diesen Aspekten in Abbildung 1 sollen unterstreichen, daß alle diese Gesichtspunkte in Wechselwirkung zueinander zu sehen sind.

In Tabelle 1 (am Ende von 4.2.2) sind diese zentralen Aspekte der Kindesmißhandlung weiter ausdifferenziert und konkretisiert worden durch die Berücksichtigung spezifischer Forschungsergebnisse zur Kindesmißhandlung und allgemeiner psychologischer Prinzipien. In jedem Fall von Kindesmißhandlung kann eine andere Kombination von Bedingungen vorliegen, die das Verhalten des Erwachsenen erklären; diese Zusammenhänge können innerhalb der Familie wechseln, sogar im Verlauf der Kindesmißhandlung. Warum welche Kombinationen von Risikofaktoren zur konkreten Kindesmißhandlung führen, wissen wir nicht. Wir können begründete Hypothesen über den Verlauf einer Kindesmißhandlung aufstellen, werden uns aber in vielen Fällen noch irren, weil wir nicht alle in diesem Fall bedeutsamen Faktoren berücksichtigen können. Die hier beschriebenen Bedingungen, die Kindesmißhandlungen begünstigen, erklären noch nicht das Zustandekommen des eigentlichen aggressiven Akts der Eltern. Die von PATTERSON (s. Kap. 2.3.2. und Kap. 6) entwickelte Theorie der »Zwangsprozesse« könnte nach ENGFER (1986, S. 97 f.) dazu verwendet werden, die Dynamik in die hier noch unverbundenen Aspekte zu bringen, die erforderlich ist, um die Entstehung und den Prozeß der Kindesmißhandlung zu verstehen.

PATTERSON beschreibt mit den »Zwangsprozessen« Interaktionssequenzen, die durch den Austausch von Verhaltensweisen, die für den jeweils anderen Interaktionspartner aversiv sind, gekennzeichnet sind. Daß dabei jeder der Interaktionspartner das Gefühl haben kann, dem anderen nur heimzuzahlen, was er ihm angetan hat, ist mit dem Prinzip der Interpunktion von Ereignisabläufen (WATZLAWICK et al., 1969, S. 57 f.) gut erklärbar. Beide Interaktionspartner haben jeweils den Eindruck, daß die aversive Interaktionssequenz vom anderen ausgelöst worden ist.

PATTERSON nimmt an, daß die Eltern durch mangelnde erzieherische Kompetenz, Ungeduld und leichte Irritierbarkeit das Auftreten aversiver Verhaltensweisen bei den Kindern begünstigen. Die vorher genannten Elemente der Kindesmißhandlung könnten unter diesem Blickwinkel als begünstigende Bedingungen für das Entstehen von Zwangsprozessen angesehen werden (Näheres in Kap. 6).

4.2.2.5 Interventionen

In der Bundesrepublik Deutschland erfüllt Kindesmißhandlung einen Straftatbestand. Entsprechend müssen Polizei und Justiz tätig werden, wenn bekannt wird, daß ein Kind mißhandelt worden ist. Die Intervention besteht dann in der Tatbestandsfeststellung durch Befragen der Beteiligten, ggf. unter Zuhilfenahme ärztlicher Befunde. Es können ärztliche Behandlung und evtl. Fremdunterbringung für eine Zeit oder auf Dauer folgen. Das Familiengericht kann auch eine »Familienhilfe« anordnen, um Familien in bedrängter Situation zu helfen. Ein einzelner Sozialarbeiter, der in der Regel viele Familien zu betreuen hat, kann allerdings nur sehr begrenzt hilfreich sein. Die Praxis der Jugendämter bei Kindesmißhandlung beschreibt HONIG (1982, S. 127–171).

Gegen diese Form der Intervention wenden sich verschiedene Gruppen. Der Deutsche Kinderschutzbund (DKSB) ist eine private Vereinigung von Bürgern, die sich den Schutz von Kindern zur Auflage gemacht hat. Mit einem weit verzweigten Netz von Ortsvereinen versucht er, regionalen Besonderheiten entsprechend, für den Schutz von Kindern zu werben und gegen die Gleichgültigkeit und die Furcht, sich bei Kindesmißhandlungen »einzumischen«, anzugehen. Der DKSB versteht sich vor allem als Anwalt des Kindes; auch wenn in den letzten Jahren zunehmend die Sichtweise in den Vordergrund trat, daß Kinder *und* ihre Familien Hilfe brauchen. Der DKSB hat in sechs Städten Kinderschutzzentren eingerichtet, in denen Kindern oder Eltern mit Kindern geholfen werden soll. In Berlin und Gütersloh wurden auch von anderen Vereinigungen Kinderschutzzentren aufgebaut. Dort wurden auch Kinderwohngruppen als Alternative zur staatlichen Fremdunterbringungspraxis organisiert, in denen bis zu neun Kinder vorübergehend betreut werden. Die Prinzipien der Kinderschutzarbeit sind: Die Familien brauchen Hilfe, eine Bestrafung der Eltern hilft niemandem. Die Inanspruchnahme der Hilfe ist freiwillig, die Gespräche mit der Familie werden vertraulich behandelt. Die Kinderschutzzentren unterhalten ein Sorgentelefon für Kinder; sie sind auf Krisenintervention vorbereitet, führen Familientherapien durch und versuchen, individuell zu helfen, vor allem mit dem Ziel, die Selbsthilfekraft der Familien zu stärken. Die Arbeitskapazität dieser Kinderschutzzentren reicht jedoch noch nicht einmal aus, die Probleme an den jeweiligen Orten hinreichend zu berücksichtigen. Sie sind Modelle für Institutionen, von denen es in Deutschland sehr viele geben müßte, um effektive Kinderschutzarbeit flächendeckend zu leisten.

Vorbeugende Interventionen sind auf verschiedenen Ebenen sinnvoll. Erziehungshilfen, Informationen, institutionelle Hilfe zur Reduzierung innerfamiliärer Belastungen sind vor allem zu nennen. Eine politische Arbeit, die darauf zielt, die gesellschaftlichen Bedingungen von Gewalt gegen Kinder zu verhindern, ist wichtig, damit die anderen Maßnahmen nicht auf die Funktion reduziert bleiben, negative Folgen struktureller gesellschaftlicher Defizite möglichst zu neutralisieren und damit die Existenz dieser Defizite zu perpetuieren. Eine Beschränkung auf diese politischen Aktivitäten ohne die Weiterentwicklung von pädagogischen und psychotherapeutischen Hilfen bei Kindesmißhandlung wäre eine inhumane Praxis.

Im Bereich der Schule könnte pädagogisch-psychologischer Unterricht präventiv wirken sowie eine Lehreraus- und -fortbildung, die dazu beiträgt, das immer noch hohe Ausmaß von Aggressivität von Lehrern gegen Kinder zu senken.

Die öffentlich rechtlichen Medien könnten Kindesmißhandlungen weniger spektakulär behandeln und stattdessen mit ihren Mitteln wie Expertengespräche, Spielfilme und Dokumentarfilme versuchen zu helfen, daß »Zwangsprozesse«, wie sie PATTERSON beschrieben hat, im eigenen Lebensbereich erkannt und damit beeinflußbar werden.

Bereits bestehende Beratungsinstitutionen und Einrichtungen der Erwachsenenbildung könnten vermehrt in den präventiven Kinderschutz eingebunden werden.

Die Forschungsergebnisse zur Kindesmißhandlung sind – wie bei allen anderen pädagogischen/psychologischen Themen auch – noch unzureichend, teilweise widersprüchlich; weitere Forschung ist erforderlich. Der gegenwärtige Stand des Wissens läßt aber weit mehr Prävention und Intervention zu, als bisher verwirklicht wird. (Anm. 7)

Tab. 1: Bestimmungsstücke zur Genese von Kindesmißhandlung (s. Abb. 1, S. 141)

Der mißhandelnde Erwachsene

Persönlichkeit

Gelerntes Verhalten:
- Gelerntes Verhalten als Reaktion auf aggressive Impulse
- Ignorieren hemmender interner Tendenzen
- Überzeugung, daß Gewalt ein unverzichtbares Mittel der Erziehung ist
- Besondere Normen und Werte, die abweichendes Verhalten von Kindern betreffen
- Verhalten, das durch elterliche Modelle gelernt worden ist
- Ambivalenz emotionaler Beziehungen
- Werthierarchie

Verhaltensdefizite:
- Mangelndes Wissen über mögliche Folgen von Kindesmißhandlung
- Mangelhaftes Lernen der Kontrolle aggressiver Impulse
- Alternativen zur gewaltsamen Lösung wurden nicht gelernt
- Positive emotionale Mutter-Kind-Beziehungen wurden nicht entwickelt, weil Mutter und Kind während der ersten Lebensmonate des Kindes getrennt waren

Negative Einstellungen zum Kind:
- Generalisiert
- Kind war unerwünscht
- Nicht eigenes Kind
- Generalisierte negative Einstellung zu einer Behinderung des Kindes
- Das Kind enttäuscht die Erwartungen der Eltern

Kognitionen

Schutz:
- Die Handlung soll das Kind vor der Wiederholung nicht akzeptierten Verhaltens bewahren

Strafe:
- Die Handlung wird als Strafe eingesetzt, weil dies als übliche und notwendige Konsequenz für das Verhalten des Kindes angesehen wird

Etikettierung:
- Das Kind ist böse/wild/ungezogen und solche Kinder müssen hart angefaßt werden
- Versuch, ein nicht akzeptiertes Verhalten zu beenden
- Der Erwachsene kann sich sein Verhalten nicht erklären und erlebt es als zwanghaft

Fortsetzung Tabelle 1

Emotionen

- Ärger/Wut über das Kind
- Wut über irgend etwas, das Verhalten des Kindes »bringt den Topf zum Überlaufen«
- Ärger/Wut über irgend etwas, Kind dient als »Blitzableiter«, »Sündenbock«
- Die Gewalt gegen das Kind wird als Mittel eingesetzt, um den Partner zu verletzen oder zu bestrafen
- Gefühl der Ohnmacht im Umgang mit dem Kind
- Sexuelle Bedürfnisspannung
- Befriedigung, die Situation zu kontrollieren
- Haß
- Eifersucht

Situationen

Stabile Bedingungen

Belastende Faktoren

- Ökonomische Probleme, keine positive Zukunftsperspektive, bedrohte Zukunft, Krankheit, Arbeitslosigkeit, leben in räumlich beengten Verhältnissen, Auseinandersetzungen, Spannungen in der Familie, Probleme an der Arbeitsstelle, soziale Isolation der Familie, verfrühte Familienbildung

»Social facilitation«

- durch Züchtigung von Kindern in Nachbarschaft, Familie, bei Freunden, Arbeitskollegen, Akzeptieren durch den Ehepartner
- Das Ausmaß in dem Macht/Gewalt die Grundlage für persönliche oder berufliche Beziehungen in der Gesellschaft existiert und akzeptiert ist
- Akzeptanz von körperlicher Züchtigung von Kindern in der Gesellschaft

Variable Bedingungen

- Kontrollverlust der Eltern durch Drogen, Streß
- Partner löst extreme negativ empfundene Emotionen aus
- Gelegenheit ist günstig, den Partner durch die Mißhandlung des Kindes zu beeindrucken, zu strafen, zu verletzen
- Gestörte Balance in der Familie zwischen Bedürfnissen, Erwartungen, Ängsten, Handlungsmöglichkeiten
- Massive Partnerkonflikte
- Überforderung der Mutter

Das mißhandelte Kind

Stabile Bedingungen

- Kind ähnelt (abgelehntem/gehaßtem) Partner
- Kind ist behindert/chronisch krank
- Kind ist unerwünscht

Variable Bedingungen

- Kind behindert Bedürfnisbefriedigung der Erwachsenen
- Kind zeigt ein Verhalten, das für die Eltern aversiv ist: Es zerstört etwas, gehorcht nicht, ist laut, schreit, nörgelt über lange Zeit, streitet mit Geschwistern
- Reaktionen des Kindes auf Mißhandlung werden als aggressiv interpretiert

4.3 Makrosystemeinflüsse

4.3.1 Werte und Normen der Gesellschaft

Die Gesellschaft übt ein beträchtliches Maß an sozialer Kontrolle dadurch aus, daß sie Werte und Normen vorgibt und sie in Erziehungs- oder Sozialisationsprozessen leidlich erfolgreich vermittelt. Ethiker sehen recht übereinstimmend Werte als letzte Gegebenheiten, die in bestimmten Rangordnungen stehen. Absolute Werte gelten als »in sich« erfreulich, relative Werte »für jemand« (s. REINER, 1964, 1965). Werte sollen verwirklicht werden, z.B. Tugenden, Gesundheit, Schönheit . . . Ein Wert im hier gemeinten Sinn wird von der Gesellschaft mehr oder weniger stark gefördert als etwas, das als erstrebenswert und erfreulich gilt. Evtl. werden aber in einer Gesellschaft entgegen religiösen und philosophischen Absichtserklärungen statt der absoluten Werte viel stärker relative Werte wie Reichtum und Macht propagiert.

Soziale Normen betreffen das Handeln; sie sind Verhaltensregeln, soziale Standards; sie werden aus Werten abgeleitet: Wenn »Gesundheit« ein Wert ist, dann kann man daraus als Verhaltensregeln den aktiven Sport und das Nichtrauchen ableiten. Normen sind zur Verhaltensregelung unbedingt erforderlich; sie sollen menschliche Interaktionen verläßlich gestalten.

Normen können als staatliche Gesetze, als Recht erscheinen, aber auch als Gebote, Riten, Sitten, Bräuche, Konventionen usw. Die verschiedensten Lernprinzipien (s. Kap. 2) sind beteiligt, wenn das Individuum Normen erwirbt. Vielfach wird den Normen die Qualität des Selbstverständlichen mitgegeben; wer sie übernimmt, »hinterfragt« sie kaum einmal.

Jede soziale Rolle ist mit Normen verbunden: Zur Rolle des Kindes z.B. gehört Gehorsam gegen die Eltern; zur Rolle von Gefängniswärtern gehört offensichtlich eine gewisse Strenge gegen die Inhaftierten. Wie wichtig das werden kann, zeigt ein Experiment von ZIMBARDO et al. (1973), in dem von amerikanischen Studenten das Verhalten in einer Strafanstalt simuliert wurde. Es kam zu unerwartet aggressivem Verhalten der »Wärter«. Ihren Machtgefühlen stand zunehmend Hilflosigkeit auf Seiten der »Gefangenen« gegenüber. Das Experiment mußte abgebrochen werden, da die zunehmende psychische Labilität der beteiligten Studenten den Versuchsleitern Sorge bereitete. Es scheint schwer zu sein, die von der Rolle geforderte Strenge von dysfunktionalen Aggressionen und von Dehumanisierungen freizuhalten, besonders dann, wenn zugleich Deindividuationserscheinungen erleichtert werden, wie es bei einem vielköpfigen Einsatz von Uniformierten der Fall ist (Deindividuation s. Kap. 4.3.6).

Normen sind keine einheitlich gesetzten Größen und sie befinden sich in stetiger, wenn auch meist langsamer Umwandlung. Jede Teilgruppe der Gesellschaft hat besondere Normen; manchmal – z.B. bei den sog. Banden jugendlicher Straftäter – stehen sie im krassen Gegensatz zu den Normen der Gesamtgesellschaft. Jeder einzelne Mensch hat sich individuelle Normen gesetzt (verzichtet z. B. nicht auf das Rauchen, hofft aber, seine Gesundheit durch tägliches Schwimmen zu erhalten).

Bezüglich der Aggressivität gibt es natürlich auch eine Fülle von Normen; einige gesellschaftliche Normen sind von den meisten relativ leicht einzuhalten, etwa: Du sollst nicht stehlen. Manches widersprüchlich Erscheinende wird leicht bewältigt: Zwar ist Töten zunächst grundsätzlich untersagt, aber im Krieg darf man es, muß man es ...

Andere Normen überfordern den Durchschnittsmenschen, z. B. die christlichen Gebote, daß man seinen Feind lieben soll und daß man dem die linke Wange hinhalten soll, der einen auf die rechte geschlagen hat (s. Matthäus, 5). Leichter war es da mit der alttestamentarischen und jüdischen Regel »Auge um Auge, Zahn um Zahn« (2. Buch Moses, 21). Nichts spricht dafür, daß Christen weniger reaktive Aggressionen zeigen als Juden. Man kann es auch so sagen: Das Prinzip der Retaliation ist praktisch gültig geblieben. Das bedeutet, daß Aggressionen meist zu Gegenaggressionen führen. Leicht kommt es dabei zu Eskalationen: Die Heftigkeit der Aggressionen nimmt auf beiden Seiten immer mehr zu, bis eine Seite überlegen wird und siegt. Selten genug wird eine solche Dynamik frühzeitig dadurch unterbrochen, daß eine Seite eine friedfertige Geste macht, wie es Kennedy 1962 gelungen ist: In der Kubakrise waren 1962 die Beziehungen zwischen den USA und der UdSSR so gespannt wie wohl nie zuvor. Bei weiterer Eskalation drohte ein Krieg. Kennedy durchbrach sie am 10.6.63 durch eine versöhnliche Rede und die einseitig verkündete Beendigung der Atomversuche in der Atmosphäre. Umgehend reagierte die UdSSR positiv und stoppte den Bau strategischer Bomber. Nach wenigen Wochen kam es zu Verträgen zwischen den Mächten und der »heiße Draht« zwischen Moskau und Washington wurde installiert (s. ETZIONI, 1968). Die Ermordung Kennedys im November 1963 lähmte den Elan der Kontakte; bei seinen Nachfolgern blieben ähnlich intelligente und souveräne Amtsführungen aus. Daß solche friedfertigen Gesten falsch verstanden, vor allem als Schwächen interpretiert werden können, birgt gewisse Gefahren. Gute Kommunikationsforschung kann in dieser Hinsicht bei bedeutenden Aggressionstendenzen eine wichtige Rolle spielen.

4.3.2 Dehumanisierung

Wie schon betont wurde, unterliegt die Akzeptanz von Werten und Normen einem stetigen Wandel. Was als wertvoll gilt, kann jederzeit abgewertet werden (und umgekehrt). Abwertungen sind ein beliebtes und bewährtes Mittel zur Aggressionserleichterung. Abwerten lassen sich die Werte im abstrakten Sinn (so hat etwa »Vaterland« bei uns seit 1945 viele Jahre hindurch an Wert verloren); abwerten läßt sich aber auch das konkrete Opfer – bis hin zu sogenannten Dehumanisierungen oder »Entmenschlichungen«: Fremde werden als »Barbaren«, Feinde werden als »Untermenschen«, als Angehörige eines

»Reichs des Bösen« etikettiert, Mißliebige als »Pinscher«, Norddeutsche im Süden als »Saupreußen«, Italiener als »Itacker«, Polen als »Polacken«, Deutsche in Österreich als »Piefkes« etc. Dehumanisierungen erleichtern unmenschliches Verhalten. Manches Rollenverhalten scheint Dehumanisierung einzuschließen: Vor Gericht sind Menschen »Angeklagte«, die kaum noch mit ihrem Namen angesprochen werden. Ein Mensch, der einen Mord begangen hat, wird für immer zum »Mörder«; ein Jugendlicher, der im Selbstbedienungsladen etwas Schokolade entwendet hat, wird evtl. für immer zum »Dieb« gestempelt. (Anm. 8)

Aber auch wenn Menschen zu Nummern werden und Klienten oder Patienten zu Fällen, liegt ansatzweise Vergleichbares vor.

4.3.3 Wettbewerb

Situationen mit Wettbewerbscharakter stacheln das aggressive Verhalten an. BERKOWITZ (1961, S. 178) sieht jeden Wettbewerb als Frustrationsquelle und insofern als Ärger/Wut auslösende und Aggressionen begünstigende Bedingung an; in jedem Wettbewerb gibt es mindestens einen (frustrierten) Verlierer.

ROCHA und ROGERS (1976) arbeiteten mit 6- und 7jährigen. Die in verschiedene Gruppen eingeteilten Kinder konnten in einem Turmbauwettbewerb gegen ein anderes Kind begehrte oder relativ wertlose Preise gewinnen. Die Wettbewerbsschärfe wurde dadurch variiert, daß der einen Hälfte der Kinderpaare wenig, der anderen Hälfte reichlich Baumaterial zur Verfügung stand. Schließlich konnten auch eher aggressive mit eher nicht-aggressiven Kindern verglichen werden.

Alle drei Variablen (Belohnungsart, Wettbewerbsschärfe, Aggressivität) waren von Einfluß auf die während des Turmbaus beobachteten physischen und verbalen Aggressionen. Am meisten wirkte sich die Wettbewerbsmanipulation aus. Der verschärfte Wettbewerb führte gelegentlich dazu, daß die Kinder gar nicht mehr auf das eigene Ziel hin bauten, sondern daß sich die Aggression gegen den anderen »verselbständigte«. Wo die Wettbewerbssituation durch Mangel an Material und durch hohe Belohnung auf die Spitze getrieben wurde, ging auch der Unterschied zwischen aggressiven und nicht-aggressiven Kindern verloren.

4.3.4 Aggression und Sport

Unter der Annahme, jene Katharsis-Hypothese sei gültig, nach welcher kleine Aggressionen die Aggressionsenergie so aufbrauchen, daß große Aggressionen unmöglich werden, sind einmal große Hoffnungen auf den sportlichen Wettkampf gesetzt worden (LORENZ, 1963). Als erstes müssen wir aber kritisch fragen, nach welcher Definition bei Sport überhaupt eine Aggression vorliegt.

Die Antwort, aller Sport sei als aggressiv einzustufen bzw. zumindest als sublimierte Aggression, ist nur bei einem inflationären Aggressionsbegriff möglich.

Bei vielen Sportarten sind Aggressionen kaum auszumachen, so etwa in leichtathletischen Laufwettbewerben von Amateuren. Etwas schwieriger wird es bei den Profis: Soll man die Tatsache, daß der Sieger dem Zweitplazierten die höhere Geldprämie wegschnappt, als Aggression sehen? Ein gerichtetes Austeilen schädigender Reize kann wohl nur im Ausnahmefall interpretiert werden.

Anders ist es bei Sportarten wie etwa Boxen und Fußball. Im Boxkampf werden tatsächlich gezielt schmerzzufügende Reize ausgeteilt; angestrebt wird der Knock-out. M. E. ist dieser Sport als aggressiv einzustufen; wegen der Fairneß-Regeln, unter denen er steht und letztlich nur ritualisierte Kämpfe ermöglicht, und wegen der kulturellen Duldung bzw. Förderung können wir aber Boxkämpfe als »positive« Aggressionen sehen – solange die Regeln eingehalten werden.

Beim Fußball müssen wir – noch mehr als bei anderen Sportarten – Amateur- und Profi-Sport (als Spitzensport) unterscheiden. Geht es beim Profi-Fußball überhaupt noch primär ums Spiel oder bereits primär ums Geld? Jedenfalls geht es wohl kaum primär um Aggressionen. Aber fast jeder im deutschen Sprachraum assoziiert den Fußballsport, wenn er über »Sport und Aggression« nachdenkt.

Aggressionen gibt es beim Fußball in mindestens zwei Hinsichten:

1. Oft genug finden auf dem Spielfeld Aggressionen statt: *Spieler* treten andere manchmal durchaus gezielt, bringen sie im vollen Lauf durch Festhalten etc. zu Fall usw.

Nach BEGERAU (1981) ist davon auszugehen, daß diese Aggressionen Vorteile erbringen: Der gegnerische Spielfluß wird unterbrochen; Strafen folgen nur selten. Selbst von den »Fouls«, die der Autor als feindselige Aggressionen einstuft, wird nur eine Minderheit geahndet. Die »Strafen« (meist Freistöße) sind in lernpsychologischem Sinn keine, denn der Aggressionsgewinn ist höher als der Verlust durch die Strafe – Elfmeter und Platzverweise einmal ausgenommen. Was im Profifußball fehlt, ist der Platzverweis auf Zeit, der als »time-out« ein bewährtes Mittel zur Reduzierung von Aggressionen ist.

BEGERAUs Beobachtungen des deutschen Bundesligafußballs erbrachten den interessanten Befund, daß bei klar erscheinendem Spielstand (Differenz von zwei und mehr Toren) das Foul-Spielen nachläßt. Erwartungsgemäß stiegen Fouls mit der Bedeutung des Spiels (Kampf um die Tabellenführung, gegen den Abstieg etc.). Als leistungsstark geltende Spieler mit gesichertem Stammplatz in der Mannschaft spielten fairer als eher leistungsschwache Spieler.

2. Auch die *Zuschauer* benehmen sich im Umfeld von mehr oder weniger wichtigen Spielen oftmals aggressiv. »Höhepunkt« war das Geschehen beim Europapokal-Endspiel der Landesmeister 1985 in Brüssel, bei dem es – unter Verkettung tragischer Umstände – 39 Tote gab. Einmal löste ein Fußballspiel auch einen Krieg aus (1969, El Salvador gegen Honduras).

Bei Aggressionen unter den Zuschauern ist meist Alkohol »im Spiel«. Es gibt besondere Gruppen unter den Zuschauern, die am ehesten für Randale zu haben sind: die organisierten Fans. Sie schließen sich in Clubs mit eigenen Wertvorstellungen zusammen. Neonazistische Einflüsse werden gelegentlich gesehen. Aber mancher, der »Sieg Heil« ruft, weiß absolut nichts über die tausendjährige Geschichte dieses Wortes; er wünscht nur seiner Mannschaft »Heil« und natürlich den »Sieg« (BRUDER und BRUDER, 1984). Passiver Sport scheint der Hauptlebensinhalt solcher Fans zu sein, so wie aktiver Fußball der hochbezahlte Lebensinhalt ihrer Idole ist. Das überstrapazierte Wort »Identifikation« darf hier benutzt werden. Sie findet in der Kleidung (in Vereins- oder Landesfarben), in den mitgebrachten Fahnen und in den lauthals bekundeten Erwartungen eines Siegs ihren Ausdruck. Vor dem Hintergrund solcher schlichten Identifikationen sollen auch Defizite eine Rolle spielen, z.B. geringe Selbstwertgefühle, die man vielleicht durch (erfolgreiche) Aggressionen anheben möchte. Das zumeist auch angenommene Bildungsdefizit wurde von GABLER et al. (1982) aber nicht bestätigt.

Während des Sportkampfes steigt die Erregung, das Aktivierungsniveau. Damit werden Aggressionen wahrscheinlicher. Der Anblick von Polizisten mag wie der Anblick von Waffen in den Experimenten von BERKOWITZ und LePAGE (s. Kap. 4.3.7) Aggressionen begünstigen, zumal wenn die Polizei nicht übermäßig stark und angstauslösend auftritt. Selbsterzeugter Lärm (Trommeln, Schlachtrufe . . .) und sommerliche Hitze spielen neben dem schon erwähnten Alkohol eine aktivierende Rolle.

Die Aggressionen sind partiell vorbereitet, zumindest einkalkuliert, wie mitgebrachte Waffen und waffenartige Gegenstände zeigen. Texte auf Transparenten können manchmal nur so interpretiert werden, daß Aggressionen auch regelrecht provoziert werden sollen.

Fans glauben, das Spiel auf dem Rasen beeinflussen zu können. Sie erleben also Erfolge mit und fühlen sich bei Niederlagen (und Gegentoren) frustriert.

Es liegen differenzierte wissenschaftliche Untersuchungen über Zuschauer-Aggressionen beim Fußball vor, speziell beim VFB Stuttgart (SCHULZ und WEBER, 1978; GABLER, SCHULZ, WEBER 1982). Die Aggressivität ist nach einem Spiel größer als zuvor; Fans sind aggressiver als andere Zuschauer; auch ehemalige aktive Fußballer sind aggressiver, desgleichen *die* Zuschauer, denen ein Sieg wichtiger ist als ein schönes Spiel.

Aber Aggressivität ist kein *zentrales* Motiv der Fans, wenn sie zum Sportplatz gehen; die Aggressionen wären sonst noch viel zahlreicher. Fans suchen in erster Linie Kontakt zu ihren Freunden; sie suchen aber auch kleine Abenteuer, Sensationen, Spannungen und deren Lösung; das ist genau das, was eigentlich jedes menschliche Spiel auszeichnet.

Fazit: Es gibt keinen einfachen Zusammenhang zwischen Sport und Aggression, weil es *den* Sport und *die* Aggression nicht gibt. Viele Sportarten sind recht aggressionsfrei (z.B. Leichtathletik, Schwimmen); in einigen lassen sich relativ oft Aggressionen nachweisen (z.B. Fußball); in wenigen sind ritualisierte Aggressionen dem Sport immanent (z.B. Boxen).

Zuschauer können im Prinzip bei jeder Sportart über die Stränge schlagen. Bestimmte Sportarten binden die Zuschauer aber erregungsdämpfend ins Reglement ein (so die »Ruhe«-Aufforderung beim Tennis); andere kennen Vergleichbares nicht und zeigen eher Ausschreitungen (Fußball). Sofern im Sportgeschehen unter den Aktiven aggressive Modelle selten sind, werden auch bei Zuschauern kaum Aggressionen ausgelöst.

Eine Katharsis findet – über die momentane körperliche Erschöpfung bei den Aktiven und über ein Absinken allgemeiner, nicht aggressionsspezifischer Erregung bei Zuschauern hinaus – in keinem Fall statt.

4.3.5 Dichte, Enge, Überfüllung

Einer gut operationalisierbaren Variablen sprach man vorübergehend in der Aggressionsforschung einen hohen Erklärungswert zu: der Überfüllung oder Dichte und Enge (crowding).

CALHOUN berichtete 1962 über ein Rattenexperiment, in dem eine »Überbevölkerung« zu extremer Aggressivität mit blutigen Kämpfen führte. Im Grunde kam alles »vernünftige« Rattenverhalten zum Erliegen. Wurde hier nicht ein Modell für moderne Großstädte mit hoher Kriminalität aufgezeigt? Gibt es ein angeborenes Bedürfnis nach einem bestimmten persönlichen Raum, nach einem Territorium? Gibt es – wieder einmal – eine biologische Wurzel von Kriminalität und gar Imperialismus? Es wurde so gesehen! Inzwischen sind die Befunde aus natürlichen und künstlichen Situationen bei Mensch und Tier widersprüchlich.

Nach McGURK et al. (1981) beanspruchen gewalttätige Strafgefangene, die sich durch hohe Psychotizismuswerte (EYSENCK) auszeichnen, einen großen persönlichen Raum; wird dieser unterschritten, zumal bei Annäherung von hinten, so wird eine Aggression wahrscheinlich.

KÄLIN (1972) variierte bei Kindergartenkindern den zurVerfügung stehenden Raum und ermittelte steigende Aggressivität bei abnehmender Raumgröße. Allerdings dauerten die Experimente nur wenige Minuten. Evtl. hatten sich die Kinder recht bald an die neue Situation gewöhnt. Wenn neue Kinder in den zur Verfügung stehenden Raum gebracht werden, dauern vielleicht Kämpfe um Rangplätze eine kleine Weile, um dann deutlich zurückzugehen.

Man kann bei Dichte und Enge räumliche von sozialer Dichte unterscheiden (s. SCHULTZ-GAMBARD, 1985). Räumliche Dichte wird definiert als Ausmaß an verfügbarem *Raum* für eine konstante Anzahl von Personen, soziale Dichte als *Anzahl* von Personen pro konstanter Raumgröße. Man sollte aber vor allem zwischen wohlstrukturierten Gruppen und neu zusammengebrachten Menschen unterscheiden. Eine gut strukturierte Gruppe verträgt eine größere räumliche Dichte, ohne aggressiv zu werden. Die gleiche Gruppe wird jedoch wahrscheinlich durch neue Zwangsmitglieder vorübergehend gestört; in diesem Fall sind Aggressionen wahrscheinlicher.

BATES (1971) sah bei Jungen im Alter von 2–4 Jahren (ähnlich wie KÄLIN) einen Anstieg konfliktgeladener Interaktionen, nicht jedoch bei Mädchen; bei SMITH und CONOLLY (1977) war weniger die Dichte ausschlaggebend als das Spielzeugangebot; bei 3–4jährigen Kindern nahm mit zunehmendem Spielmaterial die Aggressivität ab.

Gegen simple Territorialüberlegungen, die beim »crowding« gern angestellt werden, sprechen noch andere gewichtige Argumente: Viele Tierarten leben nicht territorial. Andere (s. CROOK, 1968) bilden bei geringer Dichte Territorien, bei größerer Dichte nicht. Es ist auch wichtig festzustellen, daß nicht ein angeborener Territorialbedarf bestimmt, wieviele Tiere einer Art z. B. auf einer Insel leben können; vielmehr bestimmt das vorhandene Gesamtareal die Größe der einzelnen Territorien.

ANDERSON et al. fanden 1977, daß bestimmte Affen (macaca nemestrina) bei weniger Raum weniger aggressiv sind. Z.B. kann ein dominantes Tier, das bei Aggressionen eingreift, seine Artgenossen auf engem Raum besser kontrollieren als bei weitläufigem Territorium.

SCHERER (1979) hat gewichtige Argumente gegen die plausible Überfüllungshypothese beim Menschen zusammengetragen: Großstädte (in den USA) haben zur Zeit sehr hohe Kriminalitätsraten, aber wohl nicht wegen einer simplen Überfüllung. Der Raum, der den Individuen in den Großstädten zur Verfügung steht, ist nicht auffallend klein; was vielleicht an Bodenfläche fehlt, wird durch die Höhe ausgeglichen. Wichtiger ist u. a., daß in den Großstädten auch die verschiedenen Machtgruppierungen ihren Sitz haben. Großstädte führen verschiedenen »Märkten« die benötigte Vielzahl von Menschen zu, somit auch dem Markt für Gewalt; Drogen können in einer Großstadt besser und mehr abgesetzt werden als in einer Kleinstadt. Aber es gibt offensichtlich auch noch wichtige andere, z. T. unbekannte Einflußgrößen. So hatte Frankfurt (Main) 1978 auf 100000 Einwohner doppelt so viele erfaßte Straftaten wie München. In Hongkong ist die Dichte 150mal größer als in den USA; sie ist auch viel größer als in den amerikanischen Großstädten. Die Mordraten aber stehen im Verhältnis 1 : 6.

Es gibt in den Großstädten besondere Viertel (Slums) mit besonders auffallenden Kriminalitätsraten; diese Viertel sind überbevölkert. Aber das eine ist wieder nicht der Grund des andern. Vielmehr gibt es ein Netz von einflußreichen Variablen: Die Menschen leben hier in schlechten (billigen) Wohnungen dicht beisammen; es sind die sog. asozialen Randgruppen, die finanziell schlecht Gestellten, denen die »besseren Viertel verwehrt sind« (SCHERER, S. 207). Jede Kultur setzt andere Raumnormen: Am jugoslawischen Strand rücken die Einheimischen enger zusammen als am deutschen: Die einen suchen und die andern meiden sich. Der Extravertierte hat's lieber etwas dichter als der Introvertierte. Von Stimmung zu Stimmung ändern sich unsere Raumansprüche. Bei einer Party stören leere Räume, bei der Geistesarbeit kaum.

Die Gegenthese zur alten Sicht, Menschen, die eng zusammenleben, brächten sich leicht wechselseitig um, muß lauten: Sie entwickeln Formen der Kooperation.

Wie so oft: Eine Beobachtung aus dem Tierreich wird extrem überinterpretiert und zur Sensation aufgebauscht. Etwas Kritik – und die Seifenblase platzt. So schreiben FREY und IRLE (1985), daß die ethologische Crowding-Theorie für den Menschen »von minimaler Erklärungskraft« sei; dem ist nur hinzuzufügen: Offensichtlich erklärt sie auch bei manchen Tierarten nicht nennenswert viel.

4.3.6 Deindividuation

In psychologischer Nähe zur Überfüllung steht die Deindividuation (FESTINGER et al., 1952). Deindividuation, Individualitätsverlust oder Entpersönlichung meint ein Phänomen, das Aggressionen begünstigt und z. B. unter dem Schutz der Anonymität eintritt: Menschen in der Menge, vor allem in der unstrukturiert bleibenden Masse (Terminologie nach HOFSTÄTTER, 1957), verlieren gleichsam ihre individuelle Handlungsplanung und Verantwortlichkeit; sie tauchen in der anonymen Masse unter. Das Gefühl für soziale Verantwortung tritt (vor allem in Erregungszuständen) zugunsten eines diffusen Wir-Gefühls vorübergehend zurück. Erleichtert werden solche Zustände und die daraus folgenden Enthemmungen der Aggressivität durch verschiedene Suggestionen, z. B. durch Dehumanisierungen und andere gesellschaftlich geförderte Vorurteile gegen Minderheiten und Feinde. BANDURA (1973, 1979) und ZIMBARDO (1983) weisen auf die entpersönlichende Bedeutung von Masken und Uniformen hin (von der Ku-Klux-Klan-Maskierung und der Vermummung von Demonstranten bis zur uniformen Kleidung von Rockern, Gefängniswärtern, Polizisten und Soldaten).

Deindividuations-Erscheinungen gibt es auch ohne Schutz der Masse: Man denke an die (scheinbar) lebensgefährlichen Stromschläge, die MILGRAMs Versuchspersonen (1966) im Experiment anderen Menschen austeilten. Es genügt zur Deindividuation also auch die Einbindung in eine Hierarchie. Alle Aggressionen auf Befehl lassen sich hier einordnen; alle Situationen, in denen Menschen ihr Gewissen gleichsam beiseitelegen können, sind gemeint; solche Situationen und blind-gehorsame Menschen gibt es zuhauf. Man denke an die Schreibtischtäter und direkten Menschenschinder im Dritten Reich; und auch bei der Gewalt, die von Vermummten und Polizisten bei friedlich geplanten Demonstrationen begangen wird, ist an die Deindividuation zu denken.

ZIMBARDO (1969) ermittelte in Experimenten, daß Versuchspersonen in Masken stärkere Schocks austeilten als unmaskierte. Geradezu dramatisch wurden die schon einmal erwähnten Befunde von ZIMBARDO et al. (1973) mit Studenten, die in einem Experiment die Rollen von Gefangenenwärtern übernommen hatten und sehr aggressiv ausfüllten (was allerdings durch die zusätzliche Dehumanisierung der Opfer in Sträflingskleidung erleichtert war). »Die Hauptinteraktionsformen von Seiten der Wärter bestanden ... aus Befehlen, Beleidigungen, demütigenden Bemerkungen, verbaler und physischer

Aggression und Drohungen« (1983, S. 587). Nach sechs Tagen wurde das Experiment abgebrochen, da Sorgen um die Gesundheit der »Gefangenen«, die auch von Studenten gespielt wurden, aufkamen. Wir wissen durch diese Experimente nicht, ob bei »echten« Gefängniswärtern Vergleichbares auftritt, aber grundsätzlich werden wir auf aggressionsfördernde Variablen hingewiesen, die in bestimmten Situationen und Rollen enthalten sein können und aus vielen durchschnittlichen Mitmenschen aggressive, unsolidarische Feinde machen können.

4.3.7 Waffeneffekt

BERKOWITZ und LePAGE (1967) fanden, daß die bloße Gegenwart von Waffen (im Versuchsraum) die Aggressivität erhöhte, ohne daß die Waffen selbst benutzt werden konnten. Waffen ermöglichen also nicht nur besonders intensive Aggressionen, sie stimulieren auch dazu.

Vielleicht müssen wir drei Effekte unterscheiden:

1. Waffen verführen zu ihrem Einsatz. Ohne Schußwaffen wären gefährliche Aggressionen schwerer durchzuführen und weniger oft tödlich. Dabei spielen natürlich wieder kulturelle Umfelder und individuelle Lerngeschichten eine Rolle: Trotz vergleichbar lockerer Waffengesetzgebung haben die Australier deutlich weniger, die Mexikaner deutlich mehr Tötungsdelikte als die Amerikaner (GOLDSTEIN, 1975).
   In Ländern mit strengen Waffengesetzen pflegen entsprechende Zahlen niedrig zu sein. Mancher Mord und Selbstmord geschieht, weil gerade dann eine Waffe in der Nähe ist, wenn sich der Täter in einem Erregungszustand befindet und impulsiv handelt. In den USA, wo z. B. in Detroit jeder Dritte eine Schußwaffe besitzt (nach LEFKOWITZ et al., 1977), soll es 1973 mehr als 13000 mit Schußwaffen begangene Morde gegeben haben; nur 35 waren es in England und Wales, wo Schußwaffen verboten sind. Die Autoren fragen sarkastisch, wieviel Menschen von einem bestimmten »Massenmörder« W. wohl getötet worden wären, wenn er statt des weitreichenden Gewehrs nur einen Kochlöffel als Waffe gehabt hätte . . .
2. BERKOWITZ sieht die Aggressionssteigerung, die von Waffen ausgeht, ohne daß sie selbst als solche benutzt werden können (weil sie z. B. veraltet und verrostet sind oder weil Munition fehlt), als Ergebnis klassischer Konditionierung an. Stimuli (hier Waffen), die oft mit Ärger und Aggression verbunden erlebt wurden (z. B. im Fernsehen), lösen ihrerseits wieder Ärger und Aggressionsneigung aus.
3. Es gibt aber auch viele Menschen, bei denen Waffen eher Angst als Ärger/Wut und Aggression auslösen. Wenn an einem Experiment, wie es BERKOWITZ und LePAGE durchgeführt haben, eher ängstliche Menschen teilnehmen, kann das 1967 berichtete Ergebnis evtl. ausbleiben; dies trat auch wiederholt ein.

4.3.8 Massenmedien

Wirkungen von Gewaltdarstellung in Medien werden bei uns in einem fast unglaublichen Ausmaß heruntergespielt. Speziell zur Verteidigung von Fernsehfilmen werden immer wieder die Behauptungen ausgestreut, es gebe in der Wirkungsforschung »viele Hypothesen«, aber wenig gesichertes Wissen« (HORN, 1975) und dieses geringe Wissen sei »widersprüchlich wie eh und je« (HAASE, 1984). Das ZDF selbst ließ 1971 in größerem Stil durch KELLNER und HORN solche Widersprüchlichkeit behaupten; die Presse (SPIEGEL und ZEIT) stößt ins gleiche Horn. Auf den ersten Blick spricht viel für den Standpunkt der Medien. Sie können eine Reihe von theoretischen wissenschaftlichen Positionen anführen, die kaum auf einen Nenner zu bringen sind. Dabei wird allerdings so getan, als wären die verschiedenen Mini-Theorien gleichwertig; die Spreu wird bewußt nicht vom Weizen getrennt. Da bislang nahezu jeder Medienforscher, der etwas auf sich hält, auch eine eigene Theorie konstruiert, scheint es keinen Mangel an »widersprüchlichen« Aussagen zu geben. Hinzukommt, daß auch solide wissenschaftliche Arbeiten in diesem Themenbereich Sätze enthalten, die von denen, die in den Diskussionen für die gewaltträchtigen Produkte kämpfen, leicht vereinnahmt werden können. Ein Beispiel: BERGLER und SIX behaupteten 1979, daß »eine alle Variablen berücksichtigende, in ein umfassendes theoretisches Gefüge integrierte, methodisch einwandfreie . . . sowie langfristige Veränderungen berücksichtigende Untersuchung zum Einfluß des Fernsehens auf Einstellungen, Werte und Normen . . . bis zum gegenwärtigen Stand der Wirkungsforschung eine noch ungelöste Aufgabe« sei. Da es *nie* eine »alle Variablen berücksichtigende«, »methodisch einwandfreie« Untersuchung in den Sozialwissenschaften geben wird, liefert die besondere Betonung dieser trivialen Tatsache im Umfeld der Medienwirkungsforschung eine handliche, antiwissenschaftliche Killerphrase für die Gewaltproduktion.

Würde man den eigenen Ehrgeiz hintanstellen und die internationale psychologische Theoriebildung und Forschung zur Kenntnis nehmen, müßte man bei BANDURA auf die sozial-kognitive Theorie stoßen, die sehr wohl in der Lage ist, die vorhandene Empirie zu umspannen (s. Kap. 2). Es wird von der Theorie nicht behauptet, daß die in den Medien demonstrierten Aggressionen zu einfachen Imitationen führen, auch nicht, daß die Aggressivität in der gegenwärtigen Welt großenteils durch die Medien verursacht sei. Aber es werden von BANDURA und vielen anderen hunderte von Untersuchungen erbracht, die im Sinn der Theorie dafür sprechen, daß vorgeführte Aggressionen beim Beobachter zu Lerneffekten führen, die nicht verniedlicht werden können (s. BAUER und SELG, 1981).

Relativ unabhängig von BANDURA kommt auch der Soziologe PHILLIPS (u.a. 1983) zu ähnlichen Aussagen. Während BANDURA vorwiegend mit Videoszenen arbeitet, analysiert PHILLIPS auch die Wirkungen von groß aufgemachten Berichten in Zeitungen.

Ähnlich unabhängig von BANDURAs Ansatz hat sich die Erforschung der Pornographiewirkungen auf Positionen zubewegt, die sich seit 1963 bei BAN-

DURA erkennen lassen: Wir müssen heute davon ausgehen, daß Gewaltdarstellungen, sexuelle Gewalt natürlich eingeschlossen, zu sozialschädlichen Veränderungen bei Betrachtern führen. Kinder, die unbestrafte Aggressionen sehen, verhalten sich anschließend aggressiver – und unsere sog. Kindersendungen wimmeln von solchen Aggressionen. Männer, die Videokassetten mit genüßlich geschilderten Vergewaltigungen, also die übliche Brutal-Pornographie, ansehen, verschlechtern ihre Einstellungen gegenüber Frauen (Näheres s. SELG, 1986). Trotz eines Verbots der Gewalt-Pornographie in der Bundesrepublik Deutschland ist entsprechendes Material leicht zugänglich. Je mehr Gewalt gesehen wird, desto mehr wird sie akzeptiert (LIEBERT, 1974). Gewalt wird bei längerer Betrachtung zunehmend als humorvoll und unterhaltsam beurteilt; sexuelle Gewalt sättigt nicht, eher weckt sie Hunger nach mehr (DONNERSTEIN und LINZ, 1984).

Medien spiegeln keineswegs nur gesellschaftliche Trends wider, wie sie manchmal zu ihrer Entschuldigung vorbringen, sondern sie formen Trends und Normen mit. Wir können sicher sein, daß die gesellschaftlich geduldete Praxis der Medien, Gewalt zu bloßen Unterhaltungszwecken vorzuführen, die Beurteilung der Gewalt verändert hat: Gewalt ist weniger abschreckend, sie ist längst unterhaltsam geworden. Wie geht es weiter? Immerhin enthalten Brutalpornos die Botschaften: Jede Frau will eigentlich vergewaltigt werden; Vergewaltigung bereitet den Frauen (nach anfänglicher Abwehr) den höchsten Genuß, und keine Frau kann gegen ihren Willen vergewaltigt werden. Bei vielen Männern und auch Frauen, die entsprechende Filme sehen, steigt die Akzeptanz der Vergewaltigungs-Mythologie – besonders bei solchen Männern, die ohnehin schon feindselige Überzeugungen in ihren sexuellen Einstellungen besitzen.

Gewalt in Medien ist Schleichwerbung für Gewalt; und Werbung in Medien ist erfolgreich, wenngleich nicht bei jedem. Es »reicht« aber, wenn unter 10 Millionen Fernsehzuschauern ein einziger die gut demonstrierte Geiselnahme irgendwann in eigenes Verhalten umsetzt . . .

Immerhin gibt es Anzeichen dafür, daß unsere Gesellschaft nicht völlig tatenlos der psychischen Umweltverschmutzung durch die Industrie zusieht, die an der gewaltdurchsetzten Unterhaltung verdient: Als die Spielautomaten-Branche zu Beginn der 80er Jahre dazu überging, auf vielen frei zugänglichen Plätzen Spielautomaten (mit Kriegsspielen) aufzustellen, kam es zu Widerständen, die in zwei Stufen erfolgreich waren: Zunächst verhinderte eine Selbstkontrollinstanz der Industrie die gröbsten Auswüchse; sodann verbannte der deutsche Bundestag die Spielautomaten zum 1.4.85 wieder in die Spielhallen, die Minderjährigen nicht offenstehen.

Es ist vielleicht schwer, nicht von einem Extrem ins andere, von übermäßiger Toleranz in Zensur zu fallen. Doch wir brauchen z.B. in der Bundesrepublik Deutschland keine weiteren Gesetze gegen die Gewaltverherrlichung; wir müssen nur entschieden und gelassen zugleich auf ihre Einhaltung achten.

Mit Bezug auf die Pornographie habe ich es 1986 so formuliert: Man möge (in Medien) nur solches Erleben und Verhalten uneingeschränkt demonstrieren lassen, von dem man wollen oder bei dem man zumindest tolerieren kann, daß es allgemein Verbreitung findet. Wo Gewalt verherrlicht wird, sollten wir den Anfängen wehren: Auch »ganz normale« Erwachsene können bezüglich ihrer Aggressivität zum Nachteil ihrer zwischenmenschlichen Beziehungen enthemmt werden.

Medien entscheiden jedoch mit darüber, welche wissenschaftlichen Ergebnisse öffentlich bekannt werden; der Bock ist als Gärtner tätig. Wen wundert es, daß »störende« Befunde totgeschwiegen, heruntergespielt, lächerlich gemacht, verdreht werden und daß jede Kritik als Ruf nach Zensur hingestellt wird. In den USA ist es darüber hinaus (s. BANDURA, 1973; ADAMS, 1981) verbreitet so, daß in Kongreß-Hearings immer die gleichen Shows abgezogen und Untersuchungskommissionen dank der Industrie-Lobby mit genehmen Leuten besetzt werden etc. »Forscher im Dienste der Industrie zweifeln die empirischen Belege an« (BANDURA, 1979, S. 305). Ein ergiebiger Trick ist es, von den Wissenschaftlern erst verbindliche Definitionen zu verlangen und die dadurch regelmäßig entstehenden Schwierigkeiten zu Hinhaltemanövern zu benutzen. Schlimmstenfalls gelobt man Besserung und läßt alles beim alten – bis zum nächsten Hearing. Eindrucksvoll ist es für Politiker, wenn die Industrie schließlich als Folge der Kritik mit dem Verlust von Arbeitsplätzen droht ... Recht respektheischend sind auch die pathetischen Forderungen der Medien, dem mündigen Bürger dürfe Information nicht vorenthalten werden. – Darum geht es aber gar nicht. Es geht nur um die Frage: Information in welcher Aufmachung? Jeder Inhalt, z. B. eine Demonstration, kann mit ganz unauffälligen technischen Tricks in ein mehr positives oder in ein mehr negatives Licht gerückt werden. Ein Porträtfoto mit verzerrendem Objektiv aufgenommen, liefert die dargestellte Person der Ablehnung oder der Lächerlichkeit bei den Betrachtern aus; jeder Medienprofi weiß das, und viele nutzen es aus.

Es kann sich niemand aus der Verantwortung stehlen, die Medien nicht und die Erzieher auch nicht: Wer Aggressionen im Detail und darüber hinaus als erfolgreiche Durchsetzungstechnik darstellt, fördert ihre Verbreitung. Wer Kinder unter 6 Jahren Filmen aussetzt, die nicht ausdrücklich auf ihre Wirkung geprüft sind (wie z. B. Sesamstraße), wer Kinder im Grundschulalter unbetreut dem Medienkonsum überläßt, muß wissen, daß er sich mitschuldig macht an Fehlinformationen, Ängsten und Aggressivitäten.

Da wir älteren Kindern die verschiedenen Medien nicht vorenthalten können (und viele dies auch nicht wollen), ist die Medienpädagogik in vielfacher Hinsicht gefordert. Die Aufgaben reichen von der Aufklärung über Aggressionen und Medienwirkungen bis zur Produktion von Videoszenen in Schulen und bis zur Verleihung erstrebenswerter Preise für kindgemäße Produktionen.

Anmerkungen zu Kapitel 4

1) Den Begriff »System« zu verwenden, droht zu einer Mode zu werden. Bei aller Distanzierung von reinen Modeerscheinungen möchte ich einige Vorteile des Begriffs, der m. E. auch als verbesserte Neuauflage des Gestaltbegriffs angesehen werden kann, nutzen: Er verlangt programmatisch, an Zusammenhänge von Teilen, an

Beziehungen, an Interdependenzen zu denken. Die Anregung gaben mir BRONFENBRENNER (1981) und MOGEL (1984), deren Nomenklatur ich aber verlasse. Eine integrierende, systemtheoretische Darstellung der Aggressionsforschung wird hier nicht beabsichtigt.

2) Neurotizismus meint emotionale Labilität, Bereitschaft zu neurotischem Verhalten. Hohe Psychotizismuswerte haben unangepaßte, empfindungslos wirkende Menschen. Extraversion verweist auf »nach außen« gerichtetes, eher unbekümmertes, geselliges Verhalten, Introversion auf »nach innen« gerichtete, zurückgezogene Persönlichkeiten.
3) Leider sind genau diese Erfahrungen für die Buchveröffentlichung von 1983 gestrichen worden.
4) Eine (veröffentlichte psychologische Analyse terroristischen Handelns fehlt noch. Selten werden lerntheoretische Gesetzmäßigkeiten so klar bestätigt wie durch terroristisches Verhalten, sei es nach spektakulären Erfolgen, sei es nach spektakulären Mißerfolgen (wie nach Mogadischu, 1977).
5) »Machismo« wird die männliche Überlegenheitsideologie genannt, wie sie relativ offen noch in südlichen Ländern und im Islam propagiert wird.
6) Das oft zitierte »Kindchenschema«, das ein Schlüsselreiz für beschützendes Verhalten sein soll und als Beleg für phylogenetische Determinanten menschlichen Verhaltens verwendet wird, hindert offensichtlich mißhandelnde Eltern nicht daran, gegen ihr eigenes Kind aggressives Verhalten zu zeigen.
7) BRINKMANN und HONIG (1984) haben eine Auswahlbibliographie zum Thema »Gewalt gegen Kinder, Kinderschutz« herausgegeben. Grundlegend und umfassend informiert das Buch von Gisela ZENZ (1979). Anette ENGFER (1986) informiert ebenfalls umfassend zum Thema, sie hat eine Vielzahl empirischer Untersuchungsergebnisse in ihrer Monographie verarbeitet.
8) Der sog. labeling-approach, auf den wir hier nicht näher eingehen können, hat auf die Gefahren solcher Etikettierungen aufmerksam gemacht.

5 Diagnostische Methoden

Unter den diagnostischen Methoden können wir in der Psychologie testfreie Methoden (wie die systematische Verhaltensbeobachtung) und Testmethoden (wie Rorschachtest, Fragebogen etc.) unterscheiden. Sie alle dienen der Beschreibung, Erklärung und Vorhersage von Verhalten.

Tests sind wissenschaftliche Instrumente »zur Untersuchung eines oder mehrerer empirisch abgrenzbarer Persönlichkeitsmerkmale mit dem Ziel einer möglichst quantitativen Aussage über den relativen Grad der individuellen Merkmalsausprägung« (LIENERT, 1967).

Der Akzent diagnostischer Arbeit liegt entweder auf der Begutachtung von Individuen (idiographischer Ansatz) oder auf der Gewinnung allgemeiner Gesetzmäßigkeiten (nomothetischer Ansatz). Idiographisch arbeitet der Psychologe, der für einen Gerichtsprozeß das Verhalten eines Straftäters beschreibt und erklärt; er überträgt sein Wissen von vorhandenen Gesetzesannahmen auf den individuellen Fall. Nomothetisch arbeitet derjenige, der durch ein Experiment mit vielen Versuchspersonen ermitteln will, welche Variablen aggressives Verhalten beeinflussen; er will Ordnung in die Vielfalt menschlichen Erlebens und Verhaltens bringen. Verschiedene der vorhandenen Aggressivitätstests können ihm dabei nützliche Dienste leisten, während man in der idiographischen Anwendung der Aggressivitätstests nicht zurückhaltend genug sein kann.

Es ist im folgenden nicht mein Ehrgeiz, die weltweit verstreuten Verfahren zur Aggressivitätsmessung zu erfassen; ich habe einen Akzent auf die Verfahren gelegt, die m. W. im deutschen Sprachraum verbreitet sind.

Durch die Verhaltensbeobachtung wird das interessierende Verhalten so direkt wie möglich erfaßt, bei Tests aber stellt sich die Frage, wie weit in ihnen überhaupt Aggressionen gegeben sind, oder wie weit aus Testverhalten auf Aggressivitäten geschlossen werden kann. Wer z. B. bei der Diskussion bestimmter Farbwahlen im »Farbpyramiden-Test« das Stichwort »Aggressivität« hört, mag sich wundern, was Aggressionen mit den Farbwahlen gemeinsam haben. Wir müssen uns daher die Beziehungen zwischen der »künstlichen« Testrepräsentanz und der »natürlichen« Aggressivität ansehen, die nur ein Spezialfall der in der Psychologie geführten Diskussion über das Verhältnis von Index und Indiziertem (HÖRMANN, 1964a,b) sind. Man kann auf Seiten des Prädiktors (oder Indexes) mehrere Schwerpunkte erkennen:

1. Wie bei dem schon erwähnten Farbpyramiden-Test gibt es Testverhalten, dessen Beziehung zur Aggressivität ohne eingehende Belege nicht einsichtig ist. Farbwahl und aggressives Verhalten erscheinen zunächst unabhängig voneinander.
2. Daneben gibt es z.B. im Rorschach-Test auch *Inhalte,* deren Repräsentanz für Aggressivität etwas einleuchtender ist; z.B. werden häufig »zankende Menschen« bei bestimmten Klecksen gedeutet. Aber wir haben in solchen Antworten keine Stichprobe aggressiven Verhaltens vor uns: Wer eine Aggression in Kleckse hineindeutet, verhält sich in diesem Moment nicht aggressiv.
3. Ähnlich ist es zunächst bei Fragebogen-Items: Wer zugibt, daß er häufig schimpft, übt mit dieser Selbsteinstufung keine Aggression aus. Immerhin beurteilt er aber so direkt wie möglich sein eigenes Verhalten.
4. Es gibt auch provozierte Verhaltensstichproben, die wirklich als Aggressionen interpretiert werden können (z.B. bei der sog. Aggressionsmaschine). Bedenken gegen solche Messungen sind verständlich: Man möchte die negativen Seiten der Aggressivität, ihre Auswüchse, nicht einmal ansatzweise »wecken«.

Wie eng auch immer das Verhältnis zwischen Index und Indiziertem sein mag, wichtig ist primär der Wahrscheinlichkeitsgrad, mit dem die Induktionen stimmen.

5.1 Verhaltensbeobachtung

Die Verhaltensbeobachtung gehört zu den Methoden, die während der letzten Jahre in der Psychologie eine entscheidende Aufwertung erfahren haben. Während sie früher in der relativ groben Form von Verhaltenseinschätzungen (Ratings) mehr die Funktion erfüllte, Kriterien (sog. Außenkriterien) für testdiagnostische Methoden zu liefern, gilt sie heute in anderen, sehr viel feineren Formen selbst als wichtiges Meßinstrument.

HASEMANN definierte 1964 Verhaltensbeobachtung »als die auf das Verhalten eines oder mehrerer Menschen gerichtete, nicht dem Zufall überlassene, methodisch kontrollierte Wahrnehmung einer oder mehrerer Personen, mit der Absicht, dadurch etwas über die Persönlichkeit der beobachteten Person Charakteristisches zu erfahren.« THOMAE unterschied 1959 mittelbare und unmittelbare Beobachtung: Unmittelbare Beobachtung geschieht durch einen wissenschaftlich geschulten Beobachter. Mittelbar ist somit jede Beobachtung, die nicht von einer wissenschaftlich geschulten Kraft oder nicht zum Zweck wissenschaftlicher Auswertung erhoben wird. Hierbei ist vor allem an bereits schriftlich fixiertes Material, an Biographien, Krankengeschichten, Heimberichte, Vormundschafts-, Fürsorgeerziehungs- und Strafakten zu denken, aber auch an Erhebungen bei Eltern, Lehrern, Ärzten oder anderen Kontaktpersonen.

Der hervorragenden Bedeutung der Verhaltensbeobachtung in der Diagnostik entsprechen ihre Gültigkeit und Zuverlässigkeit nicht immer. Selbst bei klassifikatorisch einfach anmutenden Fragestellungen sind weder die mittelbaren Beobachtungen – man denke an die Dunkelziffer bei Verbrechen – noch die unmittelbaren Beobachtungen, sofern sie nicht zu Dauerbeobachtungen werden, den ihnen aufgedrängten Funktionen voll gewachsen.

Eine Wissenschaft vom Verhalten und Erleben hat jedoch keinen besseren Zugang zu ihrem Gegenstand als die Formen intensiver und extensiver Verhaltensbeobachtung.

Verhaltenstherapeuten haben Anstrengungen gemacht, die notwendigen Verhaltensanalysen zu systematisieren. Besonders soll hier auf KANFER und SASLOW verwiesen werden (1974). Sie zielen auf eine zulängliche funktionale Analyse des Verhaltens mit den Komponenten S, O, R, K und C.

R (response) meint das interessierende Verhalten; es muß nach Art, Häufigkeit, Intensität und Dauer so genau wie möglich spezifiziert werden. R wird durch antezedene, innere wie äußere Reizereignisse (S), Persönlichkeitsmerkmale (O), in denen sich Konstitution und Lerngeschichte durchdringen, vor allem aber auch durch Verhaltenskonsequenzen (C), die etwa in einem Erfolg für aggressives Verhalten bestehen können, bestimmt. K verweist auf die »Pläne«, unter denen C eintritt: Wenn z.B. aggressives Verhalten immer zu Erfolgen führt, liegt ein »Plan« stetiger Bekräftigung vor; falls sich Erfolg und Mißerfolg abwechseln, sprechen wir – wie erörtert – von »intermittierender Verstärkung«.

Die Forderung nach systematischer Verhaltensbeobachtung stellt für die Aggressionsforschung eine Aufgabe dar, die noch nicht voll zufriedenstellend gelöst worden ist. Wenn z.B. ein Kind einem Psychologen als aggressiv vorgestellt wird, stellen sich immer bestimmte Fragen wie: Was wird hier als Aggression gesehen? Sind Art und Zahl der Aggressionen wirklich so auffällig? Wo beginnt eigentlich eine aggressive Episode, etwa eine Schlägerei, in wieviele Aggressionen zerfällt sie, wo endet sie? Weil es natürliche Verhalteneinheiten (*die* Ohrfeige, *den* Fußtritt, *die* Beleidigung) nicht gibt, wird in vielen empirischen Arbeiten eine Zeiteinteilung als ordnende Zwangsjacke bemüht: Man verlangt z.B. vom Beobachter alle 10 Sekunden ein Urteil über ein Kind: Ist es in diesen 10 Sekunden aggressiv gewesen? Schlug es andere, beschimpfte es andere, zerriß es seine Schulbücher?

In der systematischen Verhaltensbeobachtung gibt es (s. von CRANACH und FRENZ, 1969) verschiedene Klassen von Beobachtungsverfahren: Schätzskalen, Zeichensysteme und Kategoriensysteme. Sie können um »narrative« Systeme ergänzt werden.

Narrative Beobachtungsdaten liegen in freien Beschreibungen irgendwelchen Handlungen vor. Dazu gehören z.B. Stenogrammaufzeichnungen von Spielzimmerbeobachtungen, im weitesten Sinn auch Filme.

In einem *Zeichensystem* hat der Beobachter nur zu entscheiden, ob bestimmte Verhaltensweisen, die von Interesse sind, gerade ablaufen oder nicht. Verhaltensweisen, die irrelevant erscheinen, werden nicht registriert. So kann es geschehen, daß ein Beobachter, der nur aggressives Verhalten registrieren soll, nach stundenlangen Beobachtungen noch leere Bögen vor sich liegen hat.

In einem *Kategoriensystem* werden hingegen fortlaufend alle Verhaltensweisen in vorgefertigten Kategorien erfaßt. Der Beobachter muß ständig das Verhalten bestimmten Klassen zuordnen und seine Urteile festhalten.

Schätzskalen können vom Beobachter qualitative *und* quantitative Urteile verlangen; d.h. er muß z.B. bei einem bestimmten Verhalten entscheiden, *ob* eine Aggression vorliegt und *wie stark* sie ist. Manchmal wird aber sogar von ihm erwartet, daß er eine Eigenschaft »Aggressivität« auf Grund längerer Beobachtung in ihrer Ausprägung beurteilen kann.

Auf dem Weg zwischen einem Verhalten und seiner wissenschaftlichen Auswertung liegen mindestens 3 Interpretationsstufen (s. SCHOTT, 1971). Jede birgt neue Fehlerquellen.

Auf der ersten Stufe entscheidet es sich, was überhaupt als Verhalten beachtet wird. So kann z.B. die Armbewegung eines Jungen gegen den Kopf eines anderen als »Ohrfeige«, als gerichtete Handlung somit, interpretiert werden. Alle anderen gleichzeitigen Bewegungen des Jungen – z.B. die Balance mit den Beinen – bleiben unregistriert, was in jedem Fall eine Verarmung seines tatsächlichen Verhaltens bedeutet. Auf der zweiten Stufe wird dieses Verhalten in eine der vorgegebenen abstrakteren Kategorien überführt, z.B. als »spontane körperliche Aggression« vermerkt. Auf der dritten Stufe werden die Eintragungen in eine theoretische Zusammenschau gebracht. Wir können die Aggressionen z.B. mit einem Trieb oder mit einer vorangegangenen Frustration erklären etc.

5.1.1 Schätz- oder Ratingskalen

Ratingskalen sind sehr beliebt. Wir gehen im Alltag recht unbekümmert mit Enschätzungen um: Die Handlung X halten wir für extrem töricht, den Nachbarsjungen Y für sehr frech, die Schotten und Schwaben vielleicht für geizig. Aber selbst gegen wissenschaftliche Ratings ist Skepsis nötig. Die verlangten quantitativen Urteile stellen an den Beobachter sehr hohe Anforderungen, die wohl oft genug Überforderungen sind; aber in vielen Aggressionsstudien werden Ratings als Außenkriterien eingesetzt.

Wenn man von Beurteilern verlangt, daß sie sehr unterschiedliches Verhalten in ein einziges, summarisches Urteil (z.B. über die Aggressivität eines Menschen) pressen sollen, so liegt die Gefahr einer Überforderung besonders nahe; oftmals verlassen sich die Beobachter dann auf vage Eindrucksbildungen oder ihre unkontrollierte Intuition.

Relativ positiv sind in der Aggressionsforschung sog. Peer-Ratings angesehen (PATTERSON, 1960; WALDER et al., 1961; WILLIAMS et al., 1967; KINZIE und ZIMMER, 1968).

Die Peer-Ratingmethode, die bei Untersuchungen im eigenen Arbeitskreis verwendet wurde, ist der Soziometrie und der sog. Nominationstechnik verwandt: Jedes Mitglied einer Gruppe (z.B. Schulklasse), soll andere Gruppenmitglieder, die in bestimmter Weise (aggressiv oder nicht aggressiv) aus der Gruppe herausragen, benennen. Eine solche Skala umfaßt für jeden Beurteiler drei Stufen: die an beiden Enden herausragenden und die »mittleren« Fälle. In einer bereits einmal erwähnten Untersuchung von SCHUNK und SELG (1979) wurde das Aggressivitäts-Rating so operationalisiert, daß nach Mitschülern gefragt wurde, ». . . die frech sind, die viel schimpfen, streiten, schlagen, anderen Dinge wegnehmen und kaputt machen, die Leute ärgern und Tiere quälen.« Der Gegenpol wurde gebildet mit der Frage nach denen, »die freundlich sind, die nicht viel schimpfen, streiten, schlagen, nicht anderen Dinge wegnehmen, kaputt machen, die nicht Leute ärgern und Tiere quälen«. Einseitige Beurteilungen können eingeschränkt werden, indem zusätzlich z.B. auch Ratings durch Lehrer hinzugezogen und nur übereinstimmend beurteilte Kinder für Untersuchungszwecke herangezogen werden.

Versuche von ELIZUR (1949) und MURSTEIN (1956), auch *Selbstratings* als Außenkriterien in die Aggressionsforschung einzubeziehen, scheinen von den erzielten Korrelations-Koeffizienten her zwar gerechtfertigt, aber Experimente von MEILI (1928) bzw. KRÜGER und ZIETZ (1933) haben früh die Kritik gegenüber globalen Selbstratings geschärft.

Der »Beobachtungsbogen für aggressives Verhalten« (BAV) von PETERMANN und PETERMANN (1978) verlangt vom Beobachter 12 Ratings über aggressives und anderes Kindverhalten. Mit Hilfe von neun Stufen ist jeweils die Ausprägung des Verhaltens einzuschätzen. Der BAV wurde für das Training von aggressiven Kindern konstruiert.

5.1.2 Kategoriensysteme

Als erstes Kategoriensystern sei das FIAC genannt (FLANDERS'Interaction Analysis Categories; FLANDERS, 1960), das offensichtlich viel benutzt wurde und wird.

In unserem Berliner Projekt bauten KRENAUER und KRENAUER (1974) darauf auf. Sie unterteilten das Kindverhalten in 12 Kategorien (5 für Aggressionen, 4 für anderes Störverhalten und 3 für unauffälliges oder erwünschtes Verhalten). Die Erzieher- oder Peer-Reaktionen wurden mit 15 Kategorien erfaßt, z.B. mit 4 negativen und 4 positiven (Näheres s. M. KRENAUER, 1977).

Welches Schema auch immer benutzt wird, die *Intensität* einer Art aggressiven Verhaltens wird in Zeichen- und Kategoriensystemen durch die *Häufigkeit* bestimmt.

Natürlich ist sorgfältige Beobachterschulung Voraussetzung für eine zuverlässige Verhaltensbeobachtung. Auf die Hilfe von Filmgeräten bzw. Videorecordern kann dabei kaum noch verzichtet werden.

Im eigenen Arbeitskreis (bis 1975 in Berlin) herrschte lange das Bestreben vor, für aggressives Verhalten solche Kategoriensysteme zu entwickeln und zu überprüfen, die es erlauben, Verhalten in ununterbrochenen Sequenzen von Interaktionen zu registrieren.

Starke Anregungen waren dazu von PATTERSON und seinen Mitarbeitern ausgegangen. Sie bemühen sich, mit einem differenzierten Beobachtungsschema, das 29 Kategorien umfaßt, die lernpsychologische Aggressionstheorie empirisch anzureichern. 14 Kategorien erfassen aversives Verhalten; die meisten aversiven Verhaltensweisen sind auch als Aggressionen einzustufen (Ausnahme z.B. das Ignorieren). PATTERSON will erkunden, warum Kinder so unterschiedlich aggressiv sind. U.a. werden Stimuli, die ein bestimmtes Verhalten fördern (Sf) oder hemmen (Si), ermittelt. Es sollen aber auch Verhaltenskonsequenzen aufgedeckt werden, die ein Verhalten wahrscheinlicher (S acc) oder unwahrscheinlicher (S dec) machen. Schließlich errechnen die Autoren auch »bedingte Wahrscheinlichkeiten«: Wie oft tritt ein Verhalten unter verschiedenen Voraussetzungen auf? Nur *ein* schlichtes Beispiel: PATTERSON und COBB (1971) ermittelten, daß z.B. Schlagen unter Jungen – absolut betrachtet – ein eher seltenes Ereignis ist (die Wahrscheinlichkeit ist p = .003; d.h. unter 1000 beobachteten Verhaltensweisen ist »Schlagen« dreimal aufgeführt); wird ein Junge jedoch gehänselt, steigt die Wahrscheinlichkeit des Schlagens sprunghaft an (p Schlagen/Necken = .067); wenn bereits ein Schlagabtausch stattgefunden hat, ist die Wahrscheinlichkeit erneuten Zuschlagens noch einmal sprunghaft höher (p Schlagen/Schlag nach Schlag = .44).

Die Deutsche Forschungsgemeinschaft förderte ab 1973 (unter dem Zeichen Ma 627) u.a. die Konstruktion von Kategoriensystemen zur Erfassung aggressiven Verhaltens. Detaillierte Darstellungen sind verschiedenen Arbeitsberichten (s. FIEGUTH, MEES und SELG, 1975; MEES und SELG, 1977; MEES, 1978) zu entnehmen. Hier nur soviel: Relativ lange arbeiteten wir mit einem Beobachtungsbogen, auf dem fortlaufend – in Abständen von 6 Sekunden – Interaktionen zwischen Zielkind und Partnern eingetragen wurden. Im 3. Kapitel (Entwicklung aggressiven Verhaltens) sind wiederholt Befunde dargestellt worden, die wir mit Hilfe solcher Kategoriensysteme gewonnen haben. In den ersten Jahren umfaßte unser System 31 Kategorien. Sie waren prinzipiell reziprok, d.h. sie wurden für Kinder und Erzieher in gleicher Weise benutzt. Diese 31 Kategorien ermöglichten eine fortlaufende Beobachtung der Interaktionen – z.B. zwischen Schülern und Lehrern. Der Aufwand ist beträchtlich, lohnt sich aber insbesondere in Bezug auf »klinische« Interventionen (s. HOBBEL et al., 1977). In der wiederum sehr aufwendigen Arbeit von MEES und MERTINS (1988) konnte die Kategorienzahl von 31 auf 25 reduziert werden.

5.1.3 Zeichensysteme

Eine auf aggressives Verhalten konzentrierte Beobachtung, die von der Erfassung anderer Verhaltensklassen absah, führten z.B. MANDEL (1959) und LISCHKE (1972) durch. Man könnte nach ihren Erfahrungen folgende Klassen aggressiven Verhaltens als relevant erklären: 1. spontane Fremdaggression, 2. reaktive Fremdaggression, 3. Selbstaggression, 4. Aggressionen gegen Tiere, 5. Aggressionen gegen Sachen (Destruktionen), 6. Opfer von Peer-Aggressionen und 7. Opfer von Erwachsenen-Aggressionen.

Zeichensysteme sind einfacher zu handhaben als Kategoriensysteme, da nicht *jedes* Verhalten registriert werden muß. Die Ökonomie der Beobachtung könnte es nahelegen, sich möglichst mit Zeichensystemen zu bescheiden. Manchmal sind jedoch die Unterschiede zwischen Zeichen- und Kategoriensystemen verschwindend gering. So ähneln sich beispielsweise das weiter oben beschriebene Kategoriensystem, das KRENAUER und KRENAUER (1974) benutzten, und das Zeichensystem von HUMPERT und DANN (1984) sehr:

HUMPERT und DANN halten in ihrem »Beobachtungsverfahren zur Analyse von aggressionsbezogenen Interaktionen im Schulunterricht« (BAVIS) auf Seiten der Schüler lediglich aggressives und störendes Schülerhandeln fest, nicht jedoch neutrales oder erwünschtes Schülerverhalten. Sie benutzen folgende Kategorien:

1. Beschädigung von Sachen, 2. physische Auseinandersetzung, 3. Besitzergreifen von Sachen, 4. Drohen und Erpressen, 5. verbale Auseinandersetzung, 6. Ablehnung, Geringschätzung, 7. Verweigerung, 8. sonstige aggressive Schülerhandlungen, 9. unterrichtsfremde Störung und 10. störende Teilnahme am Unterricht.

Die (reaktiven) Lehrerkategorien reichen von den punitiven (drohen, bestrafen, herabsetzen) über die neutralen (beobachten/ignorieren, abbrechen, mahnen) bis zu den sozial-integrativen (Kompromiß vorschlagen, integrieren, ermutigen, einfühlen) und zu »sonstigen« Lehrermaßnahmen.

Man erkennt die relativ große Übereinstimmung mit unserem, von KRENAUER und KRENAUER benutzten Schema.

In dem Bestreben, in der Aggressionsforschung entwicklungspsychologisch relevante Daten zu erhalten, habe ich (1984) ein *Mediatorenmodell der Verhaltensbeobachtung* vorgeschlagen. Es soll Beobachtungsmöglickeiten in schwer zugänglichen Feldern eröffnen. In diesem Ansatz werden Eltern als Mediatoren, d.h. als Vermittler von Beobachtungsdaten eingesetzt. Ich glaube, daß wir in bestimmten Bereichen sonst kaum Fortschritte machen können, z.B. gerade in der Entwicklung der Aggressivität und der Sexualität. Es gilt, relativ seltene und schwer vorhersehbare Ereignisse zu erfassen, die sich nicht von vornherein auf bestimmte Zeiten, Orte und Situationen festlegen lassen. Mediatoren (zumeist Mütter) werden gebeten, die relevant erscheinenden Ereignisse mit Hilfe von kleinen Kassettenrecordern festzuhalten. Wir erbitten eine möglichst genaue Schilderung des Verhaltens, der gesamten Situation mit eventuellen Verhaltensauslösern und -konsequenzen (s. Kap. 3.2).

Ähnlich haben GOODENOUGH (1931), aber auch ZAHN-WAXLER et al. (1979) gearbeitet. Was die Qualität elterlicher Beobachtung anbelangt, sind wir in den Fällen optimistisch, in denen 1. zwischen dem Verhalten und seiner Protokollierung nur wenig Zeit verstreicht, in denen 2. das Verhalten leidlich gut eingegrenzt werden kann, die Aufgabenstellung somit eher einfach ist und in denen 3. der Zeitaufwand gering erscheint.

Gewisse Kontrollen sind auf verschiedene Weise möglich: z. B. durch Hausbesuche; sie können der explorativen Vertiefung von bereits vermittelten Episoden dienen, aber auch der zusätzlichen direkten Beobachtung und als Gelegenheit zu videographieren. Nach unseren Erfahrungen kann es geradezu günstig sein, wenn die Mediatoren nicht übermäßig in Verhaltensbeobachtung trainiert und in die Psychologie eingeführt sind: Wir haben nämlich Schilderungen bekommen, die wir von psychologisch besser vorbereiteten Mediatoren nicht mehr erwarten dürfen, z. B. Schilderungen von körperlichen Bestrafungen der Kinder im Säuglingsalter.

5.2 Das psychodiagnostische Gespräch (Interview)

Die Abgrenzung des psychodiagnostischen zum therapeutischen Gespräch kann nicht scharf sein; ersteres ist aber im allgemeinen stärker standardisiert. Der Wert von diagnostischen Gesprächen ist in der Psychologie umstritten. WELLEK (1954) nennt das Gespräch das »Rückgrat einer jeden Persönlichkeitsdiagnose« und EYSENCK (1956) meint abschätzig, Interviews seien »fast vollkommen wertlos ... und ... vergeudete Zeit«. Allerdings läßt auch EYSENCK Gespräche dort als Instrumente gelten, wo noch keine besseren gefunden sind. Eine andere Position wird ja auch kaum ein pragmatisch eingestellter, an der Nützlichkeit seines Tuns orientierter Psychologe je vertreten.

Mit THOMAE (1959, S. 68) wird man sagen können, das psychodiagnostische Gespräch sei »in Verbindung mit anderen Methoden für die meisten Erwachsenenstudien« brauchbar. Interviews, die zur Beurteilung von Kindern führen sollen, werden selten mit den Kindern selber, sie werden meist mit Erziehern *über* die Kinder geführt.

Eine wichtige Methode war das Gespräch (Interview) z. B. in den Untersuchungen von BANDURA und WALTERS (1959), LISCHKE (1972), MANTELL (1972) und KORNADT (1982). Bei KORNADT (1982, Bd. 2) kann der Interessierte eine gründliche Vorstellung des an BANDURA und WALTERS angelehnten Vorgehens erhalten.

Als »harte« empirische Daten können Interviewaussagen nicht angesehen werden; gegen die nötige Vorsicht verstieß z. B. die bereits erwähnte Arbeit von MANTELL, weil Interviewdaten wie erwiesene Lebenslaufdaten ausgewertet wurden; Kontrollen, etwa durch die Befragung der oftmals hart beschuldigten Eltern, unterblieben.

Wie auch kleine Kinder bereits interviewt werden können, demonstrierten GORDON und SMITH (1965) mit Hilfe eines Puppen-Interviews: Die Puppen in der Hand des Psychologen befragten die Puppen in der Hand des Kindes ...

In Interviews können auch relevante Hintergrund-Variablen für die Entwicklung aggressiven Verhaltens erhoben werden (s. u. a. MERZ, 1984, über die subjektiven Theorien von Eltern, s. KRAUSE, 1984, über die Rekonstruktion subjektiver Lehrertheorien).

5.3 Morphologische und physiologische Methoden der Psychodiagnostik

Morphologische und physiologische Methoden können nicht zu den psychologischen Methoden im engeren Sinn gerechnet werden, wenngleich neue Arbeiten das Feld der Psychologie in Richtung auf physiologische Variablen zu erweitern vermochten.

Die morphologische oder konstitutionelle Diagnostik spielt in der Aggressionsforschung keine bedeutende Rolle mehr, nachdem sie bei den kriminellen Extremvarianten der Aggressivität lange Zeit als wichtig galt. In der konstitutionellen Diagnostik wird von körperlichen auf psychologische Variablen geschlossen. Auf LOMBROSO (1835–1909) gehen die Versuche zurück, den »Verbrecher« an organischen Minderwertigkeiten oder zumindest Auffälligkeiten, etwa am spärlichen Bart oder am mongoloiden Aussehen, zu erkennen. Noch BIRNBAUM (1926) sah z.B. in der Gaumenspalte oder in einer abnormen Kopfform solch kleine »Entartungszeichen«. Aber immer mehr ist man von der Hoffnung, den Kriminellen an einem Kainszeichen erkennen zu können, abgekommen.

Nach den Untersuchungen von GLUECK und GLUECK (1963) und SHELDON et al. (1949), soll allerdings der mesomorphe Körperbautyp (betonte Muskulatur, kräftiger Knochenbau – wobei Überschneidungen mit KRETSCHMERs Athletikern deutlich sind) vermehrt bei Menschen mit antisozial-aggressiven Verhaltensweisen anzutreffen sein. Als Erklärung bietet sich an: Zur erfolgreichen körperlichen Aggression sind eine kräftige Konstitution und körperliche Gewandtheit förderlich, insbesondere während der Entwicklung der Aggressivität. Wie angedeutet: Die Bedeutung solcher Ansätze hat stark nachgelassen; für den Einzelfall geben sie gar nichts her.

Physiologischen Testmethoden steht man in der psychologischen Persönlichkeitsforschung sehr aufgeschlossen gegenüber (u.a. CATTELL, 1946; EYSENCK, 1960; FAHRENBERG, 1967), zumal sie als objektiv (im Sinne von undurchschaubar) gelten. Die Befundlage ist für die Diagnostik der Aggressivität jedoch enttäuschend. Eine Beziehung zwischen Blutdruck und Aggressivität wurde lange angenommen. ALEXANDER (1939) verlieh ihr am nachhaltigsten Ausdruck in der Behauptung, daß in der Ätiologie der essentiellen Hypertonie eine gehemmte Aggressionsneigung wesentlich sei. DELIUS und FAHRENBERG (1963) wiesen jedoch ALEXANDERs Postulat nach einer Untersuchung von 50 essentiellen Hypertonikern zurück.

5.4 Graphologie

Die Graphologie gehört zu den psychodiagnostischen Methoden mit langer Tradition (MICHON, 1875), und dennoch fällt ihre Klassifikation schwer. Sie ist im engeren Wortsinn kein Test (obwohl graphologische Tests denkbar sind); wenn sie in einem Testkompendium (HILTMAN, 1966) keinen Platz bekommt, ist das verständlich; ihr Fehlen in einem Diagnostik-Handbuch hingegen verwundert (HEISS et al., 1964).

In der Graphologie werden vielfach Aussagen über die Aggressivität der beurteilten Schreiber gemacht. Über extreme Varianten aggressiven Verhaltens, über bestimmte Verbrechen gibt es schon lange einschlägige Monographien.

PULVER entwarf 1948 »Ausdrucksbilder bekannter Persönlichkeiten«; seine Schilderungen machen den Eindruck, er habe über bekannte Straftäter bzw. allgemein über bekannte Persönlichkeiten genau das geschrieben, was er ohne Kenntnisse der Handschrift auch schon über sie wissen und denken konnte. Als ein Beitrag zur Validierung der Graphologie kann das Buch jedenfalls nicht gelten.

In einer anderen Monographie berichtete WIESER (1952) über ihre systematische Sammlung von »Verbrecher«-Schriften und über Vergleichsschriften Normaler. Den »Grundrhythmus« einer Schrift zu erkennen, heißt, die Neigung eines Menschen zum Verbrechen zu erkennen! Aber der »Grundrhythmus« ist schwer beschreibbar, so daß es selbst bei namhaften Autoren graphologischer Werke Mißverständnisse geben konnte. Was auf jeden Fall zu kritischer Zurückhaltung zwingen muß, ist die in der Psychologie ungewohnte Perfektion, mit der WIESER Straftäter von Normalen (z. B. Gendarmen) trennen konnte. Sie unterschied fünf Grundrhythmus-Stufen; 99% der Mörder wurden den Stufen III–V zugeordnet, nur 1% der Stufe II; von den Gendarmen gehörten 94% zu den Stufen I und II, nur 6% zu III, keiner zu IV oder V. Kein Straftäter schrieb also im Grundrhythmus I, wohl aber 41% der Gendarmen; im Grundrhythmus IV bzw. V schrieben 79% der Mörder, 85% der Notzuchtverbrecher und – kein Gendarm. Diese saubere Trennung scheint über jeden Justizirrtum und über die Möglichkeit, daß doch eines Tages auch einer der Polizisten als kriminell überführt wird, erhaben zu sein. WIESER führte ihre Befunde selbst ad absurdum.

Darauf wies auch A. MÜLLER (1970) hin, der die fehlende Gruppenparallelisierung bei WIESER bemängelt. Sobald die zu vergleichenden Gruppen (Kriminelle versus Gendarmen) in Bildung, Schreibfertigkeit und Situationsstress gleichgehalten werden, gelingt eine zufriedenstellende Blinddiagnose nicht mehr.

Der Verfasser führte selbst ein Experiment zur Reliabilität und Validität graphologischer Aussagen durch. Er ließ 18 Schriften männlicher und 20 Schriften weiblicher Studenten im Rahmen eines Intertestvergleichs von drei Graphologen wiederholt auf einer fünfstufigen Aggressivitätsskala einordnen. Nicht einmal die Übereinstimmung zwischen den Experten war zufriedenstellend (SELG, 1968). ANGERMANN (1970) übte an diesem Experiment Kritik, weil nicht festgelegt worden sei, was unter »Aggression« verstanden werden sollte. Das stimmt nicht, denn den Experten lag eine Umschreibung von Aggression vor. Wäre das nicht der Fall gewesen, könnte man gegen ANGERMANN immer noch argumentieren, daß der graphologische Alltag auch nicht zurückhaltend ist mit dem Etikett »aggressiv«; wie oft wird dabei offengelegt, was unter »Aggressivität« verstanden werden soll? Ein Beispiel (ohne Umschreibung von Aggressivität!) findet sich in dem gleichen Heft, in dem ANGERMANNs Kritik veröffentlicht wurde (nämlich auf S. 415). ANGERMANN bezweifelte auch das Expertentum der drei Graphologen aus meinem Experiment: Nun, alle drei hielten Graphologiekurse an deutschen Universitäten ab und wiesen einschlägige Veröffentlichungen auf.

In eigenen Forschungen korrelierte mehrfach der mit einer »Schreibwaage« gemessene Schreibdruck positiv mit bestimmten Formen der Aggressivität (s. SELG, 1968). Vielleicht sind weitere Überprüfungen angebracht. CATTELLs Befund, daß Ängstliche wenig Schreibdruck zeigen, kann hier eingeordnet werden (1965). Der ohne Schreibwaage arbeitende Graphologe müßte dann erst noch nachweisen, daß auch er zu reliablen Einschätzungen des Schreibdrucks kommt.

5.5 Tests

In der Einteilung der Tests folgen wir dem von HEISS (1964) herausgegebenen Handbuch »Psychologische Diagnostik«.

5.5.1 Fragebogen (subjektive Tests)

Wenden wir uns den subjektiven Tests, den sog. Fragebogen oder Inventaren zu, die »subjektiv« genannt werden, weil sie als leicht durchschaubar gelten.

Viele Psychologen begegnen den Fragebogen noch mit großem Mißtrauen. Jeder weiß, daß sich ein Proband leicht verstellen kann. Als Verstellungsmöglichkeiten bieten sich vornehmlich bestimmte Beantwortungstendenzen an (sog. responsesets) z.B. die Tendenz, im Sinne sozialer Erwünschtheit (social desirability) zu antworten. Die Fragebogen-Autoren haben solchen Erscheinungen nicht tatenlos zugesehen. Extremstes Beispiel ist der MMPI (Minnesota multiphasic personality inventory, HATHAWAY und McKINLEY, 1951), der alleine vier Skalen enthält, welche auffällige Beantwortungstendenzen erfassen und korrigieren helfen sollen, u.a. eine sog. Lügenskala.

Von besonderer Bedeutung ist die jeweilige diagnostische Fragestellung, für die ein Inventar eingesetzt wird. Bei der Personalauslese z.B. ist die Neigung, ein günstiges Bild von sich zu zeichnen, besonders groß; dagegen darf man von einem hilfesuchenden Menschen, der mit großem Leidensdruck zum Psychologen kommt, mehr Offenheit erwarten. Auch da, wo eine anonyme Testaufnahme glaubhaft gemacht werden kann, z.B. in Gruppenuntersuchungen zu Forschungszwecken, ist die Gefahr bewußter Verfälschung reduziert.

5.5.1.1 *Das BUSS-DURKEE-Inventar*

BUSS beschrieb 1961 ausführlich ein von ihm und DURKEE (1957) entwikkeltes Aggressionsinventar. Er verweist auf seine amerikanischen Vorbilder, z. B. auf oben erwähnten MMPI. Der MMPI wurde mehrfach zur Diagnostik der Aggressivität eingesetzt, allerdings mit wenig Erfolg; er stellt aber eine schier unerschöpfliche Item-Quelle dar.

BUSS und DURKEE gingen 1957 als erste konsequent einen Weg, der einerseits sowohl rationale Überlegungen als auch empirische Bestätigungen vorsah und andererseits durch den Versuch, die Aggressivität als komplexes Phänomen zu verstehen, gekennzeichnet ist. Sie erarbeiteten phänomenanalytisch acht Itemklassen, die sie als bedeutende Unterklassen der Aggressivität ansahen:

1. Assault: körperliche Gewaltanwendungen gegen Personen, nicht aber Destruktionen lebloser Gegenstände,
2. Indirect-aggression: Verhaltensweisen wie »übles Klatschen« und Türenknallen,
3. Irritability: eine Bereitschaft, schon auf kleine Provokationen hin stark zu reagieren,
4. Negativism: oppositionelles Verhalten, z. B. in Form mangelhafter Kooperation gegen Autoritäten gerichtet,
5. Resentment: Eifersucht und Haß; Ärger über die Welt wegen wirklicher und eingebildeter Benachteiligungen,
6. Suspicion: Projektion von Feindseligkeit auf andere; Mißtrauen,
7. Verbal aggression: Stil und Inhalt des Gesagten können aggressiv sein,
8. Guilt: Schuldgefühle, Gewissensbisse verschiedenster Art. 75 Items bilden den endgültigen Fragebogen. In Faktorenanalysen ermittelten die Autoren vorwiegend zwei Faktoren: Der erste weist die höchsten Ladungen in »resentment« und »suspicion« auf; bei den weiblichen Probanden ist auch »guilt« mit einer hohen Ladung vertreten. Er wurde »hostility«-Faktor genannt. Der zweite Faktor ist durch »assault«, »indirect aggression«, »irritability«, »verbal aggression« und – bei weiblichen Probanden – auch durch »negativism« gekennzeichnet. Die Autoren sehen ihn als Aggressionsfaktor im Sinne des BUSSschen Aggressionsbegriffs an. »Irritability«, dem Affekt »anger« (Ärger/Wut) verwandt, muß dann als begünstigend für Aggressionen gesehen werden.

Das Inventar fand internationale Verbreitung. CHOYNOWSKI und IDMAN stellten Untersuchungen in Schweden an, über die in Kap. 3 berichtet wurde. In Deutschland arbeitete z. B. SCHMIDT-MUMMENDEY (1972) mit Teilen des Fragebogens, ähnlich z. B. BOTTENBERG (1975) und KORNADT (1982). Weitere Details zur Konstruktion des Inventars und zur Kritik an ihm wollen wir hier nicht wiederholen (s. SELG, 1974); neuere Kritik aus dem angloamerikanischen Bereich findet man z. B. bei EDMUNDS und KENDRICK (1980).

5.5.1.2 Fragebogen zur Erfassung von Aggressivitätsfaktoren (FAF)

Nach einem nicht befriedigenden Versuch, den Fragebogen von BUSS und DURKEE ins Deutsche zu übersetzen, unternahm der Verfasser ab 1963 eine Neukonstruktion. Als Ausgangsmaterial konnte natürlich auf etliche Items aus dem BUSS-DURKEE-Inventar zurückgegriffen werden. Im übrigen sollte aber eine systematische Aufstellung möglicher aggressiver Verhaltensweisen die Itemsuche leiten (über Details s. SELG, 1974; HAMPEL und SELG, 1975).

Veröffentlicht wurde schließlich 1975 ein Fragebogen, der fünf relevante Faktoren angeht (Offenheits-Items bilden eine 6. Skala). Als Eichstichprobe diente eine annähernd repräsentative Stichprobe von über 15jährigen Einwohnern der Bundesrepublik Deutschland (N = 630, identisch mit der FPI-Norm-Stichprobe). Die Daten wurden anonym erhoben; eine Anwendung des FAF ist somit nur in Forschungssituationen, die eine anonyme Aufnahme erlauben, angeraten – vielleicht noch in Beratung und Therapie.

Die fünf Faktoren lassen sich grob umschreiben als

1. Faktor der spontanen Aggressionen,
2. Faktor der reaktiven Aggressionen,
3. Faktor der Erregbarkeit,
4. Faktor der Selbstaggressionen bzw. Depressivität,
5. Faktor der Aggressionshemmung. (Anm. 1)

Über einige Ergebnisse wurde schon oben (Kap. 3) berichtet. Als erste große Validierungsstudie zum FAF kann die Untersuchung von 77 Strafgefangenen (SELG, 1968) angesehen werden. Die Straftäter, alle zwischen 24 und 40 Jahre alt, waren auf vier Gruppen verteilt:

1. Eigentumsdelikte (E); keine Vorstrafen wegen Körperverletzung oder Sexualdelikten;
2. Körperverletzungsdelikte (KV); unter den Vorstrafen evtl. Eigentumsdelikte, aber keine Sexualdelikte;
3. schwere Sexualdelikte (S);
4. Strafgefangene, deren zuletzt verurteilte Taten mehreren Motivbereichen zuzurechnen waren.

Im Fragebogen ergaben sich zwischen diesen Gruppen keine bedeutsamen Unterschiede. Gegenüber vergleichbaren Gruppen der Normstichprobe (männlich, unter 40 Jahren) waren die spontane Aggressivität leicht, die Erregbarkeit und die Selbstaggression stark erhöht; die Hemmungen waren nicht signifikant erniedrigt. Es kann nicht beurteilt werden, wie weit sich bei den Selbstaggressionen und den Hemmungen situative Einflüsse der Strafanstalt auswirkten. Aber schon 1954 stellte von HENTIG fest: Selbstmordneigungen sind bei Straftätern erhöht. Die relativ hoch erscheinenden Hemmungswerte der Straftäter können verschieden interpretiert werden. U.a. ist es denkbar, daß die vom Fragebogen erfaßten Hemm-Mechanismen relativ irrelevant für die Steuerung krimineller Antriebe sind. Denn gewiß sind auch viele Straftäter

z.B. in den Aggressionsneigungen gegen die eigenen Eltern gehemmt, aber nicht gegen Fremde; oder sie sind in verbalen Aggressionen gehemmt, nicht aber in körperlichen. Es ist sogar denkbar, daß auch bei den kriminell gewordenen Probanden Aggressionsneigungen und -hemmungen leidlich ausgewogen sind, solange nicht ungewohnte stimulierende Umstände eintreten (wobei auch Alkohol eine Rolle zu spielen scheint). Einige Korrelationen sprechen dafür, den 5. Faktor weiterhin als Hemmungsfaktor zu betrachten: Er korrelierte negativ mit den ersten drei Faktoren und positiv mit der Selbstaggression:
mit Faktor 1 r = –.1351 (nicht signifikant),
mit Faktor 2 r = –.1291 (nicht signifikant),
mit Faktor 3 r = –.3025 (sehr signifikant) und
mit Faktor 4 r = +.3192 (sehr signifikant).
HAMPEL (1969) übernahm es, den FAF in einer Untersuchung mit 116 jungen Straftätern (15–25 Jahre alt) und einer Kontrollgruppe zu überprüfen. Seine Resultate bestätigten die Erfahrungen, die mit etwas älteren Straftätern gesammelt wurden. Insgesamt fielen die Ergebnisse bei den Heranwachsenden jedoch deutlicher aus. Die Straftäter übertrafen die Kontrollgruppe in allen Skalen, die Hemmung ausgenommen.

In KLÜSCHEs (1971) Untersuchungen von 81 Strafgefangenen korrelierte die Aggressionshemmung sehr signifikant negativ mit der Summe der Verurteilungen: Je höher die Zahl der Vorstrafen, desto niedriger das Maß der Hemmungen (–.399).

REICHEL (1971) korrelierte den FAF u.a. auch mit einer »Delinquentenbelastung« (QUENSEL und QUENSEL, 1970). Höhere Werte im 5. Faktor sprechen gegen eine Tendenz zu delinquentem Verhalten, höhere Werte in den anderen Faktoren eher dafür.

In einer Untersuchung von CARLS (1986) erzielten suizidgefährdete Jugendliche bedeutend höhere Selbstaggressionswerte als die Mitglieder einer Kontrollgruppe.

5.5.1.3 Das Freiburger Persönlichkeits-Inventar (FPI)

Das FPI ist ein erstmals 1970 erschienenes Inventar, das mehrere klinisch relevante Persönlichkeitsmerkmale erfaßt. (Anm. 2)

Im FPI-Faktor 2 (spontane Aggressivität) sind die Werte der Männer gegenüber Frauen und die der jüngeren Leute gegenüber älteren erhöht. Im FPI-Faktor 3 (Depressivität) haben Frauen höhere Werte. Im FPI-Faktor 4 (Erregbarkeit) sind keine gewichtigen Alters- und Geschlechtsunterschiede feststellbar; im Gegensatz zum FAF haben Frauen etwas höhere Werte als Männer. Im FPI-Faktor 7 (reaktive Aggressivität) haben Männer höhere Werte als Frauen; ein Alterstrend ist nicht aufweisbar.

Von STELLER und HUNZE (1984) gibt es eine kritische Sichtung aller älteren FPI-Daten von Straftätern. Es fällt auf, daß fast in allen Untersuchungen die Nervosität und Depressivität erhöht sind. Die Ansicht, daß Straftäter in erster Linie behandlungsbedürftige Menschen sind, wird hier vielleicht gestützt; wahrscheinlich gehören aber Strafanstalten nicht zu den Institutionen, in denen mit subjektiven Tests gearbeitet werden kann.

In der letzten Auflage des FPI (1984) wurde einerseits die alte Halbform A beibehalten, andererseits wurde mit dem FPI-R praktisch ein neuer Test vorgelegt. Das FPI-R enthält nur noch *einen* umfassenden Aggressivitäts-Faktor (Faktor 6), daneben Skalen zur Lebenszufriedenheit, sozialen Orientierung, Leistungsorientierung, Gehemmtheit, Erregbarkeit, Beanspruchung, zu körperlichen Beschwerden, Gesundheitssorgen und zur Offenheit. Der Faktor Aggressivität umfaßt spontane und reaktive Aggressionen. Er korreliert leicht negativ mit dem Alter und Geschlecht, so daß im Durchschnitt ältere Probanden und Frauen geringere Werte aufweisen. Da der Faktor Aggressivität positiv mit Leistungsorientierung, Erregbarkeit, Beanspruchung und Offenheit, und negativ mit Lebenszufriedenheit und sozialer Orientierung korreliert, überrascht es nicht, daß eine Faktorenanalyse zweiter Ordnung einen Faktor erbrachte, der aus Offenheit, Aggressivität und Erregbarkeit gebildet wird; in den Items zur Offenheit werden schließlich Tendenzen zu unkonventionellem, nicht-konformem Verhalten zum Ausdruck gebracht, die leichte Normverletzungen einschließen.

5.5.1.4 Weitere deutschsprachige Inventare

HACKE et al. stellten 1980 einen Aggressionsfragebogen für Geistigbehinderte vor. Es handelt sich um einen Fremdbeobachtungsbogen mit 48 Items zur Erfassung aggressiven Verhaltens bei Geistigbehinderten. »Mittelspersonen« (wie Pflegepersonal) müssen ihn ausfüllen. Die Reliabilitätsangaben sind recht hoch (verschiedene Messungen über +.90); »Validitätsdaten liegen noch nicht vor.«

Das Situations-Bewertungssystem von ULLRICH und ULLRICH (1979) enthält im Emotionalitäts-Inventar eine Skala »aggressiv-feindliche versus friedfertig-nachgiebige Reaktion« mit 10 Items. Insgesamt dient das Inventar dazu, kurzfristig induzierte emotionale »Reaktionen in Bezug auf eine definierte Auslösesituation« zu erfassen; es wird im Rahmen verhaltenstherapeutischer Arbeiten häufig eingesetzt.

5.5.2 Reaktionswahlverfahren

Eine besondere Unterform subjektiver Tests ist in bestimmten neuen Verfahren zu sehen, die (bislang) mit relativ engen Zielsetzungen entstanden sind und vom Probanden verlangen, daß er auf Situationsschilderungen hin aus vorgegebenen Reaktionsmöglichkeiten eine Wahl trifft.

Für die Aggressionsforschung wurde als erstes der »Erfassungsbogen für aggressives Verhalten in konkreten Situationen« (EAS) von PETERMANN und PETERMANN (1980) bedeutsam, aus dem wir ein Beispiel anführen möchten: Auf einer Zeichnung mit fünf Kindern wird eine von 22 Situationen so umschrieben: »Ulf, Frank, Guido und ich unternehmen alles gemeinsam. Wir haben ein Versteck in einer kleinen Höhle im Wald. Eines Tages entdeckt uns Ralph in unserer Höhle. Er möchte unbedingt gegen unseren Willen bei uns mitmachen.« Die Probanden müssen nun aus folgenden drei Reaktionen die aussuchen, die sie für angemessen halten:

1) Ich sage ihm: »Unsere Gruppe ist nichts für kleine Kinder!«
2) Ich erkläre Ralph, warum er bei uns nicht mitmachen kann.
3) Ich werfe Steine nach ihm und verjage ihn so.

Man erkennt: Eine sozial erwünschte bildet mit zwei verschieden stark aggressiven Reaktionen die Vorgabe.

Das Verfahren ist in erster Linie für den therapeutischen Umgang mit aggressiven Kindern zwischen 9 und 13 Jahren gedacht.

Für Jungen und Mädchen gibt es unterschiedliche Erfassungsbögen. Mädchen reagieren insgesamt sozial erwünschter als Jungen; die Gefahr, daß die Kinder das Verfahren durchschauen und im Sinne sozialer Erwünschtheit reagieren, ist nicht von der Hand zu weisen.

Auch im eigenen Arbeitskreis sind vergleichbare Instrumente konstruiert worden. Der »Fragebogen zur Aggressionsattribution von Eltern bei frühkindlichen Aggressionen« (FAE) von HINSCH, PFINGSTEN und SCHNEIDER (in SCHNEIDER, 1982) geht davon aus, daß Situationen sehr differenziert als Bestimmungsgrößen für aggressives Verhalten und für Attributionen zu sehen sind (s. Kap. 3). Auf dem FAE baut der »Fragebogen zur Erfassung elterlicher Reaktionen auf frühkindliche Aggression« (EVA) auf (HINSCH, PFINGSTEN und ERBSLÖH; s. ERBSLÖH, 1984).

Schließlich kann zu den Reaktionswahlverfahren noch das Aggressions-Motiv-Gitter von KORNADT, ZUMKLEY und BURKHARDT (1985) gerechnet werden. Mit seiner Hilfe sollen Aggressions-Motiv und Aggressions-Hemmung bei Kindern erfaßt werden. Es ist in Anlehnung an Überlegungen von LESSER (1957) und SCHMALT (1976) entstanden. Zu sechs TAT-ähnlichen Bildern soll bei 33 vorgegebenen Aussagen angekreuzt werden, ob sie zutreffend erscheinen oder nicht, ob die dargestellten Kinder z.B. miteinander schimpfen oder nicht. Das Verfahren zielt – in Übereinstimmung mit dem KORNADTschen Forschungsschwerpunkt – lediglich feindseliges, nicht auch instrumentelles Verhalten an. Es wurde bislang nur bei etwa 10–11jährigen Jungen im 4. Grundschuljahr überprüft. Anders als der EAS von PETERMANN und PETERMANN wird das Aggressions-Motiv-Gitter vorwiegend für nomothetische Zielsetzungen empfohlen.

5.5.3 Projektive Verfahren

5.5.3.1 Verbale Ergänzungsverfahren: Picture-Frustration-Test

Als bekanntestes verbales Ergänzungsverfahren muß immer noch der Picture-Frustration-Test (PFT) von ROSENZWEIG (1945) gelten; er ist aus einer Aggressionstheorie heraus entwickelt worden. Die Probanden müssen in diesem Test auf verschiedene Situationsskizzen und auf je eine aufreizende Bemerkung, die in einer Sprechfahne abzulesen ist, schriftlich antworten.

Wenn zu einem Test schon viele Hundert Veröffentlichungen vorliegen, müßte eigentlich ein Urteil über seinen Wert leichtfallen; dem ist nicht so. Niemand vermag offensichtlich anzugeben, was der Test erfassen soll; »Formen des Verhaltens in Belastungssituationen des Alltagslebens«, sagen HÖRMANN und MOOG (1957) mit dem Testautor, während HILTMANN (1966) die Konstrukte »soziale Reife« und »neurotische Überempfindlichkeiten gegen spezifische Frustrationen« ergänzend anführt. Experimentatoren haben den Test immer wieder so aufgefaßt, als müsse er auch besondere Formen und Intensitäten aggressiven Verhaltens widerspiegeln. Theorie und Terminologie von ROSENZWEIG legen das nahe. Die Erwachsenenform des PFT erfuhr zunehmend eine negative Beurteilung. Man kann sich SUTCLIFF (1955) anschließen, der den Test vergeblich metrischen Forderungen anpassen wollte und schließlich feststellte, er sei als Meßinstrument nicht zufriedenstellend.

Auf eine merkwürdig ambivalente Haltung des Testautors ROSENZWEIG bleibt noch hinzuweisen: Er hat selbst die Diskussion darüber angeregt, welche »Ebene« das Testverhalten anzeigt, ob es z.B. offenem Verhalten oder mehr unterdrückten Wünschen entspricht, oder ob es einfach nur ein Ausdruck dessen ist, was ein Proband in einer Situation für angebracht hält. ROSENZWEIG hat aber diese Fragen nicht beantwortet. So bleibt es möglich, mit seinem theoretischen Rüstzeug jeden wie auch immer gearteten empirischen Befund irgendwie zu interpretieren, und es ist nicht abzusehen, wie und wann das seit langem laufende Validierungs-Karussell bei diesem schwachen Test je einmal abgestellt werden könnte.

Die Kinderform des Tests wird günstiger beurteilt. Das überrascht nicht, kann man doch bei Kindern noch spontane Reaktionen auf die in Zeichnungen vorgegebenen Frustrationen erwarten. DUHM (1959) fand bei 10–11jährigen Problemkindern beiderlei Geschlechts gegenüber einer Normalstichprobe signifikante Erhöhungen in den impunitiven (nicht-aggressiven) Antworten und Erniedrigungen in den intropunitiven (selbstaggressiven). Aber was sind Problemkinder? U.a. sog. Bettnässer, Brandstifter, Stotterer, Stammler und Diebe, Übergefügige und Aggressive! Nur leichte Verschiebungen in den Anteilen dieser Symptomgruppen – und die extrapunitiven Antworten, die nach außen gerichtete Aggressionen beinhalten, sind erhöht, wie PAREEK (1964) bei »Problemkindern« fand.

Bei LISCHKE (1969) erreichten besonders Jungen mit schlechten Beziehungen zur Mutter und Mädchen mit guten Beziehungen zum Vater hohe extrapunitive Werte ...

SIMONS (1967) erhielt eine signifikant negative Korrelation zwischen extrapunitiven Meßwerten und einem einschlägigen Lehrer-Rating (–.34, N = 40).

5.5.3.2 Formdeuteverfahren

Formdeuteverfahren sind psychodiagnostische Techniken, bei denen mehr oder weniger zufällig entstandene Klecksgebilde von den Probanden »gedeutet« werden müssen. Die größte Bekanntheit hat der Rorschachtest (RORSCHACH, 1921) erlangt. Schwächen, die dem Test anhaften, versuchte die Holtzman-Inkblot-Technik (HIT) zu vermeiden (HOLTZMAN et al., 1961).

Es ist ihren Verfechtern nicht überzeugend gelungen, die nötigen Validitäts- und Reliabilitätsnachweise zu erbringen (s. SELG, 1974). Im Einzelfall überraschen Rorschachexperten immer wieder einmal durch treffsichere »Blind«-Diagnosen. Aber so eindrucksvoll diese manchmal auch zu sein scheinen: Daß z.B. ein Amokläufer auf Grund von sog. labilen Farbantworten als solcher erkannt wird, erhöht nicht den Kenntnisstand über den zu Beurteilenden. Ich zögere nicht mehr zu behaupten, daß alle Formdeuteverfahren für die Aggressivitäts-Diagnostik wenig geeignet sind. (Belege: s. SELG, 1974).

5.5.3.3 Thematische Verfahren

5.5.3.3.1 Der Thematische Apperzeptions-Test (TAT) und TAT-ähnliche Verfahren

Mehr als alle anderen gewannen die thematischen Verfahren Bedeutung für die Aggressionsforschung. Ihnen ist gemeinsam, daß die Probanden zu mehrdeutigen Bildern Geschichten erzählen bzw. Verhaltensschilderungen geben sollen. Die ursprüngliche Hypothese, man brauche die Geschichten mit aggressiver Thematik nur zu addieren, um ein Korrelat für offene Aggressionen zu haben, ist längst aufgegeben worden. Der nächste Gedanke sah vor, offenes Verhalten mittels eines Verhältniswertes vorauszusagen, in dem die Summe aggressiver Inhalte und die Summe aggressionshemmender Inhalte (Bestrafungen etc.) einander gegenübergestellt werden. Wenn also jemand zu 10 Tafeln viele aggressive Geschichten erzählt, spricht das erst dann für eine hohe Wahrscheinlichkeit offen-aggressiven Verhaltens, wenn die Aggressionen in den Geschichten unbestraft bleiben, wenn also z.B. ein Dieb als Hauptfigur einer Geschichte seine Tat vollenden kann, ohne von der Polizei gestört zu werden.

Immerhin ist für die Vorhersage aggressiven Verhaltens eine hohe Zahl aggressiver Geschichten eine erste Voraussetzung. BARNDT und JOHNSON (1955), STONE (1956) und SYMONDS und JENSEN (1958) wiesen auf die Bedeutung dieser Voraussetzung hin; MUSSEN und NAYLOR (1954) lenkten den Blick in gleicher Weise auf Aggressions- wie Bestrafungsthemen; ihnen folgten z.B. PURCELL (1956) und VERHEYDEN (1965). VERHEIDENs an jugendlichen Dieben und an einer Kontrollgruppe gewonnene Ergebnisse sind insofern besonders bemerkenswert, als die Diebe tatsächlich sogar vermehrt Vermögensdelikte schilderten. Die Unterscheidung, die HASKIN (1958; zitiert nach BUSS, 1961) zwischen realistischer Aggression (auf Frustration hin bzw. zur Selbstverteidigung) und unrealistischer Aggression (grobe, spontane Aggressionen und massive Selbstaggressionen) schien gleichfalls bedeutungsvoll. BANDURA (1960) wies bei aggressiven Jungen vermehrte körperliche Aggressionen in den Geschichten nach und verminderte indirekte Aggressionen sowie feindselige Gefühle. In VERHEYDENs Arbeit war jedweder Gefühlsausdruck bei den aggressiven Jugendlichen in den TAT-Geschichten erniedrigt.

Bei MEGARGEE und COOK (1967) trug die Berücksichtigung von Strafthemen nichts zur Verbesserung der Aussagen bei. SHORE et al. (1964) verlangten, nicht allein die Höhe der Strafen als Gegenspieler aggressiver Inhalte zu berücksichtigen, sondern auch Qualität und Höhe von Schuldausdruck, z.B. in Form von guten Vorsätzen. Bei einer über 10 Monate sich erstreckenden Längsschnittbeobachtung von 20 Jugendlichen waren Schuldthemen und offen aggressives Verhalten einander umgekehrt proportional. Dem steht die Beobachtung von SCHUBERTH (1971) gegenüber, der in Geschichten von Straftätern auch vermehrt den Ausdruck von Schuldgefühlen thematisiert fand.

Den Einfluß des Bildmaterials betonten KAGAN (1956) und MEGARGEE (1967): je eindeutiger aggressiv der Aufforderungscharakter der Bilder war, desto besser trennten sie zwischen aggressiven und nicht-aggressiven Jungengruppen bzw. zwischen ungehemmten und gehemmten Probanden.

Sehr häufig wurden TAT-Maße als Kriterien (!) in Experimenten ohne diagnostische Fragestellung angewandt, so als sei der Test ein unbestritten valides Instrument (z.B. WORCHEL, 1955; BERKOWITZ, 1962). Doch sowohl die Untersuchungen, welche die Validität des Tests in Zweifel stellen als auch die Anfälligkeit des TAT für situative Einflüsse sollten zur Vorsicht mahnen (s. KORNADT, 1964; MURSTEIN, 1963).

Es ist nicht zu entscheiden, ob ein anderer Einwand gegen den TAT und TAT-ähnliche Verfahren vielleicht noch gewichtiger ist. Sie stehen nämlich alle dadurch in ungünstigem Licht, daß für die Testsituation von der Instruktion bis hin zur Auswertung und Interpretation keine einheitlichen Richtlinien akzeptiert sind (s. BOBSIEN und SELG, 1966). LISCHKE beurteilte 1972 den Forschungsstand zusammenfassend als »konzeptionslose Handwerkelei«. MURSTEIN schrieb 1963, es gebe so viele Auswertungssysteme wie Haare in Rasputins Bart.

Den Modifikationen des TAT, z.B. den Tests von SYMONDS (1948), von PHILLIPSON (1955) etc., darf man zwar bescheinigen, einige Mängel des TAT (etwa in der Bildsystematik) abgeschafft zu haben, aber den nötigen Überprüfungen werden auch sie nicht mehr lange ausweichen können. Um die mißliche Lage der thematischen Verfahren abzuändern, wurde vorgeschlagen (HÖRMANN, 1964; WEWETZER, 1966), engdimensionale thematische Verfahren zu schaffen, bei deren Konstruktion die wissenschaftlichen Ansprüche an einen guten Test beachtet werden.

KORNADT (1982) hat aus der Kritik am TAT Konsequenzen gezogen und vor dem Hintergrund seiner theoretischen Überlegungen zur Aggression einen »eindimensionalen« Aggressions-TAT entwickelt – mit neuen Bildern und mit einem neuen, sehr differenzierten Auswertungsschlüssel. Neben dem Aggressionsmotiv, das – wie schon erörtert – nur feindselige Aggressionen umfaßt, soll auch das Aggressionshemmungsmotiv gemessen werden (Anm. 3). 8 Bilder stellen je zwei Männer dar (mindestens einer davon ist ein eher junger Erwachsener); die Zeichnungen haben unterschiedliche Anreizwerte.

5.5.3.3.2 Der Hand-Test von WAGNER und der F-Handtest

Als ein vielversprechender Beginn, engdimensionale thematische Verfahren zu schaffen, konnte der Hand-Test (BRICKLIN, PIOTROWSKI und WAGNER, 1962) angesehen werden, solange er nur als Indikator für offen-aggressives Verhalten gedacht war. Dieser Test besteht aus 10 Tafeln von ca. 11 x 8,5 cm Größe. Auf 9 Tafeln ist je eine Hand gezeichnet, die 10. Tafel ist leer (in Anlehnung an TAT-Tafel 16). Die Probanden sollen angeben, was die Hand ihrer Meinung nach gerade tun könnte. Wegen dieser Instruktion, die auf eine »Miniaturgeschichte« abzielt und wegen des Strukturiertheitsgrades der Tafeln, können wir ihn den thematischen Verfahren zuordnen.

Der Testidee liegt die Bedeutung der Hand für das menschliche Verhalten zu Grunde (WAGNER, 1962). Wo immer wir in unsere Umwelt hineinwirken, spielt die Hand eine führende Rolle.

Als Hauptindikator für offen aggressives Verhalten gilt beim Hand-Test der AOS (acting-out-score), der gebildet wird als Summe aus (agg + dir) – (aff + dep + com + fear).

(agg = aggression, Antworten wie »die Hand ohrfeigt jemanden«; dir = direction, Antworten wie »die Hand fordert jemanden zum Weitergehen auf«; aff = affection, Antworten wie »einem Freund zuwinken«; dep = dependence, Antworten wie »Hilfe erbitten«; com = communication, Antworten wie »jemandem etwas signalisieren«; fear = Antworten wie »Hand von jemand, der sich fürchtet«)

Bei der Ableitung des AOS glaubte man, direktives Verhalten gehe mit aggressiven Tendenzen einher, während positive Zuwendungen (aff, com, dep) und Furcht aggressiven Strebungen entgegenwirkten. Die mit dem TAT gesammelte Erfahrung, den aggressiven Geschichten seien jene gegenüberzustellen, welche ein Unterdrücken von Aggressionen anzeigen, ist hier verwertet.

Für WAGNER wurde der Hand-Test in kürzester Zeit zu einem projektiven Verfahren, das zu immer anspruchsvolleren Aussagen über die Gesamtpersönlichkeit verhelfen soll. Wir brauchen uns hier um die schwachen Validierungsstudien zur Dimension der Sexualität und zur Differentialdiagnose der Patienten nicht zu kümmern (1962, 1963). In der Aggressionsforschung bestand der Test einige Bewährungsproben; Kriminelle und Patienten psychiatrischer Kliniken erzielten (BRICKLIN et al., 1962) signifikant höhere AOS-

Werte als »Normale«. Rückfällige Straftäter übertrafen im AOS die Nicht-Rückfälligen.

Als Indiz für verschiedene Formen der Fehlanpassung haben nach WAGNER (1963) auch die crip-Antworten zu gelten (crippled, Antworten wie »Hand eines Toten«, »verletzte Hand«).

Hohe Signifikanzen berichteten WAGNER und HAWKINS (1964) über einen Vergleich von 30 körperlich aggressiven jugendlichen Definquenten mit 30 körperlich nicht-aggressiven:

	AOS		
	unter Durchschnitt	über Durchschnitt	
Körperlich Aggressive	5	25	30
Körp. Nicht-Aggressive	22	8	30
	27	33	60

WETSEL, SHAPIRO und WAGNER (1967) konnten rückfällige von nicht-rückfälligen jugendlichen Delinquenten beiderlei Geschlechts mit Hilfe des AOS- und des agg-Wertes trennen.

Auch Hypnose-Experimente, die wohl zu Unrecht in der psychologischen Forschung in den Hintergrund getreten sind, wurden zur Validierung des Hand-Tests durchgeführt (HODGE und WAGNER, 1964; HODGE et al., 1966). Bei suggeriertem Ärger änderten sich die aggressiven Antworten bei 7 männlichen Vpn von zusammen 17,5 auf 67 und die Äußerungen positiver Gefühle sanken ein wenig; wurden aber positive Gefühle suggeriert, sanken die aggressiven Antworten und die Kategorie »aff« stieg deutlich an.

Die wiederholten Erfolge WAGNERs veranlaßten uns zu eigenen empirischen Überprüfungen des Verfahrens. Wir erzielten durchaus zufriedenstellende Ergebnisse (s. SELG, 1968, 1974). Dennoch brachen wir unsere Materialsammlung ab. Wir kamen zu der Überzeugung, der Test müsse wesentlich verbessert werden. Vor allem fehlt eine Parallelserie, die bei einem Test mit nur 10 Tafeln leicht hätte konstruiert werden können; und die Antwortenzahl ist bei nur 10 Tafeln meistens zu gering für differenzierte Diagnosen.

Mit dem Ziel, einen Test zu gewinnen, dessen Stimuli wie im Hand-Test Darstellungen von Händen sein sollten, begannen wir eine Neukonstruktion unter Berücksichtigung psychometrischer Anforderungen; das Ergebnis wurde 1968 erstmals als Foto- oder F-Handtest vorgestellt und 1971 veröffentlicht. (SELG, 1968; BELSCHNER et al., 1971). Der Test besteht aus 34 relativ unscharfen Fotos von Händen. Durchführung, Auswertung und Interpretation folgen weitgehend WAGNERs Vorschlägen. Es wird pro Bild nur eine Antwort verlangt und signiert. Zwei verschiedene Lagen des Tests werden als Parallelform eingesetzt (sog. A- und C-Lage, um 180 Grad versetzt; ein Drehen während des Testens ist nicht zulässig). Nach den vorliegenden Validitätsüberprüfungen bleibt die Annahme berechtigt, daß der Test Bereitschaften zu Formen verbaler und körperlicher Aggression indiziert. Gruppen von jugendlichen und erwachsenen Straftätern erbrachten höhere AOS als Kontrollgruppen (SELG,

1968; HAMPEL, 1969). Unter den Straftätern hatten jene mit Eigentumsdelikten (Diebstahl und Raub) niedrigere AOS als Gewalttäter (Körperverletzer, schwere Sexualdelikte).

Trennscharf war bei Erwachsenen auch die Kategorie »krüp« (»crip« bei WAGNER). Tiefenpsychologische Arbeiten sprechen bei Straftätern immer wieder vom sog. Kastrationskomplex (z.B. BRANDT, 1957/59). Immerhin enthalten die krüp-Antworten Hinweise auf körperliche Mängel. (Beispiele: »kranke Hand, Finger lahm, Geburtsfehler, zu kurze Finger«, »kranke Hand, Finger gebrochen« und »Da fehlt ein Finger«.)

Selbst wenn die Validität des Tests weiter abgesichert werden könnte, möchten wir vor einer Verwendung in der Einzelfalldiagnostik abraten. Wir schlagen vor, den F-Handtest nur als Forschungsinstrument anzusehen.

5.5.3.4 Spielerische und zeichnerische Gestaltungsverfahren

Mit Recht heben Veröffentlichungen über spielerische und zeichnerische Verfahren deren hohe Freiheitsgrade heraus. Das Spiel ermöglicht »im besonderen Maße ein freies, spontanes Handeln« (HÖHN, 1964); für das Zeichnen, das als bestimmte Form des Spiels angesehen werden kann, gilt das natürlich nicht minder. Je freier aber ein Verfahren, desto weniger läßt es sich in diagnostisch relevante Kategorien einfangen und überprüfen. So kommt es, daß die Frage nach der diagnostischen Gültigkeit und Zuverlässigkeit des Spielens und Zeichnens noch keine ausreichende Antwort gefunden hat; auch für die Diagnostik der Aggressivität liegen keine stringenten Untersuchungsergebnisse vor. Ch. BÜHLER (1952) zeigte zwar, daß im sog. Welt-Test Kinder aus traditionell friedfertigen Völkern weniger mit Soldaten und anderem Kriegsmaterial spielen, aber ob aggressive von nicht-aggressiven Kindern innerhalb dieser Völker mit dem Test zu trennen sind, prüfte sie nicht; doch erst dadurch hätte die Untersuchung diagnostischen Wert bekommen.

Vielen anderen Untersuchungen sagte auch HÖHN (1964) nach, sie verglichen »eine Unbekannte mit der anderen«. Verschiedene Autoren glaubten, Validierungsanforderungen mit dem Hinweis auf Kasuistik abtun zu können. So sah KNEHR ». . . das Krokodil als Aggressionssymbol . . ., was an einigen Beispielen veranschaulicht werden soll« (1961, S. 53). Nichts gegen Beispiele; es leuchtet auch ein, daß ein Krokodil etwas mit Aggressionen zu tun haben kann, aber: Identifiziert sich ein Kind, welches im Spiel ein Krokodil eine Puppe beißen läßt, mit dem Krokodil oder mit der Puppe oder mit beiden? Diese alte Art zu fragen, muß solange erlaubt bleiben, bis empirische Antworten vorliegen.

Bei den zeichnerischen Tests ist der Forschungsstand mindestens so unbefriedigend wie bei den spielerischen. GOLDSTEIN und RAWN (1957) lieferten experimentell einen kleinen Beitrag zur Gültigkeit des symbolischen Aggressionsausdrucks in Zeichnungen: Verärgerte Vpn zeichneten mehr geballte Fäuste, schlitzartige Münder etc. in Menschenzeichnungen; der graphomotorische Ausdruck veränderte sich hingegen nicht (Druck, Größe der Darstellung; s. auch LEBO, 1962).

Was HAMMER (1958) und SEHRINGER (1964) sagten, gilt immer noch: Zeichentests werden vorwiegend intuitiv interpretiert, obgleich die verschiedenen Beurteiler bei einem Vergleich nicht zu nennenswerten Übereinstimmungen gelangen; wahrscheinlich, das darf ohne bösartige Kritik formuliert werden, sagen die interpretierten Zeichentests mehr über den Interpreten als über die Probanden aus. Bezüglich der Aggressivität wurde das beim sog. Haus-Baum-Mann-Test schon nachgewiesen (HAMMER und PIOTROWSKI, 1953).

Ganz unwahrscheinliche Ergebnisse brachte ein Kulturvergleich von GARDINER (1969). 11–13jährige Jungen aus Thailand, Deutschland und Taiwan zeichneten oft aggressive Inhalte (z. B. Unfälle, Cowboy-Szenen); solche fehlten hingegen bei Japanern und weißen Amerikanern fast völlig. Ihre Interpretation: In Kulturen, in denen aggressive Neigungen keinen Ausdruck finden können, werden diese Neigungen in Zeichnungen projiziert. Leider erlaubt die kurze Darstellung (drei Seiten) keine detaillierte Kritik. Es bleibt unklar, welche Kinder unter welchen Umständen usw. in die Stichprobe gerieten. War Taiwan zur Zeit der Datensammlung (1964) so friedfertig, Japan so aggressiv?

5.5.3.5 Farbwahlverfahren: der Farbpyramidentest (FPT)

PFISTERs Anregung (1946), die Auswahl von Farbplättchen und ihre gestalterische Gruppierung innerhalb von vorgegebenen zweidimensionalen »Pyramiden« zur Diagnostik der Affektivität zu verwenden, wurde von HEISS und HILTMAN (1951) zum Zweck einer systematischen Testkonstruktion aufgegriffen. Der Test wird jetzt entweder in der ursprünglichen Fassung mit einem 24-Farben-Satz oder mit einem von MICHEL (1959) vorgeschlagenen 14-Farben-Satz durchgeführt, wobei der Proband drei schöne und drei häßliche Pyramiden legen soll.

Für die Frage, ob der FPT einen Schluß auf Aggressivitäten erlaubt, genauer, ob er Affektstrukturen aufweisen kann, welche mit hoher Wahrscheinlichkeit aggressives Verhalten begünstigen, gibt es noch keine zusammenfassende Arbeit. Ein eigener Versuch (SELG, 1968) brachte durchaus plausible Ergebnisse bei erwachsenen Straftätern; HAMPEL (1969) konnte die Befunde aber bei jugendlichen Straftätern nicht genügend bestätigen. Auch LISCHKEs Testdaten von Heimkindern (1969) brachten die FPT-Aggressionsforschung über einen kontroversen Stand nicht hinaus.

5.5.3.6 Bildwahlverfahren: der SZONDI-Test

Bildwahlverfahren sind relativ selten entwickelt worden. Bekannt wurde eigentlich nur SZONDIs »Experimentelle Triebdiagnostik« (1947). Sie vertritt betont den Anspruch, aggressive Persönlichkeitsstrukturen aufdecken zu können. Im SZONDI-Test müssen aus Fotos »triebkranker« Menschen Sympathiewahlen getroffen werden; diese Wahlen sollen nach der Theorie SZONDIs von »Genverwandtschaften« zwischen dem fotografierten Kranken und den Probanden bestimmt sein.

Der Test fand – wie nur wenige andere – begeisterte Anhänger, spöttische Kritiker und – nicht zuletzt – eine ignorierende Mehrheit unter den Psychologen. Es gibt einerseits eine eigene Zeitschrift (SZONDIANA) und andererseits kaum überbietbar knappe Sarkasmen zum Test, wie »ungemein phantasievolles System« (HOFSTÄTTER, 1957). HEINELT (1964) wies auf die Prämissen hin, unter denen man ein Befürworter des Tests werden kann: Man muß bereit sein, die eigenartige (übrigens von Amerikanern als »teutonisch« – SZONDI ist Ungar – und »obskur« bezeichnete) Terminologie zu übernehmen, die in keiner anderen psychologischen Theorie wiederkehrt; man muß ferner bereit sein, eine eigenwillige Triebtheorie über das »Schicksal und seine erbmäßige Bestimmung« anzuerkennen; man muß tiefenpsychologisch orientiert sein bzw. SZONDIs Theorie als tiefenpsychologische akzeptieren, und man muß von allen psychometrischen Testkriterien abzusehen geneigt sein.

Hatte der Test irgendwelche Erfolge? Es gab ein »Mördersyndrom«, das sich mehr bei Dieben als bei Mördern und ein »perverses Lustsyndrom«, das sich bei 39 Sittlichkeitsverbrechern nur einmal fand (MEY, 1961).

Wahrscheinlich werden findige Köpfe immer neue Testsyndrome erstellen, und vielleicht werden immer wieder unermüdliche Kritiker sie überprüfen. Nach unserer Überzeugung sollte dieses Spiel beendet werden.

5.5.4 Verhaltensproben

Wenn ein diagnostisches Verfahren eine Aggression provoziert, wollen wir es mit GUILFORD (1964) als eine Verhaltensprobe bezeichnen.

5.5.4.1 Die Entstaltungsprobe

Eine destruktive Verhaltensprobe überprüfte der Verfasser erstmals 1958 in einem Experiment zur »Entstaltung« oder Gestaltzerstörung«. Die Probanden erhielten ein Foto, auf dem z. B. ein Rehkitz vor einem überwiegend dunklen Hintergrund zu erkennen war, mit der Instruktion, es zu bestempeln. Die Stempel hinterließen einen vollen, kreisrunden Abdruck. U. a. wurden »normale« Kinder von 3–5, 6–8, 9–11 und 12–14 Jahren untersucht (1962) und in den drei höheren Altersstufen auch mit »gestörten« Kindern verglichen (d. h. mit Kindern, die nicht zuletzt wegen ihres aggressiven Verhaltens in Heilpädagogischen Heimen betreut wurden). Die gestörten Kinder stempelten recht bald auf den hervorragendsten Teil des Bildes: auf den Kopf des Tieres. Sie brauchten im Durchschnitt nur 11,1 Stempel, während die unauffälligen Kinder vergleichbarer Altersstufen erst nach 21,3 Stempeln den Kopf des Tieres anzielten. Ältere Kinder verschonten ihn etwas länger als jüngere.

Die Entstaltungsprobe steht und fällt mit der Überraschung darüber, daß ein hübsch aussehendes Bild zerstört werden soll; der »Abnutzungsgrad« (SPITZNAGEL, 1964) der Technik ist innerhalb geschlossener Gruppen (z.B. Schulklassen) sehr hoch.

Eine weitere Eigentümlichkeit kennzeichnet die Entstaltungsprobe aus dem gleichen Grund: Sie ist eine Technik, deren Reliabilität in keiner Weise bestimmt werden kann.

Ähnliche Verfahren sind uns nicht bekannt geworden. Bei STONE (1956) durften und sollten Kinder Ballons zum Platzen bringen; bei BELLER und HÄBERLE (1959; zitiert nach BUSS, 1961) wurden aus Spielmaterial aufgebaute Türme eingestürzt; bei BANDURA und WALTERS (1963) wurden Gummipuppen geschlagen, bei DAVITZ (1952) aggressive Spiele zwischen Kindern veranstaltet. Aber alle diese Untersuchungen prüften nicht die diagnostische Brauchbarkeit der jeweiligen Technik.

5.5.4.2 Der Reaktionssimulator (Aggressionsmaschine)

Vielfach wird mit sog. Aggressionsmaschinen als einem Meßinstrument für Aggressivität gearbeitet. BUSS (1961) und MILGRAM (1963) können sich um die Priorität streiten; sie entwickelten jedoch unterschiedliche Geräte. MILGRAM baute einen kostspieligen Schockgenerator, der kaum Zweifel daran aufkommen läßt, daß man mit ihm elektrische Schläge an Versuchspersonen (Vpn) auszuteilen vermag. Sein berühmtes Experiment, in dem Vpn auf Anordnung des Versuchsleiters andere Menschen (die aber Komplizen des Versuchsleiters waren) mit angeblich lebensgefährlichen Stromschlägen für Fehler zu bestrafen glaubten und sich solchen Befehlen nicht zu widersetzen wagten, hatte keine diagnostische Fragestellung. (Anm. 4)

BUSS experimentierte weniger aufsehenerregend; auch er prüfte nicht die diagnostische Brauchbarkeit des Instruments. Sein Gerät ist wesentlich einfacher, so daß von ihm nicht die starke Suggestionskraft wie von MILGRAMs Schockgenerator ausgeht. Im Prinzip dient es aber auch dazu, »Fehler« von anderen mit elektrischen Schlägen zu bestrafen. Nach der Versuchsanordnung von BUSS wird die Versuchsperson (Vp) gebeten, dem Versuchsleiter in einem Experiment zu helfen. Die Vp A muß glauben, sie könne mittels verschiedener Tasten einer Vp B ein Lernprogramm diktieren und jede fehlerhafte Reaktion von B mittels anderer Knöpfe bestrafen. Die Strafe besteht in einem elektrischen Schlag, der z.B. aus 10 abgestuften Intensitäten ausgewählt werden kann und der die Vp B über Fingerelektroden erreicht. Nun ist aber B stets ein Mitarbeiter des Versuchsleiters, bekommt keine elektrischen Schläge zu spüren und macht die »Fehler« in einer vorher festgelegten Anzahl und Reihenfolge.

Es wird genau festgehalten, welche Stromstärken A als Strafe für die Fehler von B auswählt; die Summe der Strafintensitäten gilt als Aggressionsmaß. Für diese Annahme spricht u.a. die Beobachtung, daß fast jede Vp nicht beim schwächsten Reiz stehen bleibt, der ja zur bloßen Fehlersignalisierung ausreichen würde. Um aufkommendes Mißtrauen gegen die Wirksamkeit der Apparatur zu reduzieren, können vor Versuchsbeginn die Fingerelektroden tatsächlich unter Strom geschaltet werden, und es empfiehlt sich, die Vp A einen harmlosen Stromstoß spüren zu lassen.

Den Arbeiten von BUSS und vielen anderen sind Hinweise auf die Validität der Prozeduren zu entnehmen. Männliche Vpn teilen im allgemeinen stärkere Stromschläge aus als weibliche, spielen aber dabei gegenüber weiblichen »Opfern« den Kavalier. Läßt man Vpn am (gespielten) Schmerzerleben der Opfer teilhaben (z.B. über Kopfhörer), sinkt die Intensität der Aggressionen.

Raum I Vp A	Raum II »Vp« B (ein Helfer des Versuchsleiters)
1 Verschiedene Knöpfe für die Aufgabenstellung	1 Lämpchen zum Ablesen der Aufgaben
2 Lichtsignale, an denen die Reaktion von B ablesbar ist (»richtig« – »falsch«)	2 Reaktionsmöglichkeiten für B
3 Taste für die Rückmeldung »richtig«	3 – – – – –
4 Tasten für Strafen	4 Lämpchen zum Ablesen der zugedachten Strafen
5 – – – – –	5 Fingerelektroden, welche Schocks übermitteln können, aber abgeschaltet werden

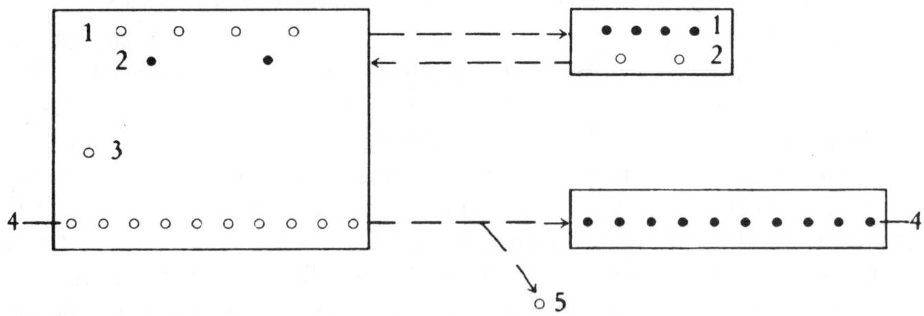

Abb. 2: Aufbau der Experimente mit der Aggressionsmaschine (in Anlehnung an BUSS)

Die Abbildung zeigt den möglichen Aufbau einer Aggressionsmaschine, die als »Reaktionsgerät« ausgegeben werden kann. Viele Untersuchungen sprechen für die Validität dieser Verhaltensprobe; das gilt auch für eigene Arbeiten. Meist dienten Fragebögen oder Schätzwerte aus Verhaltensbeobachtungen als Kriterien (SELG 1968, 1974).

Gelegentlich wird die Gültigkeit der Aggressionsmaschinen-Experimente für aggressives Verhalten in Frage gestellt; man bezweifelt, daß hier tatsächlich Aggressionen stattfinden. Nach meiner Überzeugung kann daran kein Zweifel bestehen. Bis auf wenige Ausnahmen glauben die Versuchspersonen, anderen Menschen schmerzhafte Reize auszuteilen. Daß Männer dabei zumeist höhere Werte als Frauen erzielen, daß auf weibliche »Opfer« mehr Rücksicht genommen wird als auf männliche, daß nach Verärgerung längere und stärkere Schocks ausgeteilt werden, daß vorgespielte Schmerzschreie die Schockintensitäten reduzieren, daß (nach MILGRAM) Vpn während des Experiments regelrecht zusammenbrechen, spricht sehr stark dafür, in den ausgewählten Strafreizen Aggressionen zu sehen (s. auch MEES, 1974). Einige Mißerfolge mahnen zur kritischen Vorsicht, können aber nicht überbewertet werden.

Zusammenfassung (zu Kap. 5)

Die Aggressivität gibt es nicht, und auch *den* Aggressivitätstest wird man vergeblich suchen. Viele Verfahren verführen durch die einschlägigen Veröffentlichungen den Praktiker zu prägnant klingenden Aussagen über Aggressivität, obwohl völlig unklar bleibt, welche Art Aggressivität gemeint ist. Selbst bei eng angelegten Tests (wie dem F-Handtest), ist das Spektrum der vorhersagbaren Aggressivität nicht präzis genug umrissen.

Wohl jeder Test erzielt irgendwann einmal signifikante Korrelationen mit Kriterien; selten sind diese substantiell hoch. Deshalb ist es bei solchen Tests – mehr als uns lieb sein kann – offen, was sie eigentlich messen. Für was und für wen sind Tests valide? Diese Fragen bleiben bestehen. Über die Diagnostik der Aggressivität kann noch nichts Endgültiges gesagt werden; neben der Verhaltensbeobachtung sind einige Testverfahren für die *Forschung* brauchbar. Wer mit dem *Einzelfall* arbeitet, muß von der Sachlage enttäuscht sein. Wenn von ihm diagnostische Aussagen über Aggressivität verlangt werden, muß er extrem zurückhaltend bleiben. Verhaltenstherapeuten sind mit Recht dazu übergegangen, sich insbesondere auf die systematische Verhaltensbeobachtung zu stützen.

Anmerkungen zu Kapitel 5

1) Es wäre besser, von Aggressivitätsfaktoren statt von Faktoren der Aggression zu sprechen, weil es primär um die Erfassung von Persönlichkeitsmerkmalen, nicht um die Beschreibung von Verhalten geht; wir folgen aber nun weitgehend den Formulierungen von 1975.
2) Der oben geschilderte FAF ist in der ersten Konstruktionsphase mit allen Items Bestandteil des umfassenderen FPI-Itempools gewesen. Durch die Eigentümlichkei-

ten faktorenanalytischer Testkonstruktion entfielen jedoch sehr bald jene FAF-Items, die zu gering an Zahl waren, um unter den großen FPI-Faktoren einen selbständigen Faktor zu bilden (z.B. die Hemmungs-Items).

Zwischen dem FPI und dem FAF- bestehen folgende Beziehungen: Der FAF-Faktor 1 (spontane Aggressionen) umfaßt weniger Items, ist aber inhaltlich weitgehend identisch mit FPI-Faktor 2 (Aggressivität, vorwiegend spontaner Art). Der FAF-Faktor 2 (reaktive Aggressionen) umfaßt ebenfalls weniger Items und ist auch weitgehend mit FPI-Faktor 7 identisch (Aggressivität, vorwiegend reaktiver Art). Der FAF-Faktor 3 (Erregbarkeit) stimmt ähnlich stark mit dem FPI-Faktor 4 gleichen Namens überein. Der FAF-Faktor 4 (Selbstaggressionen) hat Überschneidungen mit dem FPI-Faktor 3 (Depressivität), und der FAF-Faktor 5 (Hemmungen) hat geringe Überschneidungen mit dem FPI-Faktor 6 (Gelassenheit bzw. Irritierbarkeit).

3) Ich weise nur kurz noch einmal darauf hin, daß m.E. von Aggressionsmotiven und Hemmungsmotiven (also jeweils im Plural) gesprochen werden sollte.

4) Das Experiment ist inzwischen relativ häufig im Fernsehen als Abraham-Experiment ausgestrahlt worden. Man kann MILGRAM trotz des aufrüttelnden Erkenntnisgewinns kaum den Vorwurf ersparen, die ethischen Grenzen des psychologischen Experiments überschritten zu haben; es wurden jedoch alle Versuchspersonen hinterher »aufgeklärt« ...

6 Intervention bei aggressivem Kindverhalten

(Ulrich Mees)

Nachfolgend werden Wege zur Verringerung extrem aggressiver Verhaltensweisen bei Kindern erörtert. Diese Informationen wenden sich primär an therapeutisch in diesem Bereich Tätige. Darüber hinaus sollen diese Ausführungen aber auch eine allgemeine Orientierungshilfe z.B. für Erzieher sowie sonstige mit diesem Problem Konfrontierte sein. Dabei sind die hier vorgestellten Verfahren nicht als »Rezepte« mißzuverstehen; vielmehr sollen sie als Anregung zur Reflexion über erzieherische Möglichkeiten dienen.

6.1 Allgemeine Probleme

Aggressives Kindverhalten stellt ein häufiges Erziehungsproblem dar; wenn auch genaue Zahlen fehlen, kann doch davon ausgegangen werden, daß in mehr als einem Drittel der Fälle, in denen Eltern bzw. Erzieher sich an professionelle Berater wenden, über aggressives Kindverhalten geklagt wird (PATTERSON 1973). Dabei gehen in das Urteil »aggressives Kind« in besonderem Maße Bestimmungsleistungen der sozialen Umwelt dieser Kinder ein:

Wenn antisozial-aggressives Kindverhalten (u.a.) aus einem Normverstoß besteht, so gewinnt die Frage, wer diese Normen festlegt und ob sie berechtigt bzw. wohl begründet sind, an Bedeutung. Jedenfalls ist ein unkritisches Akzeptieren elterlicher Vorstellungen über »aggressives« Kindverhalten problematisch. Wo immer möglich, sollten daher systematische Beobachtungen in den natürlichen Settings (Familie, Kindergarten, Schule) Aufschlüsse über die Verhaltenserwartungen (Normen; Regeln o.ä.) der Erzieher und die tatsächlich erfolgten Regel-Verletzungen der Kinder geben. Auf dieser Grundlage können dann auch evtl. unberechtigte Verhaltenserwartungen der Erzieher bzw. Fehldeutungen des kindlichen Verhaltens als vermeintlich »aggressiv« problematisiert werden: PATTERSON (persönliche Mitteilung) schätzt, daß solche Fehlurteile immerhin in etwa 15% der von ihm bzw. seinen Mitarbeitern beobachteten Familien vorkamen!

Bei der Therapie aggressiven Kindverhaltens stellt sich im Vergleich zur Therapie *anderer* Verhaltensauffälligkeiten ein besonderes Problem: Das als

»aggressiv« bezeichnete *Kind* scheint oft keinen Leidensdruck zu erleben: Nicht das Kind möchte eine Änderung, sondern seine Erzieher! Die bisher vorliegende einschlägige Literatur weist *keinen* positiven Zusammenhang etwa zwischen aggressivem Verhalten und Berichten niedriger Selbsteinschätzung bei diesen Kindern auf, im Gegenteil: Das aggressive Kind scheint eher eine positive Einstellung zu sich selbst zu haben, aber eine negative Sicht seiner sozialen Umwelt (s. die Übersicht entsprechender Studien bei PATTERSON 1982, S. 37f.).

Dient also eine eventuelle Intervention nur den Interessen der sozialen Umwelt (Eltern, Erzieher u. a.) des aggressiven Kindes, aber nicht seinen eigenen?

Diese Frage kann verneint werden: Zunächst einmal sei erinnert, daß das aggressive Kind zwar nicht an sich, aber sehr wohl an seiner sozialen Umwelt leidet (wie umgekehrt seine Interaktionspartner – Eltern, Erzieher, Geschwister u. a. – an ihm).

Änderungen im sozialen Umgang miteinander, die zu einer Verringerung des aggressiven Kindverhaltens führen, kommen also auch dem Kind zugute.

Und zweitens: Extrem-aggressive Kinder sind gefährdet: Sie unterliegen dem Risiko, von ihren Eltern körperlich mißhandelt zu werden (REID, TAPLIN & LORBER 1981; s.o. 4.3.2)! Zudem verschwindet extreme Aggressivität bei Kindern nicht von selbst: Zwischen hoher Aggressivität im Kindesalter und späterer Delinquenz besteht ein relativ enger Zusammenhang, d.h. viele (nicht alle!) hoch-aggressive Kinder laufen Gefahr, in eine spätere »kriminelle Karriere« abzugleiten (mit potentiellen strafrechtlichen Konsequenzen), sofern ihre soziale Umwelt nichts dagegen unternimmt (PATTERSON, DISHION & BANK 1984; PATTERSON & DISHION 1985). Unter diesen Aspekten sind Interventionen bei extrem-aggressiven Kindern wohl gerechtfertigt.

In den folgenden Ausführungen werden zunächst Interventionsverfahren mit verhaltenstheoretischem Hintergrund bei verschiedenen Teilklassen der Aggressionsproblematik bzw. in unterschiedlichen Settings (Familie, Kindergarten und Schule) dargestellt; anschließend sollen einige wichtige kognitiv-orientierte Ansätze erörtert werden.

6.2 Aggressive Interaktionen in der Familie

Aggressives Kindverhalten stellt sich häufig nicht als Verhaltens-, sondern als Interaktionsstörung dar: Nicht nur das sog. »Problemkind«, sondern auch seine Interaktionspartner zeigen wesentlich höhere Raten aggressiven Verhaltens, als in Familien mit »normal-aggressiven« Kindern zu beobachten ist (PATTERSON 1982).

Erkenntnisse dieser Art sind nicht neu. Während man traditionell das Problem eher im Kind lokalisierte, das dann entweder direkt oder in besonderen Institutionen behandelt wurde, hat spätestens seit dem spektakulären Fehlschlag von REDL & WINEMAN (1957), deren Behandlungserfolge die Rückkehr der Kinder in ihre Familien nicht überdauerte, ein Umdenken eingesetzt: Seit Anfang der 60er Jahre begannen lern- bzw. verhaltenstheoretisch orientierte Forscher, nicht mehr das Zielkind, sondern seine Erziehungspersonen zu instruieren, sich anders zu verhalten; dies entsprach dem verhaltenstheoretischen Credo, wonach aggressives Verhalten – als erlerntes Verhalten, sofern nicht organisch bedingt – wesentlich von den Verhaltensweisen der Interaktionspartner abhängt.

Systematisiert wurde dieses Konzept, die Erzieher zu trainieren, ihr Verhalten zu ändern, damit in Folge dieses geänderten Erzieherverhaltens auch eine Änderung des Zielkindverhaltens eintritt (PERREZ 1980, S. 246), als sog. *Mediatorenkonzept* (THARP & WETZEL 1969/1975): Das Interventionsgefüge besteht dabei aus (mindestens) drei Komponenten: den Experten, den relevanten Bezugspersonen des Kindes (z. B. Eltern oder Erzieher) und dem Problemkind selbst. Der Mediator wird in besonderen Institutionen (z. B. im Psychologischen Institut) geschult, soll aber seine neuerworbenen Kenntnisse in eigenes Verhalten umsetzen und so – als Person, die direkten Zugang zum Problemkind in dessen natürlichem Setting besitzt – als Vermittler fungieren.

Für Zwecke der pädagogischen Verhaltensmodifikation hat SELG (1977, S. 138) vorgeschlagen, diese Struktur um eine weitere Komponente, den Berater (z. B. Beratungslehrer, pädagogischer Mitarbeiter o. ä.), der zwischen Experten/Supervisoren und Mediatoren steht, zu erweitern (s. a. PERREZ u. a. 1985, S. 31 f.).

6.2.1 Der Forschungsansatz von Patterson

Die Arbeitsgruppe um G. R. PATTERSON am Oregon Social Learning Center (OSLC) befaßt sich seit etwa 20 Jahren intensiv mit der Erforschung aggressiver Interaktionen in der Familie sowie mit Möglichkeiten der Intervention i. S. des Mediatorenkonzepts.

Zweifellos hat diese Forschergruppe die weitaus größte Erfahrung im Umgang mit wirksamen Interventionsmethoden zur Reduktion aggressiver Interaktionen in der Familie gesammelt: Hunderte von Familien mit aggressiven Kindern im Alter zwischen 3–14 Jahren sind im OSLC therapiert worden. Die Ergebnisse dieser Arbeitsgruppe über soziale Antezedenzien und Konzequenzen aggressiven Kindverhaltens sowie über die Effizienz bestimmter Interventionstechniken rechtfertigen es, die Forschungsmethodik dieser Gruppe näher zu erläutern: Erst auf diesem Hintergrund werden die von ihnen angewendeten Interventionsverfahren verständlich.

Ausgangspunkt dieser Forschungsgruppe war die Überlegung, daß es nicht genügt, lediglich globale Eltern-Urteile über vergebliche aggressive Verhaltensweisen ihrer Kinder zur Grundlage einer Interventionsplanung zu machen: Wie sich später herausstellte, stimmen solche globalen Urteile in vieler Hinsicht nicht mit dem beobachteten Verhalten der Kinder überein; so neigen Eltern dazu, die Auftrittshäufigkeit von Problemverhalten ihrer Kinder vor einer Intervention zu *überschätzen* und am Ende der Intervention zu *unterschätzen.*

Als allgemeines Ergebnis von Vergleichen zwischen globalen Eltern-Urteilen und Beobachtungen der Häufigkeit aggressiven Kindverhaltens in der Familie kann festgestellt werden: Eltern sind in der Regel nicht in der Lage, zuverlässige und gültige Gesamteinschätzungen der Verhaltensweisen ihrer Kinder zu liefern (PATTERSON 1982, S.44).

Als Alternative zu diesen globalen Eltern-Urteilen entwickelten PATTERSON und Mitarbeiter ein Kategoriensystem zur sequentiellen (fortlaufenden) Kodierung der Verhaltensweisen des Zielkindes und seiner Interaktionspartner in der Familie (Family Interaction Coding System, FICS). Es besteht aus 29 Kategorien, mit deren Hilfe v.a. aversives Kindverhalten sowie die vorausgehenden und nachfolgenden Verhaltensweisen der Interaktionspartner erfaßt werden sollen (z.B. Schlagen; Drohen; Nichteinwilligen usw.). 14 dieser 29 Kategorien sind aufgrund von entsprechenden Ratings (sowohl von Müttern als auch von den Mitgliedern dieser Forschungsgruppe) als »aversiv«, »unangenehm« o.ä. eingeschätzt worden: d.h. ihre Realisierung durch das Kind *könnte* »unangenehm«, »störend« usw. für den Partner sein.

Damit wird also die potentielle oder a priori-Aversivität der einzelnen Kategorien erfaßt. Ziel der Beobachtungsstudien ist es, die tatsächliche (funktionale) Aversivität einzelner Kategorien zu überprüfen.

Der Begriff »sequentielle Beobachtung« bezieht sich auf die Kodierung von Verhaltensabfolgen oder -sequenzen: In bestimmten Zeitintervallen (etwa alle 6 Sekunden) wird sowohl das Verhalten der jeweiligen Zielperson (z.B. des Zielkindes, ZK) protokolliert als auch das darauf bezogene Verhalten des jeweiligen Interaktionspartners. Auf diese Weise entsteht ein fortlaufender Bericht über die Interaktionen zwischen einem bestimmten ZK und seinen Sozialpartnern.

Zur Kodierung auf dem Kodierbogen erhält jedes Familienmitglied eine bestimmte Identifizierungsnummer (z.B. das ZK eine »1«, die Mutter eine »3« usw.). Jede Kategorie wird durch zwei Buchstaben abgekürzt. Alle Familienmitglieder werden als Zielpersonen in ihren Interaktionen mit den anderen Familienangehörigen beobachtet. Jede Familie wird 6–10 mal während einer Baseline-Phase (also vor Beginn der Behandlung bzw. des Treatments) beobachtet: Pro Familienmitglied ergeben sich 60–100 Min. Beobachtungszeit. Die gleiche Zahl an Beobachtungen findet während des Treatments, am Ende des Treatments und nach der Follow-up-Periode statt (nachdem also eine bestimmte, festgelegte Zeitspanne nach Abschluß des Treatments vergangen ist; dies erfolgt zur Prüfung der Langzeitwirkung des Treatments).

Die Beobachtungen durch geschulte Kräfte erfolgen in der Familie; der Zeitpunkt ist festgelegt; bestimmte Auflagen müssen eingehalten werden (z.B. darf während dieser Zeit nicht telefoniert werden).

(Zu methodischen Problemen der Beobachtung sowie den psychometrischen Eigenschaften des FICS – z.B. Zuverlässigkeit und Gültigkeit – vgl. REID 1978; PATTERSON 1982, Kap. 3).

Ein Beispiel: Die Kodierung: .../3 CO-1 NC/3 DI-1 IG/... besagt: Im ersten 6-sec-Intervall gibt die Mutter (3) einen Auftrag (CO = Command), in den das Zielkind (1) nicht einwilligt (NC = Non-compliance), was die Mutter im zweiten Intervall mißbilligt (DI = Disapproval); diese Mißbilligung wird vom Zielkind ignoriert (IG = Ignore).

Während jeder Beobachtungsphase werden also pro Familienmitglied 600–1000 Daten über sein Verhalten als Zielperson gewonnen; es lassen sich so nicht nur die Auftrittshäufigkeiten der 29 Kategorien ermitteln, sondern v.a. auch die Übergangswahrscheinlichkeiten (wie oft folgt einer bestimmten Kategorie der Mutter – etwa der Kategorie »Auftraggeben« – eine bestimmte Zielkindkategorie – z.B. »Nicht-Einwilligen«?).

Die Auftrittshäufigkeiten aller 14 potentiell aversiven Kategorien pro Familienmitglied werden summiert; diese Summe bildet den sog. TAB (Total Aversive Behavior)-Wert als ein globales Maß der Häufigkeit aversiven Verhaltens einer Person. Der TAB-Wert pro Minute bildet eine wichtige abhängige Variable.

Kinder mit einem TAB-Wert von mehr als .45 pro Minute gelten als aggressive Problemkinder (PATTERSON 1982, S.97): Durchschnittlich zeigen solche Kinder fast jede 2. Minute ein aversives Verhalten. Nur bei 5 % der Kinder war eine derart hohe Rate aversiven Verhaltens zu beobachten.

Das Kodierungssystem dient insbesondere zwei wesentlichen Zwecken: Es liefert Daten zur Treatment-Gestaltung und -Evaluierung (Erfolgsbeurteilung) auf Einzelfallbasis; und es bildet die Grundlage zur Entwicklung einer sog. Performanz-Theorie (s. PATTERSON 1979): Diese Theorie beschäftigt sich nicht mit der langfristigen Entstehung sozialer Interaktionen, sondern mit deren Aufrechterhaltung bzw. der Erklärung kurzfristiger Verhaltensänderungen. M.a.W.: Die Performanz-Theorie beschäftigt sich mit den Bedingungen der Ausführung bzw. Nichtausführung eines Verhaltens; dabei ist das Verhalten bereits erworben worden, und es geht jetzt um die Ausführungsbedingungen. Ziel dieser Performanz-Theorie ist es, herauszufinden, wieviel intra- und interindividuelle Varianz die FICS-Kategorien aufklären können. PATTERSON unterscheidet »koerzive« (nötigende) Verhaltensweisen von »aggressiven«; erstere sind umfassender, denn koerzives Verhalten schließt auch aversives Verhalten ein, das gewöhnlich nicht als »Aggression« bezeichnet werden würde, z.B. »Nicht-Einwilligung«. Der Terminus »Coercion« (Zwang; Nötigung) bezieht sich auf den Gebrauch aversiver Verhaltensweisen in Arrangements der Bestrafung und negativen Verstärkung (s. PATTERSON, DISHION & BANK 1984).

6.2.1.1 Die vier Familienmanagement-Variablen

Die Forschergruppe um PATTERSON gelangte aufgrund ihrer Beobachtungsergebnisse dahin, vier sog. Familienmanagement (FM)-Variablen als wichtig für die Genese wie für die Reduktion koerziven Kindverhaltens anzunehmen.

Traditionelle Variablen des Erziehungsstils (z. B. »Wärme« oder »elterliche Kontrolle«) sollen nur gering-positiv mit den Messungen dieser vier FM-Variablen korrelieren (dies ist allerdings bisher nicht überprüft worden).

Eltern verhaltensauffälliger Kinder haben häufig selbst keine guten elterlichen Vorbilder hinsichtlich dieser FM-Fertigkeiten. Andere »wissen« darum, können sie aber nicht praktizieren. Wieder andere werden überwältigt von Krisen; sie können Fertigkeiten, die sie besitzen, nicht umsetzen.

Eine zentrale Annahme von PATTERSON lautet, daß die FM-Praktiken zwischen den traditionellen, globalen Risiko-Variablen für kindliches Fehlverhalten und den tatsächlich beobachtbaren kindlichen Aggressionen vermitteln (traditionelle Risiko-Variablen sind etwa: Armut bzw. Arbeitslosigkeit der Eltern, Ehekonflikte, Scheidung, Unvollständigkeit der Familie, Familiengröße, soziale Isolierung der Familie, Alkoholismus/Drogenkonsum, Streß der Eltern sowie physische und psychische Krankheiten von Eltern und Kindern). Nach PATTERSON korrelieren diese jeweiligen Global-Variablen zwar positiv mit Verhaltensproblemen bei Kindern, aber dennoch bleibt ein beträchtlicher Anteil der Varianz der kindlichen Verhaltensauffälligkeiten unaufgeklärt: So konnte z. B. RUTTER (1979) in einer Längsschnittstudie zeigen, daß selbst bei der Kombination mehrerer dieser Risikofaktoren (nämlich soziale Isolierung, elterliche Kriminalität, Armut und große Kinderzahl) immer noch über 1/4 der Kinder keinerlei Anzeichen irgendeines antisozialen Verhaltens zeigte.

Anders gewendet: Erst wenn diese globalen Risikofaktoren mit einem Zusammenbruch der normalen FM-Praktiken einhergehen, sind die Kinder dieser Familien wirklich hoch gefährdet; und umgekehrt wird ein Kind selbst bei Vorliegen von globalen Risiken »überleben« und nicht auffällig werden, sofern die Eltern ein effektives Familien-Management praktizieren (PATTERSON 1982, S. 216).

Will man das koerzive Verhalten eines Kindes ändern, so bedarf es der Verbesserung der FM-Fertigkeiten. Die Implementierung dieser Fertigkeiten bei den Eltern durch Supervisoren bildet den Kern des Behandlungsprogramms am OSCL (PATTERSON, REID, JONES & CONGER 1975; WEINROTT, BAUSKE & PATTERSON 1979).

Folgende vier FM-Variablen werden jeweils als notwendig, aber einzeln nicht als hinreichend angesehen, um koerzives Kindverhalten zu reduzieren bzw. – bei erfolgreicher Praxis von Anfang an – diesem vorzubeugen:

a) Regeln setzen (s. unten)
b) elterliches Interesse (s. S. 193)
c) Sanktionen bzw. Kontingenzen (s. S. 194)
d) Krisenbewältigung (s. S. 204).

PATTERSON weist ausdrücklich darauf hin, daß diese Praktiken »nichts Besonderes« sind, sondern in »normalen« Familien üblicherweise angewendet werden. Eltern aggressiver Kinder müssen sie allerdings systematisch erlernen.

a) Regeln setzen

Die Regeln beziehen sich auf den Beitrag jedes Familienmitglieds zur Bewältigung des Gemeinschaftsunternehmens »Familienleben«. Insbesondere stellen sie fest, welche Pflichten jedes Familienmitglied übernehmen muß; darüber hinaus beinhalten sie, was akzeptables und inakzeptables Verhalten ist.

PATTERSON berichtet, daß in einer Vielzahl der Familien, die am OSLC untersucht bzw. behandelt wurde, *keine* derartigen Regeln existierten (1982, S. 221): Es gab keine festgelegten Essenszeiten, keine Zu-Bett-Geh-Zeiten für die Kinder, keine Regeln, wer wann welche Hausarbeiten übernehmen muß, keine festgelegten Zeiten für gemeinsame Aktivitäten usw.

Familien unterscheiden sich nicht nur dadurch, ob bzw. wieviele Regeln existieren, sondern auch, wie klar sie ausgesprochen bzw. allen bekanntgemacht worden sind – und natürlich darin, wie wichtig die Familien die Einhaltung dieser Regeln nehmen und wie sie auf Regelübertretungen reagieren.

Das Setzen von Regeln genügt alleine allerdings *nicht*, um eine Verhaltensänderung bei aggressiven Kindern zu erreichen. Die Regeln müssen noch ergänzt werden durch Absprachen darüber, welche Konsequenzen eine Regelverletzung nach sich zieht – und diese Konsequenzen müssen dann auch tatsächlich erfolgen.

Für manche Eltern ist das Fehlen expliziter Regeln kein Zufall: Es ist vielmehr ein Mittel, unangenehme Konfrontationen mit ihren Kindern zu vermeiden.

PATTERSON (1982, S. 229) berichtet über empirische Ergebnisse, die zeigen, daß unorganisierte, quasi »chaotische« Familien mit wenigen bzw. unklaren Regeln mit größerer Wahrscheinlichkeit aggressive Kinder haben.

b) Elterliches Interesse

Elterliches Interesse (Monitoring) beinhaltet ganz allgemein ein Wissen über den Verbleib der Kinder, was sie tun, mit wem sie sich treffen, wann und von wo die Kinder nach Hause kommen usw. Dieses Wissen über das Tun der Kinder ist natürlich die wesentliche Voraussetzung dafür, die Einhaltung bzw. Nichteinhaltung von Regeln prüfen zu können. Elterliches Interesse darf nicht mißverstanden werden als ständiges Hinterherspionieren oder Ausfragen. Es ist vielmehr echter Ausdruck eines *Interesses* an den Aktivitäten und dem Wohlergehen anderer Familienmitglieder.

Die Forschergruppe am OSLC konnte in Familien, bei denen die Eltern die FM-Praktiken exzellent beherrschten, feststellen, daß dort zu bestimmten, regelmäßigen Zeiten Treffen aller Familienmitglieder stattfanden, in denen es zu einem regen Informationsaustausch kam. Diese Treffen sind nach PATTERSON ein wesentlicher Sozialisierungsfaktor. Die Eltern hörten voller Aufmerksamkeit zu, was die Kinder zu sagen hatten, sie kritisierten sie nicht, und sie hielten ihnen keine »Vorträge« (PATTERSON 1982, S. 222).

Eng verbunden mit dem Wissen darüber, was die Kinder gerade tun, ist dessen adäquate *Bezeichnung*. Eltern aggressiver Kinder unterschätzen oft die Häufigkeit des Auftretens aggressiven Kindverhaltens in der Familie; dies kann einmal daran liegen, daß sie sich nicht ausreichend um die Aktivitäten der Kinder kümmern; es kann aber auch an einer hohen Selektivität in der Bezeichnung für aggressives Kindverhalten liegen. Nur ganz bestimmtes Verhalten wird »aggressiv« genannt (z.B. das Stehlen fremden Eigentums), anderes aber nicht (z.B. Stehlen innerhalb der Familie). Wenn Eltern einer hohen Auftrittshäufigkeit aggressiven Kindverhaltens ausgesetzt sind, so erhöht sich ihre »Bezeichnungsschwelle« für aversives Kindverhalten und zugleich nimmt die Genauigkeit der Wahrnehmung dieses Verhaltens ab (PATTERSON 1982, S.224).

Mangelndes elterliches Interesse bedeutet, daß keine Sanktionen für Regelverletzungen gegeben werden können; und wechselnde bzw. hochselektive Bezeichnungen für aversives Kindverhalten führen zur Inkonsequenz in den elterlichen Sanktionen. Ein effektives Treatment erfordert ein Schulen der Eltern sowohl in der adäquaten Wahrnehmung dessen, was ihre Kinder tun als auch in der Neu-Bezeichnung dessen, was sie abweichend von Regeln tun.

c) Elterliche Sanktionen bzw. Kontingenzen

Die Art, Häufigkeit und zeitliche Unmittelbarkeit elterlicher Reaktionen stellt eine wesentliche Einflußgröße für die Formung kindlicher Verhaltensweisen dar. Es sind verschiedene Arten von Konsequenzen zu unterscheiden: Positive Verstärkung, negative Verstärkung und Bestrafung. Diese wichtigen Begriffe bzw. Lernprinzipien werden zunächst dargestellt am Beispiel der Erforschung aggressiver Interaktionen in der Familie mit Hilfe des FICS. Es werden einige Probleme erläutert, die sich bei der Anwendung dieser Lernprinzipien im natürlichen Setting »Familie« ergeben; daran anschließend werden entsprechende Interventionsstrategien vorgestellt.

1. Positive Verstärkung

Das wichtigste Prinzip des Verstärkungslernens oder »Lernens am Erfolg« besagt, daß Verhalten durch seine Konsequenzen (d.h. nachfolgenden Reizereignisse) geformt wird; Verhaltensweisen, die zu positiven Folgen führen, werden künftig in ähnlichen Situationen mit größerer Wahrscheinlichkeit als zuvor ausgeführt. Dagegen sinkt die Auftretenswahrscheinlichkeit von Verhaltensweisen, die zu negativen Konsequenzen geführt haben bzw. auf die nicht mehr die gewohnten positiven Reizereignisse folgen.

Unter einer »positiven Verstärkung« versteht man also (nach SKINNER, 1953) die Erhöhung der Auftrittswahrscheinlichkeit eines Verhaltens dadurch, daß diesem Verhalten bestimmte Reize folgen. Dabei werden die Reizereignisse, die die Häufigkeit des vorangegangenen Verhaltens erhöhen, positive Verstärker genannt.

Man kann sagen, daß ein positiver Verstärker ein angenehm erlebtes Reizereignis – also eine angenehme Verhaltenskonsequenz – darstellt. Es ist jedoch nicht von vornherein mit Sicherheit zu bestimmen, welcher Reiz für eine bestimmte Person in einer gegebenen Situation als Verstärker wirkt; der »gesunde Menschenverstand« versagt bei der Diagnose individueller Verstärker nur zu oft; ob eine Verhaltenskonsequenz als Verstärker fungiert, kann erst aufgrund der Beobachtung der Wirkungen dieser Konsequenz auf das vorangegangene Verhalten festgestellt werden.

Die verhaltenspsychologische Sicht betont die Bedeutung der sozialen Umwelt für den Erwerb, die Aufrechterhaltung und die Reduktion von kindlichen Verhaltensweisen. Die wohl wichtigsten und wirkungsvollsten Verstärker für ein Kind sind die Zuwendung und das freundliche, liebevolle Verhalten seiner nächsten Bezugspersonen, in der Regel also seiner Eltern; allerdings darf die Bedeutung seiner Geschwister sowie seiner Spiel- bzw. Schulkameraden (Peers) für die Ausformung kindlicher Verhaltensweisen nicht übersehen werden (vgl. PATTERSON 1984).

Die Konsequenzen, die der Erzieher auf ein bestimmtes Kindverhalten folgen läßt, erhalten besonderes Gewicht; der Erzieher besitzt also eine große Verantwortung für die Ausbildung der kindlichen Verhaltensweisen. Dies bedeutet zugleich, daß er eine erhebliche Einwirkungsmöglichkeit besitzt, sofern er Verstärker systematisch auf bestimmte kindliche Verhaltensweisen folgen läßt, er also Verstärker *kontingent* auf diese Verhaltensweisen hin übermittelt (s. a. Kap. 2).

Während die verhaltensformende Wirkung positiver Verstärkung im Labor vielfach belegt werden konnte, treten bei der Übertragung dieses Konzepts auf die Analyse aggressiver Interaktionen in natürlichen Settings (wie der Familie) bestimmte Probleme auf; so ist beispielsweise ja nicht spezifiziert, *wann* die Erhöhung der Auftrittswahrscheinlichkeit der positiv verstärkten Verhaltensweisen zu beobachten sein soll: sofort (also unmittelbar nach Erhalt des Verstärkers), nach zwei Minuten, zwei Tagen . . .? PATTERSON schlägt vor, nicht die Auftrittswahrscheinlichkeit eines operanten Verhaltens als abhängige Variable zu betrachten, sondern stattdessen die bedingte Auftrittswahrscheinlichkeit des Verhaltens, wenn ein bestimmtes vorausgehendes (antezedentes) Ereignis gegeben ist. Er unterscheidet im Rahmen seiner Performanztheorie folgende Konzepte (1982, S. 84):

Rj = die jeweils interessierende Verhaltenskategorie der Zielperson ($\bar{R}$j = koerzives bzw. aversives Verhalten)
Ai = ein zeitlich unmittelbar vorausgehendes (antezedentes) Verhalten eines Interaktionspartners ($\bar{A}$i = aversives Antezedens)
C^+ = ein zeitlich unmittelbar folgendes (positives) Verhalten eines Interaktionspartners (C^- = negative Konsequenz)
S^+ = Positiver Verstärker
p(Rj) = Grundauftrittswahrscheinlichkeit einer bestimmten Verhaltenskategorie
p(Rj/Ai) = bedingte Wahrscheinlichkeit für das Auftreten einer bestimmten Kategorie, wenn ein bestimmtes Antezedens gegeben ist (s. Beispiel in Kap. 5.1.2).

Die Änderung der Auftrittswahrscheinlichkeit einer Zielkindverhaltenskategorie in Abhängigkeit von bestimmten vorausgehenden Verhaltensweisen der Interaktionspartner wird nun verglichen mit der jeweiligen Grundauftrittswahrscheinlichkeit dieser Verhaltenskategorie; bei signifikanten Unterschieden wird z. B. von »kontrollierenden Antezedenzien« gesprochen (mit dem Begriff »Kontrolle« ist lediglich eine probabilistische, d. h. Wahrscheinlichkeits-Beziehung gemeint, keine Kontrolle i. S. von »Überwachung«, »Aufsicht« oder gar »Auslösung«).

Ein wichtiges Problem besteht in der Prüfung, ob bestimmte als positiv eingeschätzte Konsequenzen (= C^+) auch tatsächlich als positive Verstärker (= S^+) fungieren. Um Verstärkungseffekte im Ansatz der Forschergruppe um PATTERSON verstehen zu können, bedarf es der Raten dreier Verhaltenskategorien in Folge. Symbolisch läßt sich diese Sequenz als: Ai → Rj → S^+ darstellen.

PATTERSON vertritt den Standpunkt, daß es nicht genügt, einen unmittelbaren Effekt einer positiven Konsequenz (C^+) auf das vorangehende Verhalten (Rj) festzustellen; denn viele Verhaltenskonsequenzen wirken sich eben *nicht* unmittelbar auf eine Erhöhung des vorangegangenen Verhaltens aus, sondern erst sehr viel später; z. B. öffnet ein Kind die Tür (Rj), die Mutter sagt »danke« (= C^+), und beide verlassen das Haus; hier wäre *kein* unmittelbarer Effekt der Konsequenz auf das vorangegangene Verhalten festzustellen (1982, S. 89). PATTERSON ist daher der Meinung, daß in natürlichen Settings die entscheidende abhängige Variable nicht die Auftrittswahrscheinlichkeit einer Verhaltenskategorie – p (Rj) – ist, sondern die bedingte Wahrscheinlichkeit einer Reaktion, wenn ein bestimmtes Antezedenz vorangeht: p (Rj/Ai). Denn die Rate eines Verhaltens (Rj) in natürlichen Settings ist v. a. abhängig vom Ausmaß der Kontrolle eines unmittelbar vorangehenden (antezedenten) Verhaltens sowie von der Dichte dieses Antezedenz! M. a. W. das Verhalten eines aggressiven Zielkindes in der Familie befindet sich primär bereits unter einer Antezedenzkontrolle und erst in zweiter Linie unter einer Verstärkerkontrolle. Natürlich muß angenommen werden, daß diese Antezedenzkontrolle aufgrund der früher gegebenen Konsequenzen der sozialen Umwelt auf die Reaktionen des Zielkindes erworben worden ist: Die während des Erwerbs von Verhaltensweisen erfolgte positive Verstärkung hat den Status des kontrollierenden Antezedenz verändert: Ai → Rj → S^+ führte zu einem Anstieg in der Kontrolle von Ai für Rj, also einer Zunahme von p (Rj/Ai), auch *ohne* daß jetzt (in der Performanzphase) noch ein S^+ folgt.

Im Unterschied zur Phase des Erwerbs von sozialen Verhaltensweisen klärt in der Phase der Performanz (in der es nur noch um die Aufrechterhaltung eines Verhaltens geht) die Reiz- bzw. Antezedenzkontrolle wesentlich mehr Varianz der Verhaltensrate von Rj auf als die Verstärkerkontrolle (PATTERSON 1982, S. 89).

So haben verschiedene Beobachtungsstudien in der Familie ergeben, daß koerzives Kindverhalten in überraschend hohem Maße zu *positiven* Konsequenzen seitens der Eltern und Geschwister führt (also etwa zu Verhaltensweisen wie Lachen, positiver Körperkontakt u. a. m.); diese Verhaltensweisen wären also als positive Konsequenzen (C^+) einzustufen. PATTERSON (1982, S. 99) resümiert, daß in normalen Familien etwa 47–65 % der sozialen Konsequenzen auf aversives Kindverhalten *positiv* sind! Diese aus der Sicht der Eltern unbeabsichtigte Förderung unerwünschten Kindverhaltens könnte natürlich sehr wohl aggressives Kindverhalten erklären – *wenn* diese positiven Konsequenzen tatsächlich als positive Verstärker (S^+) fungieren, was aber fraglich ist.

PATTERSON zieht aus diesen Erkenntnissen zwei Schlußfolgerungen hinsichtlich möglicher Verhaltensänderungen beim aggressiven Zielkind:

– Im »eingespielten« Interaktionsgefüge wie z. B. innerhalb einer Familie ist eine Änderung des Zielkindverhaltens durch positive Verstärkung *allein* nur sehr schwer zu erreichen; auch ist zu beachten, daß sich Verhaltensänderungen durch positive Verstärkung immer nur ganz allmählich zeigen: Es bedarf großer Geduld der Verstärkenden, um nicht vorzeitig zu resignieren. Effektive Verhaltensänderung bedarf hier der Unterstützung der positiven Verstärkung durch andere Methoden (s. u.).

– Dagegen ist in Situationen, in denen sich die Interaktionspartner zum ersten Mal begegnen bzw. in denen es noch um die Ausbildung dieser Reizkontrolle geht (etwa wenn sich die Kinder erst seit kurzem im Kindergarten bzw. in der Schule oder auch in einer neuen Schulklasse befinden), eine kontingente Darbietung positiver Verstärkung auf erwünschtes Kindverhalten besonders wichtig und erfolgversprechend.

Eltern hoch-aggressiver Kinder sind weniger effektiv als Eltern »normal-aggressiver« Kinder in der Anwendung positiver Verstärker zur Verhaltensformung prosozialer Verhaltensweisen: Sie verwenden weniger Verstärker für prosoziales Verhalten. Ferner »übersehen« sie solche lobenswerten Verhaltensweisen häufiger, und sie setzen soziale Verstärker eher nicht-kontingent ein.

Oft sind sie auch der Meinung, daß Kinder angemessenes Verhalten »aus Liebe« zeigen müßten bzw. weil dies »selbstverständlich« ist, weswegen auch ein Lob oder eine Anerkennung »überflüssig« und zudem nicht »realitätsgerecht« seien, da »schließlich im Leben draußen auch nur selten gelobt werde« u. a. m.

Lob wird reserviert für »olympisches Leistungsniveau« (PATTERSON 1982, S. 225) und dann vielfach durch Kritik stark eingeschränkt (»gut, *aber* . . .«).

Der kontingente Einsatz v. a. von sozialen Verstärkern – sei es das verbale Lob, das warmherzige Lächeln oder die Liebkosung – erfolgt in erzieherischen Interaktionen eher zu selten als zu häufig: Selbst Mütter normal-aggressiver Kinder loben diese im Durchschnitt lediglich einmal in hundert Minuten (vgl. PATTERSON 1982, S. 226); und in einer Beobachtungsstudie in der Vorschule bildete »Lob« der Erzieher/innen für normal-aggressive Kinder lediglich einen Anteil von 1,3 % am Gesamtverhalten (vgl. MEES & FIEGUTH 1977).

2. *Positive Verstärkung durch Tokens*

Häufig ist allerdings zu beobachten, daß hoch-aggressive Kinder für soziale Verstärker seitens ihrer Erzieher überhaupt nicht mehr empfänglich sind; es scheint ihnen gleichgültig zu sein, ob und wie ihre Erzieher reagieren. Hier muß erst einmal die Effektivität der Erzieher als Spender sozialer Konsequenzen erhöht werden. Man bedient sich dazu zunächst solcher Objekte wie Spielmarken, Münzen, Punkte auf einem Zähler (sog. »Tokens«), die man kontingent auf erwünschtes Verhalten austeilt.

Diese Objekte funktionieren wie Geld: Ein Token ist ein sichtbares, oft auch greifbares »Zeichen«, dem primär nur ein geringer Wert zukommt, das aber gegen andere begehrte Objekte wie z.B. Süßigkeiten, Spielzeug oder gewünschte Aktivitäten wie Ausflüge usw. eingetauscht werden kann. Dabei wird zuvor genau festgelegt, welches Verhalten mit Tokens verstärkt werden soll und nach welchem »Umrechnungskurs« der Umtausch in die eigentlichen materiellen oder Aktivitätsverstärker (die sog. Eintausch-Verstärker) erfolgt.

Die Art und der Umfang dieser Eintausch-Verstärker sollten (wenn irgend möglich) zusammen mit dem Betroffenen diskutiert und festgelegt werden; die vereinbarten Erwartungen, Forderungen und Rechte können daraufhin in Form eines Vertrages schriftlich festgelegt und von allen Beteiligten signiert werden. Ein Vertrag ist ein schriftliches Dokument, das die spezifischen Verhaltensweisen und ihre Verstärkungsarrangements enthält, denen die betroffenen Familienmitglieder zugestimmt haben. Durch die Vertragsunterzeichnung erkennen die Partner öffentlich und jederzeit nachprüfbar die vereinbarten Regeln an; eventuelle Vertragsbrüche sind dann klar einem Partner zuzuschreiben (HOMME et al., 1971).

Solche Token-Vertragsprogramme besitzen mehrere Vorteile:

- Token-Verstärker sind greifbar; das Individuum weiß, daß und wann es einen Verstärker erhält.
- Die Wirksamkeit von Tokens hängt nicht von spezifischen Bedürfnissen bzw. Mangel- oder Sättigungszuständen ab: In der Regel kann (je nach Zahl der erhaltenen Tokens) unter mehreren Eintausch-Verstärkern mit ähnlich hohem Verstärkerwert ausgewählt werden (z.B. kann festgelegt werden, daß es für 10 Punkte entweder ein Spielzeug, 1 Stunde zusätzliches Fernsehen oder aber bestimmte Süßigkeiten gibt). Man kann die Tokens auch sparen, um sie später gegen ein teureres, mehr Tokens erforderndes Objekt oder eine noch beliebtere Aktivität eintauschen zu können.
- Tokens können *sofort* nach dem Auftreten des erwünschten Verhaltens ausgegeben werden; dadurch wird eine klare Kennzeichnung erwünschter Verhaltensweisen möglich, was wiederum die Interaktion des Kindes mit seinen Kontaktpersonen regelhafter, überschaubarer und voraussagbarer werden läßt (MEES 1974, S. 153).

Bei geringer elterlicher Kontrolle sollte zunächst ein sofortiger Umtausch arrangiert werden, und erst allmählich sollte die zeitliche Distanz zwischen Erhalt des Token und dem Erhalt des Eintauschverstärkers vergrößert werden.

3. Negative Verstärkung

Die Auftretenshäufigkeit eines Verhaltens kann nicht nur dadurch erhöht werden, daß dieses Verhalten zum Erwerb positiver Verstärker führt; die Wahrscheinlichkeit der Wiederholung eines Verhaltens wird auch dann vergrößert, wenn dieses Verhalten zur Beseitigung bzw. Beendigung von aktuellen unangenehmen (aversiven) Reizen bzw. Zuständen führt. Tritt das Verhalten, das zur Entfernung der unangenehmen Reize (der »negativen Verstärker«) geführt hat, in Zukunft häufiger auf, so ist dieses Verhalten *negativ verstärkt* worden.

Nicht selten wird im Erziehungsalltag gerade das »unerwünschte« Kindverhalten durch ein bestimmtes Erzieherverhalten negativ verstärkt.

Ein Beispiel: Eine Mutter fordert ihren 6jährigen Sohn auf, ihr beim Geschirrtrocknen zu helfen; der Sohn weigert sich und fängt stattdessen laut zu brüllen an. Die Mutter gibt nun nach, sie verzichtet auf die Erfüllung ihrer Bitte. Das Kind beruhigt sich und hört mit dem Gebrüll auf.

In diesem Beispiel wird deutlich, wie die Verstärkung des einen Interaktionspartners mit derjenigen des anderen Partners einhergehen kann bzw. wie beide Verstärkungen ineinander »verschränkt« sein können (BUCKLEY & WALKER 1970): Der Junge wird für seine Weigerung und sein Schreien negativ verstärkt (die Mutter gibt nach); es ist also anzunehmen, daß er in Zukunft bei ähnlichen Aufforderungen wiederum mit Schreien reagiert.

Die Mutter aber wurde für ihr Nachgeben ebenfalls negativ verstärkt, beendete sie doch dadurch das unangenehme Gebrüll ihres Sohnes. Auch sie dürfte sich in Zukunft bei ähnlichen Gelegenheiten in gleicher Weise verhalten.

Es sind also unmittelbare von längerfristigen Verhaltenseffekten zu unterscheiden: Diese Mutter hatte mit ihrem Nachgeben zunächst unmittelbaren »Erfolg« (der Sohn hört mit dem Schreien auf); der langfristige Effekt besteht aber möglicherweise in einem wahrscheinlicheren Auftreten der Verhaltensweise »Schreien bei unangenehmen Aufforderungen« bei ihrem Sohn (vgl. a. Kap. 2.3.2).

Daß dieser langfristige, aus der Sicht der Erziehungsperson unerwünschte Effekt mit ihrer unmittelbaren Reaktion auf das aversive Verhalten des Kindes zusammenhängt, dürfte ihr wohl nicht bewußt sein. PATTERSON (1982, S. 145) nimmt an, daß dieses Szenarium einer *»Verstärkungsfalle«* viele Male in den Interaktionen zwischen Eltern und ihren aggressiven Kindern stattfindet.

Eine koerzive Reaktion kann sich gelegentlich doppelt auszahlen: So etwa, wenn sie nicht nur zur Entfernung des aversiven Antezedenz führt, sondern zusätzlich noch zum Erhalt einer positiven Konsequenz (DEVINE, nach PATTERSON 1982, S. 144).

Ein beachtlicher Teil des koerziven Kindverhaltens steht unter einer solchen komplexen Verstärkerkontrolle: PATTERSON (1982, S. 148) schätzt aufgrund von Beobachtungen in der Familie, daß etwa $\frac{1}{3}$ des koerziven Kindverhaltens einem aversiven Antezedenz folgten; 30–40 % dieses Kindverhaltens wurden negativ verstärkt. (Leider sind vor 1982 »positive« Kategorien des FICS nicht von »neutralen« unterschieden worden, so daß der Anteil der positiven Konsequenzen hierbei nicht ermittelt wurde.)

Diese erfolgreich verlaufenden »Nötigungen« trainieren gewissermaßen das »Opfer« (den Nachgebenden) darin, den »Sieger« (das aggressive Kind) zu verstärken!

Die Rate koerziven Kindverhaltens – $p\,(\bar{R}j)$ – korreliert positiv mit der Häufigkeit negativer Verstärkung dieses Verhaltens, wobei die »effektivsten« (d. h. am häufigsten negativ verstärkten) Reaktionen jene sind, die auch am häufigsten insgesamt auftreten (s. PATTERSON 1982, S. 155). Der Nachweis, daß aufgrund negativer Verstärkung die absolute Wahrscheinlichkeit der Darbietung des aversiven Antezedenz – $p\,(\bar{A}i)$ – reduziert und die bedingte Wahrscheinlichkeit einer aversiven Reaktion des Zielkindes nach Darbietung des aversiven Antezedenz erhöht wird (also $p\,(\bar{R}j/\bar{A}i)$ zunimmt), ist allerdings im Feld (in der Familie) schwer zu führen und bisher nur in Laborexperimenten gelungen.

Läßt sich der Interaktionspartner, der das aversive Antezedenz in die Interaktion eingeführt hat, nicht durch die aversive Gegenreaktion des Kindes beeindrucken, so kann der gesamte Prozeß *eskalieren:* Es kommt dann zu einem Anwachsen der Wahrscheinlichkeit aversiver Reaktionen auf beiden Seiten, u. U. zu intensiveren (auch: lautstärkeren) Reaktionen sowie zu einer Zunahme der Länge der gesamten aversiven Sequenz (s. a. MEES 1988, Kap. 6). Weder Nachgiebigkeit seitens der Erzieher noch halbherziges Beharren auf anfänglichen Forderungen unterbinden bzw. reduzieren aversives Kindverhalten. *Wenn* Eltern sich dazu entschließen, etwas von ihrem Kind zu fordern, dann sollten sie auch konsequent sein, also nicht auf halber Strecke umkehren.

4. Bestrafung

Analog zu den beiden Operationen zur *Erhöhung* der Wahrscheinlichkeit eines Verhaltens – also der positiven und der negativen Verstärkung – lassen sich zwei Techniken zur *Reduktion* der Auftrittswahrscheinlichkeit eines Verhaltens unterscheiden; die beiden Vorgehensweisen, die zur Erniedrigung der Reaktionsrate führen, werden unter dem Begriff *»Bestrafung«* subsumiert. Dabei kann Bestrafung einmal in der *Darbietung* eines aversiven Reizes als Konsequenz auf ein Verhalten hin bestehen (z. B. Schläge, Kritik usw.) und zum anderen im *Entzug* eines positiven Reizes als Verhaltenskonsequenz (das Kind sitzt z. B. vor dem Fernseh-Apparat, statt seine Schularbeiten zu machen; die Mutter schaltet als Strafe den Fernseher ab; s. a. Kap. 2.3.2).

– Bestrafung durch Darbietung aversiver Konsequenzen

In der lerntheoretischen bzw. verhaltenspsychologischen Literatur ist die Rolle der Bestrafung als Mittel der Verhaltensschwächung lange Zeit umstritten gewesen. SKINNER (1938) und ESTES (1944) nahmen an, daß Bestrafung (als Darbietung negativer Verhaltenskonsequenzen) das bestrafte Verhalten nur zeitweilig unterdrückt, aber nicht dauerhaft schwächt. Diese Auffassung ist mittlerweile widerlegt worden: Die kontingente Darbietung aversiver Strafreize kann sehr wohl zu einer dauerhaften Reaktionsunterdrückung führen (vgl. AZRIN & HOLZ 1966; RACHLIN & HERRNSTEIN 1969; s. a. SCHEERER 1983). Diese Form der Bestrafung kann also durchaus effektiv sein, ist aber dennoch abzulehnen, weil sie zu unerwünschten Nebeneffekten führt (s. u.).

Die intensivsten Strafreize im Erziehungsalltag bestehen wohl in der Verabreichung körperlicher Strafen (Schläge). Diese Bestrafungsform dürfte noch heute relativ verbreitet sein; noch 1970 gaben in einer Umfrage 84% aller amerikanischen Eltern an, sie hätten ihre Kinder geprügelt (STARK & MC EVOY 1970).

Schläge als »Erziehungsmittel« *sind aber* aus mehreren Gründen *abzulehnen:*

- Körperliche Strafe erzeugt beim Bestraften Schmerz; dies kann heftige emotionale Reaktionen (z. B. Furcht oder Haß) gegenüber der strafenden Person auslösen und zu Flucht- bzw. Vermeidungshandlungen des Bestraften führen. Die soziale Beziehung zwischen Kind und strafendem Erzieher wird derart belastet, daß schon allein aus diesem Grunde die körperliche Strafe als Erziehungsmethode zu verwerfen ist.

- Der körperlich strafende Erwachsene liefert dem bestraften Kind ein Beispiel (Modell) für aggressives Verhalten; dieses Beispiel kann vom Kind selbst wiederum in unerwünschter Weise übernommen werden (z.B. im Umgang mit Schwächeren).
- Selbst eine schmerzhafte körperliche Strafe kann bei sozial deprivierten Kindern noch eine positive Verstärkungsfunktion haben, wenn diese Kinder auf andere Art keine elterliche Zuwendung erhalten können. Unter bestimmten Bedingungen kann Strafe sogar zu einem Hinweisreiz für eine anschließende positive Verstärkung werden, z.B. dadurch, daß ein Elternteil hart straft und der andere (oder auch derselbe) danach das Kind (etwa aus einem Schuldgefühl heraus) besonders intensiv tröstet (MEES 1974, S. 157).

Körperliche Strafen sind also aufgrund dieser Nebeneffekte abzulehnen.

Eltern hochaggressiver Kinder strafen häufiger körperlich als Eltern normal-aggressiver Kinder. Neben körperlichen Strafen verwenden sie (wie die OSLC-Gruppe beobachten konnte) in hohem Maße eine Art »gereiztes Nörgeln« (nattering), was häufig eine Warnung enthält, die aber nur selten realisiert wird – die Drohung bleibt »leer«. Sie schimpfen und drohen sehr häufig, aber sie verleihen diesen Drohungen keinen Nachdruck: Sie konfrontieren ihre Kinder selten mit den Strafen, die sie ankündigen (PATTERSON 1982, S. 227). Effektive Konfrontation besteht aber darin, das unmittelbare aversive Kindverhalten zu stoppen und zwar so, daß die Verbindung zwischen dem kontrollierenden Antezedenz und der aversiven Kindreaktion geschwächt wird – also $p(\bar{R}j/Ai)$ aufgrund der Konsequenz für $\bar{R}j$ geringer wird.

Wenn die Eltern von hoch-aggressiven Kindern zur körperlichen Bestrafung als dem in ihren Augen »letzten Mittel« greifen, kann die Situation sehr leicht außer Kontrolle geraten und bis zur Kindesmißhandlung führen (REID et al. 1981).

Bestrafung mag so gesehen sehr wohl das Ergebnis eines sich gegenseitig aufschaukelnden Interaktionsprozesses sein und nicht einfach die »Ursache« für kindliche Aggressivität (vgl. PATTERSON 1982, S. 137).

– Bestrafung durch Entzug positiver Reize

Was also ist zu tun? Die wichtigsten Mittel, welche die OSLC-Gruppe Eltern mit hoch-aggressiven Kindern zur raschen Reduktion dieser koerziven Verhaltensweisen empfiehlt, sind mild-aversive und nicht-körperliche Bestrafungen durch Entzug positiver Reize als Konsequenzen auf aversives Kindverhalten. Bei diesen Methoden wird kein physischer Schmerz erzeugt und die Gefahr unerwünschter Nebeneffekte ist gering. Es lassen sich zwei Vorgehensweisen unterscheiden:

Die erste Methode besteht aus einem Entzug materieller bzw. Aktivitätsverstärker; sie wird in der Regel mit der Token-Verstärkung verbunden und besteht in einem Abzug etwa von Punkten auf einer Zählliste für unerwünschtes

Kindverhalten; dabei ist vorher in einem »Vertrag« festgelegt worden, wieviel Punkte abgezogen werden, wenn ein bestimmtes aversives Verhalten auftritt; entsprechend weniger kann das Kind dann für erwünschte Verstärker eintauschen. Dieses Verfahren wird als *»response-cost« bzw. als Verstärkerentzug* bezeichnet. Das aversive Kindverhalten, das mit einem bestimmten Punktverlust geahndet werden soll, muß jeweils von den Eltern benannt werden (z. B. »Das war ein Schimpfwort, Du verlierst 2 Punkte«). Dies sollte ohne Ärger, Schelte, elterlichen Vortrag o. ä. geschehen. Ein derartiges Vorgehen bedarf der Einübung per Rollenspiel. Dabei übernimmt der Therapeut die Rolle des Kindes und versucht zu argumentieren, den Eltern Unfairneß vorzuwerfen usw. Die Eltern müssen lernen, kindlichen Widerspruch (nach einmaligem Verweis auf den Vertrag) zu ignorieren und konsequent Tokens zu entziehen.

Das zweite Verfahren der Bestrafung durch Entzug positiver Reize wird *Auszeit bzw. Ausschluß von positiver Verstärkung (»time-out from positive reinforcement«)* genannt, kurz: TO.

Bei dieser Methode wird das zu bestrafende Kind aus der potentiell verstärkenden Situation herausgenommen und in einen möglichst »langweiligen« Raum gebracht, wo es eine bestimmte, vorher festgelegte Zeit verbringen muß. Allerdings darf dieser Ort unter keinen Umständen Furcht einflößen; ein dunkler Keller o. dgl. ist also dazu völlig ungeeignet.

Nach der Erläuterung, für welche Verhaltensweisen, warum und für wie lange das Kind jeweils mit Auszeit bestraft werden würde, soll die Durchführung der Isolierung ohne weitere Diskussion in einer emotionsfreien Form verlaufen, da z. B. geäußerter elterlicher Ärger während dieser Prozedur durchaus positiven Verstärkungswert für das Kind annehmen kann.

Die erfolgreiche Anwendung der »Auszeit« setzt voraus, daß das Kind für erwünschte Verhaltensweisen hinreichend verstärkt wird, wenn es sich nicht unter Auszeitbedingungen befindet; ferner ist der soziale Ausschluß natürlich nur dann im intendierten Sinne wirksam, wenn das Kind nicht den sozialen Kontakt mit den anwesenden Personen aversiv findet oder allgemein kontaktscheu ist.

Ein Problem ist die Frage der Auszeit-Dauer. Einerseits muß die Isolierung lange genug andauern, um als leicht aversiv wirken zu können; andererseits ist die Auszeit für das systematische Fördern erwünschten Verhaltens verloren.

WHITE, NIELSEN & JOHNSON (1972) konnten in einer der wenigen Untersuchungen, in denen der Effekt der unterschiedlichen Auszeit-Dauer systematisch überprüft wurde, zeigen, daß ein sozialer Ausschluß von 1 Minute Dauer, der direkt auf abweichendes Verhalten folgte, die Auftretenshäufigkeit dieses Verhaltens ebenso wirksam reduzierte wie eine Isolierung von 30 Minuten.

HOBBS et al. (1978) ermittelten jedoch, daß ein 4-minütiges TO gegenüber kürzeren TO-Zeiten die größten Effekte erzielte; und PATTERSON und Mitarbeiter (1975) empfehlen ein TO von 5 Minuten Dauer.

TO als Konsequenz sollte nur für jeweils ein aversives Kindverhalten angewendet werden, nämlich für das störendste bzw. häufigste. Auch das elterliche Vorgehen bei der TO-Prozedur muß im Rollenspiel eingeübt werden – und zwar mit Eltern und Kind(ern) gemeinsam. Den Kindern wird dabei erläutert, daß durch das TO schlimmere Strafen (z.B. Schläge) vermieden werden und daß diese »Abkühlungsphase« außerdem der Erinnerung an die vertraglichen Vereinbarungen dienen soll.

Falls das Kind sich weigert, in den vorgesehenen TO-Raum zu gehen, sollten die Eltern für jede Minute des Ungehorsams die Auszeit-Dauer entsprechend verlängern, allerdings nicht über 30 Minuten hinaus; falls dies immer noch nicht hilft, sollten andere Formen des Verstärkerentzugs gewählt werden (z.B. Fernseh-Verbot oder frühes Zu-Bett-Gehen). Auf keinen Fall darf das Kind mit körperlicher Gewalt zur Auszeit gezwungen werden!

Bei älteren Kindern sollte kein TO mehr angewendet werden; für sie müssen andere Formen milder Bestrafung (z.B. Übernahme häuslicher Arbeiten) als Konsequenz für Punkt-Verluste aufgrund aversiven Verhaltens gewählt werden. (Das OSLC bietet übrigens eine Video-Kassette an, in der mögliche Probleme beim TO samt Lösungsvorschlägen demonstriert werden.)

Insgesamt kann die Methode des TO sowohl als die effektivste als auch die am häufigsten angewandte Bestrafungsprozedur in Therapieprogrammen für hoch-aggressive Kinder gelten (FRANKEL & SIMMONS 1985).

PATTERSON (1982, S.136) vertritt den Standpunkt, daß diese nicht-körperlichen Bestrafungsarten (response-cost und TO) eine notwendige Komponente erfolgreicher Intervention bei hoch-aggressiven Kindern darstellen, insbesondere zu Beginn, wenn es darum geht, bereits verfestigte aversive Interaktionen in der Familie umzustrukturieren. Er berichtet von seinem anfänglichen Erstaunen, als er feststellen mußte, daß die üblicherweise empfohlene sog. *differentielle Verstärkung*, also die Methode der Löschung aversiven Verhaltens (per Ignorieren) bei gleichzeitiger positiver Verstärkung nicht-aversiven Kindverhaltens, nicht funktionierte. Er verweist darauf, daß Ignorieren bei hochaggressiven Kindern im Erziehungsalltag *nicht praktikabel* ist: Eltern können nicht alle aversiven Verhaltensweisen ihrer Kinder ignorieren, sei es, weil diese »gefährlich« sein können, sei es, weil aversives Kindverhalten auch von den Geschwistern verstärkt wird; ferner stellt Ignorieren selbst eine aversive Konsequenz dar. Zudem wirkt positive soziale Verstärkung alternativen, nicht-aversiven Kindverhaltens durch die Eltern nicht sofort, sondern erst nach langer Zeit kontinuierlicher Anwendung – es besteht dann die Gefahr, daß die Eltern vorzeitig resignieren (s.o.).

Dieses pessimistische Fazit von PATTERSON sollte vielleicht etwas relativiert werden: Seine Erfahrungen beziehen sich auf die Behandlung von Familien mit *hoch*-aggressiven Kindern, sind also nicht ohne weiteres auf andere Familien übertragbar. Gerade unter langfristiger Zeitperspektive dürfte die positive (v.a. die positive *soziale*) Verstärkung alternativen, nicht-aversiven Kindverhaltens dasjenige Mittel sein, das am ehesten zu einem harmonischen Familienleben führt: Bestrafungs- und negative Verstärkerkontrolle müssen langfristig durch positive Verstärkerkontrolle bzw. dann auch durch Antezedenzkontrolle und schließlich durch Internalisierung elterlicher Normen durch die Kinder ersetzt werden!

Es handelt sich also um eine Frage der Priorität und *nicht* um ein Entweder-Oder. Das Wichtigste, was Eltern hoch-aggressiver Kinder zu lernen haben, ist, daß sie positive Verstärker einsetzen müssen, ohne damit rechnen zu können, dafür von ihren Kindern sofort mit einem Anstieg nicht-aversiver Verhaltensweisen verstärkt zu werden: Es sind »Durststrecken« zu überwinden!

d) Krisenbewältigung

Diese Familienmanagement-Variable bezieht sich auf die Bewältigung von Krisen bzw. Konflikten zwischen den Eltern. Bei vielen (natürlich nicht bei allen) Eltern hochaggressiver Kinder sind mangelnde Fertigkeiten beim Lösen familiärer oder Ehepartner-Probleme festzustellen. Schuldvorwürfe der einen werden mit Schuldvorwürfen der anderen Seite gekontert. »Alte Geschichten« werden hervorgekramt, sie verjähren nicht. Beide Partner werden zunehmend wütender und am Ende ist das Problem, das den Anlaß für die Auseinandersetzung gab, nur beiseite geschoben und auf die Müllhalde ungelöster Probleme gepackt worden. Die Dinge scheinen sich so nie zu bessern, allenfalls zu verschlechtern. Wenn Eltern hoch-aggressiver Kinder untereinander solche Ehekrisen nicht adäquat bewältigen, wirkt sich dies mit hoher Wahrscheinlichkeit auch auf ihren Umgang mit den Kindern aus. So berichten JOHNSON & LOBITZ (1974) eine negative Korrelation ($r = -.48$) zwischen elterlicher Einschätzung der Zufriedenheit in der Ehe und der beobachteten Häufigkeit koerziven Kindverhaltens in der Familie.

Das Behandlungsprogramm am OSLC sieht in solchen Fällen eine Art Kurzzeit-Partnertherapie als Bestandteil der Familienintervention vor. Dabei werden einige basale Fertigkeiten des Umgangs miteinander bzw. bei der Lösung eines Problems geübt, nämlich (PATTERSON 1982, S. 230):

- Das Problem muß in neutralen Begriffen beschrieben werden.
- Es muß klar spezifiziert werden, welche Änderungen erwünscht werden.
- Diese Forderungen, die ohne Schuldvorwürfe vorgetragen werden sollen, müssen verbunden werden mit einer positiven Aussage über einen beim Partner geschätzten Aspekt.
- Der Empfänger dieser Forderungen muß diese wiederholen.
- Lösungen werden gemeinsam erörtert; das Ziel soll in einem tragfähigen Kompromiß zwischen beiden Seiten stehen.
- Vereinbarte Lösungen werden schriftlich festgehalten.
- Positive Konsequenzen der Vertragseinhaltung sowie negative für eventuelle »Vertragsbrüche« werden vereinbart.

(Ausführlicher dazu siehe JACOBSON & MARGOLIN 1979).

Zwar ist diese FM-Variable eigentlich eine eher »externe« Variable hinsichtlich des elterlichen Umgangs mit ihren aggressiven Kindern; sie bleibt aber – wie erwähnt – nicht ohne Auswirkungen auf das Erziehungsverhalten, und sie ist noch am ehesten einer psychologischen Intervention zugänglich (im Vergleich etwa zu anderen externen Variablen wie Arbeitslosigkeit, Krankheit, Armut usw.).

Soweit also diese vier FM-Variablen, die im Zentrum des Mediatorentrainings am OSLC stehen.

Inwieweit ist das gesamte Vorgehen effektiv? PATTERSON (1985) berichtet ausführlich über bisherige Treatment-Evaluationsstudien. Ein »Behandlungserfolg« wurde festgelegt als eine Reduktion des TAB-Wertes um mindestens 30% unter das Ausgangsniveau (PATTERSON 1982, S. 45).

Nach PATTERSON (1985) sind die bisherigen Prüfungen des Erfolges als positiv anzusehen. Nachfolge-Untersuchungen an 50 behandelten Familien 12 Monate nach Behandlungsabschluß zeigten signifikante TAB-Wert-Reduktionen.

Die Programmbestandteile erwiesen sich als tradierbar, d.h. auch von Therapeuten außerhalb des OSLC erlernbar. Allerdings sollten die Therapeuten/Supervisoren selbst bereits eine gewisse klinische Berufserfahrung besitzen. Vergleichsstudien mit alternativen Behandlungsmethoden ergaben eine Überlegenheit des OSLC-Programms.

Neuerdings analysiert die OSLC-Gruppe auch Bedingungen der Therapieresistenz bei Klienten (CHAMBERLAIN et al. 1984). Diese Forschung könnte ähnlich bedeutsam werden wie Studien, die den Zusammenhang zwischen globalen Prädiktorvariablen (wie z.B. sozioökonomischen Gegebenheiten bei den Trainingsteilnehmern) und Erfolgen von Elterntrainings untersuchen (s. DUMAS & WAHLER 1983; WEBSTER-STRATTON 1985).

Abschließend sei wenigstens erwähnt, daß auch im deutschsprachigen Raum ein sorgfältig konstruiertes und überprüftes Kategoriensystem zur Erfassung von Eltern-Kind-Interaktionen auf verhaltenstheoretischer Grundlage vorliegt (s. ELLER & WINKELMANN 1983). Und PETERMANN & PETERMANN (1984) offerieren ein Trainingsprogramm mit ausführlichen Materialien, das sowohl Einzeltrainings, Trainings in Kindergruppen als auch Elternberatungen vorsieht. Es ist für 7–13jährige Kinder konzipiert und basiert auf Prinzipien der Verhaltensmodifikation, der sozialen Konfliktlösung im Rollenspiel und der familienbezogenen Beratung.

6.2.1.2 Stehlende Kinder

Die oben ausgeführten Untersuchungsergebnisse bzw. Interventionsverfahren bezogen sich auf eine bestimmte Teilgruppe aggressiver Kinder, nämlich auf die sog. koerziven Kinder (»Social Aggressors«, PATTERSON 1982); diese richten ihre Angriffe direkt auf andere Personen und weniger auf deren Eigentum. In etwa 1/4 aller Fälle, in denen sich Familien an das OSLC wandten bzw. dorthin geschickt wurden, bestand das Hauptproblem aber im kindlichen Stehlen (s. a. LOEBER & SCHMALING 1985).

Als »stehlendes Kind« wird ein Kind zwischen 6 und 12 Jahren bezeichnet, das mindestens alle 3–4 Monate einmal beim Stehlen ertappt wird (PATTERSON 1982, S. 260).

Die Eltern stehlender Kinder unterscheiden sich in den FM-Variablen von Eltern koerziver Kinder: Sie zeigen insbesondere wenig »Interesse« (Monitoring) für das, was ihre Kinder tun. Die Kinder verwahrlosen zwar nicht unbedingt, zumindest nicht, was ihre Pflege und ihre körperlichen Bedürfnisse anbelangt, aber die Eltern stehlender Kinder erscheinen als eher distanziert und sind v. a. nicht gewillt, die Elternrolle zu übernehmen: Sie sind gewissermaßen unmotivierte, nicht-engagierte Eltern. Es scheint sie wenig zu kümmern, was ihre Kinder außerhalb der Familie tun, mit wem sie zusammen sind usw.

Zudem klassifizieren diese Eltern vieles als nicht-abweichend, was Eltern normal-aggressiver Kinder als »abweichend« ansehen.

Sie streiten häufig ab, daß ihre Kinder stehlen; stattdessen übernehmen sie die »Sprachregelungen« ihrer Kinder. Danach gehört das fremde Eigentum ihnen, weil sie es »gefunden« oder »ausgeliehen« haben, »im Spiel gewonnen« oder »eingetauscht«, »geschenkt erhalten« haben oder weil es eine »Bezahlung alter Schulden« darstellt (PATTERSON et al. 1975, S. 136). Nachbarn, Lehrer, Klassenkameraden oder Ladenbesitzer, die den Diebstahl bezeugen, gelten als »unglaubwürdig« oder »voreingenommen«. Die Eltern fühlen sich hilflos, wenn ihr Kind die »Vertrauensfrage« (»Wem glaubt Ihr mehr?« . . .) stellt.

Die Intervention beginnt zunächst damit, die elterliche Definition kindlichen Stehlens zu verändern. Danach besteht kindliches Stehlen darin, daß das Kind absichtlich etwas Wertvolles einer anderen Person ohne deren Einverständnis weggenommen hat.

Solange diese elterliche Definition des kindlichen Problemverhaltens gilt, sind elterliche Konsequenzen für kindliches Stehlen unmöglich, falls nicht einwandfreie Beweise vorliegen. Die Definition muß also so geändert werden, daß es nicht mehr allein um »kindliches Stehlen« geht, sondern darum, daß das Kind *nicht mehr des Stehlens beschuldigt wird.* Um dieser Gefahr der Anschuldigung zu entgehen, muß das Kind bestimmte Vorsorgemaßnahmen treffen: So muß es z. B. von der Garderobe der Klassenkameraden wegbleiben, wenn es alleine ist, nicht mehr in Supermärkten herumlungern oder mit seinen Freunden zu später Stunde auf Geschäftsstraßen herumrennen o. ä. Das Kind muß also lernen, nicht nur nicht mehr zu stehlen, sondern bereits den Anschein des Stehlens zu vermeiden! (PATTERSON et al. 1975, S. 137). Dies mag auf den ersten Blick hart erscheinen. Aber das Problem besteht für solche Kinder eben nicht nur im Stehlen selbst, sondern in gleicher Weise im Beseitigen des »schlechten Rufs«, man sei ein Dieb. Selbst wenn das Verhalten geändert wird (das Kind also nicht mehr stiehlt), führt dies nicht automatisch zu einer Änderung seiner sozialen Beurteilung. Es ist daher die Aufgabe des Kindes, dafür zu sorgen, daß es nicht mehr angeschuldigt wird – ob zu Recht oder zu Unrecht.

Das Interventionsprogramm für stehlende Kinder besteht aus mehreren Schritten (PATTERSON et al. 1975, S. 137 f.). Dabei ist vorausgesetzt, daß die Eltern bereits ein Token-System etabliert haben bzw. praktizieren können (also Punktvergabe für erwünschtes Verhalten, Punktabzug bzw. TO für unerwünschtes Kindverhalten):

- Stehlen wird definiert als Besitz von allem, was nicht dem Kind gehört. Die Eigentumsnormen, die *innerhalb* der Familie gelten, müssen klar spezifiziert sein (Darf etwa das Kind ohne zu fragen aus dem Portemonnaie der Mutter einen kleinen Geldbetrag nehmen oder nicht?). Stehlen von Sachen außerhalb der Familie ist nicht verhandlungsfähig.

- Die Eltern allein entscheiden darüber, ob ein Diebstahl stattgefunden hat oder nicht. Sie vermögen dies entweder auf der Grundlagen eigener Beobachtung oder aufgrund eines Berichts eines zuverlässigen Informanden zu entscheiden.
- Wenn die Eltern einen Diebstahl entdecken, benennen sie das Vorkommnis und lassen die entsprechenden, vorher vereinbarten Konsequenzen folgen (s. u.). Sie sollen dabei das Kind weder beschämen noch lange Vorträge halten. Natürlich sollen sie mit ihm darüber reden, aber nicht im zeitlichen Zusammenhang des Benennens und Konsequenzen-Setzens! Wenn das Kind protestiert, leugnet o. ä., sollte Tokenabzug oder TO erfolgen.
- Jedes so definierte Stehlen muß zu entsprechenden Konsequenzen führen, unabhängig davon, wie wertvoll oder wertlos das Gestohlene ist.
- Die Eltern dürfen nicht den Fehler begehen, Detektiv zu spielen, also dem Kind hinterher zu spionieren. Es genügt, die »Augen offen zu halten« und die Herkunft neuer Besitztümer des Kindes zu untersuchen.
- Als Strafen für Stehlen empfehlen PATTERSON und Mitarbeiter: 1 Stunde »nützlicher« Arbeit im Haushalt für kleineren Diebstahl, 2 Stunden Arbeit für Diebstahl wertvollerer Dinge. Es sollten keine anderen Strafen ausgeteilt werden: Weder Beschimpfungen noch Schläge o. dgl.
- Es sollte keine positive Verstärkung für Zeiten, in denen kein Stehlen auftritt, geben, um sicher zu gehen, daß nicht unabsichtlich »heimliches, erfolgreiches« Stehlen verstärkt wird. Das Programm sollte solange gelten, bis wenigstens 6 Monate seit dem letzten Stehlen vergangen sind.

Zur Kontrolle des Interventions-Erfolges ist hierbei natürlich ein Beobachtungssystem wie das FICS ungeeignet: Damit werden ja v. a. die häufigen Verhaltensweisen erfaßt. Zur Überprüfung der Auftrittshäufigkeit solch »seltener« Ereignisse wie z. B. Stehlen, Betrügen, Zündeln o. ä. entwickelte die Forschergruppe am OSLC ein alternatives Verfahren, nämlich den täglichen Telefon-Bericht der Eltern (Parent Daily Report = PDR). Die Eltern werden täglich angerufen und gebeten, anzugeben, ob und welche Verhaltensweisen aus einer Liste von 31 »seltenen« Ereignissen in den letzten 12–16 Stunden bemerkt worden sind. PATTERSON begründet den Einsatz dieses Meßinstruments damit, daß Eltern zwar im allgemeinen nicht in der Lage sind, gültige bzw. zuverlässige Global-Urteile über das Verhalten ihrer Kinder zu geben, aber sehr wohl eine »Ja/Nein«-Entscheidung über bestimmte Verhaltensweisen während desselben Tages treffen können.

6.3 Aversive Interaktionen im Kindergarten und in der Schule

Nach den ersten Sozialisationserlebnissen im Elternhaus bilden die Erfahrungen, die das Kind im Kindergarten sammelt, in unserer Kultur zeitlich und eindrucksmäßig die nächst-gewichtigen Sozialisationsbausteine. Kinder, die sowohl zu Hause als auch im Kindergarten/in der Schule durch hohe Raten aversiven Verhaltens auffallen, sind gefährdet, später delinquent zu werden (LOEBER 1982). Je eher bereits auftretendes aggressives Kindverhalten erzieherisch modifiziert wird, desto günstiger sind die Aussichten auf dauerhaften Erfolg. Allerdings müssen die Interaktionen zwischen Kindern und Spielkameraden (Peers) bzw. Erziehern im Kindergarten anders beschrieben werden als diejenigen in der Familie. Überhaupt scheint es erforderlich, für jeden wichtigen Sozialisationsbereich (also Familie, Kindergarten, Schule) gesonderte Beobachtungssysteme zu entwickeln, will man die Spezifika der jeweiligen Interaktionsabläufe erfassen (s. Kap. 5).

Für den Bereich des *Kindergartens/der Vorschule* haben MEES & MERTINS (1980) ein Kategoriensystem zur Beobachtung von Interaktionssequenzen vorgelegt, das eine partielle Revision eines früher erprobten Systems (s. z.B. MEES & FIEGUTH 1977; MEES 1978) beinhaltet. Es besteht jetzt aus 25 Kategorien zur Beschreibung sowohl des Erzieher- als auch des Kindverhaltens. 8 dieser 25 Kategorien umfassen »aversive« Verhaltensweisen, 7 »positive« und 10 »neutrale« Verhaltensweisen (die DFG-Projektberichte wurden in MEES 1988 veröffentlicht).

Auf der Basis dieses Kategoriensystems wurden mehrere Einzel- bzw. Gruppentrainings mit Erzieherinnen im Kindergarten durchgeführt (HOBBEL, MERTINS, MEES 1977: Hierbei fand noch die 1. Version des Beobachtungssystems Verwendung; MEES & MERTINS 1988; LÜERS 1985):

Zunächst wurden die Interaktionen zwischen dem jeweiligen Zielkind und der Erziehungsperson mit Hilfe des Kategoriensystems kodiert; falls sich funktionale Zusammenhänge zwischen Erzieher- und Zielkindkategorien finden ließen, wurden einige dieser steuernden Verhaltenskategorien der Erziehungsperson nach ganz bestimmten Kriterien ausgewählt; die Erzieherin wurde dann durch ein spezielles Training in die Lage versetzt, die Auftrittshäufigkeiten dieser Kategorien zu verändern. Der Erfolg dieser Maßnahme wurde wiederum durch Einsatz des Beobachtungssystems überprüft. Dabei interessierte also:
- ob die Mediatoren (Erzieherinnen) die Auftrittshäufigkeiten der trainierten Kategorien tatsächlich i.S. der Trainingsziele veränderten und
- ob diese veränderte Auftrittshäufigkeit der kontrollierenden Erzieher-Kategorien auch jeweils in einer entsprechend veränderten Auftrittshäufigkeit der durch sie kontrollierten Kind-Kategorien resultierte.

Der Vorzug dieses Vorgehens besteht darin, mit Hilfe der funktionalen Zusammenhänge i.S. kontrollierender Antezedenzien sehr spezifische und konkrete Interventionshinweise zu erhalten; zugleich kann der Erfolg des Treatments mit demselben Beobachtungssystem evaluiert werden.

Das Training selbst bestand aus mehreren Komponenten: Neben einer Einführung in zentrale Prinzipien der Verhaltenstheorie bzw. -modifikation und Rollenspiel-Übungen wurden die Erzieherinnen mit ihrem eigenen Verhalten konfrontiert und zwar
- einmal anhand der ausgewerteten Häufigkeits- und Interaktionsanalysen aus der Prä-Trainings-Beobachtungsphase sowie v.a.

– anhand von Videoaufnahmen, die von ihnen im Kindergarten aufgezeichnet worden waren; diese Aufnahmen stellten entweder »typische« aversive Interaktionen oder aber besonders »schwierige« Situationen dar. Die Trainingsteilnehmer wurden dann aufgefordert, jeweils alternative eigene Verhaltensmöglichkeiten vorzuschlagen, die gemeinsam erörtert und gegebenenfalls im Rollenspiel eingeübt wurden. Zu beachten war dabei, daß die Vorteile dieses Video-Feedbacks (konkrete Widerspiegelung des eigenen Verhaltens; Bewußtmachen typischer Interaktionsverläufe; unmittelbare Betroffenheit bzw. Involviertheit der Teilnehmer) genutzt werden, ohne daraus etwa ein »Spießrutenlaufen« für die Trainingsteilnehmer zu veranstalten. Diese aktive Mitgestaltungsmöglichkeit bei der Veränderung des eigenen erzieherischen Verhaltens wurde von den Teilnehmern als sehr positiv und effektiv beurteilt.

Die Trainings führten zu einer erheblichen Reduktion in der Auftrittshäufigkeit aversiver Erzieher- und Kindverhaltensweisen.

Naturgemäß sind derartige beobachtungsfundierte Interventionsstudien aufwendig; in der Praxis mögen häufig einfacher zu handhabende Diagnose-Verfahren wie etwa Schätzskalen o. ä. genügen. Allerdings dürften Aufwand und Ertrag in einer gewissen positiven Relation zueinander stehen. Ferner gibt es »schwierige« Fälle hoch-aggressiver Kinder, bei denen bloße Ratings von Auftrittshäufigkeiten diagnostisch nicht aufschlußreich genug sind.

PATTERSON (1982, S. 65) mag recht haben, wenn er beklagt, daß die Zeit für die Anwendung ausgefeilter Beobachtungstechniken in der Psychologie noch nicht reif sei. Sie wird es, so steht zu befürchten, *nie* sein, wenn es nicht gelingt, Beobachtungsverfahren praktisch ähnlich nutzbar zu machen wie Testverfahren oder Fragebögen. Eine denkbare Möglichkeit bestünde darin, eine wissenschaftliche Einrichtung zu gründen, der Video-Aufnahmen aversiver Interaktionen (in Familie, Kindergarten, Schule, Heim o. ä.) zur Auswertung übersandt werden können. Solange dies Utopie bleibt, wird man sich in der Praxis mit »Schlichterem« begnügen (müssen), wohl wissend, daß (theoretisch jedenfalls) Anspruchsvolleres möglich wäre.

Abschließend eine Anmerkung zur Beobachtung von Interaktionen. Die »Sprache«, der sich PATTERSON (und Mitarbeiter) zur Beschreibung und Interpretation sequentieller Daten bedienen, ist verhaltensanalytisch. Es ist aber durchaus denkbar und möglich, ganz *andere* Interpretationsraster anzulegen. Zum einen sind die »Beobachtungen« selbst erheblich »interpretationsgeladen«; zum anderen sind sie ja nicht in sich bzw. aus sich selbst heraus schlüssig, sondern sie stellen erst den Ausgangspunkt für weiterführende Überlegungen dar. Gerade die häufig festzustellende Divergenz zwischen »Inhalt« (Bedeutung; Sinn) und »funktionaler Qualität« einer Verhaltensweise (ob sie also »positiv«, »aversiv« oder »neutral« wirkt) wirft ja Fragen auf: *Warum* z. B. reagiert ein bestimmtes Zielkind auf elterliche Aufträge immer aversiv?

Die Beobachtungsdaten liefern also wertvolles Basismaterial, das aber noch interpretativ angereichert werden muß. In der Regel gehen derartige Hintergrundhypothesen in das Mediatorentraining ein; sie sollten aber eigenständig thematisiert und somit überprüfbar gemacht werden. –

Etwa die Hälfte aller Jungen, die an das OSLC überwiesen wurden, sind durch hochaggressives Verhalten in der *Schule* aufgefallen.

PATTERSON et al. (1975) schlagen zur Behandlung solcher Problemverhaltensweisen ein »vereintes« Vorgehen von Lehrern und Eltern vor. Auch hierbei ist es notwendig, daß die Eltern bereits mit Token- und response-cost-Programmen vertraut sind und mit ihrem Kind einen entsprechenden Vertrag vereinbart haben.

Jedes der schulischen Verhaltensprobleme wird auf einer kleinen Karte notiert, die das Zielkind während der Schulzeit bei sich tragen muß. Am Ende jeder Schulstunde vermerkt der/die Lehrer/in auf der Karte, welche der problematischen Verhaltensweisen aufgetreten sind. Die Karte wird zuhause von den Eltern gelesen; falls ein Problemverhalten vorkam, erfolgt Punktabzug entsprechend dem vorher vereinbarten Vertrag. Umgekehrt werden »gute Tage«, an denen *kein* Vermerk auf der Karte vorliegt, durch Punktvergabe honoriert. – Ein aufwendiges Verhaltensmodifikations-Programm, bei dem u. a. die Token-Vergabe durch die *Lehrer* vorgenommen wurde, haben SAFER et al. (1981) mit Erfolg durchgeführt.

Übrigens haben Token- bzw. response-cost-Programme auch in anderen Institutionen (wie Heimen) zur Reduktion antisozialer Verhaltensweisen bei Jugendlichen geführt (s. Philipps et al. 1973). –

An dieser Stelle sei noch auf einen interessanten, nicht-verhaltenstheoretisch orientierten Ansatz hingewiesen:

Seit einigen Jahren beschäftigt sich auf Initiative von H.-D. DANN eine Konstanzer Forschergruppe (TENNSTÄDT et al. 1984; 1985) mit Möglichkeiten der Aggressionsbewältigung im Schulunterricht. Dieses Projekt stellt insofern ein Novum dar, als hier versucht wird, Lehrer zu schulen, ihre »subjektiven Theorien« über mögliche Gründe für störendes Schülerverhalten zu ändern, ihr Handlungsrepertoire auf Schülerstörungen hin zu erweitern usw. Es handelt sich um ein Selbsthilfeprogramm für Lehrer, die in ihren Klassen besondere Aggressions- bzw. Disziplinprobleme haben; die Durchführung des Programms erfordert die Mitarbeit mindestens eines Kollegen. Ausgearbeitete Trainingsmaterialien liegen ebenso vor wie detaillierte Erfolgsberichte.

6.4 Veränderung sozialer Kognitionen bei aggressiven Kindern

Nachfolgend werden Vorgehensweisen vorgestellt, bei denen versucht wird, »innere kognitive Variablen direkt zu ändern, von denen angenommen wird, daß sie aggressives Verhalten »vermitteln«. Dabei interagiert der Therapeut entweder unmittelbar mit den Kindern oder die Erzieher (Eltern; Lehrer o. a.)

werden in der Anwendung eines Trainingsprogramms unterwiesen, das sie mit den Kindern durchführen.

Diese »inneren« Variablen beziehen sich auf zwischenmenschliche Problemlösefertigkeiten, auf die Selbstregulation des eigenen Verhaltens durch adäquaten Einsatz der Sprache, auf das (vorschnelle) Unterstellen negativer Absichten bei anderen, auf Einfühlungsfertigkeiten u. a. m.

Häufig werden die Veränderungen derartiger sozial-kognitiver Variablen (z. B. per Instruierung) ergänzt durch Elemente »klassischer« Verhaltensmodifikation (etwa durch Verhaltenseinübung per Rollenspiel oder kontingente positive Verstärkung).

In diesen Fällen wird auch von *»kognitiver Verhaltensmodifikation«* (MEICHENBAUM 1977/1979) gesprochen, ein Programm, das von Puristen sowohl unter den Verhaltensanalytikern (so SKINNER 1977) als auch unter den »Kognitivisten« (z. B. SCHEELE 1981) als unzulässige theoretische Grenzüberschreitung kritisiert wird.

Die unbefangen-pragmatische Grundannahme dabei ist, daß *sowohl* Denkweisen geändert als *auch* neues, zu erwerbendes Verhalten eingeübt werden müssen, sollen dauerhafte Verhaltensänderungen stattfinden.

Die folgende Darstellung verschiedener derartiger sozial-kognitiver Interventionsmethoden orientiert sich nicht an den Settings, in denen sie bisher erprobt wurden, sondern an den Verfahrensweisen selbst, da diese z. T. nicht als setting-spezifisch betrachtet werden. Für jeden theoretischen Ansatz wird paradigmatisch ein Programm kurz vorgestellt.

6.4.1 Verbesserung zwischenmenschlicher Problemlösefertigkeiten

Gemeinsamer Nenner der Trainingsprogramme, mit denen die zwischenmenschlichen Problemlösefertigkeiten von Kindern verbessert werden sollen, ist die Annahme, daß aggressives Kindverhalten u. a. mit unzureichenden sozial-kognitiven Fertigkeiten zusammenhängt. Aggressive Kinder *können* nicht anders, weil sie keine effektiven Alternativen zur Aggression kennen. Es mangelt ihnen an basalen Fertigkeiten zur Lösung zwischenmenschlicher Konfliktsituationen – so diese Hypothese.

Eines der intensivsten Programme zur Erhöhung der sozialen Problemlösefertigkeit bei Kindern haben SPIVACK, SHURE und Mitarbeiter erarbeitet (s. SPIVACK & SHURE 1982; SHURE & SPIVACK 1978/1981; SPIVACK, PLATT & SHURE 1976; SPIVACK & SHURE 1974).

Unter einer Vielzahl von sozialen Problemlösefertigkeiten, die in diesem Programm untersucht worden sind, erwiesen sich die folgenden als besonders bedeutsam:

- Das Denken in Alternativen: Ziel ist hier, daß das Kind lernt, sich bei bestimmten sozialen Alltagsproblemen möglichst viele Lösungen auszudenken. Nachdem es eine Lösung vorgeschlagen hat, wird es aufgefordert zu überlegen, was es sonst noch tun kann. Die generierten Lösungen werden dabei nicht vom Trainer bewertet.

- Das Denken in alternativen Konsequenzen: Dabei wird das Kind angehalten, sich Gedanken über mögliche Konsequenzen der Lösungsvorschläge zu machen. Leitfrage: »Und was passiert dann?« Das Kind soll soviele Konsequenzen, wie ihm einfallen, benennen, das Für und Wider gegenüberstellen und auf diese Weise zu eigenen Bewertungen der Lösungen kommen.
- Mittel-Zweck-Denken: Hierbei soll das Kind lernen, sich eine Serie spezifischer Handlungsmöglichkeiten (Mittel) auszudenken, um ein bestimmtes Ziel zu erreichen, mögliche Konsequenzen der Aktionen bedenken, potentielle Hindernisse erkennen und berücksichtigen, sowie einen realistischen zeitlichen Rahmen für die einzelnen Handlungsschritte entwickeln.
- Sensibilität für Probleme: Hier geht es darum zu erkennen, daß überhaupt ein möglicher interpersoneller Konflikt ansteht, eventuelle Wünsche, Absichten anderer verstehen lernen usw.

Das Schwergewicht liegt bei diesem Problemlösetraining darauf, die Kinder zu lehren, *wie* man bei zwischenmenschlichen Problemen denken soll. Das Ziel besteht also nicht in der Etablierung eines bestimmten inhaltlichen Überzeugungssystems, sondern in der Fundierung einer bestimmten Art zu überlegen, wobei man zu eigenen Überzeugungen bei Entscheidungsprozessen zur Lösung sozialer Dilemmata gelangen soll.

Das von SPIVACK, SHURE und Mitarbeitern entwickelte Trainingsprogramm ist im Prinzip ähnlich für verschiedene Altersgruppen bzw. Settings, enthält aber natürlich unterschiedliche Konfliktsituationen und Aufgaben. Das Trainingsprogramm für Vorschulkinder (SPIVACK & SHURE 1974) besteht aus einer Sequenz von 46 kurzen (20–30 min.) täglichen Lektionen und Spielen, die vom Erzieher geleitet werden. Das Programm wurde adoptiert für Grundschulkinder; modifizierte weitere Programme (SHURE & SPIVACK 1978/81) richten sich vermehrt an die Eltern (v.a. Mütter) von Kindern im Vorschulalter; dort werden nicht nur detaillierte Hinweise gegeben, wie Eltern bei der Schulung interpersoneller Problemlösefertigkeiten ihrer Kinder vorgehen sollten, es wird auch ein systematisches Übungsprogramm zur Verbesserung dieser Fertigkeiten für die Eltern im Umgang mit ihren eigenen Kindern angeboten.

Die Ergebnisse der Effektivitätsprüfungen dieser Programme sind differenziert zu sehen: Die trainierten Kinder zeigten (ebenso wie ihre Mütter) u.a. signifikant verbesserte Problemlösefertigkeiten; das Verhaltensmaß der »Impulsivität« der Kinder sank deutlich; dagegen waren kaum Verhaltensänderungen in anderen Bereichen zu erkennen wie etwa Beliebtheit bei Spielkameraden, Mitgefühl und Selbständigkeit (SHURE & SPIVACK 1981a, Kap. 6).

Insgesamt haben diese Programme ihren Wert bisher mehr bei der Prävention als bei der Modifikation starker Verhaltensauffälligkeiten (wie etwa kindliche Aggressivität) erwiesen (s. CAMP & RAY 1984; PELLEGRINI & URBAIN 1985).

6.4.2 Kognitives Modellieren und Selbst-Instruktionstraining

Das kognitive Modellieren (KM) ist eine Sonderform des Lernens am Modell (BANDURA 1977/1979; BAUER 1979; s. Kap. 2.3.3). Es unterscheidet sich von diesem dadurch, daß die Modellpersonen während ihres Handelns zugleich die Strategien bzw. Überlegungen, die ihr Handeln leiten, laut aussprechen. Damit werden auch die internen, nicht beobachtbaren Denkvorgänge deutlich.

Der Beobachter ist nicht mehr darauf angewiesen, das Wesentliche zu erschließen; KM geht also deduktiv vor statt induktiv wie das klassische Modellernen (s. PELLEGRINI & URBAIN 1985, S. 18). Diese Methode empfiehlt sich v. a., wenn bestimmte Problemlösestrategien per Modell demonstriert werden sollen; sie ist mit Erfolg bei kognitiv-impulsiven Kindern erprobt worden, d. h. also bei Kindern, die nicht warten können, die vorschnelle Problemlösungen offerieren und sich nicht genug Zeit zum Nachdenken lassen (vgl. MEICHENBAUM 1977/1979; LAUTH 1983).

CAMP & BASH (1981, S. 16) weisen auf potentielle Vorteile des KM im Vergleich zu direkten Anweisungen hin: Während letztere beschreiben, was gemacht werden soll, liefert kognitives Modellieren im Idealfall die Denkstrategie und die Sprache zur Lösung der Aufgabe. KM demonstriert reflektiertes Denken.

Meist wird diese Methode mit einem Selbstinstruktionstraining (SIT) kombiniert. Das SIT ergänzt das kognitive Modellieren insofern, als die Kinder zur verbalen Handlungsregulation angeleitet werden. Dabei lernen die Kinder, die zunächst laut verbalisierten, vom Modell demonstrierten Selbstinstruktionen über 5 Übergangsstufen (laute Selbstverbalisierung des Modells; Imitation der Selbstverbalisierungen des Modells durch das Kind; laute Selbstverbalisierung des Kindes; flüsternde Selbstanweisungen; verdeckte = »gedachte« Selbstinstruierung) zunehmend zu verinnerlichen (vgl. MEICHENBAUM & GOODMAN 1971; GOODWIN & MAHONEY 1975; WAGNER 1976).

Das Ziel dieses SIT besteht in der Entwicklung internalisierter Sprache zur Anleitung eigener Handlungen beim Kind. Hintergrundannahme dabei ist, daß die Fähigkeit zur verinnerlichten verbalen Selbstanweisung die Selbstkontrolle erhöht, also z. B. vorschnelles, unüberlegtes Handeln hemmt.

Als ein Beispiel für ein Trainingsprogramm zur kognitiven Verhaltensmodifikation bei aggressiven Kindern soll kurz das sog. »Denk laut«-(Think Aloud-)Programm von CAMP & BASH (1981) vorgestellt werden.

Wichtige Komponenten dieses Programmpakets bilden die Methoden des kognitiven Modellierens, des Selbstinstruktionstrainings sowie Techniken zur Verbesserung zwischenmenschlicher Problemlösefertigkeiten.

Eine Ausgangsthese der Autorinnen lautete, daß jüngere aggressive Kinder zwar über verbale Fertigkeiten verfügen, diese aber nicht bei der Bewältigung zwischenmenschlicher Probleme einsetzen; stattdessen sei bei ihnen ein nichtaufgabenbezogenes, irrelevantes Sprechen bei Problemlösetätigkeiten zu beobachten (vgl. CAMP 1977; s. a. HOGAN & QUAY 1984, S. 27).

Das »Think Aloud«-Manual (CAMP & BASH 1981) ist so konzipiert, daß es von Lehrern/Erziehern direkt erlernt und angewendet werden kann. Es besteht aus 23 Lektionen, die auf 40 Sitzungen verteilt werden.

Vier Selbstinstruktionsfragen werden modelliert und eingeübt:
- Was ist mein Problem? (oder: Was soll ich tun?)
- Was ist mein Plan? (oder: Wie kann ich es tun?)
- Folge ich meinem Plan?
- Wie tat ich es?

Bei der Komponente des Problemlösungstrainings lehnt sich das Programm eng an dasjenige von SPIVACK & SHURE (1974) an, geht aber darüber hinaus: So sollen die Kinder bestimmte Beurteilungskriterien ihrer Lösungen bzw. Verhaltensweisen erwerben (diese Kriterien sind: Sicherheit; Fairness; die eigenen Gefühle und die Gefühle der anderen; Effektivität) und diese Kriterien auf ihr eigenes Verhalten anwenden lernen.

CAMP & RAY (1984) berichten über fünf Studien zur Evaluierung des Behandlungserfolges bei aggressiven Kindern des 1. und 2. Grundschuljahres. Abhängige Variablen waren sowohl kognitive Testwerte als auch Lehrer-Ratings des Verhaltens der Kinder im Klassenzimmer. In der Regel ergaben sich Verbesserungen des sozial-kognitiven Problemlöseverhaltens, auch vermehrtes kooperatives Verhalten der Kinder, aber keine Reduktionen ihres aggressiven Verhaltens.

Die Autorinnen erwähnen einen Umstand, der die Effektivität des Trainings beeinträchtigt habe: Die aggressiven Kinder sprachen ständig dazwischen und alberten herum (was vom Trainer/Erzieher v.a. ignoriert worden ist) . . .

Auch dieses Programm ist insgesamt eher als präventiv einzustufen denn als Methode, massive manifeste Aggressionen bei Kindern zu verringern.

6.4.3 Empathie-Training

Empathie-Trainings basieren auf entwicklungspsychologischen Erkenntnissen. Die kognitive Fähigkeit eines Kindes, die Perspektive oder Rolle einer anderen Person in einer sozialen Interaktion einzunehmen, entwickelt sich erst allmählich. Zunächst sind Kinder durch einen relativen Egozentrismus (PIAGET 1926; KENDALL 1984) gekennzeichnet, d.h. sie sind unfähig, genau zwischen ihren *eigenen* Empfindungen, Gedanken und Wahrnehmungen und denen *anderer* Personen zu unterscheiden. (Übrigens wird mittlerweile die Einheitlichkeit dieses Egozentrismus-Konstrukts bestritten, s. z.B. FORD 1979).

N. FESHBACH (1984) vertritt die These, daß aggressive Kinder u.a. durch geringe Einfühlung (Empathie) in emotionale Zustände anderer Personen gekennzeichnet sind. Sie vermutet, daß Empathie aggressives Verhalten hemmt. Aggression führt zu Schmerz und Leid beim anderen. Daher sollte die Einfühlung in dieses Leid zu Mitleid beim einfühlenden Kind führen, selbst wenn dieses der Initiator der aggessiven Handlung gewesen ist.

Das entsprechende Empathie-Trainingsprogramm umfaßt u. a. Aufgaben, in denen die Kinder die Emotionen identifizieren sollen, wie sie sich im Gesichtsausdruck auf Fotografien widerspiegeln bzw. anhand von pantomimischer Darstellung auf Videobändern demonstriert werden.

Visueller Perspektivenwechsel wird ebenso trainiert (z. B. »Wie würde das Zimmer für Dich aussehen, wenn Du so klein wie eine Katze wärst?«) wie das Einüben in das Erkennen von Vorlieben bzw. Abneigungen anderer Personen (z. B. »Über welches Geschenk würde sich jedes Mitglied Deiner Familie am meisten freuen?«).

Besonderer Wert wird auf wechselndes Rollenspiel gelegt: Dabei soll jedes Kind nacheinander verschiedene Rollen einer sozialen Interaktion spielen und so die unterschiedlichen Sichtweisen mehrerer Teilnehmer an derselben Interaktion erfahren.

Das Trainings-Material liegt in Form von 30 Lektionen (zu 45 Min., 3 × wöchentlich) vor. Die Übungen sind konzipiert für Grundschüler (3.–5. Klasse) und sollen vom Lehrer in kleinen Gruppen von je 4–5 Kindern durchgeführt werden.

FESHBACH (1984) berichtet über Ergebnisse einer ersten Effektivitätsstudie; bei dieser nahmen 48 Kinder am Empathie-Training teil, 24 an einem Training zur Verbesserung von (rein kognitiven) Problemlösefertigkeiten und 24 Kinder bildeten die (nicht-teilnehmende) Kontrollgruppe. 2/3 der Kinder in allen Gruppen waren zuvor per Lehrer- und Peer-Rating als »aggressiv« eingestuft worden.

Die Teilnehmer am Empathie-Training wurden nach dem Training als weniger aggressiv eingestuft im Vergleich zur Kontrollgruppe; allerdings traf dies auch für die Teilnehmer am Problemlösetraining zu. Dieser Effekt scheint also treatment-unspezifisch zu sein. Jedoch trat nur bei den Teilnehmern am Empathie-Training eine signifikante Verbesserung im prosozialen Verhalten (Kooperation, Helfen, Großzügigkeit) auf.

6.4.4 Veränderung attributionaler Voreingenommenheit – ein Zukunftsprogramm?

Am Ende dieses kursorischen Überblicks über vorliegende Versuche, durch Veränderungen sozial-kognitiver Fertigkeiten aggressivem Kindverhalten vorzubeugen bzw. es zu reduzieren, sei ein Ausblick auf eine theoretisch besonders interessante Möglichkeit gestattet, auch wenn bisher noch keine entsprechenden Interventionsprogramme dazu vorliegen.

Es handelt sich dabei um die seit langem (z. B. KAPLAN & GOODRICH 1957) in der Aggressionsforschung bekannte attributionale Voreingenommenheit von aggressiven Kindern: Sie schreiben – gerade in nicht-eindeutigen Situationen – anderen eher eine böse Absicht zu als dies nicht-aggressive Kinder tun (s. DODGE 1980; 1985; RULE & FERGUSON 1984).

Diese Voreingenommenheit ist allerdings nur dann zu beobachten, wenn die aggressiven Kinder selbst ein Leid erfahren haben: Wenn Peers von einem Dritten provoziert worden sind, unterstellen aggressive Kinder diesem Dritten nicht mehr böse Absicht, als es nicht-aggressive Kinder tun (DODGE & FRAME 1982).

Ein solcher Attributions-Bias erhöht dann »natürlich« die Wahrscheinlichkeit einer vermeintlichen »Vergeltung« (DODGE 1985).

Kinder interpretieren Ereignisse im Lichte früherer Erfahrungen mit dem Urheber; so fand z.B. IMAMAGLO (1976), daß Kinder ein negatives Ereignis, wenn es von einem sympathischen Peer verursacht wurde, als »Zufall« interpretierten; wurde dasselbe negative Ereignis aber von einem abgelehnten Peer verursacht, deuteten die Kinder dies als Zeichen böser Absicht.

DODGE (1986) zieht aus solchen Untersuchungsergebnissen den Schluß, daß es auf diese Weise zu einer verhängnisvollen wechselseitigen Bestätigung von Voreingenommenheiten zwischen aggressivem Zielkind und seinen Peers kommen kann: Ausgangspunkt ist in diesem Modell eine Provokation für das Zielkind, z.B. ein Schlag in den Rücken. Das Kind interpretiert dies als feindselig (statt als »Zufall«, »Mißgeschick« o.ä.) und antwortet mit einer »Vergeltung«. Die Peers interpretieren die angebliche Provokation jedoch als »unglücklichen Zufall« und sehen daher die Aggression des Zielkindes als ungerechtfertigt an. Sie beginnen, das Zielkind als »aggressiv« zu etikettieren und es abzulehnen; dies wiederum bestätigt das Zielkind in seiner Voreingenommenheit, daß die Peers es nicht mögen, was seine weiteren Aggressionen diesen Peers gegenüber rechtfertigt. Ein derartiger Zyklus sich selbsterfüllender Prophezeiungen kann zu dramatischen Eskalationen führen bzw. sich selbst »verewigen«.

DODGE (1985) stellt die weiterführende Frage nach den Gründen dieser attributionalen Voreingenommenheit aggressiver Kinder.

Er diskutiert acht mögliche Gründe (z.B. vergangene Erfahrungen; Fokussierung der Aufmerksamkeit auf sich selbst statt auf andere; Impulsivität u.a.); die seiner Meinung nach überzeugendste Hypothese bezieht sich darauf, daß bestimmte soziale Reize einen klassisch konditionierten negativen Affektzustand auslösen, der so stark ist, daß die normale Informationsverarbeitung gestört wird.

Ich möchte hier eine etwas andere Hypothese vorschlagen: Es könnte sein, daß aggressive Kinder in aversiven, sozial-mehrdeutigen Situationen *mehr Leid empfinden* als nicht-aggressive Kinder (wobei die Mehrdeutigkeit darin besteht, daß noch offen ist, ob der Urheber des Leids dies wirklich gewollt hatte oder nicht).

Erwachsene, die (in ihren Augen vermeidbares) Leid erfahren haben, argumentieren ähnlich: In einer inhaltsanalytischen Untersuchung von 671 Beschwerdebriefen über Lärm konnten LAUCKEN & MEES (1987) nachweisen, daß Beschwerdeführer anderen um so mehr moralische Schuld zuschreiben (ihnen also Rücksichtslosigkeit bzw. Böswilligkeit unterstellen), je schwerer das eigene Leid ist, das sie als Folge des Lärms anführen. LAUCKEN & MEES (1987) interpretierten diesen Zusammenhang zwischen Schwere des Leids und

Schwere der Anschuldigung u. a. als Anzeichen dafür, daß Schuldzuweisungen eine größere Handhabbarkeit des Leids offerieren: »Schuldige« brauchen ja »lediglich« ihre »schlechte Gesinnung« zu ändern, um gegenwärtiges Leid zu beenden bzw. künftiges Leid zu vermeiden. Dagegen sind »unglückliche Zufälle«, für die niemand verantwortlich gemacht werden kann, auch künftig nicht verhinderbar.

Die Hypothese erscheint also plausibel, daß aggressive Kinder aufgrund einer größeren Empfindlichkeit mehr Leid erleben und daher eher geneigt sind, Schuldige zu suchen, um künftiges Leid zu verhindern – auch wenn dies faktisch (aufgrund der aggressiven Art ihrer vermeintlichen Vergeltung) das Gegenteil bewirkt (s. o.).

Eine solche Sicht hätte bedeutsame Implikationen für mögliche Interventionsprogramme zur Änderung »negativ intentionalen Denkens« (LAUCKEN & MEES 1987), also der häufigen Unterstellung von »Rücksichtslosigkeit« oder »Böswilligkeit« bei anderen.

So empfiehlt DODGE u. a. ein Training in alternativen Attributionen für sozial mehrdeutige Situationen. Er gibt folgendes Beispiel für ein »kognitives Modell« (1985, S. 101): »Oh, mein Bleistift ist weg. Ah, ich sehe, Ronald hat ihn. Nun, bevor ich hingehe und ihn mir zurückhole, will ich darüber nachdenken, was passiert ist . . . Zuerst frage ich mich: Was ist passiert? Nun, ich verlor meinen Bleistift, und Ronald hat ihn.

Ronald könnte ihn gestohlen haben. Oder es kann sein, daß er ihn gerade gefunden hat. Oder er weiß nicht, daß es meiner ist . . . Ich denke, ich frage ihn danach. Ich bin nicht sicher, was stimmt, aber ich will keinen Streit. Ich will lieber Ronalds Freund bleiben, weil wir zusammen spielen . . . Mag sein, daß er ihn gefunden hat. Ich werde hingehen und ihn bitten, ihn mir zurückzugeben«.

Dieses Beispiel modelliert Inhalte verbaler Selbstinstruktion, die alternative Erklärungen betont, ein sofortiges Agieren verzögert und die Aufmerksamkeit auf den anderen bzw. mögliche »mildernde Umstände« lenkt.

Ein aus solchem »Denken-in-alternativen-Erklärungen« bestehendes Training müßte natürlich die Peers mit einbeziehen sowie sukzessive Bewältigungen von vorgestellten bis hin zu realen Erlebnissen einprogrammieren.

Bisher ist ein derartiges Training nicht erprobt worden. Es hätte aber den a priori Vorteil, tatsächlich *aggressionsspezifische* Mängel anzugehen und nicht lediglich Defizite allgemeiner sozial-kognitiver Problemlösefertigkeiten zu beheben.

6.4.5 Kritische Einschätzung sozial-kognitiver Trainings

Insgesamt sind Methoden zur Veränderung sozialer Kognitionen bei aggressiven Kindern derzeit zwar als hoffnungsvoll, aber noch längst nicht als erfolgversprechend einzustufen. Die Mängelliste ist (noch) zu lang: Sie reicht von unzureichender Generalisierung über fehlende Nachfolgeuntersuchungen bis hin zu inadäquaten Kontrollen des spezifischen Treatments (s. KENDALL 1984; HOBBS et al. 1980; KETTLEWELL & KAUSCH 1983; PELLEGRINI & URBAIN 1985; URBAIN & KENDALL 1980).

Ein weiteres Problem besteht in der Vielzahl von Komponenten, die in ein sozial-kognitives Training eingehen: Von KM und SIT über Rollenspiel, Feedback bis hin zu Gruppendiskussionen sowie externer wie Selbstverstärkung. Die Wirksamkeit *einzelner* Elemente ist bei derartigen Multi-Komponenten-Ansätzen natürlich nur schwer überprüfbar.

Auch theoretisch-inhaltlich sind noch viele Fragen offen: Kognitive Impulsivität und Hyperaktivität sind nicht von vornherein mit »Aggression« gleichzusetzen; es bedarf sorgfältiger individueller Diagnostik, um abzuklären, ob das »impulsive« bzw. »hyperaktive« Kind auch antisozial-aggressiv ist, wie überhaupt die spezifischen sozial-kognitiven Probleme des einzelnen Kindes diagnostisch abgeklärt werden müssen (s. a. LAUTH 1983), bevor ein Treatment-Programm angewendet werden kann.

Ferner impliziert das Können nicht bereits das Wollen: Gute sozial-kognitive Problemlöser mögen dennoch sozial unerwünschte Handlungen ausführen (s. a. PELLEGRINI & URBAIN 1985, S. 21).

Und schließlich: Es liegt in der »Natur der Sache«, daß die Prüfung der Wirksamkeit bestimmter kognitiver Elemente von ihrer faktischen Anwendung abhängt bzw.mit dieser konfundiert ist: Wenn ein SIT-Programm nicht effektiv ist, liegt dies daran, daß die theoretische Hintergrundannahme nicht zutrifft oder schlicht daran, daß das Kind eben keine »verdeckte« Selbstinstruktionen benutzt (was nicht prüfbar ist)? Oder wenn im Empathietraining sensu FESHBACH angestrebt wird, daß die Kinder auch das Leid des anderen miterleiden, so wird dies *nicht garantierbar* eintreten. Man kann offensichtlich nur ermöglichende Voraussetzungen schaffen, muß sich aber darüber klar sein, daß diese Ermöglichungs-Gegebenheiten keineswegs quasi naturgesetzlich entsprechende sozial-kognitive Folgen »bewirken«. –

Ein großes soziales Problem, wie es die Aggressivität in einer Gesellschaft darstellt, kann natürlich nicht allein durch singuläre Interventionsprogramme gelöst werden. Solche Programme können langfristig nur Erfolg haben, wenn auch die globalen aggressionsbegünstigenden Bedingungen in den sozialen Systemen geändert werden!

Literatur

Kapitel 1–5

ADAMS, D.B.: The use and misuse of aggression research. In: BRAIN, P.F. and BENTON, D. (Eds.): Multidisciplinary approches to aggression research. Elsevier (Netherlands) 1981

ADLER, A.: Der Aggressionstrieb im Leben und in der Neurose. Fortschritte der Med. Leipzig 1908

AINSWORTH, M. and BELL, S.: Mother-infant interaction and the development of competence. In: CONOLLY, K. and BRUNNER, J. (Eds.): The development of competence. London 1974

ALBRECHT, J.: Kindesmißhandlung und strafrechtliche Kontrolle. Zentralblatt Jugendrecht und Jugendwohlfahrt 1981, 68, 1, 4–10

ALEXANDER, F.: Emotional factors in essential hypertension. Psychosomat. Med. 1939, 1, 173–179

ALLPORT, G.W. and ODBERT, H.S.: Trait-names: A psycho-lexical study. Psychol. Monogr. 1936, 47, 171

AMMON, G.: Herrschaft und Aggression. Zur Psychoanalyse der Aggression. Dynamische Psychiatrie 1969, 2, 122–132

ANDERSON, B., ERWIN, N., FLYNN, D., LEWIS, L. and ERWIN, J.: Effects of short-term crowding on aggression in captive groups of pigtail monkeys (Macaca nemestrina). Aggr. behav. 1977, 3, 33–46

ANGERMANN, Ch.: Buchbesprechung. In: Z.f. Menschenk. 1970, 34, 439–440

ANGST, W.: Aggression bei Affen und Menschen. Berlin 1980

ARBEITSGRUPPE KINDERSCHUTZ: Gewalt gegen Kinder. Mißhandlung und ihre Ursachen. Reinbek 1975

ARDREY, R.: African genesis. New York 1961

ARENDT, H.: Eichmann und Jerusalem. München 1964

ATTILI, G.: Concomitants and factors influencing children's aggression. Aggr. behav. 1985, 11

AVERILL, J.R.: Anger and aggression. New York 1982

AVERILL, J.R.: Studies on anger and aggression. Amer. Psychol. 1983, 38, 1145–1160

AZRIN, N.H.: Punishment of elicited aggression. J. of the experimental analysis of behavior 1970, 14, 7–10

AZRIN, N.H., RUBIN, H.B. and HUTCHINSON, R.R.: Biting attack by rats in response to aversive shock. J. of the exper. analysis of behavior 1968, 11, 633–639

BANDURA, A.: Adolescent aggression. New York 1959

BANDURA, A.: Relationship of family patterns to child behavior disorders. Progress report, U.S.P.H. Research grant M-1734. Stanford Univers. 1960

BANDURA, A.: Aggression, a social learning analysis. Englewood Cliffs 1973
BANDURA, A.: Social learning theory. Englewood Cliffs 1977
BANDURA, A.: Social foundations of thought and action. Englewood Cliffs 1986
BANDURA, A., ROSS, D. and ROSS, S.A.: Imitation of film-mediated aggressive models. J. abnorm. soc. Psychol. 1963, 66, 3–11
BANDURA, A. and WALTERS, R.H.: Aggression. In: STEVENSON, H.W. (Ed.): Child psychology. The sixty-second yearbook of the national society for the study of education. Chicago 1963
BANDURA, A. and WALTERS, R.H.: Social learning and personality development. New York 1963
BARCLAY, A.M.: The effect of hostility on physiological and fantasy response. J. personal. 1969, 37, 651–667
BARCLAY, A.M.: The effect of female aggressiveness on aggressive and sexual fantasies. J. proj. techn. pers. assessm. 1970, 34, 19–26
BARCLAY, A.M. and HABER, R.N.: The relation of aggressive to sexual motivation. J. personal. 1965, 33, 462–475
BARNDT, R.J. and JOHNSON, D.M.: Time orientation in delinquents. J. abnorm. soc. psychol. 1955, 51, 343–345
BARON, R.A.: Human Aggression. New York, London 1977
BARON, R.A. and RANSBERGER, V.R.: Ambient temperature and the occurrence of collective violence: the »Long, hot summer« revisited. J.pers.soc.phychol. 1978, 36, 351–360.
BATES, B.C.: Effects of social density on the behavior of nursery school children. (Diss. Univ. Oregon) 1971
BAUER, M. und SELG, H.: Gewaltdarstellungen im Fernsehen – kennen wir die Folgen? BPS-Report 1981, 4, Nr. 5, 6–15
BAUMANN, U. und FEHERVARY, J.: Das Problem der Kindesmißhandlung und wie die Justiz damit (nicht) fertig wird. In: KIRCHHOFF, G. F. und SESSAR, K. (Hrsg.): Das Verbrechensopfer. Bochum 1979, 337–362
BAURMEISTER, B. und KOLLING, R.: Erstellung eines Beobachtungsinstrumentes zur Erfassung aggressiver Verhaltensweisen bei ein- bis zweijährigen Kindern. (Unveröff. Diplomarb.) Berlin 1975
BEGERAU, R.: Aggressives Verhalten im Bundesliga-Fußball. Entwicklung und Anwendung eines Verfahrens zur Erfassung und Klassifizierung von Fouls. Z. für Sportwissenschaft 1981, 11, (3), 318–329
BELL, S.M. and AINSWORTH, M.D.: Infant crying and maternal responsiveness. Child development 1972, 43, 1171–1190
BELSCHNER, W.: Das Lernen aggressiven Verhaltens. In: SELG, H. (Hrsg.) 1971
BELSCHNER, W., LISCHKE, G. und SELG, H.: Foto-Hand-Test (FHT) zur Erfassung der Aggressivität. Freiburg 1971
BELSKY, J.: Child maltreatment. Amer. Psychol. 1980, 35, 4, 320–335
BENDIG, A.W.: A factor analysis of personality scales including the BUSS-DURKEE hostility inventory. J. gen. psychol. 1962a, 66, 179–183
BERGLER, R. und SIX, U.: Psychologie des Fernsehens. Bern 1979
BERKOWITZ, L.: Aggression. New York 1962
BERKOWITZ, L.: Aggressive cues in aggressive behavior and hostility catharsis. Psychol. Rev. 1964, 71, 104–122
BERKOWITZ, L. (Ed.): Roots of aggression. New York 1969
BERKOWITZ, L.: The control of aggression. In: CALDWELL, B. and RICCIUTY, H. (Eds.): Review of child development research, III. New York 1970

BERKOWITZ, L.: Aggressive humor as a stimulus to aggressive responses. J. pers. soc. psychol. 1970, 16, 710–717
BERKOWITZ, L.: Aversively stimulated aggression. Amer. Psychol. 1983, 38, 1135–1144
BERKOWITZ, L. and Le PAGE, A.: Weapons as aggression-eliciting stimuli. J. pers. soc. psychol. 1967, 7, 202–207
BERNAYS, J.: Zwei Abhandlungen über die Aristotelische Theorie des Dramas. Berlin 1880
BERNECKER, A., MERTEN, W. und WOLFF, R. (Hrsg.): Ohnmächtige Gewalt. Kindesmißhandlung. Folgen der Gewalterfahrungen und Hilfe. Reinbek 1982
BETTELHEIM, B.: The empty fortress, infantile autism, and the birth of self. New York 1967
BEVAN, W., DAVES, W.F. and LEVY, G.W.: The relation of castration, androgen therapy and pretest experience to competitive aggression in male C57BL/10 mice. Animal behav. 1960, 8, 6–12
BIRNBAUM, K.: Die psychopathischen Verbrecher. Leipzig 1926
BJERKE, T.: Aggression in jungen Organismen: Warum tritt sie trotz aversiver Stimulation auf? In: IMMELMANN, K. et al. (Hrsg.): Verhaltensentwicklung bei Mensch und Tier. Hamburg 1982
BLURTON JONES, N., FERREIRA, M.C.R., FARQUHAR BROWN, M. and MACDONALD, L.: Aggression, crylng and physical contact in one- to three-year-old children. Aggr. behav. 1979, 5, 121–133
BOBSIEN, V. und SELG, H.: Ein empirischer Beitrag zur Auswertungsobjektivität im TAT. Diagnostica 1966, 12, 115–127
BOTTENBERG, E.H.: Aggressivität und perzipierte elterliche Erziehungsstile. Schweizer Z.f. Psychologie 1975, 34, 129–140
BOTTENBERG, E.H., GAREIS, B. und RAUSCHE, A.: Perzipierte elterliche Erziehungsstile. Schweizer Z.f. Psychologie 1975, 34, 129–140
BOTTENBERG, E.H., GAREIS, B. und RAUSCHE, A.: Perzipierte elterliche Erziehungsstile bei männlichen Jugendlichen: Dimensionierung und Skalenkonstruktion. Psychol. und Praxis 1973, 17, 105–125
BRAIN, P.F. and BENTON, D. (Eds.): The biology of aggression. Amsterdam 1981
BRANDT, R.J.: Aus der Analyse eines Mörders. Psyche 1957/59, 12, 18–32
BRAUNECK, A.E.: Allgemeine Kriminologie. Vorlesungsskript. Hamburg 1970
BRAUNECK, A.E.: Allgemeine Kriminologie. Reinbek 1974
BRENNAN, J.J.: Mentally ill aggressiveness; popular delusion or reality. Amer. J. psychiat. 1964, 120, 1181–1184
BRICKLIN, B., PIOTROWSKI, Z. and WAGNER, E.E.: The hand-test: a new projective test with special reference to the prediction of overt aggressive behavior. Springfield 1962
BRIDDELL, D.W., RIMM, D.C., CADOY, G.R., KRAWITZ, G., SHOLIS, D. and WUNDERLIN, R.J.: Effects of alcohol and cognitive set on sexual arousal to deviant stimuli. J. abnorm. Psychol. 1978, 87, 418–443
BRIDGES, K.H.B.: Emotional development in early infancy. Child development 1932, 3, 324–341
BRINKMANN, W. und HONIG, M.-S.: Gewalt gegen Kinder, Kinderschutz. Eine sozialwissenschaftliche Auswahlbibliographie. Deutsches Jugendinstitut, München 1984a
BRINKMANN, W. und HONIG, M.-S. (Hrsg.): Kinderschutz als soziale Praxis. Hilfe, Schutz und Kontrolle. München 1984b

BRONFENBRENNER, U.: The ecology of human development. Cambridge, Mass. 1979 (deutsch: Die Ökologie der menschlichen Entwicklung. Stuttgart 1981)
BROWN, P. und ELLIOTT, R.: Control of aggression in a nursery school class. J. exp. child psychol. 1965, 2, 103–107
BROWNLEE, J.R. and BAKEMAN, R.: Hitting in toddler-peer interaction. Child development 1981, 52, 1076–1079
BRUDER, A. und BRUDER, K.J.: Jugend. München 1984
BÜHLER, Ch.: Die ersten sozialen Verhaltungsweisen des Kindes. Quellen und Studien zur Jugendkunde. Jena 1927, H. 5
BÜHLER, Ch.: National differences in »World Test« projection patterns. J. proj. Techn. 1952, 16, 42–55
BÜHLER, Ch. und HETZER, H.: Inventar der Verhaltensweisen des ersten Lebensjahres. Quellen und Studien zur Jugendkunde. Jena 1927, H. 5
BUJOK-HOHENAUER, E.: Gewalt gegen Kinder. Zum Stand der Forschung und Praxis. In: HONIG, M.-S. (Hrsg.) 1982, 13–53
BUNDESMINISTERIUM für Familie, Jugend und Gesundheit (Hrsg.): Mißhandlung von Säuglingen und Kleinkindern. BFJG, Bonn 1979
BUNDESMINISTERIUM für Familie, Jugend und Gesundheit: Kindesmißhandlung. Erkennen und Helfen. BFJG, Bonn 1980
BURK, F.L.: Tearing and bullying. Pedagogical Seminary 1897, 7, 336–371
BURKART, H. und KRECH, R.: Aggression und geistige Behinderung. Berlin 1985
BURKHART, K.: Das Aggressions-Motiv-Gitter. Arbeitsbericht. Saarbrücken 1986
BURT, M.R.: Cultural myths and supports for rape. J. pers. soc. Psychol. 1980, 38, 217–230
BUSS, A.H.: The psychology of aggression. New York 1961
BUSS, A.H. and DURKEE, A.: An inventory for assessing different kinds of hostility. J. consult Psychol. 1957, 21, 343–348

CAIRNS, R.B.: Social development. San Francisco 1979
CALHOUN, J.B.: Population density and social pathology. Scientific Amer. 1962, 206, 139–150
CAMUS, A.: Tagebuch 1935–1942. Hamburg 1963
CARLS, W.: Intelligenz und Persönlichkeit suizidaler Jugendlicher. In: SPECHT, F. und SCHMIDTKE, A. (Hrsg.): Selbstmordhandlungen bei Kindern und Jugendlichen. Regensburg 1986
CARLSMITH, J.M. and ANDERSON, C.A.: Ambient temperation and the occurence of collective violence: a new analysis. J. pers. soc. Psychol. 1979, 37, 337–344
CARROLL, J.C.: The intergenerational transmission of family violence. Aggr. behav. 1977, 3, 289–299
CATTELL, R. B.: Description and measurement of personality. New York 1946
CATTELL, R.B.: The scientific analysis of personality. Bungay 1965
CHITTENDEN, G.E.: An experimental study in measuring and modifying assertive behavior in young children. Monographs of the Society for Research in Child Development 1942, VII, No. 1 (Serial No. 31)
CHOW, M.P., DURAND, B.A., FELDMAN, M.N. and MILLS, M.A. (Eds.): Handbook of pediatric primary care. New York 1984
CHOYNOWSKI, M.: Aggressiveness and personality. Unpubl. paper, Universidad pedagogica nacional de Mexiko. Mexiko 1986

CHOYNOWSKI, M. and IDMAN, P.: Adolescent aggressiveness and its dependence on age, sex and position among siblings. Educ . psychol. Interactions 1973, No. 38, Malmö
CHRISTIANSEN, K.O.: The genesis of aggressive criminality: implications of a study of crime in a Danish twin study. In: de WIT, J. and HARTUP, W.W. (Eds.) 1974
COHEN, A.K.: Kriminelle Jugend. Hamburg 1961.
COMSTOCK, G.: Media influences on aggression. In: GOLDSTEIN, A.P. (Ed.): Prevention and control of Aggression. New York 1983
CONDRY, J.C. and CONDRY, S.: Sex differences: a study of the eye of the behavior. Child developm. 1976, 47, 812–819
CONDRY, J.C. and ROSS, D.F.: Sex and aggression: the influence of gender label on the perception of aggression in children. Child developm. 1985, 56, 225–233
CRANACH v., M. und FRENZ, H.G.: Systematische Beobachtung. In: GRAUMANN, C.F. (Hrsg.): Sozialpsychologie. Handbuch der Psychologie, Bd. 7/1. Göttingen 1969
CROCK, J.H.: The nature and function of territorial aggression. In: MONTAGU, A. (Ed.) 1968
CUBE v., F.: Was ist Kybernetik? Bremen 1967

DANN, H.D. und HUMPERT, W.: Eine empirische Analyse der Handlungswirksamkeit subjektiver Theorien von Lehrern in aggressionshaltigen Unterrichtssituationen. (Unveröff. Papier). Konstanz 1986
DARRER, E.: Sinn-lich-keiten. In: SCHWARZER, A. 1984
DARWIN, Ch.: Ort the origin of species by means of natural selection. London 1859
DARWIN, Ch.: The expression of the emotions in men and animals. London 1872
DARWIN, Ch.: A biodraphical sketch of an infant. Mind 1877, 2, 285–294
DAVITZ, J.R.: The effects of previous training on postfrustration behavior. J. abnorm. soc. Psychol. 1952, 47, 309–315
DAWE, H.C.: An analysis of twohundred quarrels of preschool children. Child development 1934, 5, 139–157
DELGADO, J.M.R.: Neurophysiological mechanisms of aggressive behavior. In: FESHBACH, S. and FRACZEK, A. (Eds.) 1979
DELIUS, L. und FAHRENBERG, J.: Ein kritischer Beitrag zur Psychosomatik der essentiellen Hypertonie. Med. Klinik 1963, 58, 1102–1107
DENKER, R.: Aufklärung über Aggression. Stuttgart 1966
DENTAN, R.K.: Notes on childhood in a nonviolent context: The Semai Case (Malaysia). In: MONTAGU, A. (Ed.) 1978
DEUTSCHER KINDERSCHUTZBUND (Hrsg.): Schützt Kinder vor Gewalt. Vom reaktiven zum aktiven Kinderschutz. Weinheim 1983
DEUTSCHER KINDERSCHUTZBUND (Hrsg.): Wenn Eltern zuschlagen ... Hannover 1985, DKSB
DIAMOND, E.L.: The role of anger and hostility in essential hypertension and coronary heart disease. Psychol. Bull. 1982, 92, 410–433
DODGE, K.A. and FRAME, C.L.: Social cognitive biases and deficits in aggressive boys. Child development 1982, 53, 620–635
DOLLARD, J., DOOB, L.W., MILLER, N.E., MOWRER, O.H. and SEARS, R.R.: Frustration and aggression. New Haven 1939
DONALDSON, M.: Wie Kinder denken. Bern 1982
DONNERSTEIN, E. and LINZ, D.: Sexual violence in the media: a warning. Psychol. today 1984, 18(1), 14–15

DÖRNER, D.: Lohhausen. (Unveröff. Manuskript) Bamberg 1983
DÖRNER, D.: Lohhausen. Bern 1983
DRAPER, P.: The learning environment for aggression and anti-social behavior among the !Kung. In: MONTAGU, A. (Ed.): Learning non-aggression. Oxford 1978
DUHM, E.: Die Reaktionen von Problemkindern im Rosenzweig-Picture-Frustration-Test. Psychol. Rundschau 1959, 10, 283–291
DÜTSCH, W.: Aggressionsaffine Emotionen und Vor-/Frühformen aggressiven Verhaltens bei Säuglingen im 1. Lebensjahr. (Unveröff. Diplomarbeit) Bamberg 1982

EDMUNDS, G. and KENDRICK, D.C.: The measurement of human aggressiveness. New York 1980
EIBL-EIBESFELDT, J.: Die !Ko-Buschmann-Gesellschaft. München 1972
EIBL-EIBESFELDT, J.: Evolution of destructive aggression. Aggr. behav. 1977, 3, 127–144
EICH, F.X.: Soziale Umweltstruktur und aggressiv-delinquente Jugendliche. Weinheim 1982
EKBLAD, S. and OLWEUS, D.: Applicability of OLWEUS aggression inventory in a sample of Chinese primary school children. Aggr. behav. 1986, 12, 315–325
EKMAN, P. and OSTER, H.: Facial expressions of emotion. Ann. Rev. Psychol. 1979, 30; 527–554
ELIAS, M.: Serum cortisol, testosterone, and testosterone-binding globulin responses to competitive fighting inhuman males. Aggr. behav. 1981, 7, 215 -224
ELIZUR, A.: Content analysis of the Rorschach with regard to anxiety and hostility. J. proj. Techn. 1949, 13, 247–284
ENGFER, A.: Kindesmißhandlung. Stuttgart 1986
ENGFER, A.: Entwicklung von Gewalt in sogenannten Normalfamilien. In: System Familie, 1991, 4(2), 107–116
ENGFER, A.: Kindesmißhandlung und sexueller Mißbrauch. In: M. MARKEFKA & B. NAUCK (Hrsg.), Handbuch der Kindheitsforschung. Neuwied 1993
ERBSLÖH, G.: Elterliche Reaktionen auf frühkindliche Aggression. (Unveröff. Diplomarbeit) Bamberg 1984
ERIKSON, E.H.: Kindheit und Gesellschaft. München 1965
ERON, L.D.: Prescription for reduction of aggression. Amer. Psychol. 1980, 35 (3), 244–252
ERON, L.D. and HUESMANN, R.: The relation of prosocial behavior to the development of aggression and psychopathology. Aggr. behav. 1984, 10, 201–211
ERON, L.D., WALDER, L.O., HUESMANN, L.R. and LEFKOWITZ, M.M.: The convergence of laboratory and field studies of the development of Aggression. In: de WIT, J. and HARTUP, W.W. (Eds.). 1974
ETZIONI, A.: Das Kennedy-Experiment. In: KRIPPENDORFF, E. (Hrsg.): Friedensforschung. Köln 1968
EYSENCK, H.J.: Wege und Abwege der Psychologie. Hamburg 1956
EYSENCK, H.J.: The structure of human personality. London 1960
EYSENCK, H.J.: Crime and personality. London 1964 (deutsch: Kriminalität und Persönlichkeit. Wien 1977)

FAHRENBERG, J.: Psychophysiologische Persönlichkeitsforschung. Göttingen 1967
FAHRENBERG, J., HAMPEL, R. und SELG, H.: Das Freiburger Persönlichkeitsinventar (FPI). Göttingen 1994 (4. Aufl.)

FESHBACH, N.: Sex differences in children's modes of aggressive responses toward outsiders. Merrill-Palmer Quarterly 1969, 15, 249–258
FESHBACH, N.: The relationship of child-rearing factors to children's aggression, empathy and related positive and negative social behavior. In: de WIT, J. and HARTUP, W.W. (Eds.) 1974
FESHBACH, N.: Empathy training: A field study in affective education. In: FESHBACH, S. and FRACZEK, A. (Eds.) 1979
FESHBACH, S.: The function of aggression and the regulation of aggressive drive. Psychol. Rev. 1964, 71, 257–272
FESHBACH, S.: Aggression. In: MUSSEN, P.H. (Ed.): Carmichael's manual of child psychology. New York 1970 (3. Aufl.), 159–259
FESHBACH, N. and FESHBACH, S.: The relationship between empathy and aggression in two age groups. Developm. Psychol. 1969, 1, 102–107
FESHBACH, N. and FESHBACH, S.: Children's aggression. In: HARTUP, W.W. (Ed.): The young child. Washington 1972
FESHBACH, S., FESHBACH, N.D., COHEN, R.S. and HOFFMAN, M.: The antecedents of anger: a developmental approach. In: KAPLAN, R.M. et al. (Eds.) 1984
FESHBACH, S. and FRACZEK, A. (Eds.): Aggression and behavior change. New York 1979
FESTINGER, L ., PEPITONE, A. and NEWCOMB, T.: Some consequences of de-individuation in a group. J. abnorm. soc. Psychol. 1952, 47, 382–389
FIEGUTH, G., MEES, U. und SELG, H.: Arbeitsbericht des Unterprojekts »Aggressives Verhalten und seine Prävention«. In: MANNS, M. et al. (Hrsg.). Zwischenbericht an die DFG. (Unveröff.) Berlin 1975
FISHBEIN, H.: The psychology of infancy and childhood. Hillsdale 1984
FLANDERS, N.A.: Interaction analysis in the classroom. Minneapolis 1960
FLANNELLY, K.J., BLANCHARD, R.J. and BLANCHARD, D.C.: Biological perspectives on Aggression . New York 1984
FREUD, A.: Das ICH und die Abwehrmechanismen. München 1964
FREUD, S.: Drei Abhandlungen zur Sexualtheorie. Ges. Werke, Bd. V, 1905
FREUD, S.: Analyse der Phobie eines fünfjährigen Knaben. Ges. Werke, Bd. VII, 1909
FREUD, S.: Totem und Tabu. Ges. Werke, Bd. IX, 1913
FREUD, S.: Triebe und Triebschicksale. Ges. Werke, Bd. IX, 1915
FREUD, S.: Jenseits des Lustprinzips. Ges. Werke, Bd. XIII, 1920
FREUD, S.: Das ökonomische Problem des Masochismus. Ges. Werke, Bd. XIII, 1924
FREUD, S.: Das Unbehagen in der Kultur. Ges. Werke, Bd. XIV, 1930
FREUD, S.: Warum Krieg? Ges. Werke, Bd. XVI, 1933
FREUD, S.: Abriß der Psychoanalyse. Ges. Werke, Bd. XVII, 1938
FREUD, S. und BREUER, J.: Studien über Hysterie. Ges. Werke, Bd. I, 1985
FREY, D. und IRLE, M.: Theorien der Sozialpsychologie III. Bern 1985
FRIEDMAN, R. et al. (Eds.): Sex differences in behavior. New York 1978
FRODI, A., MACAULAY, J. and THOME, P.R.: Are women always less aggressive than men? A review of the experimental literature. Psychol. Bull. 1977, 84, 634–660
FROMM, E.: Anatomie der menschlichen Destruktivität. Hamburg 1977
FROMME, J.: Beobachtung von Unterrichtsverhalten, insbesondere von störendem und aggressivem Verhalten in der 8. Jahrgangsstufe. (Unveröff. Diplomarb.) Berlin 1976

GABLER, H., SCHULTZ, H.J. und WEBER, R.: Zuschaueraggressionen – eine Feldstudie über Fußballfans. In: PILZ, G. et al. (Hrsg.): Sport und Gewalt. Schriftenreihe des Bundesinstituts für Sportwissenschaft. Bd. 42. Schorndorf 1982

GALTUNG, J.: Gewalt, Frieden und Friedensforschung. In: SENGHAAS, D. (Hrsg.): Kritische Friedensforschung. Frankfurt 1971

GARATTINI, S. and SIGG, E.B. (Eds.): Aggressive behavior. Amsterdam 1969

GARDINER, H.W.: A cross-cultural comparison of hostility in children's drawings. J. soc. psychol. 1969, 79, 261–263

GEEN, R.G. and DONNERSTEIN, E.J. (Eds.): Aggression. Theoretical and empirical reviews. New York 1983

GEEN, R.G. and PIGG, R.: Acquisition of an aggressive response and its generalization to verbal behavior. J. pers. soc. psychol. 1970, 15, 165–170

GELLES, R.J.: Violence in the family: A review of research in the seventies. J. of marriage and the family 1980, 42, 873–885

GELLES, R.J.: Applying research on family violence to clinical practice. J. of marriage and the family 1982, 44, 9–20

GELLES, R.J. and STRAUS, M.A.: Determinants of violence in the family: toward a theoretical integration. In: BURR, W.R. et al. (Eds.) Contemporary theories about the family, Vol. I New York 1979

GEWIRTZ, J.L. and BOYD, E.F.: Does maternal responding imply reduced infant crying? A critique of the 1972 Bell and Ainsworth report. Child developm. 1977, 48, 1200–1207

GLUECK, Sh. und GLUECK, E.:Jugendliche Rechtsbrecher. Wege zur Vorbeugung. Stuttgart 1963

GOODENOUGH, F.: Anger in young children. Minneapolis 1931

GOLDSTEIN, A.P. (Ed.): Prevention and control of aggression. New York 1983

GOLDSTEIN, A.P., CARR, E.G., DAVIDSON II, W.S. and WEBER, P.: In response to aggression. Methods of control and prosocial alternatives. New York 1981

GOLDSTEIN, A.P. and RAWN, M.L.: The validity of interpretive signs of aggression in the drawings of the human figure. J. clin. Psychol. 1957, 13, 169–171

GOLDSTEIN, A.P. and SEGALL, M.H. (Eds.): Aggression in global perspective. New York 1983

GOLDSTEIN, D.: Spouse abuse. In: GOLDSTEIN, A.P. (Ed.) 1983

GOLDSTEIN, J.H. : Aggression and crimes of violence. New York 1975

GÖPPINGER, H.: Kriminologie. München 1973 (2. Aufl.)

GORDON, J.E. and SMITH, E.: Children's aggression, parental attitudes, and the effects of an affiliation-arousing story. J. pers. soc. psychol. 1965, 1, 654–659

GOTTSCHALK, L.A., GLESER, G.C., D'ZMURA, T. and HANENSON, I.B.: Some psychophysiologic relations in hypertensive women. Psychosomat. Med. 1964, 26, 610–617

GRIFFIN, D.R.: Wie Tiere denken. München 1985

GUILFORD, J.P.: Persönlichkeit. Weinheim 1964

HAASE, H.: Mediale Gewaltdarstellung und ihre Effekte. In: Aus Politik und Zeitgeschichte. Beilage zur Wochenzeitung »Das Parlament«. 26. Mai 1984, 17–28

HACKE, W., HAMMERSTRÖM, B., JUNGEN, K. und GOHLA, G.: Der Aggressionsfragebogen für Geistigbehinderte – Ein Versuch der standardisierten Erfassung aggressiven Verhaltens bei Geistigbehinderten. Z. Heilpäd. Forschung 1980, 8, (3), 297–309

HAMMER, E.F. (Ed.): The clinical application of projective drawings. Springfield 1958
HAMMER, E.F. and PIOTROWSKI, Z.A.: Hostility as a factor in the clinician's personality as it affects his interpretation of projective drawings (HTP). J. proj. Tech. 1953, 17, 210–216
HAMPEL, R.: Eine Kontrolluntersuchung zur Diagnostik der Aggressivität. (Unveröff. Zulassungsarbeit) Freiburg 1969
HAMPEL, R. und SELG, H.: FAF. Fragebogen zur Erfassung von Aggressivitätsfaktoren. Göttingen 1975
HAPKIEWICZ, W.G.: Developmental patterns of Aggression. In: de WIT, J. and HARTUP, W.W. (Eds.) 1974
HARTMANN, H., KRIS, E. and LOEWENSTEIN, R.: Notes on the theory of aggression. The psychoanalytic study of the child III/IV 1949, 9–36
HARTUP, W.W.: Aggression in childhood. Amer. Psychol. 1974, 29, 336–341
HASEMANN, K.: Verhaltensbeobachtung. In: HEISS, R. (Hrsg.) Psychologische Diagnostik. Handbuch der Psychologie, VI, 807–836. Göttingen 1964
HATHAWAY, S.R. and McKINZEY, J.C.: MMPI: Minnesota multiphasic personality inventory. New York 1951
HECKHAUSEN, H.: Motivation und Handeln. Berlin 1980
HEINELT, G.: Bildwahlverfahren. Handbuch der Psychologie, VI, 770–796. Göttingen 1964
HEINSEN, E.: Wie groß ist das Ausmaß gegen Gewalt? Probleme mit Zählungen und Schätzungen zur Kindesmißhandlung. In: HONIG, M.-S. (Hrsg.), 1982, 127–170
HEISS, R.: Die Lehre vom Charakter. Berlin 1949
HEISS, R. (Hrsg.): Psychologische Diagnostik. Handbuch der Psychologie, VI. Göttingen 1964
HEISS, R. und HILTMANN, H. (Hrsg.): Der Farbpyramidentest (FPT) nach Max PFISTER. Bern 1951
HENTIG v., H.: Zur Psychologie der Einzeldelikte. Tübingen 1954
HERRMANN, R.: Die Erfassung und Analyse von störendem, insbesondere aggressivem Verhalten im Unterricht. (Unveröff. Diplomarb.) Berlin 1974
HESSE, H.: Der Steppenwolf. Berlin 1927
HETZER, H., TODT, E., SEIFFGE-KRENKE, J. und ARBINGER, R.: Angewandte Entwicklungspsychologie des Kindes- und Jugendalters. Heidelberg 1979
HICKS, D.J.: Imitation and retention of film-mediated aggressive peer and adult models. J. pers. soc. Psychol. 1965, 2, 97–100
HILKE, R. und KEMPF, W. (Hrsg.): Aggression. Bern 1982
HILTMANN, H.: Kompendium der psychodiagnostischen Tests. Bern 1966
HINSCH, R., PFINGSTEN, U. und SCHNEIDER, M.: Fragebogen für elterliche Interpretationsprozesse: Fragebogen zur Attribution von Eltern bei frühkindlichen Aggressionen (FAE). In: SCHNEIDER, M. 1982
HINSCH, R., PFINGSTEN, U. und ERBSLÖH, G.: Fragebogen zur Erfassung elterlicher Reaktionen auf frühkindliche Aggression (EVA). In: ERBSLÖH, G. 1984
HOBBEL, K., MERTINS, R. und MEES, U.: Intervention mit Hilfe sequentieller Beobachtungsdaten. In: BERGOLD, J. und JAEGGI, E. (Hrsg.): Verhaltenstherapie – Theorie. Sonderheft der DGVT. Tübingen 1977
HODGE, J.R. and WAGNER, E.E.: The validity of hypnotically induced emotional states. Amer. J. clin. hypn. 1964, 7, 37–41
HODGE, J.R., WAGNER, E.E. and SCHREINER, F.: Hypnotic validation of two Hand Test scoring categories. J. proj. Tech. 1966, 30, 387–388

HOFMANN, U. und KIEHL, S.: Subjektive Aggressionstheorien von Lehrern. (Unveröff. Diplomarbeit) Bamberg 1987

HOFSTÄTTER, P.R.: Psychologie. Frankfurt 1957

HÖHN, E.: Spielerische Gestaltungsverfahren. In HEISS, R. (Hrsg.), Göttingen 1964

HOKANSON, J.E. and BURGESS, M.: The effects of status, type of frustration and aggression on vascular processes. J. abnorm. soc. Psychol. 1962, 65, 232–237

HOLTZMAN, W.H., THORPE, I.S., SWARTZ, J.D. and HERRON, E.W.: Inkblot perception and personality (Holtzman-Inkblot-Technik (HIT)). Austin 1961

HONIG, M.-S. (Hrsg.): Kindesmißhandlung. München 1982

HÖRMANN, H.: Theoretische Grundlagen der projektiven Tests. In: HEISS, R. (Hrsg.) Göttingen 1964a

HÖRMANN, H.: Aussagemöglichkeiten psychologischer Diagnostik. Göttingen 1964b

HÖRMANN, H.: Bedingungen für das Behalten, Vergessen und Erinnern. In BERGIUS, R. (Hrsg.) Allgemeine Psychologie. Handbuch der Psychologie, I/2. Göttingen 1964c

HÖRMÄNN, H. und MOOG, W.: Der Rosenzweig P-F-Test. Deutsche Bearbeitung der Rosenzweig »Picture frustration study«. Form für Erwachsene. Göttingen 1957

HORNEY, K.: Der neurotische Mensch unserer Zeit. München 1964

HOVING, K.L., LAFORME, G.L. and WALLACE, J.R.: The development of children's interpersonal aggression in a competitive task. In: de WIT, J. and HARTUP, W.W. (Eds.) 1974

HUMPERT, W. und DANN, H.D. (unter Mitarbeit von T. v. KÜGELGEN und W. RIEMELE): Das Beobachtungssystem BAVIS. Göttingen 1987.

HUTCHINGS, B.: Genetic factors in criminatity. In: de WIT, J. and HARTUP, W.W. (Eds.) 1974

HYDE, J.S.: How large are gender differences in aggression? Developm. Psychol. 1984, 20, 4, 722–736

IRWIN, F.W.: One desire, aversion, and the affective zero. Psychol. rev. 1961, 68, 293–300

IZARD, C.E.: On the ontogenesis of emotions and emotion-cognition relationships in infancy. In: LEWIS, M. and ROSENBLUM, L.A. (Eds.): The origins to affect. New York 1978

JACKLIN, C.N. and MACCOBY, E.E.: Social behavior at thirty-three months in same-sex and mixed-sex dyads. Child developm. 1978, 49, 557–569

JASPERS, K.: Einführung in die Philosophie. München 1953

JEARONS, C.M. and TAYLOR, St.P.: The control of alcohol-related aggression. Aggr. behav. 1985, 11, 93–101

JOHANNESSON, J.: Aggressive behavior among school children related to natural practices in early childhood. In: de WIT, J. and HARTUP, W.W. (Eds.) 1974

JOHNSON, W.F., EMDE, R.N., PANNABECKER, B.J., STENBERG, C.R. and DAVIS, M.H: Maternal perception of infant emotion from birth through 18 months. Infant behav. and developm. 1982, 5, 313–322

JOHNSTON, K.D. and KROVETZ, M.L.: Levels of aggression in a traditional and a pluralistic school. Educ. Res. 1976,18, 146–151

JONES, E.E. and DAVIS, K.E.: From acts to dispositions. The attribution process in person perception. In: BERKOWITZ, L. (Ed.): Advances in experimental social psychology, Vol. Il. New York 1965

JONES, E.E. and NISBETT, R.: The actor and the observer: divergent perceptions of the causes of behavior. In: JONES, E.E. et al. (Eds.): Attribution: perceiving the causes of behavior. Morristown 1971

JÜTTEMANN, G.: Eine Prädikationsanalyse des Aggressionsbegriffs. Die Auflösung einer Definitionsproblematik durch die Untersuchung des Wortgebrauchs. Z.f. Sozialpsych. 1978, (9), 299–312

JÜTTEMANN, G.: »Aggression« als wissenschaftlicher Begriff: Versuch einer Explikation. In: HILKE, R. und KEMPF, W. (Hrsg.) 1982

KAGAN, J.: The measurement of overt aggression from fantasy. J. aborn. soc. Psychol. 1956, 52, 390–393

KAGAN, J. and MOSS, H.A.: Birth to maturity. New York 1962

KÄLIN, K. : Populationsdichte und soziales Verhalten. Bern 1972

KANFER, F.H. und SASLOW, G.: Verhaltenstheoretische Diagnostik. In: SCHULTE, D. (Hrsg.): Diagnostik in der Verhaltenstherapie. München 1974

KAPLAN, R.M., KONECNI, V.J. and NOVACO, R.W. (Eds.): Aggression in children and youth. The Hague 1984

KAUFMANN, H.: Aggression and altruism. New York 1970

KAVEMANN, B. u LOHSTÖTER, J.: Väter als Täter. Sexuelle Gewalt gegen Mädchen. Reinbek 1984

KELLER, M.: Die Erfassung und Analyse von störendem, insbesondere aggressivem Verhalten im Unterricht. (Unveröff. Diplomarbeit) Berlin 1974

KELLNER, H. und HORN, J.: Gewalt im Fernsehen. Schriftenreihe des ZDF, H. 8, Mainz 1971

KEMMLER, L.: Untersuchungen über den frühkindlichen Trotz. Psyfo 1957, 25, 279–338

KEMPER, C.H., SILVER, H.K. and O'BRIEN, D.: Current pediatric diagnosis and treatment. Los Altos, Cal. 1982

KEUPP, H. (Hrsg.): Der Krankheitsmythos in der Psychopathologie. München 1972

KINZIE, W. and ZIMMER, M.: On the measurement of hostility, aggression, anxiety, projection and dependency. J. proj. techn. pers. assessm. 1968, 32, 388–399

KLOCKHAUS, R. und HABERMANN-MORBEY, B.: Psychologie des Schulvandalismus. Göttingen 1986

KLÜSCHE, W.: Persönlichkeitsmerkmale bei erwachsenen Strafgefangenen. (Unveröff. Diss.) Mannheim 1971

KNEHR, E.: Konflikt-Gestaltung im Scenotest. München 1961

KORNADT, H.J.: Thematische Apperzeptionsverfahren. In: HEISS, R. (Hrsg.), Göttingen 1964

KORNADT, H.J.: Einflüsse der Erziehung auf die Aggressivitätsgenese. In: HERRMANN, Th. (Hrsg.): Psychologie der Erziehungsstile. Göttingen 1966

KORNADT, H.J.: Die Entwicklung der Aggressivität aus motivationstheoretischer Sicht. Polit. Studien 1981, Sonderheft 4, 104–116

KORNADT, H.J.: Aggressionsmotiv und Aggressionshemmung, Bd. I/II. Bern 1982

KORNADT, H.J. und ZUMKLEY H.: Thematische Apperzeptionsverfahren. In: GROFFMANN, K.J. und MICHEL, L. (Hrsg.): Enzyklopädie der Psychologie, Bd. 3, Diagnostik. Göttingen 1982

KORNADT, H.J., ZUMKLEY, H. und BURKHARDT, K.: Zur Validität des Aggressions-Motiv-Gitters. Arbeitsber. Nr. 23, Saarbrücken 1985

KRAUSE, F.: Subjective theories of teachers: reconstruction through stimulated recall, interview, and graphic representation of teacher thinking. In: BEN-PERETZ, M.

BROMME, R. and HALKES, R. (Eds.): Advances in research on teacher thinking. Lisse 1986
KRENAUER, M.: Gegenwärtige Beobachtungssysteme in Schule und Vorschule. In: MEES, U. und SELG, H. (Hrsg.) 1977
KRENAUER, M. und KRENAUER, P.: Bedingungen aggressiven Verhaltens im Kindergarten – Verhaltensanalyse und Erzieherauffassungen. (Unveröff. Diplomarbeit) FU Berlin 1974
KRETSCHMER, E.: Körperbau und Charakter. Berlin 1961
KRIPPENDORF, E. (Hrsg.): Friedensforschung. Köln 1968
KRÜGER, H. und ZIETZ, K.: Das Verifikationsproblem. Z. angew. Psychol. 1933, 45, 140–171
KUIPER, P.C.: Aggression und das metapsychologische Modell. Vortrag 1. Frankf. Psychoanalyt. Kongreß 1964
KUNZ, M.: Die Aggressivität und die Zärtlichkeit. Bern 1946

LAGERSPETZ, K.: Combining aggression studies in infra-humans and man. In: BRAIN, P.F. and BENTON, D. (Eds.) 1981
LAMBERT, W.A.: Promise and Problem of cross-cultural exploration of children's aggression strategies. In: HARTUP, W.W. and de WIT, J. (Eds.): Origins of Aggression. Den Haag 1978
LEAKEY, E.: Die ersten Menschen. München 1986
LEAKEY, R.E. und LEWIN, R.: Wie der Mensch zum Menschen wurde. Hamburg 1978
LEBO, D.: Aggressiveness and expansiveness in children. J. genet. Psychol. 1962, 100, 227–240
LEFKOWITZ, M.M., ERON, L.D., WALDER, L.O. and HUESMANN, L.R.: Growing up to be violent. New York 1977
LERSCH, Ph.: Aufbau der Person. München 1956
LESSER, G.S.: The relationship between overt and fantasy aggression as a function of maternal response to aggression. J. abnorm. soc. Psychol. 1957, 55, 215–221
LIEBERT, R.M., NEALE, J.M. and DAVIDSON, E.S.: The early window: effects of television on children and youth. New York 1973
LIENERT, G.: Testaufbau und Testanalyse. Weinheim 1967 (2. Aufl.)
LIPSITT, L.P. and LEVY, N.: Electroactual threshold in the neonate. Child develop. 1959, 30, 547–554
LISCHKE, G.: Dimensionen der Aggressivität bei Heimkindern. (Unveröff. Diss.) Freiburg 1969
LISCHKE, G.: Psychophysiologie der Aggression. In: SELG, H. (Hrsg.) 1971
LISCHKE, G.: Aggression und Aggressionsbewältigung. München 1972
LOCH, W.: Zur Entstehung aggressiv-destruktiver Reaktionsbereitschaft. Psyche 1970, 24, 241–259
LOEW, C.A.: Acquisition of a hostile attitude and its relationship to aggressive behavior. J. pers. soc. Psychol. 1967, 5, 335–341
LORENZ, K.: Das sogenannte Böse. Wien 1963
LÖSCHPER, G.: Altersabhängige Differenzen in der Beurteilung von Verhalten als aggressiv. ZEPP 1985, 17, 270–281
LOVAAS, O.J., FREITAG, G., GOLD, V.J. and KASSORLA, J.L.: Experimental studies in childhood schizophrenia: analysis of selfdestructive behavior. J. exp. child Psychol. 1964, 67–89
LÜDTKE, K.: Untersuchung der Beurteilung aggressiven Kindverhaltens durch 7–10jährige Kinder und Erzieher. (Unveröff. Diplomarb.) Bamberg 1982

MACCOBY, E.M.: Social development. New York 1980
MALAMUTH, N.M.: Rape fantasies as a function of exposure to violent sexual stimuli. Arch. sexual behav. 1981, 10, 33–49
MALAMUTH, N.M. and CHECK, J.V.P.: Sexual arousal to rape depictions: Individual differences. J. abnorm. psychol. 1983, 92, 55–67
MANDEL, R.: Die Aggressivität bei Schülern. Bern 1959
MANNS, M., SELG, H., PERREZ, M. und WESTMEYER, H.: Antrag auf Gewährung einer Sachbeihilfe. Kennwort: Schwerpunktprogramm Verhaltensmodifikation. (Unveröff.) Berlin 1973
MANNS, M., PERREZ, M., SELG, H. und WESTMEYER, H.: Zwischenbericht und Forschungsantrag, Kennwort: Beobachtungsverfahren und Therapietheorie (AZ: Ma 627/1). (Unveröff.) Berlin 1975
MANTELL, D.M.: Familie und Aggression. Frankfurt 1972
MARKL, H.: Evolutionsbiologie des Aggressionsverhaltens. In: HILKE, R. und KEMPF, W. (Hrsg.), 1982
MARLOWE, M., STELLERN, J., MOON, Ch. and ERRA, J.: Main and interaction effects of metallic toxins on aggressive classroom behavior. Aggr. behav. 1985, 11, 41–48
MARTIN, D.: Wife beating. In: KIRKPATRICK, M. (Ed.): Women's sexual experience. New York 1982
MATUSSEK, P., AGERER, D. and SEIBT, G.: Aggression and allergic disorder in depressives. J. of psychosomatic research 1984, 28, 205–211
MATUSSEK, P., AGERER, D. and SEIBT, G.: Aggression in depressives and psoriatics. Psychother. Psychosom. 1985, 43, 120–125
MAUDRY, M. and NEKULA, M.: Social relations between children of the same age during the first two years of life. J. of genetic Psychol. 1939, 54, 193 -215
MAZUR, A.: Hormones, Aggression, and dominance in humans. In: SVARE, B. (Ed.): Hormons and aggressive behavior. New York 1983
McCORD, W., McCORD, J. and HOWARD, A.: Familial correlates of aggression in nondelinquent male children. J. abn. soc. Psychol. 1961, 62, 79–93
McDOUGALL, W.: Grundlagen der Sozialpsychologie. Jena 1928
McGURK, B.J., DAVIS, J. and GREHAN, J.: Assaultive behavior personality and personal space. Aggr. behav. 1981, 7, 317–324
MEAD, M.: Mann und Weib. Hamburg 1958
MEES, U.: Aggression. In: SCHICK, A. (Hrsg.): Aktuelle Themen der Psychologie. Stuttgart 1972
MEES, U.: Vorausurteil und aggressives Verhalten. Stuttgart 1974
MEES, U.: Antezedente fördernde (SF) und hindernde (SI) Reize seitens der Sozialpartner, Erzieherinnen und Peers für aversives Kindverhalten. (Unveröff. Habilschrift) FU Berlin 1977
MEES, U.: Abschlußbericht des Teilprojekts »Aggressives Verhalten« an die DFG. (unveröff.) FU Berlin 1978
MEES, U. (Hrsg.): Beobachtung, Interaktionsanalyse und Modifikation aggressiven Kindverhaltens. Oldenburg 1988
MEES, U. und FIEGUTH, G.: Sequentielle Beobachtung und Analyse aggressiven Verhaltens fünf- bis sechsjähriger Kinder in der Kindertagesstätte. (Unveröff. Zwischenbericht an die DFG) FU Berlin 1977
MEES, U. und MERTINS, R.: Die Neufassung des Kategoriensystems. In: MEES, U. (Hrsg.) 1988

MEES, U. und SELG, H. (Hrsg.): Verhaltensbeobachtung und Verhaltensmodifikation. Stuttgart 1977
MEGARGEE, E.J.: Undercontrolled and overcontrolled personality types in extreme antisocial aggression. Psychol. monographes 1966, 80, 1–29
MEGARGEE, E.J.: Hostility on the TAT as a function of defensive inhibition and stimulus situation. J. proj. Techn. 1967, 31, 73–79
MEGARGEE, E.J. and COOK, P.E.: The relation of TAT and inkblot aggressive content scales with each other and with criteria of overt aggressiveness in juvenile delinquents. J. proj. Techn. pers. Assessm. 1967, 31, 48–60
MEGARGEE, E.J. and HOKANSON, J.E.: The dynamics of aggression. New York 1970
MEILI, R.: Hasard et psychodiagnostic. Arch. de Psychol. 1928, 21, 199–208
MERCIER, A. (Hrsg.): Aggression und Toleranz. Bern 1977
MERZ, F.: Aggression und Aggressionstrieb. In: THOMAE, H. (Hrsg.): Motivationslehre. Handbuch der Psychologie, Bd. II. Göttingen 1965
MERZ, J.: Aggressionen von ein- bis zweijährigen Kindern aus der Sicht der Mütter. Praxis der Kinderpsychol. 1984, 33, 192–197
MEY, H.G.: Triebdiagnostische Untersuchungen an jugendlichen und heranwachsenden Kriminellen. Eine vergleichende Studie zur Syndromatik des SZONDI-Tests. Psychol. Beiträge 1961, 4/5, 575–585
MEYER-BAHLBURG, H.F.L.: Aggression, androgens, and the XYYsyndrome. In: FRIEDMAN, R. et al. (Eds.): Sex differences in behavior. New York 1978
MICHAELIS, W.: Verhalten ohne Aggression? Köln 1976
MICHEL, L.: Eine Modifikation des Farbpyramidentests: der 14-Farbensatz. Diagnostica 1959, 5, 66–86
MICHON, J.H.: Systeme de Graphologie. Paris 1875
MILGRAM, St.: Behavioral study of obedience. J. abnorm. soc. Psychol. 1963, 67, 372–378
MILGRAM, St.: Einige Bedingungen von Autoritätsgehorsam und seiner Verweigerung. Z. exp. angew. Psychol. 1966, 13, 433–463
MINISTERE des Affaires Sociales et de la Solidarite Nationale (Ed.): 50000 enfants sont maltraites. En parler c'est deja agir. Dossier Technique, 1985
MITSCHERLICH, A.: Aggression und Anpassung, I. Psyche 1956, 10, 178–193
MITSCHERLICH, A.: Die Idee des Friedens und die menschliche Aggressivität. Frankfurt 1969
MOGEL, H.: Ökopsychologie. Stuttgart 1984
MOLLER, G.W., HARLOW, H.F. and MITCHELL, G.D.: Factors affecting agonistic communication in rhesus monkeys (macaca mulatta). Behaviour 1968, 31, 339–357
MONROE, R.R. and LION, J.R.: Review of current research. In: MONROE, R.R. (Ed.): Brain dysfunction in aggressive criminals. Lexington 1978
MONTAGNER, H.: Kind und Kommunikation. Olten 1981
MONTAGU, A.: Man and aggression. New York 1968
MONTAGU, A. (Ed.): Learning non-aggression. New York 1978
MORATH, M.: Mein Baby – ein ernstzunehmender Mensch. IWF, Göttingen 1981
MORGAN, C.T.: Introduction to psychology. New York 1961
MORRIS, D.: The naked ape. London 1967
MOYER, K.E. (Ed.): Physiology of aggression. New York 1976
MUCHA, K.: Aggression bei Kindern in Abhängigkeit von der sozialen Schicht. (Unveröff. Zulassungsarb.) FU Berlin 1973

MÜLLER, A.: Sind kriminelle Tendenzen in der Handschrift erkennbar? Z.f. Menschenk. 1970, 34, 408–429
MUMMENDEY, A.: Zum Nutzen des Aggressionsbegriffes für die psychologische Aggressionsforschung. In: HILKE, R. und KEMPF, W. (Hrsg.) 1982
MUMMENDEY, A.: Aggressives Verhalten. In: THOMAE, H. (Hrsg.): Enzyklopädie der Psychologie. Göttingen 1983
MUMMENDEY, A. (Ed.): Social psychology of aggression. Berlin 1984
MURPHY, L.B.: Social behavior and child personality. New York 1937
MURRAY, H.A.: Thematic apperception test manual. Cambridge, Mass. 1943
MURSTEIN, B.J.: The projection of hostility on the Rorschach as a result of ego-threat. J. proj. Techn. 1956, 20, 418–438
MURSTEIN, B.J.: Theory and research in projective techniques. New York 1963a
MURSTEIN, B.J.: TAT-hostility and the BUSS hostility scale. Percept. mot. skills 1963b, 16, 520
MUSSEN, P.H. and NAYLOR, H.K.: The relationships between overt and fantasy aggression. J. abnorm. soc. Psychol. 1954, 49, 235–240
MUSTE, M.J. and SHARPE, D.F.: Some influential factors in the determination of aggressive behavior in preschool children. Child developm. 1947, 18, 11–28

NEWSON, J. and NEWSON, E.: Four years old in an urban community. Harmondsworth 1968
NICKEL, H.: Entwicklungspsychologie des Kindes- und Jugendalters, Bd. II. Bern 1975
NICKEL, H. und SCHMIDT-DENTER, U.: Sozialverhalten von Vorschulkindern. München 1980
NOLTE, H.: Über gesellschaftstheoretische Implikationen des Aggressionsbegriffs. In: LEPENIES, W. und NOLTE, H. (Hrsg.): Kritik der Anthropologie. München 1971
NOLTING, H.P. : Lernfall Aggression. Hamburg 1978
NOVACO, R.W. und ROBINSON. G.L.: Anger and aggression among military personnel. In: KAPLAN, R.M. et al. (Eds.) 1984

OERTER, R. und MONTADA, L. (Hrsg.): Entwicklungspsychologie. München 1982
OLWEUS, D.: Personality factors and aggression: with special reference to violence within the peer group. In: de WIT, J. and HARTUP, W.W. (Eds.) 1974
OLWEUS, D.: Aggression in the schools. New York 1978
OLWEUS, D.: Stability of aggressive reaction patterns in males: a review. Psychol. Bull. 1979, 86, 852–875
OLWEUS, D.: Familial and temperamental determinants of aggressive behavior in adolescent boys: a causal analysis. Developm. psychol. 1980, 16, 644–660
OLWEUS, D.: Stability in aggressive and withdrawn, inhibited behavior patterns. In: KAPLAN, R.M. et al. (Eds.) 1984
OPP, K.D.: Verhaltenstheoretische Soziologie. Reinbek 1972
OSWALD, A. und RAUE, S.: Aggressionsforschung bei Vorschulkindern. Münster 1971

PAREEK, M.N.: Developmental patterns in reactions to frustration. London 1964
PARENS, H.: The development of aggression in early childhood. New York 1979
PASS, H.: Nachahmung von verbal übermittelten Modellen aggressiver und prosozialer Interaktionen. Eine experimentelle Analyse. Psychol. in Erz. und Unterr. 1983, 30, 1, 40–46

PATTERSON, G.R.: A nonverbal technique for the assessment of aggression in children. Child developm. 1960, 31, 643–653
PATTERSON, G.R.: Treatment for children with conduct problems: a review of outcome studies. In: FESHBACH, S. and FRACZEK, A. (Eds.): Aggression and behavior change. New York 1979
PATTERSON, G.R.: Coercive family process. Eugene (Oregon) 1982
PATTERSON, G.R. and COBB, J.A.: Stimulus control for classes of noxious behaviours. Univ. of Fowa 1971
PATTERSON, G.R. und HAUTZINGER, Ch.: Aggressives und antisoziales Verhalten bei Kindern. ZPP 1983, 2, 187–194
PATTERSON, G.R., LITTMAN, R.A. and BRICKER, W.: Assertive behavior in children: a step toward a theory of aggression. Monogr. soc. res. child developm. 1967, 32, 113, 1–43
PEPER, D.: Aggressive Motivation im Sport. Ahrensburg 1981
PETERMANN, F. und PETERMANN, U.: Training mit aggressiven Kindern. München 1977
PETERMANN, F. und PETERMANN, U.: Fragebogen zur Erfassung aggressiven Verhaltens in konkreten Situationen (EAS-J; EAS-M). Braunschweig 1980
PHILLIPS, D.P.: The influence of suggestion on suicide: substantive and theoretical implications of the Werther effect. Amer. Soc. Rev. 1974, 39, 340–354
PHILLIPS, D.P.: The impact of mass media violence on U.S. homicides. Amer. Soc. Rev. 1983, 48, 560–568
PHILLIPSON, H.: The object relations technique. London 1955
PIAGET, J.: Das Erwachen der Intelligenz beim Kinde. Stuttgart 1975
PITKÄNEN-PULKKINEN, L.: Concurrent and predictive validity of self-reported aggressiveness. Aggr. behav. 1981, 7, 97–110
PITKÄNEN-PULKKINEN, L.: Long-term studies on the characteristics of aggressive and non-aggressive juveniles. In: BRAIN, P.F. and BENTON, D. (Eds.) 1981
PLACK, A.: Die Gesellschaft und das Böse. München 1967
PLUTCHIK, R.: Emotion. New York 1980
PLUTCHIK, R.: Emotion. Theory, research, and experience, Vol. 2. Emotions in early development. New York 1983
PORTMANN, A.: Zoologie und das neue Bild des Menschen. Hamburg 1956
PULVER, M.: Trieb und Verbrechen in der Handschrift. Zürich 1948
PURCELL, K.: The TAT and antisocial behavior. J. consult. Psychol. 1956, 20, 448–456

QUENSEL, S. und QUENSEL, E.: Delinquenzbelastungsskalen für männliche Jugendliche. KZ Soziol. 1970, 22, 75–97

REDEPENNING, U.: Brutalität unter Kindern und Jugendlichen in der Schule. Jugendschutz 1977, Nr. 5, 1–3
REICHEL, E.: Kriminalpsychologische Untersuchungen zum Verhalten in Alternativsituationen. (Unveröff. Zulassungsarb.) Tübingen 1971
REID, J.B., TAPLIN, P.S. and LORBER, R.: A social interactional approach to the treatment of abusive families. In: STUART, R. (Ed.): Violent behavior: social learning approaches to prediction, management, and treatment. New York 1981
REINER, H.: Gut und Böse. Freiburg 1965
REINERT, G.: Grundzüge einer Geschichte der Human-Entwicklungspsychologie. In: BALMER, H. (Hrsg.): Geschichte der Psychologie. Weinheim 1982

REMPLEIN, H.: Die seelische Entwicklung in der Kindheit und Reifezeit. München 1949
RINGELING, H.: Aggression und Toleranz als Problem religiöser Gesinnung. In: MERCIER, A. (Hrsg.): Aggression und Tolerenz. Bern 1977
ROCHA, R.F. and ROGERS, R.W.: Ares and Babbitt in the classroom: Effects of competition and reward on children's aggression. J. pers. soc. Psychol. 1976, 33, 588–593
RORSCHACH, H.: Psychodiagnostik. Bern 1921
ROSENBAUM, M.E. and De CHARMS, R.: Direct and vicarious reduction of hostility. J. abnorm. soc. Psychol. 1960, 60, 105–111
ROSENBAUM, M.E. and STANNERS, R.F.: Self-esteem, manifest hostility, and expression of hostility. J. abnorm. soc. Psychol. 1961, 63, 646–649
ROSENZWEIG, S.: The picture-association method and its application in a study of reactions to frustration. J. pers. 1945, 14, 3–23
ROTH, G. (Hrsg.): Kritik der Verhaltensforschung. München 1974
RUTTER, M., MAUGHAN, B., MORTIMORE, P. und OUSTON, J.: Fünfzehntausend Stunden. Weinheim 1980

SAGAR, H.A. and SCHOFIELD, J.W.: Racial and behavioral cues in black and white children's perceptions of ambiguously aggressive acts. J. pers. soc. Psychol. 1980, 39, 590–598
SANDVOSS, E.R. : Aristoteles. Stuttgart 1981
SANTROCK, J.W., SMITH, P.C. and BOURBEAU, Ch.E.: Effects of social comparison on aggression and regression in groups of young children. Child developm. 1976, 47, 831–837
SCHERER, K.R.: Der aggressive Mensch. Königstein 1979
SCHERER, K.R., ABELES, R.P. and FISCHER, C.F.: Human aggression and conflict. Englewood Cliffs (New Jersey) 1975
SCHIEFENHÖVEL, W.: Bindung und Lösung – Sozialisationspraktiken im Hochland von Neuguinea. In: EGGERS, Ch. (Hrsg.): Bindungen und Besitzdenken beim Kleinkind. München 1984
SCHINDLER, S.: Aggressionshandlungen Jugendlicher. Wien 1969
SCHMALT, H.D.: Das LM-Gitter. Göttingen 1976
SCHMALT, H.D.: Motivationspsychologie. Stuttgart 1986
SCHMIDBAUER, W.: Die sogenannte Aggression. Hamburg 1972
SCHMIDT-MUMMENDEY, A.: Bedingungen aggressiven Verhaltens. Bern 1972
SCHMIDT-MUMMENDEY, A. und SCHMIDT, H.D.: Aggressives Verhalten. München 1971
SCHNELLER, Th. et al.: Medizinische Psychologie. Bd. III. München 1980
SCHNAPP, J.: Beobachtung von Unterrichtsverhalten, insbesondere von störendem und aggressivem Verhalten in der 8. Jahrgangsstufe. (Unveröff. Diplomarb.) FU Berlin 1976
SCHNEIDER, M.: Elterliche Attribution frühkindlicher Aggression. (Unveröff. Diplomarb.) Bamberg 1982
SCHOTT, F.: Was ist Aggression? In: SELG, H. (Hrsg.) 1971
SCHUBERTH, R.H.: Aggressivität und motivationale Hintergründe. (Unveröff. Diss.) Salzburg 1971
SCHÜLLER, H. und PLISZEWSKI, M.: Empirische Erhebungen über Aggressionen bei Kindern im zweiten Lebensjahr. (Unveröff. Diplomarb.) Bamberg 1982

SCHULTZ-GAMBARD, J.: Crowding: Sozialpsychologische Erklärungen der Wirkung von Dichte und Enge. In: FREY, D. und IRLE, M. (Hrsg.) 1985
SCHULTZ-HENCKE, H.: Der gehemmte Mensch. Stuttgart 1947
SCHULZ, H.J. und WEBER, R.: Empirische Untersuchungen zur Aggressivität von Zuschauern bei Fußballspielen. (Unveröff. Diplomarbeit) Tübingen 1978
SCHUNK, M. und SELG, H.: Soziometrischer Status und die Dimensionen »Schönheit«, »Tüchtigkeit« und »Aggressivität« in Schulklassen. Psychol. Erziehg. Unterr. 1979, 26, 267–275
SCHWARZER, A. (Hrsg.) Sexualität. Hamburg 1984
SCHWEITZER, A.: Kulturphilosophie. München 1923
SEARS, R.R.: Relation of early socialization experiences to aggression in early childhood. J. abn. soc. Psychol. 1961, 63, 466–492
SEARS, R.R. and SEARS, P.S.: Minor studies of aggression: V. Strength of frustration-reaction as a function of strength of drive. J. of Psychol. 1940, 9, 297–300
SEARS, R.R., MACCOBY, E.E. and LEVIN, H.: Patterns of child rearing. New York 1957
SEGALL, M.H.: Human behavior and public policy. Elmsford (N.Y.) 1976
SEGALL, M.H.: Aggression in global perspective: a research strategy. In: GOLDSTEIN, A.P. and SEGALL, M.H. (Eds.) New York 1983
SEHRINGER, W.: Zeichnerisches Gestaltungsverfahren. In: HEISS, R. (Hrsg.) 1964
SELG, H.: Verlaufsformen und Erlebnisweisen der Entstaltung. (Unveröff. Zulassungsarb.) Bonn 1958
SELG, H.: Verlaufsformen und Erlebnisweisen bei einem Entstaltungsexperiment. Z. exp. angew. Psychol. 1962, 9, 523–569
SELG, H.: Über den Zusammenhang zwischen Tüchtigkeit und Beliebtheit in Schulklassen. PsyFo 1965, 28, 587–597
SELG, H.: Diagnostik der Aggressivität. Göttingen 1968
SELG, H. (Hrsg.): Zur Aggression verdammt? Stuttgart 1971
SELG, H. (unter Mitarb. von U. MEES): Menschliche Aggressivität. Göttingen 1974
SELG, H.: Entwicklung und Lernen. Braunschweig 1978 (2. Aufl.)
SELG, H.: Aggressionsdefinitionen – und kein Ende? In: HILKE, R. und KEMPF, W. (Hrsg.) 1982
SELG, H.: Mediatoren-Modelle in der Verhaltensbeobachtung – Möglichkeiten in schwer zugänglichen Feldern? Z. für personenzentrierte Psychologie und Psychotherapie. 1984, 3, 67–71
SELG, H. (unter Mitarbeit von Mathilde BAUER): Pornographie. Bern 1986
SELG, H.: Gewalt als Urbedürfnis? In: Gewalt als Phänomen in der modernen Gesellschaft. Ein Symposiumsbericht. Düsseldorf 1988
SELG, H.: Über Wirkungen von Gewaltpornographie. In: E.DANE & R. SCHMIDT (Hrsg.), Frauen & Männer und Pornographie. Frankfurt 1990.
SELG, H.: Sexuelle Gewalt gegen Frauen. In: Bayerisches Staatsministerium für Arbeit und Sozialordnung (Hrsg.), Sexuelle Gewalt gegen Frauen. Wissenschaftliche Tagung am 23.05.1989. Dokumentation. München 1990
SELG, H.: Zombies füttern? Anmerkungen zu Kriegserklärungen. Ethik und Sozialwissenschaften 1990, 1, H.4, 555–557
SELG, H.: Ärger und Aggression. In: U.MEES (Hrsg.), Psychologie des Ärgers. Göttingen 1992
SELG, H.: Sexualität als Bedrohung. In: N.KLUGE (Hrsg.), Sexualität als Bedrohung. Beiträge zur Sexualwissenschaft und Sexualpädagogik, H.4. Landau 1993

SELG, H.: Gewalt in Medien. Jugend Medien Schutz-Report, 16, Nr.4, 1–2. Baden-Baden 1993
SELG, H.: Sexualität und Gewalt. Ein psychologischer Erklärungsversuch. In: St.OSCHMANN (Hrsg.), 1. Kongreß für Partner- und Sexualtherapie. Herbst 1992, Univ. Würzburg. Würzburg 1993
SELG, H.: Junge Menschen als Täter und Opfer von Gewalt. In: Bundeskriminalamt (Hrsg.), Aktuelle Phänomene der Gewalt. BKA-Forschungsreihe, Bd. 29. Wiesbaden 1994
SELG, H. und KNAPPE, A.: Prävention von sexuellen Mißhandlungen an Kindern im Grundschulalter. Sozialpädiatrie und Kinderärztliche Praxis 1995, 17, Nr. 10, 594–598
SELG, H. und LISCHKE, G.: Eine Faktorenanalyse von Aggressionsvariablen. Z. exp. angew. Psychol. 1966, 13, 506–526
SHELDON, W.H., HARTL, E.M. and Mc DERMOTT, E.: Varieties of delinquent youth. New York 1949
SHORE, M.F., MASSIMO, J.L. and MACK, R.: The relationship between levels of guilt in thematic stories and unsocialized behavior. J. proj. Techn. 1964, 28, 346–349
SHURE, M. und SPIVACK, G.: Probleme lösen im Gespräch. Stuttgart 1981
SIEBERT, M.: Ärger: Theorie, Messung und Kontrolle. (Unveröff. Diss.) Oldenburg 1976
SIEBERT, M.: Ärgerkontrolle. Eine Methode der Aggressionsbewältigung. Z.f. klin. Psychol. 1977, 7, 59–69
SIMONS, H.: Über die Auswirkungen unterschiedlicher Instruktionsbedingungen im Rosenzweig-Picture-Frustration-Test auf die Antworten von Schülern. Arch. ges. Psychol. 1967, 119, 16–25
SKINNER, B.: Jenseits von Freiheit und Würde. Hamburg 1973
SKINNER, B.: Was ist Behaviorismus? Reinbek 1978
SLABY, R.G.: Verbal reputation of aggression and altruism. In: de WIT, J. and HARTUP, W.W. (Eds.) 1974
SMITH, P.K. and CONNOLLY, K.J.: Social and aggressive behaviour in preschool children as a function of crowding. Soc. sci. inform. 1977, 16, 601–620
SPELT, D.K.: The conditioning of the human fetus in utero. J. exp. Psychol. 1948, 38, 338–346
SPIEGEL, der: Am Denkmal aßen sie das Herz des Feindes. 1964, Nr. 69, 127–128
SPITZNAGEL, A.: Die diagnostische Situation. (Unveröff. Habil.) Freiburg 1964a
SPITZNAGEL, A.: Diagnostik sozialer Beziehungen. In: HEISS, R. (Hrsg.) 1964b
SPIVACK, G. and SHURE, M.B.: Social adjustment of young children: a cognitive approach to solving real-life problems. San Francisco 1974
SROUFE, L.A.: Die Organisation der emotionalen Entwicklung. In: FOPPA, K. und GRONER, R. (Hrsg.): Kognitive Strukturen und ihre Entwicklung. Bern 1981
STATISTISCHES BUNDESAMT, Wiesbaden (Hrsg.): Statistisches Jahrbuch 1985. Stuttgart 1985
STEINMETZ, S.K.: The cycle of violence. New York 1977
STELLER, M. und HUNZE, D.: Zur Selbstbeschreibung von Delinquenten im Freiburger Persönlichkeitsinventar (FPI) – Eine Sekundäranalyse empirischer Untersuchungen. Z.f. Different. und Diagnost. Psychol. 1984, 5, H. 2, 87–109
STENBERG, C.R., CAMPOS, J.J. and EMDE, R.N.: The facial expression of anger in sevenmonth-old infants. Child developm. 1983, 54, 178–184
STONE, H.: The TAT-aggressive content scale. J. proj. Techn. 1956, 20, 445–452

STORR, A.: Lob der Aggression. Erkenntnisse der Verhaltensforschung. Düsseldorf 1970

STRATTON, P. (Ed.): Psychobiology of the human newborn. New York 1982

STRATTON, P.: Significance of the psychobiology of the human newborn. In: STRATTON, P.,(Ed.) 1982

STRÄTZ, R. und SCHMIDT, E.: Die Wahrnehmung sozialer Beziehungen von Kindergartenkindern. Stuttgart 1982

STRAUS, M. A.: A general systems theory approach to the development of a theory of violence between family members. In: de WIT, J. and HARTUP, W. W. (Eds.) 1974

SUTCLIFFE, J. P.: An appraisal of the Rosenzweig Picture-Frustration Study. Austral. J. Psychol. 1955, 7, 97–102

SYMONDS, P. M.: SYMONDS' picture story test. New York 1948

SYMONDS, P. M. and JENSEN, A. R.: The predictive significance of fantasy. Amer. J. orthopsy-chiat. 1958, 28, 73–84

SZONDI, L.: Experimentelle Triebdiagnostik. Bern 1947

TAVRIS, C.: Anger: the misunderstood emotion. New York 1983

THOMAE, H.: Forschungsmethoden der Entwicklungspsychologie. In: THOMAE, H. (Hrsg.) Entwicklungspsychologie. Handbuch der Psychologie, Bd. III. Göttingen 1959

THOMAS, J.: Adam and Eve revisited – The making of a myth or the reflection of reality? Human developm. 1977, 20, 326–351

TRUBE-BECKER, E.: Das mißbrauchte Kind. Teil I: Die Rechtsmedizin zwischen familiären und öffentlichen Interessen. In: Sozialmedizin 1984, 13, 4, 190–194. Teil II: Soziale Auffälligkeiten als Indikatoren einer traumatisierten Psyche. In: Sozialmedizin 1984, 13, 5, 257–259

ULRICH, R.: Pain as a cause of aggression. Amer. Zool. 1966, 6, 643–662

ULLRICH, R. und ULLRICH de MUYNCK, R.: Das Emotionalitätsinventar (EMI). Struktur und faktorenanalytische Untersuchungen stressinduzierter Antworten. Diagnostica 1975, 21, H. 1, 84–95

ULLRICH, R. und ULLRICH de MUYNCK, R.: Das Situationsbewertungssystem. München 1979

VERHEYDEN, C.: Die soziale Anpassung bei jugendlichen Dieben. (Unveröff. Diss.) Freiburg 1965

VERRES, R. und SOBEZ, J.: Ärger, Aggression und soziale Kompetenz. Stuttgart 1980

VINCZE, M.: The social contact of infants and young children. Early child developm. and care. 1971, 99–109

VOLKMANN-RAUE, S.: Aggressionsinteraktionen bei repressionsfreier Erziehung. Münster 1977

VORLÄNDER, K.: Philosophie der Neuzeit. Hamburg 1966

WACKER, R. N.: Body build and behavior in young children. Soc. res. child developm. monogr. 1962, 27, No. 3

WAGNER, E. E.: The HAND-TEST: manual for administration, scoring and interpretation. Akron 1962a

WAGNER, E.E.: HAND-TEST content indicators of overt psychosexual maladjustment in neurotic males. J. proj. Techn. 1963, 27, 357–358

WAGNER, E.E. and HAWKINS, R.: Differentiation of assaultive delinquents with the HANDTEST. J. proj. Techn. 1964, 28, 363–365

WAGNER, H. und BAUMGÄRTEL, F.: Hamburger Persönlichkeitsfragebogen für Kinder (HA-PEF-K). Göttingen 1978

WALDER, L.O., ABELSON, R.P., ERON, L.D., BANTA, T.J. and LAULICHT, J.H.: Development of a peer-rating measure of aggression. Psychol. Rp. 1961, 9, 497–556

WALTERS, J., PEARCE, D. and DAHMS, L.: Affectional and aggressive behavior of preschool children. Child developm. 1957, 28, 15–26

WATSON, J.B. and WATSON, R.R.: Studies in infant psychology. Scientific monthly 1921, 7, 493–515

WATZLAWICK, P., BEAVIN, J.H. und JACKSON, D.D.: Menschliche Kommunikation. Formen, Störungen, Paradoxien. Bern 1969

WELLEK, A.: Der Stand der psychologischen Diagnostik im Überblick. Stud. gen. 1954, 7, 464–472

WELLHÖFER, P.R.: Selbstmord und Selbstmordversuch. Stuttgart 1981

WERBIK, H.: Theorie der Gewalt. München 1974

WERBIK, H.: Zur terminologischen Bestimmung von Aggression und Gewalt. In: HILKE, R. und KEMPF, W. (Hrsg.) 1982

WERBIK, H. und MUNZERT, R.: Kann Aggression handlungstheoretisch erklärt werden? Psychol. Rundschau 1978, 29, 195–208

WETSEL, H., SHAPIRO, R.J. and WAGNER, E.E.: Prediction of recidivism among juvenile delinquents with the Hand-Test. J. proj. Techn. 1967, 31, 69–72

WEWETZER, K.H.: Prinzipien des Testens in der klinischen Psychologie. In: FOERSTER, E. und WEWETZER, K.H. (Hrsg.): Jugendpsychiatrische und psychologische Diagnostik. Bern 1966

WHITE, J.W.: Sex and gender issues in aggression research. In: GEEN, R.G. and DONNERSTEIN, E.J. (Vol. 2) 1983

WHITING, B.B. and WHITING, J.W.M.: Children of six cultures. Cambridge (Mass.) 1975

WICKLER, W. und SEIBT, U.: Das Prinzip Eigennutz. Hamburg 1977

WIESER, R.: Der Verbrecher und seine Handschrift. Stuttgart 1952

WILLIAMS, J.F., MEYERSON, L.J., ERON, L.D. and SEMLER, I.J.: Peer-rated aggression and aggressive responses elicited in an experimental situation. Child developm. 1967, 38, 181–190.

WIT de, J. and HARTUP, W.W. (Eds.): Determinants and origins of aggressive behavior. Den Haag 1974

WOLFF, R.: Kindesmißhandlung als ethno-psychische Störung. In A. BERNECKER, W. MERTEN & R. WOLFF (Hrsg.), Ohnmächtige Gewalt. Kindesmißhandlung: Folgen der Gewalt – Erfahrungen und Hilfen (S. 69–80). Reinbek 1982

WOLFGANG, M.E.: Aggression and violence: Crime and social control. In: FESHBACH, S. and FRACZEK, A. (Eds.) 1979

WORCHEL, Ph.: Status restoration and the reduction of hostility. J. abnorm. soc. Psychol. 1955, 51, 443–445

WÖRDEMANN, F.: Terrorismus. München 1977

WÜNSCHE, K.: Strafe, Angst, Vereinzelung oder »da halfen nur noch Prügel«. Anmerkungen zum täglichen Kleinkrieg in der Hauptschule. In H. BAST, A. BERNEKKER, I. KASTIEN, G. SCHMITT und R. WOLFF (Hrsg.), Gewalt gegen Kinder. Kindesmißhandlungen und ihre Ursachen. Reinbek 1975

WURTZ, K.R.: Some theory and data concerning the attenuation of aggression. J. abnorm. soc. Psychol. 1960, 60, 134–136

YARROW, M.R. and WAXLER, C.Z.: Dimensions and correlates of prosocial behavior in young children. Child developm. 1976, 47, 118–125

ZAHN-WAXLER, C., RADKE-YARROW, M. and KING, R.M.: Childrearing and children's prosocial initiations toward victims of distress. Child developm. 1979, 50, 319–330

ZENZ, G.: Kindesmißhandlung und Kindesrechte. Erfahrungswissen, Normstruktur, Entscheidungsrationalität. Frankfurt 1979

ZILLMANN, D.: Hostility and aggression. Hillsdale 1979

ZIMBARDO, P.G. (Ed.): The cognitive control of motivation. Glenview (III.) 1969

ZIMBARDO, P.G., HANEY, C., BANKS, W.C. and JAFFE, D.: The mind is a formidable jailer: a pirandellian prison. The New York Times 1973, 8. April, 38–60

ZIMMER, D.E.: Tiefenschwindel. Reinbek/Hamburg 1986

ZULLIGER, H.: Heilende Kräfte im kindlichen Spiel. Stuttgart 1963

ZUMKLEY, H.: Aggression und Katharsis. Göttingen 1978

Kapitel 6

AZRIN, N.H., and HOLZ, W.C.: Punishment. In: W.K. HONIG (Ed.), Operant behavior: Areas of research and application. N.Y., 1966, 380–477.

BANDURA, A.: Sozial-kognitive Lerntheorie. Stuttgart, 1979 (amerik. Origin. 1977).

BAUER, M.: Verhaltensmodifikation durch Modellernen. Stuttgart, 1979.

BUCKLEY, N.K., and WALKER, H.: Modifying classroom behavior: A manual of procedures for classroom teachers. Champaign, Ill., 1970.

CAMP, B.W.: Verbal mediation in young aggressive boys. Journal of Abnormal Psychology, 1977, 86, 145–153.

CAMP, B.W., and BASH, M.A.: Think aloud. Champaign, Ill., 1981.

CAMP, B.W., and RAY, R.S.: Aggression. In: A.W. MEYERS and W.E. CRAIGHEADS (Eds.), Cognitive behavior therapy with children. N.Y. 1984, 315–350.

CHAMBERLAIN, P., PATTERSON, G.R., REID, J., KAVANAGH, K. & FORGATCH, M.: Observation of client resistance. Behavior Therapy 1984, 15, 144–155

DODGE, K.A.: Social cognition and children's aggressive behavior. Child Development, 1980, 51, 162–170.

DODGE, K.A.: Attributional bias in aggressive children. In: P.C. KENDALL (Ed.), Advances in cognitive-behavioral research and therapy. Orlando, Fl., 1985, Vol. 4, 73–110.

DODGE, K. A.: Social information processing variables in the development of altruism and aggression in children. In: C. ZAHN-WAXLER, M. CUMMINGS, and M. RADKE-YARROW (Eds.), Social and biological origins of altruism and aggression. N. Y., 1986.
DODGE, K. A., and FRAME, C. L.: Social cognitive biases and deficits in aggressive boys. Child Development, 1982, 53, 620–635.
DUMAS, J. E., and WAHLER, R. G.: Predictors of treatment outcorne in parent training: Mother insularity and socioeconomic disadvantage. Behavioral Assessment, 1983, 5, 301–313.
D'ZURILLA, T. J., and GOLDFRIED, M. R.: Problem solving and behavior modification. Journal of Abnormal Psychology, 1971, 78, 107–126.

ELLER, F. und WINKELMANN, K.: Entwicklung und Evaluierung eines Beobachtungssystems zur sequentiellen Beschreibung und verhaltenstheoretischen Analyse von Eltern-Kind-Interaktionen. Frankfurt/M., 1983.
ESTES, W. K.: An experimental study of punishment. Psychological Monographs, 1944, 57 (3, Whole No. 263).

FESHBACH, N. D.: Empathy training: A field study in affective education. In: R. KAPLAN, V. KONECNI, and R. NOVACO (Eds.), Aggression in children and youth. Den Haag, 1984, 192–208.
FORD, M. E.: The construct validity of egocentrism. Psychological Bulletin 1979, 86, 1169–1188.
FRANKEL, F., and SIMMONS III, J. Q.: Behavioral treatment approaches to pathological unsozialized physical Aggression in young children. Journal of Child Psychology and Psychiatry, 1985, 26, 525–551.

GOODWIN, S., and MAHONEY, M.: Modification of aggression through modeling: An experimental probe. Journal of Behavior Therapy and Experimental Psychiatry, 1975, 6, 200–202.

HOBBEL, K., MERTINS, R. und MEES, U.: Intervention mit Hilfe sequentieller Beobachtungsdaten – ein Beitrag zur Validierung eines kategorialen Beobachtungssystems. In: J. BERGOLD and E. JAEGGI (Hrsg.), Bericht über den Jahreskongreß der Deutschen Gesellschaft für Verhaltenstherapie, Sonderheft I der Mitteilungen der DGVT. Tübingen 1977, 189–203.
HOBBS, S. A., FOREHAND, R., and MURRAY, R. G.: Effects of various durations of timeout on the noncompliant behavior of children. Behavior Therapy, 1978, 9, 652–656.
HOBBS, S. A., MOGUIN, L. E., TYROLER, M. and LAHEY, B. B.: Cognitive behavior therapy with children: Has clinical utility been demonstrated? Psychological Bulletin 1980, 87, 147–165.
HOGAN, A. E., and QUAY, H. C.: Cognition in child and adolescent behavior disorders. In: B. B. LAHEY and A. E. KAZDIN (Eds.), Advances in clinical child psychology. N. Y., 1984, 1–34.
HOMME, L. D., CZANYI, A. P., GONZALES, M. A., and RECHS, J. R.: How to use contingency contracting in the classroom. Champaign, Ill., 1971.

IMAMAGLO, E. O.: Children's awareness and usage of intention cues. Child Development, 1976, 46, 39–45.

JACOBSON, N.S. and MARGOLIN, G.: Marital therapy. N.Y., 1979.

JOHNSON, S.M., and LOBITZ, G.K.: The personal and marital adjustment of parents as related to observed child deviance and parenting behaviors. Journal of Abnormal Child Psychology, 1974, 2 (3), 192–207.

KAPLAN, D.M., and GOODRICH, D.W.: A formulation for interpersonal anger. American Journal of Orthopsychiatry, 1957, 27, 387–395.

KENDALL, P.C.: Social cognition and problem solving: A developmental and child-clinical interface. In: B. GHOLSON and T.L. ROSENTHAL (Eds.), Applications of cognitive-developmental theory. N.Y., 1984, 115–148.

KETTLEWELL, P.W., and KAUSCH, D.F.: The generalization of the effects of a cognitive-behavioral treatment program for aggressive children. Journal of Abnormal Child Psychology 1983, 11, 101–114.

LAUCKEN, U. und MEES, U.: Logographie alltäglichen Lebens. Leid, Schuld und Recht in Beschwerdebriefen über Lärm. Oldenburg, 1987.

LAUTH, G.: Verhaltensstörungen im Kindesalter – ein Trainingsprogramm zur kognitiven Verhaltensmodifikation. Stuttgart, 1983.

LOEBER, R.: The stability of antisocial and delinquent child behavior: A review. Child Development, 1982, 53, 1431–1446.

LOEBER, R., and SCHMALING, K.B.: Empirical evidence for overt and covert patterns of antisocial conduct problems: A metaanalysis. Journal of Abnormal Child Psychology, 1985, 13, 337–353.

LÜERS, S.: Durchführung und Überprüfung eines Erziehertrainings zur Reduktion aversiven Kindverhaltens. Diplom-Arbeit, Universität Oldenburg, 1985.

MEES, U.: Modifikation ›aggressiven‹ Verhaltens. In: H. SELG (unter Mitarbeit von U. MEES), Menschliche Aggressivität. Göttingen, 1974, 147–173.

MEES, U.: Abschlußbericht des Teilprojekts: »Aggressives Verhalten« an die DFG (Projekt: »Beobachtungsverfahren und Therapietheorie«). Institut für Psychologie der FU Berlin, 1978.

MEES, U. (Hrsg.): Beobachtung, Interaktionsanalyse und Modifikation aggressiven Kindverhaltens. Oldenburg, 1988

MEES, U. und FIEGUTH, G.: Sequentielle Beobachtung und Analyse ›aggressiven‹ Verhaltens 5- bis 6-jähriger Kinder in der Kindertagesstätte: Häufigkeitsanalysen und Erzieherurteile. Zwischenbericht des Teilprojekts »Aggressives Verhalten« an die DFG (Projekt: »Beobachtungsverfahren und Therapietheorie«). Institut für Psychologie der FU Berlin 1977 (auch in: U. MEES, 1988, s.o.).

MEES, U. und MERTINS, R.: Kategoriensystem zur Erfassung aversiver Kindverhaltensweisen (KAZEAK). Universität Oldenburg, Fach Psychologie, 1980 (auch in: U. MEES, 1988, s.o.).

MEES, U. und MERTINS, R.: Interventionsstudien zur Reduktion aggressiven Kindverhaltens. In: MEES, U. (Hrsg.), 1988

MEICHENBAUM, D.: Kognitive Verhaltensmodifikation. München, 1979 (amer. Orig. 1977).

MEICHENBAUM, D., and GOODMAN, S.: Training impulsive children to talk to themselves. A means of developing self-control. Journal of Abnormal Psychology, 1971, 77, 115–126.

PATTERSON, G.R.: Direct intervention in the classroom: A set of procedures for the aggressive child. In: F.W. CLARK, D.R. EVANS, and L.A. HAMERLYNCK (Eds.), Implementing behavioral programs in educational and clinical settings. Champaign, Ill. 1973.

PATTERSON, G.R.: A performance theory for coercive family interaction. In: R. CAIRNS (Ed.), The analysis of social interactions: Methods, issues, and illustrations. Hillsdale, N.J., 1979, 119–163.

PATTERSON, G.R.: Coercive family process. Eugene, Or., 1982.

PATTERSON, G.R.: Siblings: Fellow travelers in coercive family processes. In: R.J. BLANCHARD and D.C. BLANCHARD (Eds.), Advances in the study of aggression. Vol. 1, N.Y., 1984, 173–215

PATTERSON, G.R.: Beyond technology. The next stage in the development of a patent training technology. In: L. L'ABATE (Ed.), Handbook of family psychology and therapy. Homewood, Ill., 1985, 1344–1379.

PATTERSON, G.R., REID, J.B., JONES, R.R., and CONGER, R.E.: A social learning approach to family intervention. Vol. I: Families with aggressive children. Eugene, Or., 1975.

PATTERSON, G.R., DISHION, T.J., and BANK, L.: Family interaction: A process model of deviancy training. In: L. ERON (Ed.), special edition of Aggressive Behavior, 1984, 10, 253–267

PATTERSON, G.R., and DISHION, T.J.: Contributions of families and peers to delinquency. Criminology, 1985, 23(1), 63–79.

PELLEGRINI, D., and URBAIN, E.: An evaluation of interpersonal cognitive problem solving trainig with children. Journal of Child Psychology and Psychiatry, 1985, 26, 17–41.

PERREZ, M.: Implementierung neuen Erziehungsverhaltens: Interventionsforschung im Erziehungsstil-Bereich. In: K.H. SCHNEEWIND und T. HERRMANN (Hrsg.), Erziehungsstilforschung. Theorien, Methoden und Anwendung der Psychologie elterlichen Erziehungsverhaltens. Bern, 1980, 245–280.

PERREZ, M., BÜCHEL, F., ISCHI, N., PATRY, J.-L. und THOMMEN, B.: Erziehungspsychologische Beratung und Intervention. Bern, 1985.

PETERMANN, F. und PETERMANN, U.: Training mit aggressiven Kindern. München, 1984 (2. Aufl.).

PIAGET, J.: The language and thought of the child. N.Y., 1926 (franz. Orig. 1923).

PHILLIPS, E.L., PHILLIPS, A.E., WOLF, M., and FIXSEN, D.: Achievement place: Development of the elected manager system. Journal of Applied Behavior Analysis, 1973, 6, 541–561.

RACHLIN, H., and HERRNSTEIN, R.J.: Hedonism revisited: On the negative law of effect. In: B.A. CAMPBELL and R.M. CHURCH (Eds.), Punishment and aversive behavior. N.Y., 1969.

REDL, F., and WINEMAN, D.: The aggressive child. N.Y., 1957.

REID, J.B. (Ed.): A social learning approach to family intervention. Vol. II: Observation in home settings. Eugene, Or., 1978.

REID, J.B., TAPLIN, P.S., and LORBER, R.: A social interactional approach to the treatment of abusive families. In: R. STUART (Ed.), Violent behavior: Social learning approaches to prediction, management, and treatment. N.Y., 1981, 83–101.

RULE, B.G. and FERGUSON, T.J.: Developmental issues in attribution, moral judgement, and aggression. In: R.M. KAPLAN, V.J. KONECNI, R.W. NOVACO (Eds.), Aggression in children and youth. Den Haag, 1984, 138–161.

RUTTER, M.: Protective factors in children's responses to stress and disadvantage. In: M. KENT and J.E. ROLF (Eds.), Primary prevention of psychopathology. Vol. 3. Social competence in children. Hanover, N.H., 1979.

SAFER, D.J., HEATON, R.C. and PARKER, F.C.: A behavioral program for disruptive junior high school students: Results and follow-up. Journal of Abnormal Child Psychology, Vol. 9, 4, 1981, 483–494.
SCHEELE, B.: Selbstkontrolle als kognitive Interventionsstrategie. Weinheim, 1981.
SCHEERER, E.: Die Verhaltensanalyse. Berlin, 1983.
SELG, H.: Ein Organisationsmodell für Verhaltensmodifikation im pädagogischen Feld. In: U. MEES und H. SELG (Hrsg.), Verhaltensbeobachtung und Verhaltensmodifikation. Stuttgart, 1977, 137–140.
SHURE, M.B. und SPIVACK, G.: Probleme lösen im Gespräch. Erziehung als Hilfe zur Selbsthilfe. Stuttgart, 1981 (amerik. Orig. 1978).
SKINNER, B.F.: The behavior of organisms: An experimental analysis, N.Y., 1938.
SKINNER, B.F.: Science and human behavior. N.Y., 1953.
SKINNER, B.F.: Why I am not a cognitive behaviorist. Behaviorism, 1977, 5, 1–10,
SPIVACK, C., and SHURE, M.B.: Social adjustment of young children: A cognitive approach to solving real-life problems. S.F., 1974.
SPIVACK, G., PLATT, J.J., and SHURE, M.B.: The problem-solving approach to adjustment: A guide to research and intervention: S.F., 1976.
SPIVACK, G. and SHURE, M.B.: The cognition of social adjustment: Interpersonal cognitive problem-solving thinking. In: B.B. LAHEY and A.E. KAZDIN (Eds.), Advances in clinical child psychology. Vol. 5. N.Y., 1982, 323–372.
STARK, R. and McEVOY, J.: Middle class violence. Psychology Today, 1970, 4(6), 107–112.

TENNSTÄDT, K.-Ch., RIMELE, W. und KRAUSE, F.: Das Konstanzer Trainingsmodell (KTM). Entwurf eines inegrativen Lehrertrainingsprogramms zur Bewältigung von Aggression und Störung im Unterricht auf der Basis subjektiver Theorien. Projekt »Aggression in der Schule«, Arbeitsbericht 7. Konstanz 1984.
TENNSTÄDT, K.-Ch., KRAUSE, F., HUMPERT, W. und DANN, H.-D.: Das Konstanzer Trainingsmodell. Projekt »Aggression in der Schule«. Trainingshandbuch. Konstanz 1985 (5. Aufl.).
THARP, R. und WETZEL, R.J.: Verhaltensänderungen im gegebenen Sozialfeld. München, 1975 (amer. Orig. 1969).

URBAIN, E.S., and KENDALL, P.C.: Review of social-cognitive problem-solving interventions with children. Psychological Bulletin 1980, 88, 109–143.

WAGNER, I.: Aufmerksamkeitstraining mit impulsiven Kindern. Stuttgart, 1976.
WEBSTER-STRATTON, C.: Predictors of treatment outcome in patent training for conduct disordered children. Behavior therapy 1985, 16, 223–243.
WEINROTT, M., BAUSKE, B., and PATTERSON, G.R.: Systematic replication of a social learning approach to parent training. In: S.L. BATES, P.O. SJODEN and W.S. DOCKENS (Eds.), Trends in behavior therapy. N.Y., 1979.
WHITE, G.D., NIELSEN, G., and JOHNSON, S.M.: Time-out duration and the suppression of deviant behavior in children. Journal of Applied Behavior Analysis, 1972, 5, 111–120.

Sachverzeichnis